大 数 据 与 国 家 治 理

社会保险经办管理与服务

SOCIAL INSURANCE PROCEDURE
MANAGEMENT AND SERVICE

林毓铭 著

社会科学文献出版社
SOCIAL SCIENCES ACADEMIC PRESS (CHINA)

　　本书为国家哲学社会科学基金项目"健全社会保障管理体制和经办服务体系研究"（项目批准号：14BSH108）的最终成果。

　　本书同为教育部重点研究基地重大项目"社会保障基金与偿付能力管理研究"（项目批准号：16JJD840011）的中期成果。

前　言

早在 2013 年出台的《中共中央关于全面深化改革若干重大问题的决定》提出："加快健全社会保障管理体制和经办服务体系。"这是一件涉及数十亿参保人次的惠民工程。它将促使社会保险管理模式从"约束型"向"服务型"转型升级，帮助社会保险对象解决社会保险问题、理顺社会保险关系，使参保人的各种合法权益得到最大限度的保护和实现，维护良好的社会秩序，实现社会稳定的目标。

社会保障管理体制的优劣与经办服务质量密切关联，理顺管理体制，优化经办服务，是中共十八大以来党和政府的殷切期望，也是百姓的共同期待。本书遵从"寓服务于管理，管理就是服务"的思想理念，对社会保险管理领域的财务经办管理、统计经办管理、基金经办管理、养老保险经办管理、医疗保险经办管理、工伤保险经办管理、失业保险经办管理、农民工社会保险经办管理、信息与档案管理等进行了较为系统的阐述，对所涉及的经办服务流程、经办改革、经办绩效等，以事实为依据作了较全面的探讨。

在社会保障改革的大背景下，社会保险经办管理过程中，融入了以人为本的人性化管理理念，引入了效能与绩效管理、成本管理与控制、风险管理等各种相关元素，在管理体制与管理机制的变革中做文章，树立寓服务于管理的现代理念，引入大数据、大网络、大平台技术，以及以系统控制为基础理论的顶层设计思维，进一步促使社会保险领域改革的全面进步。近年来各地出现的"窗口全程服务""一站式办理""一条龙服务""现场办公""流程优化"等方便群众办事的管理方式深入人心；采用现代服务理念、精细服务的思维、服务管理的方法来实现有效的社会保险管理，理顺错综复杂的社会关系，方便了人民群众，逐步化解了社会变革中的各种新旧矛盾，使社会保险改革更为健康有序地发展。由于社会保险覆盖率的快速提升，2016 年 11 月国际社会保障协会第三十二届全球大会授予中国政府"社会保障杰出成就奖"。这一奖项对中国不断提高社会保障覆盖面的努力给予了充分肯定。

社会保险经办管理包括行政管理系统和业务管理系统两大主体系统，要求建立一定的组织机构，配备具有一定素质的工作人员，是对社会保险事业进行的决策、计划、指挥、监督、调节等活动，以及对社会保险基金进行筹集、管理、运营和保障待遇的给付等活动进行统筹管理。社会保险经办管理涉及政策执行力的问题，需要实现经办资源的有机整合，设计和制订合理的社会保险规划来指导社会保险工作的长期发展，在实践中不断完善社会保险制度。

目前各地社会保险经办机构形成了按五大险种分设、分散管理的经办管理模式，尚存在经办资源不集中、信息采集扩散、数据集中度低、行政管理成本居高不下、经办能力进步缓慢、经办效率上不去、群众抱怨情绪明显等问题，致使社会保险经办机构的经办管理能力长期得不到质的提高，政府公信力下降，窗口服务与信息化服务无法满足群众多层次、个性化的办事需求，与"记录一生、保障一生、服务一生"的服务目标还有较大的差距。

我们更应看到，社会保险管理体制与机制至今并未完全理顺，社会保险政策执行力较低，公共服务的非满意度仍旧偏高，各种负面情绪有待化解，各种消极言论等社会保险舆情有待正确引导，社会公共危机也在不断侵袭社会保险制度，社会保险制度本身设计的非公平性、非公正性也在不断产生新的社会矛盾，把社会保险服务推向前台只是治标而不是治本，标本兼治才是正道。社会保险改革充满各种变数，老龄化态势加速、经济下行难以逆转、就业风险加剧、国际贸易保护主义抬头等消极被动因素左右了社会保险改革的进程，政策执行难度加大，风险升级。我们需要社会理性，更需要社会智慧，加速社会保险领域的政策研判与政策治理，完善社会规制，优化技术管理与精细服务，加速体制与机制创新，倾听民众的呼声，获取民众的理解与支持，社会保险才能更加健康地向前发展。

党的十九大报告提出："建立全国统一的社会保险公共服务平台。"从广义的流程角度看，社会保险经办机构能力建设是一个流程再造的过程，可以借助业务流程再造（Business Process Reengineering，BPR）理论来推动。业务流程再造理论是20世纪90年代以来最重要的企业管理理论的创新，并与政府改造的需要相结合产生了政府流程再造/改进（Government Process Reengineering/Improvements，GPR/CPI）理论，推动了社会保险办管理业务的自动化、电子化与网络化建设。提高组织绩效，需要充分利用信息技术从根本上重新设计现有社会保险业务流程，而不是简单地进行组织精简和旧有流程的自动化。社会保险经办机构能力建设要求在业务流程再造理论的指导下，对社会保险经办机构的战略流程、业务流程、组织流程进行改造以适应社会保险公共服务的个性化需求。

本书认为，现行社会保险经办管理体系还跟不上时代发展的步伐，一方面大数据信息化建设已经成为社会保险事业和经办体系运行的推力；另一方面社会保险系统发展的瓶颈是大数据信息化技术的不足，尤其是涉及不同统筹地区之间的社会保险基金转入与转出问题，利益纠葛与博弈成为全国社会保险数据大流通的改革瓶颈，"社保漫游"现象仍非常严重。整体而言，社会保障管理体制不顺一定程度上制约了经办管理体系建设，政策执行力不到位造成了经办服务的某些粗放型特征，由于中国人口的大面积流动，社会保障覆盖面的大幅度提升，各地人力资源和社会保障部门还存在着经办管理体制不顺、经办队伍负担过重、经费投入不足等问题。要做好涉及大众利益的民生工程和为数众多的社会公共服务，中国社会经办机构能力建设、执行力建设必须迈上新台阶。"有责无权、有事无人、有人无钱"的供给制问题需要迅速加以治理，对来自内部和外部的违法违规行为缺乏行政依据和处罚权利的现象应有所改观。

本书发现，社会保障管理体制变迁是一个循序渐进的过程，中共十八大以来，社会保障重大改革事项包括打破养老保险双轨制、行政事业单位养老保险改革、养老保险全国统筹、取消药品加成的阳光药价改革、公益医院改革，生育保险并入医疗保险等正在推进。这些改革牵动着中国经济与社会的方方面面，打破常有的利益格局与传统定势，还需要做好以下工作。

（1）学界关于个人账户规模不宜扩大甚至要缩小的说法并非抑制收入分配差距扩大的关键问题，而是要坚持"收入工资化，工资货币化"改革，谨防不合理的工资制度带入养老保险制度，使"多缴多得制"名副其实；养老保险制度自身应该具备缩小贫富差距的功能，但出于"多缴多得"的战略考虑，政府放弃了"高收入阶层低替代率、低收入阶层高替代率"这一原则，缩小养老保险收入差距有必要从在职职工的工资制度入手。

（2）在每年一次的养老保险待遇调整改革中，要坚持"大加法与小加法"改革，否则双轨制很难被打破。城乡居民参保普遍选择低档次投保，与未来的养老保险待遇很难真正挂钩，多轨制的社会语境会引发更多的社会情绪的分裂，固化的利益结构迫使财政补贴背上沉重的包袱。

（3）行政事业单位职业年金的强制性推行与企业年金的"富人俱乐部"现象相比，有很大的体制优势，势必加大普通企业职工的心态失衡问题。

（4）第一代农民工绝大多数因退保、缴费年限被清零无法累计达到15年而无法获得城镇职工养老保险待遇，第一代农民工的养老问题令人担忧。以农民工个人花名册上缴纳的统筹账户基金和以城镇职工花名册上缴纳的统筹账户基金是一样的，理应是他们的共同财产权（统筹账户在计发公式中在基础养老金上有所体现），绝大多数农民工不能享有统筹基金，这是不公平的。

（5）"三医联动"改革是大事件，取消多个15%的药品中介加成环节，提高医疗服务价格，关键是看患者的负担最后有没有减轻，如果医院大比例亏损、医务人员收入下降、财政支持不足，"三医联动"改革不能算得上是成功的，也难以实现可持续发展。

（6）发达省区市有大量的滚存积累养老基金，与大量的不发达省区市的农村劳动力进入这些省区市依法缴交养老保险费有关，养老保险全国统筹要建立全国合理的调剂基金，发达省份多贡献、欠发达地区多受益，构筑公平安全的养老金发放机制。

　　社会保险经办管理依法行政的内涵：一是政府自身要建立防止滥用权力的自律机制，防止越权与侵权行为，防止由社会保险政策执行不力引发的社会震荡；二是为依法行政提供可靠的法律保障，使行政权力更具权威性，增强约束力与执行力，尤其在努力扩大社会保险的缴费能力、科学处置劳动纠纷与劳资关系、加强劳动行政监察、强化对农民工的社会保护机制以保护农民工权益、完善社会保险税费改革等方面，要加大改革力度；三是在行政立法、行政执法、行政程序、行政复议、行政监察、行政诉讼、行政处罚、行政调解与行政仲裁等各个环节建立社会保险依法行政的系统工程，使社会保险经办管理依法行政成为经办管理与服务过程中的社会常态。

　　中国社会保险经办管理要具体规定中央、地方、部门与企业各自的管理范围、权限职责、利益及其相互关系，管理体制的核心是管理机构的设置、管理机构职权的配置，以及各机构之间的相互协调及相互融通，管理机构的强弱直接影响管理效率和效能的提升与稳定。

　　社会保险经办机构是服务型政府的重要组成部分，其执行能力的强弱关系社会的稳定发展。经办机构要为养老产业、医养结合、老年金融、智慧居家养老服务等提供优质服务，同时经办机构自身的经办预算、经办绩效、内控管理、社保公共服务外包等，与目前社会保险管理体制改革存在较大的契合度。政府参与社会保险事务行政管理的重要职能之一就是不断提高经办服务水平，在引入社会保险管理竞争机制、改善公众服务方面融入科技手段。政府要在更高的决策层次上统筹考虑，立法授权，通过外包、购买等最佳方式为公民提供社会保险服务。社会保险经办机构作为国家社会保障义务的受托人，依法享有建立合作伙伴、项目外包和购买服务的再委托权。社会保险经办机构或税务部门在业务流程上应当面向公民和企业提供"一票征收"和"一站式服务"，确定机构内部的职权、流程、管理制度和资源配置，使服务与业务分治相融，形成以服务带动业务，提升服务水平的管控机制，实现服务对象满意度最大化。

　　社会保险经办管理工作是利国利民的事业，其工作质量的好坏，会对参保人造成较大的社会影响。本书一方面对社会保障管理体制的变迁进行了追踪研究；另一方面讨论了在体制变迁背景下的社会保险经办管理工作质量的推进，以服务对象满意程度最大化为目标，尽力实施经办管理的政策矩阵建设、协同管理与大数据背景下的人性化管理，进一步融入经办管理工作中的绩效管理，加强成本管理与内部控制，促进经办工作中的风险管理建设，大力提升经办服务品质。本研究如果在这方面真正有所建树并形成决策建议，将进一步树立政府的良好形象，提升政府的公信力，研究效益将通过经办管理工作的改进与服务观念的提升潜在地表现出来。

《中华人民共和国国民经济和社会发展第十三个五年规划纲要》提出："实施全民参保计划，基本实现法定人员全覆盖。坚持精算平衡，完善筹资机制，分清政府、企业、个人等的责任。适当降低社会保险费率。完善统账结合的城镇职工基本养老保险制度，构建包括职业年金、企业年金和商业保险的多层次养老保险体系，持续扩大覆盖面。实现职工基础养老金全国统筹。完善职工养老保险个人账户制度，健全参保缴费激励约束机制，建立基本养老金合理调整机制。推出税收递延型养老保险。更好发挥失业、工伤保险作用，增强费率确定的灵活性，优化调整适用范围。建立更加便捷的社会保险转移接续机制。划转部分国有资本充实社保基金，拓宽社会保险基金投资渠道，加强风险管理，提高投资回报率。大幅提升灵活就业人员、农民工等群体参加社会保险比例。加强公共服务设施和信息化平台建设，实施社会保障卡工程，持卡人口覆盖率达到90%。"要完成《中华人民共和国国民经济和社会发展第十三个五年规划纲要》社会保险改革的目标，任务重、时间紧、困难大，需要更多的政治智慧、更精准的政策措施、更广泛的民众参与、更优质的经办服务、更现代的科技创新。

在本书的写作过程中，暨南大学公共管理学院/应急管理学院副教授陈玉梅和广州市劳动保障信息中心合作组织的"社会保险经办管理与经办服务满意度调查"课题组，为本书的研究提供了有价值的资料。陈玉梅副教授参与了本书第一章和第五章内容的撰写，暨南大学生命科学技术学院副研究员林涛和广州番禺职业技术学院副教授王伟参与了本书第九章部分内容的撰写工作，在此一并致以衷心的谢意！

本书的出版得到暨南大学公共管理学院/应急管理学院的资助，在此表示感谢！

　　本书的实践性较强，作者缺少一定的实践经验，加之研究时间、研究水平有限，一些问题难免挂一漏万，存在不足与疏漏之处，敬请读者批评指正。

林毓铭

2019 年 6 月 1 日

目　录

| 第一章 |

社会保险经办管理的思想与理念

建立社会保险经办管理体制，完善社会保险经办管理的机构设置与组织结构，政府介入社会保险的职能与定位如何界定；如何解决政府在社会保险体制建设中越位、缺位、退位或进位的问题；如何调整政府在不同时期所扮演的社会角色；社会保险经办管理机构面向日益扩大的受保障人群，如何利用现代科技手段提高工作效率、改进服务方式；如何降低社会保险经办管理的运行成本与制度成本，节约有限的社会保险资源，促进社会保险制度健康、有序与科学的发展。这些都要求确立社会保险经办管理的指导思想与持续发展的理念。在社会保险经办管理实践的基础上，大力提高社会保险的服务意识，让人性化服务理念提升，使社会保险经办管理体制更为有序、更注重经济效率，使社会效益与部门间协调发展。

第一节　社会保险经办管理概述

原劳动和社会保障部发布的《劳动和社会保障部关于印发加强社会保险经办能力建设意见的通知》（劳社部发〔2006〕10 号）提出："加强社会保险经办能力建设，是加强劳动和社会保障能力建设的重要组成部分，对于全面落实科学发展观和构建社会主义和谐社会、推动社会保险事业持续发展和保证社会稳定具有重要作用。各级劳动保障部门要高度重视社会保险经办能力建设，切实加强领导，统筹规划安排，精心组织实施，不断提高社会保险经办能力。"2013 年 11 月 15 日发布的《中共中央关于全面深化改革若干重大问题的决定》强调："加快健全社会保障管理体制和经办服务体系。"2014 年底,我国社会保险经办机构实际管理的参保对象已将近 20 亿人次,可提供参保、缴费、查询、发放待遇等多功能服务。实施两个流程,即信息向上集中、服务向下派送。截至 2018 年末,全国 31 个省份和新疆生产建设兵团均已发行全国统一的社会保障卡,覆盖所有地区。全国社会保障卡持卡人数为 12.27 亿人,社会保障卡普及率为 88%。全国大部分地市全面开通 102 项社会保障卡应用。全国 31 个省份和新疆生产建设兵团均已建设机关事业单位养老保险信息系统。全国 12333 电话咨询服务全年来电总量为 1.34 亿次。[①]

一 社会保险经办管理的定义、原则与内容

(一) 社会保险经办机构与经办管理的定义

2017 年我国五项社会保险基金总收入为 67154 亿元,总支出为 57145 亿元,收支保持总体平衡,累计结存超过 71159 亿元。[②] 人力资源和社会保障部社会保险事业管理中心 2012 年 1 月 17 日制定的《2012 年社会保险经办管理服务工作要点》中指出社会保险经办管理服务工作的总体思路和要求是:"按照中央经济工作会议和全国人力资源社会保障工作会议部署,紧紧围绕健全和完善覆盖城乡社会保障体系的目标,以贯彻《中华人民共和国社会保险法》和落实'十二五'规划为主线,进一步推进精确管理,做好重大改革政策实施的经办工作,全面施行新农保和城镇居民养老保险,加强扩面征缴,确保各项待遇按规定发放和支付,大力推进标准化、信息化和专业化建设,优化和创新经办管理服务流程,丰富便民利民举措,强化社保基金管理,以优异成绩迎接党的十八大胜利召开。"

根据《社会保险行政争议处理办法》(中华人民共和国劳动和社会保障部令第 13 号),社会保险经办机构是指由法律、法规授权的劳动保障行政部门所属的专门办理养老保险、医疗保险、失业保险、工伤保险、生育保险等五大社会保险事务的工作机构。例如,医疗保险经办机构是指在医

---

① 参见《2018 年度人力资源和社会保障事业发展统计公报》。
② 参见《2017 年度人力资源和社会保障事业发展统计公报》。

疗保险工作中具体负责承办医疗保险基金的筹集、管理、支付、监督等医疗保险业务的机构。医疗保险经办机构在行政归属上是劳动与社会保障部门所属的全民事业性机构，在业务上依据政府颁布的医疗保险的各项法律、法规具体开展医疗保险的各项业务工作。

经办人是亲自办理事情的人，是事件的执行人或操作人，和最终的负责人有时是不同的。负责养老保险、医疗保险、失业保险、工伤保险、生育保险的社会保险经办机构的各组成人员各司其职，各自担当具体事务的经办人。社会保险经办管理就是对养老保险、医疗保险、失业保险、工伤保险、生育保险五大保险进行费用征收、档案管理和账户管理、政策咨询、基金使用与投资管理等各种具体事务提供具体服务的管理。

我国社会保险经办管理体制包括行政管理系统和业务管理系统两大主体系统。社会保险经办机构一般指业务管理机构，属事业单位性质，主要职责是收缴和调剂、运用保险基金。我国的最高经办机构是社会保险事业管理中心（隶属人力资源和社会保障部），其在各地的系统分支机构一般称为"社会保险基金管理中心"。

社会保险经办管理指为了保证社会保险事业的发展和各项社会保险政策的实施，建立一定的组织机构，配备具有一定素质的工作人员，对社会保险事业进行的决策、计划、指挥、监督、调节等活动，以及对社会保险基金进行筹集、管理、运营和保障待遇的给付等活动。社会保险经办管理涉及政策执行力的问题，需要实现经办资源的有机整合，目前各地方社会保险机构形成了按五大险种分设、分散管理的经办管理模式，出现了经办资源不集中、信息采集扩散、数据集中度低、行政管理成本居高不下、经办能力进步缓慢、经办效率上不去、群众抱怨情绪强烈等问题，致使社会保险经办机构的经办管理能力长期得不到质的提高，政府公信力下降，窗口服务与信息化服务无法满足群众多层次、个性化的办事需求。

社会保险制度与政策是公共管理中的重要内容，追求社会保险的可持续发展是社会保险经办管理的重要目标。在建成小康社会与和谐社会的进程中，高效率的社会保险经办管理一方面要求建立健全高效的社会保险经办管理体制作支撑；另一方面要求严格监控和适时矫正社会保险的不协调性，设计和制订合理的社会保险规划来指导社会保险制度的长期发展，并在实践中不断完善社会保险制度。

（二）社会保险经办管理的原则

社会保险经办信息化是经办管理最重要的环节，利用信息技术的优势开展经办工作，是提高经办机构能力的重要路径与突破口，信息化建设要求大力提高经办机构信息处理水平，提高经办人员的信息素养、综合办事能力、沟通能力和政策执行力度，促进社会保险经办机构全面提升公共服务效能与水平，将管理方式从行政命令导向型转向流程导向型，优化流程管理，将管理模式覆盖事前、事中、事后的全过程。社会保险经办管理不仅要遵循公共管理与社会服务的一般原则，还应当根据社会保险制度的特殊性要求遵循某些特定的原则。它们是建立合理的社会保险经办管理体制的基本依据，也是社会保险经办管理系统正常、有效运行的准则与保证。社会保险经办管理的原则如下。

（1）依法管理原则。社会保险制度是经济制度、政治制度、社会制度和法律制度的统一体，具有强制性，这决定了社会保险制度在各个环节均必须严格按照社会保险现行法律、法规与政策有条不紊地运行，并接受社会的监督。社会保险经办管理作为整个社会保险运行机制中的一个重要环节，依法管理既是为了避免由管理职责紊乱致使社会保险制度在运行中出现的非正常状态，也是为了确保社会保险经办管理的权威性与科学性。实行依法管理包括两个方面的内容：一是管理机构及管理岗位的设置需要有相应的法律、法规作为依据；二是社会保险经办机构必须依法管理，只能在既定的职责范围内行使权力，不能缺位或越位。其基本任务就是保证现行社会保险法律、法规、政策的贯彻落实，从而实现依法行政、管理有序。

（2）公平与效率原则。社会保险经办机构被称为社会保险政策的执行者、百姓权益的守护者、公共服务的提供者。社会保险是公共事务管理的一部分，它直接关系到全体社会成员的切身利益。中央与地方财政既是支撑社会保险制度运行的重要资源基础，又是社会公共基金的供给侧，它实质上为全体社会成员所共有。

首先，社会保险经办管理机构职责应当明晰化、公开化，权责利相结合，以便让社会保险的参保对象明确自己社会保险的权益及相关的申请、上诉的程序与义务是否合理合法。

其次，管理机构在社会保险运行中也是社会保险制度公平的维护者，应当依法保护社会成员的合法权益，采取不偏不倚的态度，杜绝身份歧视，当好公正裁判，及时调解社会保险制度运行中的矛盾与纠纷。

最后，要始终维系社会保险制度运行的效率，保证政令畅通，努力降低管理成本与运行成本，使社会保险资源得到最优配置。

（3）集中管理与分类管理相结合原则。社会保险经办管理是一种政府行为，包括行政管理与业务管理两部分，政府是社会保险制度最终责任的承担者。因此，政府机构有必要对社会保险事务实行统一集中管理，以保证社会保险的健康发展，最终实现社会保险各险种全国统筹的总目标。推进社会集中管理的同时，对社会保险具体事务实施分类管理，即不同的社会保险项目可以按照其属性分别归入相应的社会保险类别，中央与地方政府有明确的分工，并由相应的部门实施责任管理。

（4）属地管理原则。社会保险制度是一个开放的社会化系统，追求的目标是社会稳定与社会公平，需要保持每一个环节都能相对稳定、每一个地区都能均衡发展。在运行中它通过一定区域内设置的经办机构来完成既定任务，实现一定区域范围内社会成员之间的互济互助。因此，各国的社会保险事务通常是在国家法律、法规的统一规范下，由各地区组织实施并由各地区的社会保险经办管理机构负责管理与监督。在目前的情况下，社会保险经办管理应当奉行属地管理原则，即同一地区的社会保险事务适宜由该地区的管理机构统一管理，这是维护社会保险制度公平性、互济性和社会性的内在要求。

（5）协调一致原则。社会保险系统与其他社会系统和经济系统存在着不可分割的联系，在运行中需要与其他系统保持协调一致。在社会保险系统内部，管理系统需要与社会保险法制系统、实施系统及监督系统保持协调一致。即使在社会保险经办管理内部，不同的管理机构也需要在明确职责、分工负责的基础上保持一定程度的分工协作。强调管理系统与其他系统的协调及管理系统内部的协调，目的在于减少制度摩擦、提高效率，促使管理目标顺利实现。

（三）社会保险经办管理的内容

社会保险经办管理过程是由一定的社会组织制定和实施、全面落实社会保险政策的过程。它主要包括三方面的内容：社会保险对象的管理、社会保险基金的管理、社会保险绩效的管理。

1. 社会保险对象的管理

社会保险经办管理的核心就是要保护参保对象的合法权益，提供完善的社会服务是社会保险经办管理的一大本质要求。因此，社会保险对象管理的过程实际上是对社会保险对象提供一系列必要服务的过程。一般而言，对在职的社会保险对象的管理大多依托其所在单位进行，而对特殊的社会保险对象，则需要进行社会化管理或社区管理。这些特殊对象是社会的贫弱者，主要包括退休人员、鳏寡孤独及丧失劳动能力者、失业者、残疾人等。由国务院颁布、于 2014 年 5 月 1 日起施行的《社会救助暂行办法》，作为中国第一部统筹各项社会救助制度的行政法规，将有助于推动相关部门履行救助职责、规范救助行为，为社会贫弱者提供法律依据和法律保障。

目前，社会保险对象发生了重大变化，以前社会保险的参保对象是在职劳动者，而现在城乡居民养老保险、城乡居民医疗保险等，将参保对象扩大到了城乡居民，参保队伍扩大，政府更要加强社会保险经办管理机构的能力建设，坚持以人为本，优化管理服务流程，全面提高工作效率和服务质量；进一步提高社会保险经办管理服务社会化水平，建立公共服务体系、培训体系，强化就业服务等；使退休人员从企业中分离出来，将其中大多数人纳入社区管理，实行社会化服务，切实减轻企业的社会事务负担；还要加快社会保险信息系统工程的建设步伐，对参保人员进行信息化管理，支持科学的宏观决策和人本化的微观管理。

2. 社会保险基金的管理

社会保险基金通常包括个人缴费形成的个人账户基金、用人单位缴费形成的社会统筹基金、企业和个人共同缴费的企业年金、机关事业单位职业年金、全国社会保障基金等。其中，全国社会保障基金指全国社会保障基金理事会负责管理的国有股减持划入资金及股权资产、中央财政拨入资金、经国务院批准以其他方式筹集的资金及其投资收益形成的由中央政府集中管理的社会保障基金。

在社会保险基金收支经办管理过程中，应按照《中华人民共和国预算法》的要求将社会保险基金纳入财政预算，实行收支两条线管理，即负责社会保险费征缴的机构、财政部门和失业保险经办机构在国有商业银行分别开设"社会保险基金收入户""社会保险基金财政专户"和"失业保险基金支出户"。收入方用于暂存收缴的各项社会保险基金收入，除按规定向社会保险基金财政专户划拨基金外，一般只收不支；财政专户用于存储社会保险基金，其作用是接受从收入方划入的社会保险基金并向支出方拨付社会保险基金；支出方主要用于支付社会保险基金的开支项目，除按规定接受社会保险基金财政专户拨入的基金外，一般只支不收。明确界定和准确定位社会保险经办机构与财政部门在基金管理监督中各自的权力（利）、义务、作用与责任，有利于政府克服基金管理中存在的混乱局面。将社会保险基金纳入财政专户管理，专款专用，有利于实现基金的预算收支平衡、科学管理，防止社会保险基金被挪用、贪污或浪费；在基金的具体运营过程中，建立专门的社会保险基金的高效率运营机构，或者委托基金管理公司管理社会保险基金，使基金按照市场规则运营增值，有利于提高社会保险基金的使用效率，确保社会保险基金的保值与增值；在社会保险基金发放过程中，要充分运用现代电子技术手段，构建全国性的社会保险基金的管理安全网，与民政部门、公安部门、财政部门、地方税务部门、劳动部门等进行联网协作，建立包括劳动与社会保障工作机构在内的综合性办事机构，有效地监督社会保险基金的收缴、使用、管理与发放。

3. 社会保险绩效的管理

绩效管理是一个完整的系统，美国国家绩效评价中的绩效衡量小组对绩效管理的定义为，"利用绩效信息协助设立普遍认可的绩效目标，进行资源配置与优化顺序的安排，以告知管理者维持或改变既定目标的计划，并且报告成功符合目标或叙述未能达成目标的原因的管理过程"。[1] 20 世

---

[1] Beryl A. Radin, Searching for government performance: The Government Performance and Results Act, PS, *Political Science & Politics*, Washington, Sep. , 1998.

纪西方国家兴起的新公共管理（New Public Management，NPM）运动，其本质就是要求公共部门以绩效管理为目标，以顾客满意作为衡量公共绩效的最重要指标。绩效与效率有联系又有区别，尼古拉斯·亨利认为，效率（efficiency）指以最少的可得资源来完成一项工作任务，追求投入与产出效率，而有效性（effectiveness）则指注重实现所预想的结果①。

社会保险的绩效管理也要设置一系列的测量统计指标体系与研究方法，对政府承担的社会保险的责任及其实施效果进行有效性评估。当前许多国家政府社会保险部门都将注意力放在了改革社会保险行政管理、提高服务手段与效果、降低行政管理成本的层面上。一些国家政府部门社会保险机构由此开发了社会保险绩效评估办法，以确保对提高社会保险服务质量与服务水平、降低社会保险管理成本的各项具体目标进行跟踪评估，使社会保险在产出量测量、成本测量、结果测量、服务质量测量、公民满意度测量、政策实施的正面和负面效应测量等方面能进行准确的评估。我国应加强对社会保险统计的管理，在改进和完善定期统计报表制度的同时，建立起经常性的专题调查制度，及时掌握我国社会保险中心工作急需的正面数据与负面数据，加强社会保险基金的存量管理与流量管理，研究建立政府社会保险效率景气指标与监测指标体系，逐步实现社会保险统计数据来源渠道的多元化、正规化、系统化，提升社会保险工作的效率和质量，以保障社会保险经办工作有条不紊地进行。

二 社会保险经办管理体制

管理体制指组织管理系统的结构和组成方式，即运用系统论的观点采用合理的组织方式将管理单元结合成为一个合理的有机系统，并采取科学手段和科学方法来实现管理的任务与目标。从宏观层面而言，管理体制要具体规定中央、地方、部门与企业各自的管理范围、权限职责、利益及其相互关系，管理体制的核心是管理机构的设置、管理机构职权的配置，以及各机构之间的相互协调与相互融通，管理机构的强弱直接影响管理效率和效能的提升与稳定。

---

① 范柏乃：《政府绩效评估与管理》，复旦大学出版社，2007。

社会保险制度要想得到顺利的贯彻实施，必须依赖于社会保险经办能力的加强和提高。社会保险制度的经办管理体制的建构应当是：政府统一领导、部门分工协作、社会广泛参与和实行分级负责、分级出资、分级管理。社会保险经办管理体制建设任务繁重，主要包括三个方面的具体内容：一是确立社会保险的管理原则和管理流程；二是明确社会保险行政管理、业务管理和监督管理的责任、机构和分工；三是确立社会保险的管理方式和管理手段，以此提高社会保险的管理效率。从社会实践看，高效的社会保险经办管理体制应表现为：社会保险经办管理决策高度统一、科学管理；社会保险的行政管理、业务管理和监督机构分工明确、职责分明；以现代信息技术手段为依托，实行社会保险信息化与社会化管理；社会保险经办风险评估主要由社会保险经办机构内部控制部门根据预先设定的风险目标，针对组织机构、业务运行、基金财务、信息系统四大方面建立应急管理预案，对可能出现的风险进行分析，对社会保险经办业务的风险点、风险环节、风险内容进行识别、预防与应急处置。

（一）社会保险经办管理体制的类型

社会保险经办管理体制的具体架构在不同国家有很大差异，但世界各国的社会保险经办管理体制表现出共同的特征：一是各国政府均积极介入社会保险事务，尽管现阶段有些国家将一些社会保险事务交由自治或半自治机构管理，但政府并未推脱其主要的管理责任与终极责任；二是管理体制无统一的范式，根据各国的国情，包括管理机构的名称、数量及所负的管理职责，政府与社会机构、中央政府与地方政府之间的管理职责划分，在不同的国家或地区均存在差异；三是依法行政，管理机构的设置及其权责分工均由相关法律规定，并根据法律赋予的职权行使管理职责；四是对原有社会保险经办管理体制进行改革或干脆重组管理机构，社会保险效率成为大多数国家深化社会保险经办管理体制所追求的目标。改革社会保险经办管理体制，不断提高管理效率，降低管理成本与提高服务手段，将成为许多国家未来的共同目标。

为了有效履行社会保险的管理职能，确保各项社会保险制度的实施，需要建立社会化和专业化的管理机构。这些管理机构通过法律规定和政府授权而成为社会保险经办管理的权威组织，但这些组织的名称、职能及性质在不同的国家有不同的制度选择，由此形成不同的社会保险经办管理体制，可以概括为以下几种模式。

1. 政府管理模式

首先，政府负责制定社会保险的政策和法令，对社会保险实施的范围与对象，享受社会保险的基本条件、基金来源、待遇支付标准与支付方式、管理办法，社会保险有关主体与客体的责任、义务、权利等作出具体的政策规定；同时政府要负责检查和监督这些政策的正确实施，受理有关社会保险的申诉；调解和裁决可能发生的上访及纠纷；等等。其次，政府负责社会保险的业务管理，包括参保人的登记、审查及监督其全部参保行为，由人力资源和社会保障部门及地方税务部门共同完成；负责社会保险基金的征集、计算和支付；负责社会保险基金的使用、调剂和运营；在工伤保险中，负责组织对劳动者丧失劳动能力程度的鉴定；负责组织协调对保障对象进行一系列必要的服务等内容。

政府管理模式包括两种方式。一种是集中统一管理，即中央政府授权某个部或某个委员会进行管理，下面设立多层分支机构，实行统一政策、统一制度、统一标准及经费的统收统支。另一种是分类管理或分权管理，这种模式又可分为两种：一是上下分权，即中央政府制定基本的法律和法规，地方政府可根据自己的具体情况制定具体的法规细则，有较大的立法权；二是左右分权，即实行分部门管理，在政府直接统一管理社会保险的国家里，从中央到地方都设立专门机构，包括行政管理机构和业务管理机构，管理人员一律为国家的公职人员。

2. 政府和公法机构的共同管理模式

在政府和公法机构的共同管理模式下，政府负责社会保险法律法规的制定和监督工作，公法机构负责社会保险的业务管理，立法监督与具体业务分开管理。政府制定和颁布有关社会保险的法律法规，政府的社会事务部进行日常行政管理，其职责主要有：进行政策研究，监督公法机构执行法律并审批其年度计划，但不干预其日常工作。

公法是配置和调整公权力的法律规范的总和。公法以研究公权力、公权力配置、公法关系和公法责任为主要内容。公法是以保护公共利益为目的的法律，公法机构是区别于政府机构和私人企业的、具有自治性质的公共团体。社会保障领域的公法机构一般由劳资双方代表组成各种社会保险委员会或基金会，有时政府也派代表参加，其下设办事机构，在国家法律规定的范围内，开展多项社会保障业务活动。政府主管部门虽无权干涉其日常工作，但是有权对其进行检查和监督。

3. 工会管理模式

工会管理模式一般是在各级工会下面设立保险管理委员会，吸收工人代表参加，在国家立法范围内，制定各种规章制度，开展多项社会保险活动，并对社会保险基金进行具体管理，包括制定社会保险费预算，提交政府审批，由工会具体实施；制定保险费缴纳标准、调剂保险费的使用等。

4. 社会开放模式

养老服务、医疗服务既可以由社会提供，也可以由政府兴办，还可以由社会与政府共同承办。中共十八届三中全会明确提出："推广政府购买服务，凡属事务性管理服务，原则上都要引入竞争机制，通过合同、委托等方式向社会购买。政府向社会力量购买服务，就是通过发挥市场机制作用，把政府直接向社会公众提供的一部分公共服务事项，按照一定的方式和程序，通过招投标管理，交由具备条件的社会力量承担，并由政府根据服务数量和质量向其支付费用。"① 社会保险经办管理向市场开放，引进竞争机制，将社会保险的众多具体事务交由社会组织执行，如社区养老保险事务、候鸟式养老、预防式医疗等，可采取以下模式。①服务外包模式：引入市场竞争机制，将一定金额以上的政府购买服务的各种具体事项通过招标、投标等方式，交给符合条件的承接主体来完成，政府根据中标者所提供服务的数量和质量交付服务费用，承接主体不得转包，政府负责实施过程中的监督。②补助或奖励模式：对兼顾或义务提供公共服务的社会组织或社会团体，政府通过给予一定的资金补助或奖励来降低其提供产品的价格或服务的价格，弥补生产成本，进一步提升这些社会组织或社会团体提供公共服务的水平与持续性能力。

---

① 参见《国务院办公厅关于政府向社会力量购买服务的指导意见》，2013年9月26日。

（二）我国社会保险经办管理体制的构建

2003 年大部门体制改革后，我国对社会保险管理模式、管理体制重新进行了梳理，强调管理与服务相结合，打造社会保险经办机构的服务型政府。反思我国社会保险发展进程中存在的一些体制桎梏与发展瓶颈问题，如缺乏社会保险制度设计的整体思考或是顶层设计、管理成本偏高、社会保险激励效率低下等；社会保险体系不完善，各种寻租行为突出，社会保险基金监管乏力，关键在于中央与地方政府在社会保险的责任与分工上的具体职能不够清晰，受事权与财权不统一等体制性问题的制约。为此需要通过社会保险责任的法律协调，完善社会保险管理体制，构建中央与地方政府共同负责的社会保险制度与责任框架，有效地解决政府缺位、越位或退位等角色地位处置不当的问题。可以从以下几方面着手。

1. 规范社会保险业务经办管理

第一，要研究制定既相对独立又相互制约、既有内部控制又有外部监督的统一的业务经办流程，统一操作程序；第二，要研究设定工作内容明确、工作程序清晰、工作职责分明的科学合理的工作岗位，规范岗位设置；第三，要加强服务的标准化管理与职业化管理，统一制定经办工作管理标准、业务操作和流程设计管理标准、基金营运和监督管理标准、对外服务管理标准、网络建设和信息技术管理标准等，实行标准化管理和职业守则；第四，要疏通业务申报渠道，统一开发业务申报软件和管理软件，实现网上、磁盘或光盘等多种形式申报业务，尽量减少手工操作，提高工作效率；第五，要明确社会保险经办机构与人力资源和社会保障部门之间的业务职责分工，经办机构的主要职责是按照政策规定具体操作业务，而不是研究制定政策，是政策的执行者，而不是政策的制定者。业务管理工作不断规范和加强，将为社会保险各项工作的贯彻落实提供保障，有利于社会保险经办能力的提高。至 2016 年底，全国共有县以上经办机构 7937 个，实有工作人员 195869 人，经办管理服务水平持续提升①。

2. 实现服务方式的变革

一是在前台服务全能化上有所突破，通过建设"综合服务窗口"，使

---

① 参见人力资源和社会保障部《中国社会保险发展年度报告 2016》。

所有业务可在一个窗口实现一站式办理；二是在服务平台网络化上有所突破，推行分散式、下沉式的服务形式，实现经办服务功能向街道和社区延伸，近距离接触服务对象，使服务更方便，更加个性化；三是在服务手段多样化上有所突破，改变原来单一的服务手段，尽快实现网上办理、就近办理、一站式办理和"一卡通"办理。近年来，越来越多的地方人力资源和社会保障部门意识到：只有运用信息化手段，才能提高经办服务效率，保证各项政策的落实。《社会保障"十二五"规划纲要》提出：加快信息化建设，改进服务手段，提高社会保障公共服务的便利性，积极探索网上申报、缴费、结算。《人力资源和社会保障信息化建设"十二五"规划》要求大力推进基于互联网的公共服务。为此，"科技社保""电子社保"等信息技术开始广泛应用于各项社会保险业务，经办机构之间、经办机构与定点医疗机构之间逐步实现系统联网，促进了信息共享，缩短了经办时间，普遍提高了经办机构的工作效率，方便了人民群众。《中华人民共和国国民经济和社会发展第十三个五年规划纲要》要求加强公共服务设施和信息化平台建设，实施社会保障卡工程，使持卡人口覆盖率达到90%，进一步明确了具体目标。

3. 统一社会保险机构设置，实行垂直管理

在全国范围内统一社会保险机构设置，理顺机构层级。

首先，应在全国范围内统一社会保险机构建制，将社会保险经办机构改建为独立的、由政府直接领导的国家行政机关。要统一单位名称，部级机构称为社会保险总局，省级机构称为社会保险局，市级以下机构称为社会保险中心，社区成立社会保险站，实行扁平化管理。利用社会力量和市场竞争机制推动社会保险服务的政府外包项目，规范建立以社会保险经办机构为主、定点公共服务机构为辅、社区服务中心为平台的扁平化的社会化经办管理与公共服务体制。

其次，实行垂直管理。一是提高社会保险统筹层次，对社会保险部门实现垂直管理，省以下社会保险部门的人、财、物统一由省级社会保险部门管理，包括干部任免、编制配置、经费拨付、业务管理等。二是适应规范统一办理各项社会保险业务的要求，实现各险种的业务统一办理、统一流程，不断提高经办业务的水平和效率，逐步实现"五险合一"的征收体

制。三是优化经办机构的组织架构，创建管理、服务、监督三位一体的管理模式，加强管理，优化服务，实现信息共享，加大监督力度，不断提高依法办事能力。四是实行包括组织架构定位、岗位职能界定、业务流程改革、运行机制健全、信息系统优化和内控体系完善等各个方面的垂直管理建设。

最后，确保政令畅通，明晰中央与地方的责任边界。彼得·鲍尔曾提出，福利国家的根本问题不是经济问题，而是道德问题，其问题在于人们是否对他们所管理的事务负有责任感①。中央政府与地方政府应对社会保险职能各负其责、各有分工，通过权力配置与明确的责任边界体现出来。

社会保险责任机制是旨在实现社会保险责任的一套制度安排或确保责任实现的途径。社会保险行政机构中的各个部门要履行其所承担的行政责任与业务责任，都必须具有相应的行政权力。各级行政机构中部门的责任与权力，必须是内在统一的，行政权力的配置应当同机构承担的行政责任相对称和相平衡，从而达到权责统一，事权统一，各部门专司其职。权责统一，有利于形成部门间的职权分离和彼此制约的权力运行机制。社会保险事务是具体事务，作为最贴近公众的民生问题，地方政府立足于当地，具有一定的知情权，也有更加合理的处置权，中央政府的调控鞭长莫及。契约理论认为，一种有效率的责任分配方式可以是中央政府和地方政府通过协商机制确定一个社会保险边界：一边是明确规定由中央政府负责的，那么就由中央政府来提供；另一边是明确的地方社会保险事务，则要由地方政府来负责。这就需要一个有高度管理权威的中央政府和建设一个强有力的政令统一、令行禁止的行政管理体系。坚持社会保险职能的权责对称原则、集中与分散管理相协调原则，才能发挥中央与地方的积极性，建立科学合理的领导体制与协调、灵活、高效的运行机制。

4. 完善内部控制管理

按照《中华人民共和国社会保险法》等有关法规和政策，依靠各业务环节详细科学的操作规程，规范参保登记管理、缴费核定、账户管理、待遇审核、待遇支付、社会化管理、基金财务管理、计划统计管理、稽核监

---

① 柴立娜：《福利国家社会保障发展及其对中国的启示》，《党政干部学刊》2001 年第 9 期。

督等业务环节的操作流程，指引工作人员依规办事，不断提高工作效率。建立内部监控与评价管理是社会保险经办机构内部控制正常运行的体制保障，由社会保险经办机构内部控制部门对业务部门所经办的具体业务进行监督检查，对经办流程的风险进行筛查，查找存在的不足，也对社会保险经办机构内部控制体系运行的情况进行自查，对于检查发现的问题进行整改，并对问题进行汇总及提出后续改进意见。内部控制管理主要通过利用业务信息操作系统、基金财务管理系统、档案资料影像系统等系统数据，以信息化控制为手段，着重对业务运行和社保基金财务管理两大环节实施监督控制。

第二节　社会保险经办管理的服务思想与服务理念

在管理学概念中，管理是服务的代名词。政府参与社会保险事务行政管理的重要职能之一就是不断提升服务水平，满足人民群众的需要。在发达国家，社会保险经办管理服务的内容非常广泛，几乎无所不包，有养老服务、老年护理、医疗保健、心理安抚、残疾康复、老年教育、劳动就业、犯罪矫治等。随着高科技手段与人性化思想的不断渗入，提高社会保险经办管理效率、提升社会保险经办管理与服务品质的理念进一步深入人心，我国许多地方出台政策法规，重新定义了社会保险机构的服务质量和服务内容，建立信息服务交互与融通平台，完善以参保者群体为中心的社会公共服务体系。

一　社会保险经办管理的内容与形式发生了重大的变化

目前公共服务需求总量巨大，个性化需求呈现日益多样化、复杂化、优质化的势态，践行中央政府公共服务均等化的价值理念，要求实施多元融合的制度安排。政府逐步由"全能型政府""大政府"向"有限型政府"转变，逐步引导企业和社会公益组织参与不同层面、不同领域公共服务的供给。形成政府、企业、市场、社会、个人等多元主体之间相互合作的局面，"伙伴关系"成为这一时期公共服务多元主体之间的关系特质；

减少过度的利益博弈，有效实现多元主体之间优势互补与利益共存的和谐局面。

根据政事分离原则，社会保险机构的协调与职权一般按上、中、下三个层次设置，国务院相关行政部门作为行政机构负责制定政策、立法与监督检查工作；各级地方政府相关行政部门负责本行政区域内社会保险基金的征缴管理和监督检查工作，制定地方行政法规；社会保险业务机构负责具体的社会保险基金的使用、发放，建立和管理基本养老保险和基本医疗保险个人账户，以及对受保人群的服务工作等。

中央和地方政府社会保险经办管理属于间接性的宏观管理层面，具体包括：制定社会保险方面的法律法规，组织研究社会保险长期预测和发展规划，制定全国统一的社会保险缴费和支出标准，对社会保险机构进行执法管理、检查与监督，负责对社会保险基金的平衡调剂。社会保险机构运行效率与服务质量的好坏，直接关系到参保人群对社会保险制度的认知程度与参与程度，也直接影响到社会的稳定与人民群众生活质量的提高。

从公共管理服务模式出发，对政府社会保险经办管理职能而言，我国政府主导型的社会保险制度配合计划经济体制向市场经济体制的转轨，政府对传统计划经济条件下形成的一整套社会保险模式重新进行了制度设计，建立了在城镇地区实行的、一元化的多层次社会保险制度体系。这种制度体系的运行尽管出现了重重困难，但社会保险服务于国有企业改革的初衷还是卓有成效的，较好地缓解了政府在推进经济体制改革中所承受的巨大压力，政府介入社会保险经办管理的服务思想与服务理念发生了重大的变化，主要表现为以下几点。

（一）努力将扩大就业与推进就业服务放在政府工作的首位

多年来，中国政府审时度势，实施积极的财政政策或是适度的财政政策，对治理通货紧缩或通货膨胀产生了明显的效应，即使在财政从紧的情况下，政府对就业的支持力度也没有放松。实现充分就业，解除失业者的心腹之痛，是责任政府的第一要务。以保持社会稳定为出发点，以控制失业率为目标，紧密结合扩大就业政策措施，运用法律的、经济的等必要的行政手段对城镇失业问题进行源头调控，把失业造成的影响控制在社会可承受的范围内。政府通过财政转移支付手段和各项财政补贴政策或优惠政策为落后地区提供均等的发展机会，改善这些地区的基础设施与公共福利，利用落后地区的资源优势，促进生产要素向落后地区的流动，促进生产力的发展与扩张，释放了这些地区的潜在资源，挖掘了其发展潜力，促进了生产的发展与就业的扩张。

为了解决国有企业下岗职工再就业问题，在"大众创业、万众创新"号召下，大部分地方政府采取了税收优惠等手段，鼓励下岗职工和失业人员创业或再就业，并提供一系列的金融支持、技术支持及信息支持，扶持相关人员及相关产业的扩张，使劳动关系更为和谐，有利于调动企业和劳动者的积极性与提升就业率。

（二）在关注弱势群体利益方面贯穿人性化管理理念

弱势群体指由于某些障碍及缺乏经济、政治与社会机会而在社会上处于不利地位的人群，主要包括未能再就业的下岗职工、体制外的靠打零工与摆小摊养家糊口的人员、进城农民工、较早退休的集体企业职工。全国大中城市均建立了城镇居民最低生活保障线制度。进城农民工社会参与及子女就学问题得到了一定程度的改善，农民工工资拖欠与追讨问题被列入政府的议事日程；失地农民的养老保障与就业得到了政府的关注，并通过一些立法手段加以实施；政府逐渐改进了以往粗放型的工作方式，对在城市生活无着的流浪乞讨人员给予一定的社会救助，如给予衣物、食宿、医疗、通信、返乡、寻亲及接送等方面的救助服务；政府加大了财政投入，对落后地区的基础教育和卫生保健等重要的公共服务加大了财政支持力度，使这些地区尽快形成一定的生产规模，帮助更多的人就业。对城乡最低生活保障、特困人员供养、受灾人员救助、医疗救助、教育救助、住房救助、就业救助、临时救助和社会力量参与等方面作了规定。

（三）推进社会保险经办管理服务社会化与信息化建设

社会保障信息系统的建设是完善社会保障服务的重要环节。随着社会保障覆盖面的不断扩大，参保人数海量增长，社会保障信息系统涉及的服务对象大量增加，需要建立庞大的社会保障数据库管理系统与个人档案管理系统，还需要接受大量的用户访问。这一系统还将与政府的电子政务系统融为一体，成为政府更大规模信息系统中重要的交互信息平台。例如，广东省在建设金保工程和数字民政工程中，明确提出"完善市级集中式信息系统，实现社会保险信息系统和民政业务系统广东省联网""建立民政业务信息系统和广东省集中式的社会保险信息系统及容灾系统""完成社会保险业务系统与劳动力市场业务系统的有机整合"这些具体目标，充分实现"同人同城同库"，完善社会保险业务管理，完善民政公共服务系统建设，实现民政业务的网上办理。劳动力市场网络及社会保险信息网络的建设侧重于向社区信息化发展，以提高新型现代社区的管理和服务水平。广东省各级人力资源和社会保障部门积极为下岗失业人员提供失业登记、就业信息、职业介绍、职业指导、档案管理、培训申报等一条龙服务，对"4050"（是指处于劳动年龄段中女 40 岁以上、男 50 岁以上的人员）人员实行岗位援助和服务承诺制度，提供"一帮一"跟踪服务。"12333"人力资源和社会保障部门的保障电话咨询服务系统为民众提供便捷的劳动保障业务及问题咨询服务，劳动者可以非常方便地查询到全国各地的劳动力市场供求信息，搜寻工作机会，查询劳动与社会保障政策和养老保险政策的变化，查询医疗保险基金个人账户使用信息与储存信息情况。从参保登记到待遇发放，从招工录用到解除和终止劳动合同，从登记失业到接受就业服务和政策享受，劳动者都可能获知所需要的信息，这种便捷型的一站式服务大大方便了人民群众。

按照金保工程的统一规划和部署，各地社会保险经办管理机构在新上系统或系统升级时均按照统一的标准和规则进行，社会保险大部分业务依托核心平台系统，在实际操作中，为减少经费支出和保障数据格式的一致性，大多以省级为单位进行系统开发商的招标采用工作。目前全国范围内的核心平台系统基本由上海万达集团股份有限公司、大连东软集团股份有限公司和山大地纬软件股份有限公司所掌管，全国范围内开发软件公司的唯一性保证了全国各地市社会保险信息的一致，全国范围内数据平台的唯一性则为通过建立接口等手段实现信息共享提供了可能。本着社会保险"数据向上集中、服务向下延伸"的原则，全国范围内市、省、中央三层数据分布和管理结构已基本建立，各地也先后建成了不同等级的基础数据库，信息一体化的框架已形成。

（四） 加强医疗保险与工伤保险管理服务

为规范医疗服务行为，降低医治成本，国家要求同步推进基本医疗保险制度、医疗卫生体制和药品生产流通体制并行改革，并重新制定了国家基本医疗保险药品、诊疗项目和医疗服务设施目录，限制了药品环节流通中的加价行为。实行政府药品和大型医疗设备采购改革；限制不合理的医疗费用支出，保证参保者享受必要的医疗服务；对提供服务的医疗机构和药店实行定点管理、定点监控，选择医疗行为规范、服务较好的医疗机构和药店作为医疗保险的定点机构，限制不法套现行为的蔓延；不断完善医疗保险经办机构与定点医疗机构的费用结算办法，杜绝假处方、假住院行为的发生。

各地政府还在积极探索和开展职业康复工作，并先后在一些地区建立了职业康复中心和康复医院，对工伤职工提供工伤康复、心理康复、职业培训、就业指导服务，帮助工伤职工克服由工伤带来的生理障碍和心理障碍，帮助他们重返工作岗位。

（五） 改进政府单一筹资方式，推进社会福利社会化

我国社会服务的内容主要包括向因年老、重病、生理或心理缺陷而丧失劳动能力、造成生活困难的社会成员提供贴心服务。近年来，通过推进社会福利社会化，逐步形成以国家、集体及社会组织举办的老年社会福利机构为骨干以社区老年人福利服务为依托以居家养老为基础的老年人社会服务体系，养老服务向着智能化、"互联网＋"和养老金融的方向健康发展。

（六） 推进"四险合一"的收费改革

"五险合一"指"十二五"规划及之前社会保险费征缴中养老保险、医疗保险、失业保险、工伤保险、生育保险五险合一征缴，"十三五"规划要求将生育保险与医疗保险归并，称为"四险合一"。其基本思路是：整合同一统筹范围内的社会保险信息系统，将各项保险统一纳入综合业务系统进行统一管理，包括登记管理、申报管理、档案管理、缴费管理、基金收支管理等，实现"四险合一"，可以归纳各项保险的共同点，由征缴部门统一个人基本信息、单位基本信息、缴费记录、基金台账等数据结构，统一后台数据库，从而实现基础业务数据的"四险"共享。

"四险合一"有利于简化社会保险经办流程，弥补多头系统数据不兼容的漏洞，降低征缴成本，提高社会保险信息管理水平。目前已经有很多地方在试点探索，如福建省建立了全省统一的社会保险基金管理中心，对五种社会保险实行统一管理和"一条龙"服务（注：这是福建省的提法），这是社会保险费税改革的方向和必然趋势。从政策上对"四险"统一缴费基数、适当调整费率、适时建立个人账户；从征收上真正赋予地方税务机关统一征收社会保险费的权力，明确征收责任，包括社会保险费的登记、申报、征收、管理、处罚等，使地方税务机关能够依法行使法律赋予的强制执行手段。同时，福建省地方税务局将加快完善地方税务征管信息应用系统的数据库建设、加快应用软件扩容升级的改进步伐，重点考虑建立"四险统征"的数据库和数据交换平台。

针对各项保险分散经办的弊端，"十三五"期间的"四险合一"改革，可以强化经办工作以人为本的理念，加大社会保险经办机构内部人员主要是人力资源和社会保障部门与地方税务部门有效资源的整合力度，逐步实行各项保险经办业务统一集中化的办理，根据社会保险信息系统的要求，规范服务流程，统一服务规章，简化经办手续，推行窗口化服务和一站式的便捷化服务，使参保单位和参保人员"足不出户"便能办结各项社会保险业务，实现社会保险经办高效化管理，在全社会树立起良好的经办服务管理者形象。

人力资源和社会保障部办公厅发布的《人力资源和社会保障部办公厅关于做好企业"五证合一"社会保险登记工作的通知》（人社厅发〔2016〕130号），要求从2016年10月1日起，在工商部门登记的企业和农民专业合作社按照"五证合一、一照一码"登记制度进行社会保险登记证管理。社会保险经办机构应及时接收工商部门交换的数据，生成企业的《社会保险登记表》，并按规定存档。工作中要认真核实参保人数、缴费金额、欠缴社会保险费等情况，信息交互，杜绝虚假申报，简化经办流程。

总体而言，与西方福利国家相比，我国还处于比较低的社会保障层次，社会保障资源配置结构不太完善，农村社会保险资源十分有限，社会保险的二元化现象十分明显，社会保险的发展与发育程度还处在初级阶段。从另一角度看，构成社会保险的支撑体系还不明晰，尤其是在提供高质量服务的现代化手段与信息化服务方式上还存在一定的差距。由于政策多变，社会保障管理信息系统还难以给参保人提供快速准确的信息服务，部门间的资源共享与交互方面还有待加大大数据的系统建设，社会保险机构的服务意识与质量意识还有待提高，社会保险的精算管理、量化管理相对落后，社会保险的经济效率观与社会效率观还没有真正地树立起来。因此，不断提高政府社会保险的服务理念，改进粗放型的工作方式，理应成为中国社会保险的未来战略目标。

二 参加人数急速增加，经办能力理念建设需要制度创新

截至 2014 年底，全国参加城镇基本养老保险的人数为 34124 万人，参加城镇基本医疗保险的人数为 59747 万人，参加失业保险的人数为17043 万人，参加工伤保险的人数为 20939 万人，参加生育保险的人数为 17039 万人，基本实现了制度内全覆盖。2014 年底，社会保险经办机构实际管理的参保对象已将近 20 亿人次，可提供参保、缴费、查询、发放待遇等多项服务，经办管理与经办服务是一个非常浩大的社会工程。截至 2015 年第三季度末，全国社会保障卡持卡人数达到 8.09 亿人，提前完成国家"十二五"规划目标。社会保障卡普及率达到 59%，全国 80% 以上的社会保障卡已加载金融功能。截至 2015 年底，全国社会保险经办机构数达到 7915 个，经办人员达 18.45 万人。据人力资源和社会保障部的报告，近年来，中国社会保险经办水平不断提升，2016 年全国办理基本养老保险关系跨省转移接续 200 万人次，较 2012 年增加 85.3 万人次，增长 74.4%，2012 年以来累计办理基本养老保险关系跨省转移接续 860 万人次，转移资金达到 1717 亿元。截至 2016 年末，全国累计办理城乡养老保险制度衔接 55 万人次，转移资金 23.5 亿元。2016 年全国基本医疗保险关系转移接续 190 万人次；2012 年以来累计转移接续 763 万人次。

2015 年，工作人员与参保人次的比例为 1∶10387，比 2014 年增加了 213 人次。超过平均值的有 12 个省区市。广东、重庆、上海等省市分别为 1∶22138、1∶20213、1∶20084，经办人员的工作负荷进一步加重。尽管如此，个性化需求仍旧是一个挑战。以广东省为例，全省经办机构覆盖范围、人员统配、经费保障等各项指标较其他省区市有相对优势，但是相对

全省 6200 多亿元的社会保险基金总量，2015 年 4 亿人次的参保个人账户管理，现行社会保险经办管理体系跟不上时代发展的步伐。尤其大数据信息化建设已经成为阻碍社会保险事业和社会保险经办管理体系运行的瓶颈，还存在着经办管理体制不顺、经办队伍负担太重、经费投入不足等问题。做好涉及大众利益的民生工程和为数众多的社会公共服务，中国社会保险经办机构管理体现出来的能力不足，表现为当前社会保险经办机构编制不足、执行能力十分有限。中国社会科学院世界社保研究中心秘书长房连泉认为，目前社保经办机构存在的问题包括机构定位不清、人员身份复杂、行业管理体系交叉、信息化建设滞后、政府部分职能交叉等。尤其是统筹层次低、五险经办分管等薄弱环节极大地制约了社会保险经办机构的服务效率。社会矛盾更加复杂多变，经办任务将更加繁重。社会保险经办机构队伍建设步伐还不能完全适应社会保险事业发展的需要，客观上要求经办机构在完善服务模式、提高专业化水平和服务效能上加倍努力。表 1 - 1 是 2015 年各险种岗位工作人员结构分布。

表 1 -1   2015 年各险种岗位工作人员结构分布情况

单位：%

险种	管理人员	业务人员	专业技术人员	其他人员
养老保险	19.0	39.8	29.4	11.8
医疗保险	19.2	34.0	36.7	10.1
工伤保险	21.1	23.6	43.4	11.9
其他	21.1	31.8	27.2	19.9

（一）服务方式的需求

1. 个性化需求。个人实名制度下以个人账户管理为核心的社会保险管理系统，要保证个人账户基金安全增值，相关经办管理机构要为国民保留社会保障权益记录不少于一百年。

2. 一站式服务需求。一站式服务要求"五险一卡"统一征缴、建账、给付、信息共享，截至 2015 年第三季度末，全国社会保障卡持卡人数为 8.09 亿人，普及率为 59%。"十三五"规划期间，要求持卡人口覆盖率达到 90%。按照人力资源和社会保障部《"互联网＋人社"2020 行动计划》，传统以线下应用为主的社会保障卡还将插上"互联网＋"和大数据的翅膀，通过搭建社会保障卡线上服务平台，对接更多的社会服务渠道，使老百姓通过手机就可以快速完成社会保险缴费、医疗保险结算等事项，切实解决如看病"三长一短"（挂号时间长、候诊时间长、取药时间长，就诊时间短）等生活中的痛点和堵点，通过社会保障卡为群众"记录一生、保障一生、服务一生"。

3. 一卡通服务。个人全部社会保险记录和基金在任何时间和地点均可集中处理。大数据和云计算联系到一起，要求对大数据进行专业化处理，统筹层次提高，要求经办信息社会全流通。

4. 微信服务。继"官微"之后，政务微信也成为政府部门与群众沟通互动的平台。以广东东莞社会保险为例，微信可为广大市民提供在线答疑、办事流程及常见问题解答等服务，通过微信可查询保险关系，以及养老保险、医疗生育保险、工伤保险、失业保险四大险种及社会保障卡等社会保险事务的办事流程和常见问题；用户可在社会保险微信公众平台"在线答疑"栏目提交社会保险问题，并与人力资源和社会保障局（以下简称人社局）政务网站"在线答疑"栏目后台实现实时同步，由人社局的网络志愿者进行一对一的答复，常规问题在 3 个工作日内就可收到答复。所有的问题及答复均可在人社局政务网站和微信公众平台上查询。

5. 以信息化控制为手段做好内部控制稽核工作。以广州市社会保险内部控制稽核信息系统的基本流程为例，绘制风险控制图，管理员通过设置一定的生成条件，预先录入各类业务信息和业务风险点信息，配置业务对应的风险评估等，针对风险点配置稽核模板，按一定的频次、数据量采集业务样本数据，抽样后的样本数据经内部控制人员与业务科室确认进行抽样统计数据分析，加强对社会保险经办风险业务的内部控制和异常数据的监控，对确认存在问题的数据发送给业务科室相关人员进行整改，由内部控制工作人员监控整改过程，在处理过程中对于暂时无法确认有问题的业务数据或者无法整改的问题业务，可以做延后或暂时搁置处理。

6. 为参保单位和参保个人提供档案保管与信息查询服务。社会保险业务档案涉及个人身份信息、就业信息、经济状况等个人隐私，需要加强隐私权保护，社会保险经办机构档案管理人员要严格执行档案的保密制度，保证档案的完整与安全，根据实际情况和工作需要，编制必要的检索工具（索引、目录、指南等），迅速、准确、有效地进行查询。对于社会保险业务档案，参保单位和个人可根据业务所需，按照社会保险经办机构的档案查阅程序，向社会保险经办机构提出查询申请，各社会保险经办机构依法在各自业务范围内提供档案信息查询服务，并把查询结果反馈给查询人。对已实现数字化处理的档案可提供实时、方便、快速的档案查询利用服务，让使用者方便地在电脑终端通过浏览器登录查询系统，并可进行多方位的档案查询。

（二）社会保险经办机构能力建设呈弱势状态，有待加强

1. 执行力：五险统一征收难以落实，主要是各险种经办机构之间沟通不畅；税（费）征收方式不统一。一些地区由地方税务部门全责征收社会保险费，存在人力资源和社会保障部门与地方税务部门信息对接严重不对称问题。由于利益关系，部门间的阻滞现象处于公开状态。

2. 财政诱致性扩面：参保人选择的缴费档次越高，财政补贴越多，农民工与灵活就业人员受益具有不确定性，各地区差异比较大。落后地区新型农村合作医疗（以下简称新农合）、新型农村社会养老保险（以下简称新农保）或是整合后的城乡养老保险、医疗保险都曾出现财政补贴青黄不接的问题。中西部地区社会保险全部由中央财政补贴，日积月累，中央政府负担过重。

3. 协调性：没有很好地解决中央政府与地方政府、政府与企业、政府与市场的关系，责任边界不清晰。

4. 风险应对：应对突发事件的能力不足，服务能力不足（社会保险知识与政策的普及和教育、办事方便与及时的服务、个性服务不到位）。

5. 统一管理：各社会保险项目统筹层次不一致，管理体制不协调。养老保险基础养老金全国统筹是"十三五"改革发展的重点。其他社会保险项目也要求上升到省级统筹管理层次，但并没有做好建设规划。

6. 服务流程：经办服务流程不一致，各地社会保险服务系统在数据口径和技术标准上有差异，给参保人社会保险关系的转移带来困难。由于机关事业单位与企业养老保险改革不同步，打破身份制度界限，形成真正的人才流动格局之后，同时存在职业年金或企业年金在不同统筹范围的同步转移问题，给转移工作带来较大的操作难题。

（三）中国社会保险经办机构能力不足

1. 目标定向、战略定位缺失

社会保险管理费改革之初来源于收费扣除 3%，经过数次变革后，最终确定以各级财政预算拨款解决管理费。2012 年末，全国 8411 个社会保险经办机构中全额拨款机构有 8401 个，占比 99.9%。根据统计，2012 年，全国五项社会保险基金总收入为 23198 亿元，同比增长 13.7%；五项社会保险基金总支出为 19161 亿元，同比增长 20.6%。迅速增长的服务需求使得中国社会保险经办服务机构面临的问题日益突出。政策执行力指有效利用各种政治、经济和社会资源，保质保量实现预期目标的实施过程。政策执行力包含完成任务的主观意愿，完成任务的能力实现，完成任务的程度与差距。社会保险经办机构提供社会保险管理与服务，其运用有效的组织机制、良好的运行机制和科学的管理方法，才能保证围绕社会保险的政策目标和社会保险规划的实施，政策执行力是对社会保险经办管理能力的有效考验。"在事业单位事务办理下沉、财权上收的原则下，新农保、新农合、农村低保等保障项目的服务半径大，主要业务办理集中在县、乡、村，其中全国 20% 的县没有农村社会养老保险经办机构，30% 的乡镇没有工作平台，2000 多个乡镇没有银行网点，新农保、新农合的基金收支仍主要依靠手工，且人员不够稳定，成为农村社会保障制度发展的障碍。"[1]

执行力受阻主要局限于：①社会保障领域的二元化结构加剧了社会分配不公和贫富差距问题，城镇退休职工养老保险与农民养老保险待遇存在明显的差距，城镇医疗保险资源与农村医疗保险资源存在较大差别；②国家社会保险政策和地区方案很少考虑长远目标和资源整合及其管理绩效问题；③社会保险经办机构对来自内部和外部的违法违规行为缺乏行政依据和处罚权力。

按照 SMART（Specific、Measurable、Attainable、Relevant、Time-bound，

---

[1] 部分数据来源于 2013 年 12 月唐霁松在"社会保障国际论坛暨《中国养老金发展报告 2013》发布会——中国社会保险经办服务体系改革与构建服务型政府"研讨会上的讲话。

具体、可度量、可实现、现实性、时限性）原则，我们要考虑社会保险政策目标的具体性、衡量性、可达性、相关性、时限性。应该承认，我国很多社会保险改革的目标达不到 SMART 原则的要求，出台政策考虑不周，导致执行力较差。

2. 管理体制和运行机制改革滞后

管理体制和运行机制改革滞后表现为以下几点。①缺乏对社会保险制度设计的整体思考，管理成本偏高，社会保险激励效率低下。②社会保险体系不完善，各种寻租行为突出，社会保险基金监管乏力，关键在于中央与地方政府在社会保险的责任与分工上的具体职能不够清晰，事权与财权不统一等体制性问题的制约。③基金统筹和垂直管理关系未理顺。统筹层面无法进行人、财、物的整体规划，社会保险部门归地方政府领导，在财政支出、编制、人员安排上处于被动状态，信息系统建设标准难统一。④信息和基金流动受阻。统筹层次低、社会保险基金不能在高层级调剂使用，运行机制的横向整合不到位；"五险"分立造成资源浪费和效率低下、政府公共部门之间业务整合较差。例如，2009 年，全国的人力资源和社会保障部门均宣称本省（区、市）已实现养老保险省级统筹，2012 年，审计署宣布有 16 个省（区、市）养老保险统筹不达标，事实上只有北京、上海、天津、重庆、陕西等 7 个省（区、市）实现了养老金省级统收统支，其他省份基本停留在县（市）级统筹阶段。

从社会保险覆盖面看，各险种参差不齐。截至 2015 年末，我国基本养老保险参保率为 94.2%（分母为 16～59 岁的人口数量）；基本医疗保险参保率为 97.2%（分母为 2015 年末总人口数量）；失业保险参保率为 42.9%（分母为 2015 年城镇就业人口数量）；工伤保险参保率为 53.0%（分母为 2015 年城镇就业人口数量）；生育保险参保率为 44.0%（分母为 2015 年城镇就业人口数量）。可见，除基本医疗保险和基本养老保险已经基本实现人群全覆盖外，其他 4 个社会保险项目距离全覆盖还有较大的差距。这既与政策的执行力有关，也与地方政府的取舍有关。

（四）能力建设中公共服务理念不明确

从广义的流程角度看，社会保险经办机构能力建设是一个流程再造的过程，可以借助业务流程再造理论来推动。业务流程再造理论是 20 世纪 90 年代初最重要的企业管理理论创新，并与政府改造的需要相结合产生了政府流程再造/改进理论，推动了政务办公业务自动化向电子政务政府甚至是网络型政府的转变。业务流程再造意味着认识到并承认构成当前组织运营基础的一些理念、规则已经过时，为提高组织绩效，需要充分利用信息技术从根本上重新设计现有业务流程，而不是简单地进行组织精简和旧有流程的自动化。社会保险经办机构能力建设要求在业务流程再造理论指导下，对社会保险经办机构的战略流程、业务流程、组织流程进行改造以适应社会保险公共服务需求。

1. 社会保险经办机构战略流程优化

在推进大规模的社会保险经办机构信息化时，我们需要明确社会保险经办机构的责任，在此基础上界定社会保险经办机构的合理职能，明确社会保险经办机构应该做什么（有效流程）和不应该做什么（无效流程）。经办管理包括两个流程：参保人的信息流和资金流。根据社会保险基金的统筹层级，建立信息向上集中和服务向下派送的公共服务体系。一是要建立和规范参保人信息向上集中的流程，支持中央政府的社会保障顶层设计和社会保障公共预算；二是要建立和规范资金向下转移和服务向下派送的流程，支持基层政府改善公共服务质量和降低公共服务成本（见图 1-1）。

图 1-1　业务流程管理过程

虽然政府在社会保险中扮演着最后责任担保人的角色，但是并非应该事必躬亲。为了更好地承担责任，政府需要跳出负责不同保险计划的各个部门的视野，在更高的决策层次上统筹考虑，在此基础上立法授权，通过外包、购买等最佳方式为公民提供社会保险服务。社会保险经办机构是政府的执行机构，与参保人发生最密切的联系，作为国家依法委托履行国家社会保障义务的受托人与管理者，应当依法享有寻求合作伙伴、执行项目外包和购买服务的再委托权，直面参保人，是实现国家社会保障目标的最终责任人。

2. 社会保险经办机构业务流程再造

实现业务经办流程的标准化、规范化、系统化与信息化，社会保险经办方式需从简单管理服务向多元化、多层次、网络化管理服务的广度和深度延伸，社会保险经办机构的管理责任也将从单纯业务经办向全面提供社会保险公共服务管理的角色转变，这对社会保险经办业务流程再造提出了新的挑战。按照与服务对象接触的相关性和重要性确定机构内部的职权、流程、管理制度和资源配置，可以使服务由与业务分治向相融转变，形成以服务为龙头、服务与业务紧密连接、用服务带动业务、通过改进业务管理提升服务水平的管控机制，保证服务工作持续改进，实现服务对象满意度最大化。面对现实工作中各社会保险险种的关系转移接续因统筹范围不一引起经办流程不统一、各社会保险险种的信息数据不能直接对接与交换、业务经办信息资源难以共享、异地就医费用即时结算较难、部分参保者身份多变、险种选择逆向性增强等问题，必须加快研究解决各种错综复杂的社会问题的办法，制定统一业务经办处理流程与规章制度，只有这样才能确保社会保险关系转移接续工作的正常开展，防止过度的地方间利益博弈。

随着社会保险经办资源的整合，制定统一的多险种业务统一经办流程，构建"一站式服务、一个窗口经办、一次性办结、一票征收"的业务经办模式，落实社会保险经办管理实施方案，梳理各项内控制度，对各风险点进行排查，深入分析社会保险制度实施和基金管理运行状况，针对存在的管理风险点和薄弱环节，进一步完善相关制度和流程（见图1－2），

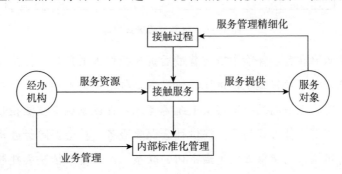

图1－2　社会保险经办业务系统运行流程

提高基金征缴、支付、财务管理和经办服务水平，从源头上提高基金治理能力，实现经办管理服务的规范化、标准化、一体化、效益化，确保 2020年全国社会保险制度全覆盖目标的实现。

3. 社会保险经办机构组织流程再造

在依据顾客满意的原则确定前台服务的形式和内容之后，社会保险经办机构需要再造相应的组织流程，即机构整合、岗位设置和人员配置。服务型政府的执行机构应当具有组织弹性，建立三元人力资本，即建立公务员、核心技术人员和公共服务员的三元岗位、三类薪酬、三类考评和三类责任制。组织保障流程的再造要求，打破社会保险不同部门间的障碍，建立起真正的职能交叉、自我管理的职业团队。随着社会保险体系流程再造的深入人心，引起其他政府部门的战略流程再造。整合城乡基层服务的有限资源，建立城乡一体化的社会保险经办管理服务运行框架，有序引入社会资本参与社会保险经办的竞争管理（见图 1 – 3）。

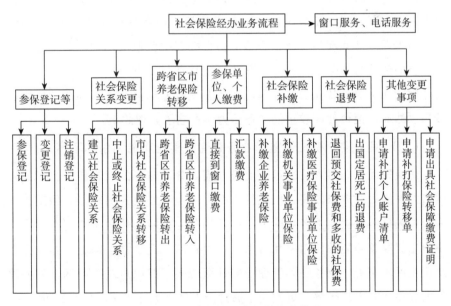

图 1 – 3 社会保险经办业务流程管理

现在微信可以为中小微企业提供轻松缴纳社会保险费的公众平台，企业购买社会保险费只要通过个人计算机（Personal Computer，PC）端，登录幸福社保官网（www.xingfushebao.com），输入企业员工信息，点击注册，上传营业执照和法人代表身份证，等待内部审核通过后（3 小时内），得到"已认证标识"，点击按钮，付款成功，就可查询企业员工社会保险信息。个体户参保同样可以通过微信公众平台方便缴费和查询。

三　经办管理柜台服务和非柜台服务模式并举[①]

课题组在广州市的调查分析结果表明，柜台经办社会保险业务仍是目前业务办理的主流模式，网上经办大厅也逐渐成为主流服务模式，自助服务终端、12333 电话热线和手机 Web 终端等辅助服务模式因受服务功能和使用群体所限，并未充分发挥其作用。同时，网上经办模式更侧重于业务查询，其他服务功能有待进一步完善和推广。各种经办模式所存在问题包括以下几点。

（一）柜台经办模式耗时长、效率低

作为传统的服务模式，柜台办理仍是较多参保者的选择。尤其是 60 岁以上人群对互联网认知较少，大部分仍依赖于柜台进行业务咨询和办理，更倾向于即时性互动与交流，希望从柜台办理中获取准确的业务信息。部分人群的劳动与社会保险业务的某些特定环节只能在柜台办理，网上经办大厅暂时无法提供替代功能，因而柜台办理业务申报及受理环节的使用率较高。然而，柜台面临较重的业务压力，影响了办理效率。

（二）网上经办模式侧重于业务查询，其他功能利用率不高

访谈发现，办事人员通过网上经办模式分流业务的意识较强，对加强网络办理能力的需求较高，但就目前而言网上经办模式仍较多地侧重于查询。调查显示，被调查者对网上经办常见服务功能的使用率普遍较低，其中信息获取类功能的使用率和需求度相对较高。近年来，网上经办业务系统正在逐步完善，业务经办管理功能日渐增多，但用户对当前网上经办建设的多项功能不甚了解，更倾向于通过网上经办大厅来进行信息查询。

（三）高科技辅助服务模式有待完善

被调查者办理业务的第三种选择模式是自助查询终端，自助查询终端

---

① 本部分内容来自项目课题组陈玉梅等在广州市劳动保障信息中心所做的调研。

可提供可视化信息查询，有助于分流信息查询业务、缓解柜台经办服务的压力。由于自助查询终端设置在经办机构大厅，相较于单方面信息获取，客户往往更倾向于选择双方交互相对容易、信息更加准确的柜台人工服务；另外，自助查询机器由于缺乏实际业务操作信息及表格打印等辅助功能，不能满足被调查者的需要。

12333 服务热线主要向公众提供社会保障政策咨询和政策解读服务，使用频率为 5% ~ 10%。大多数地区 12333 服务热线或业务单位咨询电话经常占线，咨询服务非常火爆，12333 热线提供的信息有时过于笼统，实际业务操作信息的提供不如经办机构网点的咨询电话。此外，存在咨询信息与实际业务操作信息不吻合的问题。

手机 Web 终端的选用效率最低，虽然该种模式的信息提供兼具全面性和个性化，较为实用、灵活，但大部分客户并不了解其功能或使用方式，社会保险部门对手机 Web 终端的功能配置及具体使用方法的宣传亟待加强。同时客户对改善该模式的需求度也越来越高，随着智能手机的普及，具有较强灵活性的手机 Web/App 模式将具有更为广阔的市场发展前景，可更好地服务社会保障事业。

细化经办管理柜台服务与非柜台服务，"智慧城市""智慧社保""智慧养老""养老金融"的概念正深入人心。将最先进的现代技术融入社会保险业务经办过程中，不断优化流程管理，改变服务模式累赘、呆板的状况，矫正服务效果"重输出、轻输入"的缺陷，必须充分利用现有先进技术的优势，加强网上经办服务功能的实施，这将有助于规范和完善劳动与社会保险公共服务体系，进一步优化公共服务内容，创新服务模式，实现网上预约、网上受理、网上经办、网上查询、网上反馈。

1. 细化目标用户群体，发展以网络为主的综合型服务模式

用户体验是最好的验证，针对不同的用户个性化需求整合公共服务资源，运用网络媒介综合手段，实现模式组合的优化和创新，促进服务流程便捷、高效。这主要包括以下几点。

（1）业务流程前端的政策宣传和查询功能更适宜中青年人群，应侧重通过手机终端和网络渠道对该功能进行发展与完善。

（2）劳动与社会保险业务办理阶段，以企事业单位或挂靠机构为主，

应侧重通过网络和柜台办理组合的方式提供可操作性的解决方案：网上经办大厅提供业务预约、查询、通知或回执等服务以减轻柜台工作压力；资料审核和业务沟通方面，柜台服务更为方便，应在提高公众信任度和身份认证的基础上逐步开展网上经办服务支持。

（3）养老金业务办理，以老年人群为主，应侧重传统的柜台服务和电话热线服务，伴随电信网、有线电视网、互联网的"三网融合"进程，运用有线电视网络将养老金业务办理宣传服务"送到家"。

2. 完善服务内容，优化服务模式

（1）通过网上经办业务体验、设置快速办理点等途径，加强对网上经办大厅现有功能的宣传和推广力度，提高网上经办服务覆盖率与覆盖水平。充分利用政府发展电子政务的契机，大力完善地方法律法规和各项规章制度，为网上经办业务安全管理营造良好的法制环境。同时，加快推进以交互性和实时性为主的新功能的研发与推广，不断拓宽和丰富网上经办业务内容。

（2）更新传统柜台经办模式的服务理念和手段，推进劳动与社会保险经办网点向社区和街道的延伸；优化办事柜台分类设置，实现业务分流，提高办理效率。

（3）提高各地12333热线电话的服务质量和效率，及时更新劳动与社会保险信息，与各服务网点的12333热线电话进行整合或链接，便于公众更多地获取各地的实际业务操作信息。通过银行自动取款机（ATM）的使用，推动自助终端服务向社区、街道投放，降低公众往返的交通成本与时间成本，提高业务办理效率与办理水平；同时在及时更新现有劳动与社会保险信息的基础上，拓展服务功能（如打印或扫描功能）。

（4）借助建设"无线城市"的良机，使无线局域网（Wireless Local Area Networks，WLAN）的网络覆盖为社会保险公共服务使用功能的优化提供更加便捷的通道。加快智能手机终端的开发和宣传，通过与运营商合作，利用手机程序内置功能等方式，加大"智慧社保""智慧养老""养老金融"等的普及力度。运用新媒体和传统媒体的合力，包括单位和社区，大力宣传智能手机终端的服务内容与服务优势，发挥"智慧社保""智慧养老""养老金融"的最大社会价值。

第三节 社会保险经办管理与可持续发展

2009 年 5 月 22 日，中共中央总书记胡锦涛在中共中央政治局举行的第十三次集体学习中强调："加快建立覆盖城乡居民的社会保障体系，要坚持广覆盖、保基本、多层次、可持续方针，以社会保险、社会救助、社会福利为基础，以基本养老、基本医疗、最低生活保障制度为重点，以慈善事业、商业保险为补充，统筹协调做好各项工作，实现社会保障事业可持续发展。"[1] 社会保险可持续发展是社会保险经办管理体制的一个重要内容，也是我国社会经济发展战略中一个重要的组成部分。

一 社会保险可持续发展管理的基本理念

与人口增长相关的老龄化与高龄化会直接加大社会保险基金不足对财政的压力，最终影响经济增长与社会发展。社会保险可持续发展依赖于经济增长，反过来又对实现人口、经济、资源、环境与社会的发展与和谐起到一定的调节作用。2014 年末全国地方政府的或有债务中，政府可能承担一定救助责任的债务高达 5.5 万亿元[2]。地方政府债务可能影响地方社会保险基金的投入，使社会保险可持续发展面临挑战。

因为债务危机影响民生问题，如希腊陷入债务危机事实上与养老金相关，政府出于选举需要，始终维持高福利的社会保障，造成了财政上的入不敷出，多年来靠举债度日。希腊人的退休年龄平均只有 53 岁，公务员每年可享受长达 6 周的带薪休假，所享受的福利待遇已经远远超出希腊政府的经济承受能力。

我国计划经济时期没有注意养老保险基金储备，造成社会保险资源禀赋不足，当今又面临人口老龄化、高龄化以及高赡养率的养老压力，存在隐性债务重、转制成本高、全国范围内社会保险发展层次极不平衡的问

---

① 转引自钟青《胡锦涛强调：加快建立覆盖城乡居民的社会保障体系　把人人享有基本生活保障作为优先目标》，《先锋队》2009 年第 13 期。

② 全国人民代表大会常务委员会预算工作委员会：《2015 年关于规范地方政府债务管理工作情况的调研报告》。

题。研究社会保险可持续发展问题，要从前瞻性着眼，以保证社会保险制度设计的连续性与长期有效性，完善顶层设计，增收节支，降低管理成本。

社会保险的政策风险不可低估，政策的运行实质上也是一个风险控制问题。社会保险政策的公平性与可操作性建立在社会保险基金供给可持续、社会公正和人民长期积极参与的基础上，结合社会与经济发展的变迁，不论是物质资源还是社会保险资源，都要让当代人与后代人的基本生存权长期得到有效满足，使社会保险制度的内涵随着经济社会的发展得以延伸。

第一，社会稳定与可持续发展密切关联。在社会转型与经济转型过程中，社会政治与经济制度的发展和演变过程中，不可避免地会产生各种社会矛盾，触发各种社会风险，直接影响社会稳定。社会保险的可持续发展过程中，要利用财政的经济补偿或是转移支付政策化解出现的各种社会矛盾，尽力消除社会不稳定因素。

第二，社会保险可持续发展以资源禀赋为基础，与经济承载能力成正比。社会保险资源包括社会保险基金的存量与增量的供给，社会保障的造血功能是社会保险可持续发展的重要基础。社会保险能否可持续发展，必须充分考虑社会保险基金渠道供给的多元化，考虑政府、企业、个人对社会保险基金供给的长期承受能力，以及社会保险基金的保值、增值功能对未来通货膨胀影响的抗御能力。

第三，社会保险制度的设计始终要考虑可持续发展的能力与水平。社会经济发展的前瞻性研究，是社会保险制度设计的基础，从技术管理与经济发展的角度考虑，应切实做好社会保险制度的顶层设计工作，从系统动力学的观点矫正社会保险制度设计中的一些结构性与功能性缺陷，以保证社会保险制度对公民的承诺。

社会保险可持续发展坚持以人为本的原则，强调公平正义，从时间流向上看，公平不但包括各代人之间的代际公平，而且包括同代人之间在同一时点、不同地域、不同行业的代内公平。以养老保险为例，美国、日本等国家对青年一代的民意测验表明，受通货膨胀的影响，下一代人养老时就很难享受与上一代人同样的保障水平，代际不公平是因为受通货膨胀的影响，造成现值与终值不对称，购买力水平可能大大下降。

社会保险依赖于经济增长，但社会保险资源始终是有限的，解决社会不平等问题和贫困问题是设计社会保险制度的初衷。不论是撒列尼、维克多尼、罗纳-达斯等人早先提出的改革平等化效应，还是后来提出的早期阶段平等化效应、市场改革深化后社会不平等加剧理论，对我们都是一种启示。应该承认，包括财政转移在内的各种再分配手段并没有发挥其最佳的社会效应，未能有效调节由市场竞争或非市场化因素介入所形成的分配差距，甚至可能产生逆向调节作用，最终加剧分配差距。社会与经济转型后，解决不平等和绝对贫困问题可行的办法是矫正政策的不公平性问题，发展经济缩小差距实现充分就业政策，才能从根本上减轻社会保险政策在不同地区面临的财政压力，促使社会保险制度可持续发展。

二　社会保险可持续发展呼唤经办管理制度创新

我国社会保险经办管理服务工作还存在着治理模式和治理手段比较落后、人员综合素质较低、经办程序不统一、操作标准不规范、职能定位不清楚、机构设置缺乏科学规划、长期受治理体制迟缓与机构编制等问题，与繁重的治理任务不相匹配，影响了事业的发展。社会保险经办管理制度创新通过双向路径来实现：一是以马克思主义理论为指导，对外来的社会保障制度模式"取其精华、去除糟粕"；二是根据中国国情与中国社会保险体系发展自身的需要进行新的制度设计。在后金融危机的时代背景和世界经济一体化的背景下，人口老龄化和高龄化与养老保险负债严重是世界各国面临的共同难题，社会保险制度创新中受特定国情的制约，要注重本国社会保险法律制度与国际社会保险法律制度的接轨，制度创新要围绕社会保险活动特定的政策架构、技术支持与管理决策、市场化运作模式、监督机制、产权目标与产权实现形式、各种政策工具等进行有效实施，当时代背景发生变化及出现新的风险因素时，社会保险制度本身要围绕以下几个方面进行相应的调整。

（一）做好社会保险基金供给侧与需求侧的长期均衡工作

从社会保险制度设计的角度看，无论是按照现收现付式缴费还是按照基金制运作模式缴费，都要考虑社会保险转型的沉淀成本、基金缴付状况以及未来中国人口老龄化与高龄化的发展需要等诸多因素的影响；从养老保险个人账户、医疗保险个人账户、企业年金账户、职业年金账户看，其基金运作要实现安全保障下的最大增值。利用不同所有制企业职工年龄结构时间差和进城农民工群体极大的年龄结构优势，实现社会互济，扩大社会保险覆盖面，实现社会保险基金供给渠道的多元化，社会保险基金需要通过财政转移支付、社会慈善和捐助等手段来加以保障，并实现对社会保险对象未来的信用承诺。社会保险基金供求均衡化是一个极为复杂的精算技术过程，也是社会保险可持续发展的首要动机，建立社会保险可持续发展的财务风险防范机制，降低过高的替代率，是未来社会保险制度改革中重要的选项。

（二）关注社会保险运行效益

20 世纪 90 年代以后，美国、英国、日本等发达国家，将质量管理运用于政府公共管理中，要求政府以质量为中心，以全员参与为基础，其目的是让社会公众满意和使所有社会成员受益。随着我国社会保险制度的不断深化，社会保险的功能越来越明显。社会保险经办管理过程中"两个确保"（确保对下岗职工的基本生活保障及确保对老年群体离退休工资的按时足额发放）政策，"三条保障线"（最低生活保障线、下岗职工基本生活保障线、失业保障线）向"两条保障线"（最低生活保障线、失业保障线）转化过程中，对国有企业股份制改革及建立现代企业制度起到了重大的支撑作用。社会保险运行效益最大化：一是要使社会保险活动最大限度地支持社会改革；二是要使各个社会保险行为主体以有效的执行力获取较大的社会满意度，使社会保险制度成为一种社会润滑剂，能够有效地减少社会经济转轨过程中的社会摩擦，使市场失灵的负面作用降到最低。对社会保险运行效益的判断与绩效评估需要建立一系列的数量指标、质量指标、景气指标和评估指标，建立相关的数量模型与精算模型，进行社会保险制度的量化管理，挖掘社会保险制度创新所蕴含的潜能，实现社会保险经济效益、社会效益与综合效益的最大化。

（三）社会保险实施过程中公平与效率的有机统一

社会保险制度也是一种社会再分配制度，它在一定程度上属于准公共物品的范畴，如在社会救济制度的框架中，通过家计调查确定低收入者的收入状况以实现精确扶贫。无论是针对由先天不足引起的无奈性贫困，还是针对由市场因素引起的或是自然灾害引起的暂时性贫困，所产生的政府转移支付决定了社会保险始终是一种选择性的而不是普遍性的供给。公平是社会保险给予全体公民共同的机会，但必须符合利用机会的条件，绝不是平均分配。失业救济的发放过程中，家计调查与严格的申请程序使被保障者更加理性，使得在公平前提下有限的社会保险资源能发挥最大的救助效率。

（四）建立社会保险制度运行的安全机制

社会保险制度的低起点、低水平、低增长的"三低原则"与制度刚性决定了社会保险制度是一个循序渐进的过程，制度一旦失误会产生巨大的改革成本，并走入改革的死胡同，造成公民的信任危机与经济损失。例如，长期以来养老保险个人账户的"空账"运行，必然给养老保险制度造成很大的制度隐患；医疗保险改革中的各类道德风险和逆向选择风险[1]，会使医疗保险制度本身难以深化；社会保险基金的非制度性支出与挤占、挪用，如失业保险基金用于送温暖工程，会引起人们对社会保险制度的质疑。社会保险基金的实业化投资或是资本化运作中，均要建立一个稳定的安全保障监督机制与高效的组织管理体制，加强监管力度。社会保险基金保值、增值过程中，更需要遵循金融理论中的"四只眼睛"原则[2]，按照收益性、流通性、安全性的投资理念运作社会保险基金，谨防社会保险基金投资风险。

---

[1] "逆向选择"是制度安排不合理所造成的市场资源配置效率扭曲的现象，而不是任何一个市场参与方的事前选择。

[2] "四只眼睛"原则源于西门子的管理制度，又称"四眼"管理原则，是指所有的重大业务决策都必须由技术主管和商务主管共同作出决策，以保证运营战略能平衡商业、技术和销售等各方面的风险。

（五）以高新技术支持社会保险经办管理的现代化

社会保险制度的信息化，同样需要高效的技术支持，依赖于计算机网络技术的快速发展。在社会保险经办管理改革与制度创新中，运用电子技术手段，以金保工程为核心平台，建立统一的、覆盖全国的社会保险技术支持系统，使社会保险基金的缴纳、记录、核算、管理、支付、查询等一一纳入现代化的计算机管理系统，在扩大社会保险覆盖面的同时，逐步实现全国联网。按照国家统一制定的业务经办流程和信息管理系统建设要求，建立健全管理制度，由省级统一集中管理数据资源，实现规范化、信息化和专业化管理，不断提高工作效率和服务质量。[①]"科技社保""电子社保""智慧社保"等信息技术广泛应用于各项社会保险业务，经办机构之间、经办机构与定点医疗机构之间逐步实现系统联网，促进了信息共享，减少了经办时间，提高了工作效率。从 2016 年 10 月 1 日起，到 2021 年北京市登记注册企业将实现"五证合一、一照一码"，即从工商、税务、质监、统计四个部门的"四证合一"，再纳入社会保险登记，实现"五证合一"。这种信息共享范围的扩大，有利于社会保险各项指标的监控。经办管理大力推行标准化管理、信息化管理和专业化管理。标准化管理就是全系统按法律、按程序经办，健全社会保险国家标准、行业标准，其重点标准见表 1-2 和图 1-4。

表 1-2 到 2021 年社会保险经办重点标准

文件名称	标准号	标准类型	发布时间
《社会服务总则》	GB/T 27768—2011	国家标准	2011 年
《社会保障服务中心设施设备要求》	GB/T 27769—2011	国家标准	2011 年
《社会保险视觉识别系统》	LD/T 91—2013	行业标准	2013 年
《社会保险业务档案管理规范》	GB/T 31599—2015	国家标准	2015 年
《社会保险经办业务流程总则》	GB/T 32621—2016	国家标准	2016 年
《社会保险征缴稽核业务规范》	GB/T 32622—2016	国家标准	2016 年
《社会保险咨询服务规范》	GB/T 34276—2017	国家标准	2017 年

---

① 参见《国务院关于机关事业单位工作人员养老保险制度改革的决定》（国发〔2015〕2 号）。

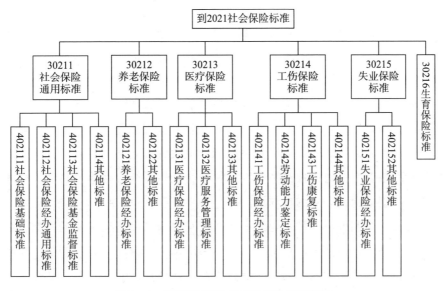

图 1-4　到 2021 年社会保险经办实现标准

三　经办管理过程中社会保险可持续发展的价值判断与实施战略

以人均社会保险基金拥有存量或增量为依据,包括基本养老水平、医疗水平、社会救济水平、就业供给水平等,度量社会保险制度的可持续发展,其中对于社会保险资源供给,只要未来的人均社会保险资源随着经济增长而增长,且能保持代际间占有资源适度的增长比例与代际公平,抵御通货膨胀,社会保险制度就是可持续的。它体现了可持续发展战略中所包含的代际公平理念,即当代人在谋求当代福利提高的同时,不损害后代,尤其是人口老龄化高峰时期,谋求社会保险达到精神与物质需求满足的能力。

上述社会保险可持续发展判定标准的一个重要参照系是公众的参与程度。在日本养老金体系中,据日本政府 2001 年的测算,1935 年出生的日本人得到的养老金是他们养老金体系中支付保险费的 8.4 倍,1995 年出生的日本年轻人未来可得到的只是他们付出保险费的 2.2 倍。数据显示,年轻人需要承受更重的养老金负担。日本 64% 的人对年老后的养老金发放是否有保证缺乏信心,因为他们怀疑等退休后,是否真的能从中受益。厚生劳动省日本社会保险厅 2003 年发表的统计报告表明，在 2002 年，加入"国民养老金"的人中，有 37% 没有缴纳保险费。其中，20 ~ 29 岁的人中，有 50% 以上拒绝缴纳保险费，日本政坛数位内阁大臣未缴纳养老金的事实被披露从而演变为政治丑闻。显见，社会保险可持续发展的决定主体是人的参与，是人们对社会保险现在与未来的价值判断。围绕美国《政府部门绩效管理法令》（GPRA）的要求，美国社会保障管理局（Social Security Administration，SSA）制定的社会保险绩效管理战略之一就是大力开发能持续增值、有持续发展潜力和有良好社会反响的社会保险项目，这样才能最大限度地保证公众的参与面。

社会保险制度需要社会与经济之间相互协调以促进其自身的发展，社会保险水平不仅包括经济意义上的社会保险基金潜量、存量与增量，还包括与可持续发展密切相关的社会保险法制、社会保险公共政策、社会保险伦理等公共产品的提供，社会保险组织与管理状况的好坏也将直接对社会保险可持续发展起到促进或抑制的作用。

社会保险项目尤其是养老保险牵涉代际公平问题，Nicholas Barr 在《养老金改革的真实情况》中指出："政策设计者在设计养老金计划时有很多选择，但是只有当关键的先决条件被满足时才是这样。在公共部门，首先，国营的养老金计划必须是财政上可持续的。这并不意味着公共养老金支出必须最小化（这与最大化相反），但是它必须与经济的持续增长相一致。第二，养老金体系必须是政治上可持续的。养老金改革，不论是现收现付制还是基金积累制都不是一个事件，而是一个过程，需要各级政府的支持。财政和政治上的持续性都依赖于政府征收养老金缴费和保持宏观经济稳定的能力。"[1] 由此，对经办管理中社会保险可持续发展着力于以下重要的发展战略。

第一，社会保险可持续发展的宏观背景离不开经济的增长。首先，建立执行可持续社会保险政策的"责任政府"是关键，要为社会保险的政治可持续性打下坚实的基础；其次，要着力研究人口老龄化情况下社会保险基金筹集模式中的积累率及积累系数问题；再次，对通货膨胀的发生要有

---

①   Nicholas Barr：《养老金改革的真实情况》，《金融与发展》2001 年第 9 期。

政府预期，考虑养老金发放在抵御通货膨胀威胁中对参保者产生的心理影响，改革养老金指数化方式，用物价和工资相结合的办法代替养老金指数化，以减缓养老金总体增长水平，为养老保险参保者提供一定程度的保护，防止单用物价指数造成的养老金长期相对贬值；最后，通过完善社会保险税征缴机制、强化社会保险基金预算管理和社会保险财政补贴制度，促进社会保险缴费率的提高和扩大社会保险覆盖率。

第二，社会保险基金筹集、运作、发放等管理手段的优化成为社会保险可持续发展的核心，代际的公平机制需要强大的社会保险资源不断加以补充。从我国目前的实际情况来看，社会保险基金最重要的是养老保险基金，主要包括四大类：一是基本养老保险体系中社会统筹账户上的滚存积累基金；二是基本养老保险体系个人账户上的基金；三是全国社会保险基金；四是企业年金和职业年金。我国医疗保险个人账户滚存积累基金也达到了数千亿元的规模。随着社会保险基金规模的不断扩大，要认真研究社会保险基金在资本市场保值、增值的有效对策，养老保险基金进入资本市场已成为一种趋势。同时要采用政府外包方式、订单制等措施促进社会保险基金富有实效地进行产业化投资，并扩大海外投资份额。

第三，现行财政体制下地方财政财力普遍不足、债务较重，增强了对中央财政的依赖。"个别地方甚至通过举债来发放养老金"①。"十三五"期间要通过分割部分国有资产、加大财政预算中社会保险支出比重等措施，充实社会保险基金存量，逐步做实个人账户，解决养老保险个人账户、企业年金账户、职业年金账户、医疗保险个人账户在资本市场的保值与增值问题，以应对人口老龄化、高龄化社会带来的沉重压力。继续加大对社会保险基金的管理：一是加强对基金被侵吞和挪用的审计管理；二是防止冒领养老保险基金事件的发生，以避免造成养老保险基金的流失。

第四，社会保险欠账可能转化为地方债务，重视社会保险成本控制，降低养老保险金替代率②，在适当的时机阶梯性延迟退休年龄，延长领取终身养老金的最低年限，控制非统筹项目进入社会统筹，推进养老金养老

---

① 参见 2015 年《全国人大地方债调研报告》。
② Nicholas Barr：《养老金改革的真实情况》，《金融与发展》2001 年第 9 期。

功能与扶贫功能的双重改革。在医疗保险中实施真正能够让利于民的药品与设备的政府采购改革，实行预算紧缩并提高服务意识，降低社会保险行政管理成本。在我国社会保险可持续发展对策中，要强化社会保险投入与产出的效益观，将社会保险绩效评估作为衡量社会保险可持续发展的重要参照系。

四　探讨社会保险可持续发展的路径

社会保险可持续发展指标体系同样包括宏观、中观、微观三个层次的指标：宏观层次反映整个国家社会保险综合宏观指标，其顶层设计具有统一性、权威性特征；中观层次反映各地区、各部门主要是省级部门的社会保险统计指标，如养老保险省级统筹的各项指标；微观层次指基层的统计指标，它既要符合国家及上级部门对社会保险统计指标的报表要求，又要对基层社会保险统计工作进行分类统计，揭示社会保险基层工作中存在的各种问题与现实要求。社会保险可持续发展指标体系立足于前瞻性角度，要遵循可比性、科学性、整体性、公平性与统一性的原则，遵循历史唯物主义的发展史观，对社会保险运作过程、发展难题及未来预期进行有效的分析与预测。社会保险可持续发展的核心指标是社会保险制度可持续发展能力的重要考量指标。

社会保险可持续发展指标以社会保险基金收入指标、社会保险基金支出指标、社会保险平衡指标等基础指标为核心指标，其基本框架包括问题指标、状态指标与对策指标三部分。

问题指标反映可能造成可持续发展障碍的社会经济指标，包括失业率指标、社会保险负效应系列指标、人口赡养系数、养老保险隐性负债率、或有负债比率、养老保险基金发放月数、医疗保险基金透支率指标等。

状态指标用于反映社会保险可持续发展过程中各社会保险项目的运行与发展状况，如贫富差距指数、各险种缴费率、失业人员平均失业周期、下岗职工再就业率、基尼系数与恩格尔系数、社会保险支出占财政支出的比例及结构变化指标、财政补贴占各险种基金收入的比例等。

对策指标则用于反映为促进社会保险可持续发展所采取的对策及所达到的政策效果，如延长退休年龄政策的可行性预期与相应的基金变化、养老保险并轨的可实现程度、社会保险覆盖计划的未来预期、社会保险基金收支增长计划与实现率预测、社会保险信息化率与满足状况、社会保险基金增值率指数等。

社会保险可持续发展核心指标采用菜单式的层级结构，郑重提出可持续发展的指标体系，一般采用无量纲办法对社会保险可持续发展指标进行综合评价，通过对专家咨询确定各个总指标或子系统的权数后，再对各个指标进行统一的加权配置处理。目前还需要将定性指标与定量指标结合在一起进行研究，官方统计的客观指标还不够完善，对指标的派生性研究明显不足，主观指标难以避免人为色彩，降低了综合评价的科学性与客观性，使反映社会保险可持续发展的内涵受到一定的限制。

设计社会保险可持续发展指标体系后，要采用统计方法、数学方法及比较前沿的一些新的科学方法进行综合测算。西方国家的评估标准以客户满意为最高标准，是以公共服务为导向的，结合中国国情，站在社会保险可持续发展的角度，社会保险评估用影子价格、①影子工资、社会贴现率、成本—效益分析方法等传统方法已不足以进行客观评价，不能以单纯经济考量为中心，更多的是政治考量问题和社会稳定考量问题。必须考虑以人为本的整体性、综合性与持续性的原则要求。应该肯定，我国社会保险可持续发展评估还处于最初级的研究形态：一是还认识不清社会保险的政治功能、社会功能与经济功能及其作用，对社会保险的"稳定器""减压阀"作用程度如何评价，尚无有效的方法加以计量；二是评估方法还无法超越经济学的范畴，对社会效果的影响与推定难以建立有效的评估方法；三是评估指标难以摆脱主观判断的随意性或倾向性的影响；四是统计处理中的信息资源与数据分类不够充分，评估采用的计算方法、计算口径、指标内涵与标准不一。社会保险可持续发展的核心是社会保险资源尤其是基金的可持续问题：一是如何测定社会保险负债的变化及社会保险基金的增长变化与积累效应；二是如何测量社会保险对经济与社会发展的正效应和负效应，以及社会保险与社会经济协调发展的可持续性。目前，社会保险基金

---

① 次佳理论认为，如果市场是不完全的，价格不能代表真实的成本或收益，公共投资项目经常面临不完全的市场，所以要用影子价格来加以修正。

的短缺状况主要局限于养老保险隐性债务（Implicit Pension Debts，IPD）的研究，要求运用退休基金累积理论与精算理论，建立公共养老保险债务的预测模型进行估计；养老保险长期的财务收支状况取决于对社会保险财务数据的收集与整理，基金的偿付能力则通过相关统计参数作出精算假设，建立相关的理论模型。

社会保险可持续发展研究很复杂，绝不是一个线性系统，因为各种复杂的社会经济现象都表现为非线性的曲线变化，社会保险基金的供求关系不存在绝对的平衡状态，偶尔的平衡只是暂时的，通货膨胀及各种因素的影响很容易打破这种平衡，使社会保险的许多子系统始终长期处于亚稳定状态。社会保险可持续发展又是一个多因素的集合体，长期的研究表明，社会保险制度的设计对社会经济的发展会不可避免地带来正面作用与负面作用，这两种作用有时交织在一起。即使正面作用与负面作用的可计算数值加起来为正值，也不能简单地表述为社会保险系统的可持续发展性，"故不能用可持续发展的社会保险资源核算数值（dx）大于 0、小于 0 或等于 0 来表示是否存在可持续性。社会保险可持续发展不是传统统计中所表述的时间路径的统计分析方法，在非线性变化过程中，要在传统统计方法的基础上增加有关分形统计方法与混沌统计方法，不断吸纳当代自然科学与社会人文科学所创造的新成果"[1]，借鉴系统工程理论，充实与丰富现有的统计方法体系。

（一）从社会保险的适度水平进行测量

国际社会通常采用社会保险支出占国内生产总值（Gross Domestic Product，GDP）的比例反映一个国家或地区的社会保险发展水平，进行社会保险国际比较或地区比较。社会保险适度水平建立在质量统一的基础上，其计算式的分子和分母都是变化的。在 GDP 有所增长的基础上，保持适度的社会保险增长水平，既要满足当代人的需求，又要满足下一代人的需求。由于社会保险的"三低原则"与"刚性原则"，社会保险待遇水平在绝对量上的表现是只宜上升而不宜下降。因此，研究社会保险在不同时

---

① 林毓铭：《社会保障管理体制》，社会科学文献出版社，2006。

期、不同阶段、不同地区的适度水平，要与各自的 GDP 增长率、失业率、储蓄率、投资率、消费指数等经济指标联系起来，同参保者的消费意愿联系起来，既要避免社会保险基金财务危机的发生，又不能超越企业与个人的缴费承载能力。汤普森提出了以下计算公式：

$$\frac{c_r}{GDP} = \frac{c_t}{GDP} \times \frac{p_r}{p_t} \times \frac{c_r/p_r}{c_t/p_t}$$

其中，等式左边为退休人员的消费 c_r 与 GDP 的比率；等式右边第 1 项为全体国民消费服务及商品 c_t 占 GDP 的比率，称积累消费率；等式右边第 2 项为退休人口 p_r 占全体人口 p_t 的比率，称退休人员抚养系数；等式右边第 3 项的分子为退休人口的平均消费额，分母为总人口的平均消费额，整个第 3 项被称为生活水准率。

任何一项社会政策都必须通过至少改变这三个比率之一的政策来调整养老保险的成本。

（二）从社会保险禀赋资源进行衡量

以人均社会保险基金指数为依据，度量社会保险制度的可持续发展，其中社会保险基金供给包括养老保险基金供给水平、医疗保险基金供给水平，还包括其他三个险种的基金供给水平，只要未来的人均社会保险基金增量与经济增长同步发展，可以基本抵销通货膨胀对社会保险待遇购买力的影响，那么社会保险制度就基本上是可持续的。它体现了可持续发展所包含的代际公平的内涵，即在谋求当代人社会保险福利水平提高的同时，不损害后代尤其是我国处于人口老龄化高峰期人们谋求社会保险福利水平的能力。

（三）与建立和谐社会相适应

建立完善的社会保险体系是建立全面和谐社会的重要内容，社会保险资源不仅局限于经济意义上的基金存量、流量与增量，还包括与可持续发展密切相关的社会保险法制、社会保险公共政策等公共产品的提供，包括社会保险伦理、道德、素养等方面的全面提升与进步。建立和谐社会要配置相应的社会保险体系、信用体系与法制体系，号称市场经济三大体系的组织状况的好坏都将对建立和谐社会产生重大的影响。未来社会保险可持续发展过程中，要借助社会主义新农村建设的契机，重点扶持农村社会保险体系建设，完善农村医疗救助制度、五保户制度与农村居民最低生活保障制度建设；城市要多方位启动就业扶助机制，解决城市长期下岗失业人员的生活与医疗救助等问题；从未来实施工业化与城市化的角度，在高度重视与扩大城市人口比重的同时，注重进城务工农民的社会保险参保问题与跨统筹范围内的转移接续问题；从再分配角度通过社会保险再分配手段扶持低收入者阶层，实现社会公平和社会和谐。

（四）通过数学模型加以量化

数学模型法建立在一定的理论基础上，揭示出与社会保险相关的经济变量间的深层次关系，如中国社会保险制度改革中个人行为分析模型、两阶段搜寻模型、养老保险供给模型、下岗职工基本生活保障基金来源模型、养老保险基金运营模型、阿德曼（Adelman）和罗宾逊（Robinson）的 Computable General Equilibrium（简称 CGE 模型）、下岗职工再就业预测因素模型、中国社会保险水平测度模型、社会保险精算模型等。社会保险预测与精算要对社会保险领域各个不同发展过程中大量的社会保险现象、数量、发展速度、结构与比例关系、经济与社会指标的依存关系、变化过程与变化因素进行描述和判断，结合可持续发展的社会保险战略，进行社会保险收支平衡关系的统计预测与数学精算，其方法包括 Box-Jenkins 法、非线性模型法、经济计量模型法、状态转移法、系统动态模拟法、非参数回归模型、层次分析法（Analytic Hierarchy Process，AHP）、模糊数学法、灰色数据变换法、国民经济核算（National Economic Accounts，简称 SAM 法）、可计算的一般模型（Computable General Equilibrium，CGE）、投入产出模型等。数学模型的局限性在于它是在一定的假设条件下反映变量之间的理想化关系，容易和现实社会保险的运行形成一定的差距，不易对现实过程做出全程的、综合的详细描述与评价。

第四节　降低社会保险经办管理的行政成本

20 世纪 70 年代以来，受 70 年代的石油危机和 90 年代人口老龄化的影响，世界范围内的社会保险机构一直面临很大的压力：怎样才能调动自身的积极性，在降低行政管理费用的同时，提供更好的保险福利项目？现代产权理论对福利经济学的一些根本性缺陷进行了批评，科斯的《社会成本问题》认为，在资源短缺的条件下，要通过界定、变更和确定产权结构来协调人与人之间的利益冲突，以达到降低交易成本、提高经济效率、实现资源配置最优的目的。社会保险经办管理的目标，事实上就是建立在为民服务的基础上，一个不断进行工作流程优化与谋取高效的过程，有必要从社会保险制度内部与社会保险制度外部共同努力，降低社会保险制度运行的内在成本与外在成本。例如，持续扩大社会保险覆盖面，优化再分配体制，实施就业与再就业培训工程，有效运用财政的转移支付政策，实施公平与效率有机结合的社会保险政策导向机制，以主动措施为主、被动措施为辅，共同降低社会保险制度的运行成本与管理成本，增收节支，推动社会保险制度可持续发展。

社会保险可持续发展强调代内公平和代际公平的结合，其实现的经济途径就是要使社会保险与经济和社会发展及人口发展保持协调，建立与经济、社会和人口发展相适应的制度安排与政策机制，使管理成本与运行成本最小化。以日本为例，代际不公平造成了养老保险制度的政治危机，年轻人需要承受更重的养老金负担。越来越多的日本人不愿意缴纳保险金，因为他们怀疑等他们退休后，是否真的能从中受益。可持续发展的社会保险制度安排的激励和约束性，可以对参保者的行为起到一定的规范作用，强化可持续发展的成本理念与管理理念，如库存理论和影子价格理论在政府药品采购中的运用、列昂惕夫的投入产出管理理论对政府社会保险基金收入与支出的分析等。

我国目前养老保险制度设计在缴费与给付方面存在的"搭便车"和"失控"问题，其根源还在于制度设计存在漏洞。要运用投入产出方法，加强对社会保险制度运行的投入产出及效益分析，加强对社会保险可持续发展的绩效评估，充分考虑社会保险制度设计的"寿命周期"四阶段存在的问题。

第一，美国健康保险中采用预先审核制，虽然增加了5%的行政费用，但节约了10%的医疗费用。运用信息高速公路，实行医疗资源共享，每年可节约 20% 以上的医疗费用。运用信息技术（Information Technology，IT）减少医疗成本，将各医院的保健纳入互联网，利用信息系统管理医院和医生。网上医疗服务，一是通过电子交流方式减少财务交易成本，降低行政费用；二是使用网络记载患者的资料，所有的 X 光检查、CT（Computer Tomography）、MI（Myocardial Infarction）都是数字化的，通过进入网站，调阅患者资料，大大降低病例的管理成本；三是采用电子订货，用信息技术使得订购和处理账单的开支大大减少，降低医院药品与器材的库存。

第二，延迟退休年龄，减轻养老负担。2011 年国际劳工组织研究表明，退休年龄从 60 岁提高到 65 岁，可减少 50% 的退休金支出。2015 年中国的测算表明，退休年龄每延长 1 年，可以减缓养老金缺口 200 亿元。我国规定缴费满 15 年就可以享受终身养老金，水平低于西方国家 30～40 年的，我国若规定缴费期限在 25 年以上，可以从政策规定的变迁中取得制度效益。我国劳动力供大于求的矛盾突出，企业职工退休时的平均年龄只有 53 岁。考虑到社会就业的压力和社会保险问题，人力资源和社会保障部作出了延迟退休年龄政策在 2022 年出台的决定。

第三，全国统一用身份证号码作为社会保险登记号码，这使参保者无论流动到哪里，根据社会保险登记号码，均可核查个人基本情况及各险种基本参保信息。此举可以大大节省行政成本，也能有效地维护参保者合法权益。将进城务工农民纳入城镇社会养老保险体系，主要问题是这一群体的流动性较大，个人账户的管理成本较高，将进城务工农民的身份证号码作为社会保险登记号码，借助现代社会强大的信息化管理手段，可以大大节约农民工个人账户频繁转移的管理成本，为城乡劳动力市场的一体化奠定良好的社会基础。在建立居民个人信息库和社会保险征信制度的同时，与税务、公安、民政等相关部门共享通用信息，可有效减少重复建设成本，预防欺诈行为，提高工作效率。

第四，在人口老龄化、高龄化（第五次人口普查表明，我国人均寿命已经达到 73 岁，其中城镇人均寿命已经超过 75 岁，而退休人员退休后的平均余命在 25 年以上）的背景下，党的十八大报告中指出：要积极应对人口老龄化，大力发展老龄事业和产业，大力引进民间资本，作为社会保险的补充性资源。

社会保险制度设计得合理与科学，是社会保险可持续发展的关键环节，要充分考虑人们在制度设计框架下表现的行为反应。人的问题不解决，任何制度都可能被终结。养老保险"统账结合"制度表现出的道德缺失或"搭便车"动机，反映了制度设计本身缺乏有效激励机制与监控机制；医疗保险中非正常医疗费用急剧膨胀，关键是医疗保险制度、药品生产与流通制度、医疗卫生制度三项制度之间还缺乏有效的制度设计通道，早在 20 世纪 90 年代，国务院就提出了"三医联动"的改革思路，但推动的成效并不理想。"三医联动"成为医药卫生体制深化改革中的难题。参保人、医护人员、制度中的各种寻租者等行为主体的利益关系难以理顺，作为三项制度中道德风险最终受体的医疗保险制度，有所为而难以作为。国务院总理李克强在 2015 年深化医药卫生体制改革工作电视电话会议上强调："要坚持医保、医药、医疗'三医联动'，用改革的办法在破除以药养医、完善医保支付制度、发展社会办医、开展分级诊疗等方面迈出更大步伐，在县级公立医院综合改革、实施城乡居民大病保险制度等方面实现更大突破，在方便群众就医、减轻看病用药负担上取得更大实效，不断提高医疗卫生水平，满足人民群众的健康需求。"①

失业保险制度中的人为因素表现在对失业保险基金的产权不明晰，除了政府行政行为超脱于制度之上的原因之外，还与失业保险制度设计有关。为防止骗取低保现象的恶意泛滥，有效的办法是积极组织和安排有一定劳动能力的低保人员从事力所能及的劳动，对有劳动能力而多次（一般不超过三次）拒绝就业的人员，从制度上要严格审核其申请低保的条件。社会保险可持续发展的制度设计，直接牵涉制度本身的"寿命周期"问题，加强对制度设计的效益与可持续性研究，降低社会保险的管理成本与运行成本，是亟待重视的重要命题。

---

① 《李克强对 2015 年医药卫生体制改革作出重要批示》，央视综合频道，2015 年 4 月 29 日。

第二章

社会保险的政府职能与经办管理和服务

政府职能是根据社会政治、经济与社会发展需求，政府部门在国家和社会管理中应承担的职责和实现的功能。社会保险政策作为弥补市场经济缺陷或是市场失灵最有利的公共政策，在不同时期、不同阶段有不同的社会需求，政府在社会保险制度运行中应履行什么样的职能成为众人瞩目的中心，与此相对应，政府应在错综复杂的社会分工中确立自身的角色地位、适时的进位与退位机制，明确不同的经办管理方式与经办管理目标，使社会保险制度始终围绕着政府所制定的社会经济运行的总目标健康地运行。

第一节　政府社会保险职能的研究视角与研究内容

社会保险的政策功能要通过政府执行来实现，在社会保险政策的功能实现过程中，政府发挥什么作用及执行力如何，尤其是社会保险基金的偿付能力如何，直接决定社会保险制度的成败，履行政府的社会保险职能就是要在较大程度上通过经办管理来促进社会保险功能的实现与发挥。

1887年，美国行政学家威尔逊发表《行政学之研究》之后，诞生了公共行政学。该学科主要关注政府职能和管理方式问题，公共行政学的目的是更好地界定政府职能，提高政府效率，促进人类社会的福利。加强社会保险行政管理方式是要努力促进政府社会保险管理绩效的全面提升，研究政府社会保险职能在候选情况下如何进位或是退位问题，研究政府还要扩展和延伸社会保险的哪些领域、开发哪些社会保险项目使项目更为齐全，或是在政府已经进入的社会保险领域，如何提升其社会保险职能，发挥政府更大的作用。

社会保险在市场失灵时发挥作用，属于国家干预主义理论范畴。社会保险活动作为对市场经济缺陷进行弥补的重要活动，要通过公权力来完成。中国社会保险改革首先要对旧经济秩序、旧有的经济体制加以清理，以消除计划经济带来的社会保险效用不足问题。30多年来的社会保险改革正是在调整中将原有的企业保险向社会保险转型的过程。

面临收入差距进一步扩大的局面，面对就业问题日趋尖锐的矛盾、失地或少地农民大量增加的残酷现实、参保者个人养老保险面临通货膨胀风险的难题，必须着力于社会政治与经济的协调发展，进一步提升政府社会保险职能，深化社会保险改革。面临市场化、商业化、私营化的选择，政府在社会保险的某些领域或某些社会保险制度设计上，可能需要退出或弱化部分职能。

第一，从政府公共管理领域研究政府的社会保险职能，更注重管理方式的研究。公共管理学者认为政府弥补市场失灵，可以进行必要的市场干预，社会保险经办管理的目标是让经办管理者改进技能与增强社会责任。社会保险的改革发展要求政府强化责任意识但不是要政府大包大揽成为"无限责任公司"，西方国家社会保险民营化、市场化思潮就是减少政府活动范围，适当压缩政府责任空间，使其成为小政府。在社会保险公共服务领域，经办管理则应比以前的统管方式有更大的创造力与自主性。从角色理论来讨论政府在不同时期应该做什么而不应该做什么，这是改革的政治安排，当过去由政府从事的一些社会保险活动开始走向市场化时，政府更加关注市场化的效果。政府是最大的经济组织，政府角色更多地侧重于经济职能，如果实施效果较为显著，就应该更多地缩减政府的财政补贴规模，如养老保险产业化，更多的是市场行为，让市场发挥重要作用，体现在社会保险经办管理上也应如此。政府是通过政治过程表现出人民意愿的集中代表，其行为不存在界限指标，即使社会保险的某些经办事项交由市场管理，也需要政府履行相应的监管职能，确定公众对社会保险的偏好程度、价值取向或是预期的高低，作为政府调整社会保险经办管理行为的参考。

凯恩斯主义的一些治理理念与中国国情有一些契合，而当凯恩斯主义在中国遭遇"水土不服"时，财政部提出在统账结合基础上建立"社会保险基金的自主平衡机制"的改革要求，旨在尽量减少社会保险基金收不抵支尤其是养老保险对财政带来的影响。近些年来，国家对养老保险和医疗保险尤其是城乡居民养老保险和城乡居民医疗保险的财政补贴正逐年加大。截至 2017 年底，城镇职工基本养老保险基金的结余达到 43885 亿元。各级财政对城镇职工基本养老保险基金的补贴在 2017 年达到 8004 亿元。随着覆盖城乡居民社会保险体系的建立和完善，特别是我国人口老龄化高峰的日益临近，城乡居民基本养老金支付压力持续加大，财政补贴增长幅度较大①。

第二，从社会学角度研究社会保险经办管理问题，更多的是侧重社会分层理论、角色理论、社会排斥理论、贫困理论、再分配理论等视角。社会分层理论提出的根本目的是使社会能够和谐共存，并针对社会各阶层之间发生的各种社会矛盾和利益冲突建立各阶层利益的整合机制、矛盾和冲突的化解机制和治理机制，结合社会保险的再分配机制来平抑某些阶层之间的社会不公问题。当城市化改革需要大量的农民工转化为城市人时，有必要根据社会分层的变迁和城市扩张的要求确定社会保险全覆盖的发展目标，当务之急是要给进城务工农民更多的市民化待遇。在社会学视角的社会保险经办管理中，"角色理论"更多地倾注于对城市边缘群体或弱势群体的人性化关注，减少社会歧视，注重他们的社会参与，实现社会融合，为他们提供更多的社会保险经办管理的特色服务。

处于经济与社会转型期，加之经济不稳定等不利因素的影响，经济新常态要求的产业升级和去产能也成为各种社会矛盾比较集中的爆发期，给社会保险经办管理工作带来不少难题，强调在社会保险领域加强政府的社会治理，以避免社会领域存在的种种问题影响经济的健康发展。中央处理

---

① 参见《2017 年度人力资源和社会保障事业发展统计公报》。

社会问题从"两个确保"政策的高调出台到"五个统筹"① 的阐述，继而提出"以人为本"的科学发展观，其核心就是要注重经济与社会的协调发展，通过社会保障制度的建设在一定程度上缓解各种社会矛盾。政府在社会保险经办管理中的社会职能与其政治职能、经济职能一样，成为整个政府社会保险工作中不可或缺的一个有机组成部分。注重社会保险经办管理过程中的细化研究，有利于巩固发展成果，建立更为完善的社会保险体系。

第三，从经济学的角度研究政府的社会保险经办管理职能，主要强调市场优先原则，政府职能主要是弥补市场不足。例如，美国学者安德森提出，政府应该有七项基本职能：提供经济基础、提供各种公共商品和服务、协调与解决团体冲突、维护竞争、保护自然资源、为个人提供获得商品和服务的最低条件、保持经济稳定②。从公共管理学的角度分析，社会保险政策及法律法规是重要的公共产品，市场机制可以对经济起基础性的调控作用但不是全部，在许多方面需要社会保险这一政策工具及职能弥补市场经济的缺陷。

首先，市场经济之所以能够实现社会资源的有效利用，是以市场和竞争的存在为前提条件的，必须保证市场的存在与准入市场的自由。社会保险的竞争型管理概念的提出，就是要将社会保险经办管理的部分事务交由市场管理。

其次，必须存在一个由政府提供并执行的法律框架，使社会保险经办管理的市场契约关系和交易活动得以实现。

再次，由于外部性概念的存在，社会保险政策的实施也可能产生外部不经济性，表现为正面效应或负面效应。经办管理过程中的某些负面效应要通过政策的矫正加以治理。

最后，对于社会稳定和发展所需要的充分就业、稳定物价、货币政策、财政政策及合理的经济增长率等对社会保险的影响都是巨大的，经办

---

① "五个统筹"即统筹城乡发展、统筹区域发展、统筹经济社会发展、统筹人与自然和谐发展、统筹国内发展和对外开放。

② Hughes, Q. E., *Pbulic Management and Administration*: *An Introduction*, Second Edition, Macmillan Education Australia Pty Ltd., 1998, pp. 100 – 104.

管理过程中发生的事项同样会受到这些因素的影响。

经济学者从经济学角度研究社会保险经办管理的职能，主要包括：从收支平衡视角探讨政府财政基金偿付能力与社会保险基金预算管理的适用性问题；从人口老龄化角度研究选择何种社会保险基金筹资模式更适合中国未来的老龄化社会，着重于研究现收现付制向部分基金积累制过渡的途径与方式；从基本养老保险个人账户严重的"空账"化现象的角度，研究如何转移部分国有企业利润及通过多元化筹资手段充实养老保险基金，逐步做实个人账户；从国有企业股份制与产权改革和保障国企职工个人利益机制的角度，探讨社会保险改革方案的一系列的政策设计问题，如改革进程中的财政、企业、失业保险基金各负担三分之一的"三三制"，"三条保障线"（下岗职工基本生活保障制度、失业保险制度、城市最低生活保障制度）向"两条保障线"过渡、财政扶持的再就业工程与农民工社会保险关系的转移接续问题等；从社会保险制度运行与国民经济增长的关联角度，研究社会保险宏观管理与其顶层制度设计问题，如何降低社会保险经办管理的运行成本，以提高社会保险经办管理绩效问题。

进行政府社会保险经办管理，要充分运用政府的政策工具来实现政府社会保险经办管理的目标，包括富有关联的政策矩阵，如财政税收政策、金融投资政策、人口政策与计划生育政策、劳动就业政策等。从经济转型与社会转型角度分析，为了提高社会保险基金的缴纳力度，政府通过试点并计划实施社会保险税费改革，如地方税务部门全责征收社会保险费，以达到提高缴费能力、降低拒缴率的目标。由于税收体制方面存在的一些问题及部门利益分割问题，社会保险税费改革在全国进展缓慢，财政支出中对社会保险的财政补贴比例逐年上升，中央财政与地方财政对基金养老保险金的缺口补贴逐年增加，2015 年出现了一个快速的上升，有可能达到一个新的数据上升周期。

养老保险管理体制的五个统一问题已经提出了多年，但收效不大。逐年增加财政对社会保险的支持力度、扩大社会保险的覆盖面以增加缴费率、降低非足额缴费率。扩大覆盖面是许诺参保者的未来利益而使当前的利益再分配合法化。我国目前的社会保险体系建设较多地参照欧洲社会保险模式进行系统设计和实施，实践中实施城镇居民低保制度与一些医疗、教育、政府购买就业岗位等进行临时性救助或专项救助。政府社会保险的经济补偿职能在扶持再就业工程、城乡居民社会医疗与养老救助等方面发挥了重要的作用。

第二节　社会保险重要经办事项管理的沿革与责任政府建设

一　社会保险重要经办事项的管理沿革

从 20 世纪 80 年代开始，中国社会保险改革已将近四十年。由 20 世纪 50 年代起始的企业保险过渡到政府社会保险，政府在社会保险改革中始终处于主导地位，社会保险体制改革发生了重大的变化，政府主导型的社会保险改革进程中，政府在解决社会保险隐性债务问题上付出了巨大的努力，如"三三制"的实施、"两个确保"政策的出台、全社会动员的再就业工程等方面，均付出了巨额的财政补贴。以"两个确保"政策与"三条保障线"为例，1998 年中央鉴于大量离退休人员的离退休工资得不到保障、国有企业下岗职工基本生活费保障性不足的问题，提出了"两个确保"的大政方针，1998～2004 年，对全国企业离退休人员共发放基本养老金 15585 亿元，当期拖欠额从 1998 年的每月 4 亿～5 亿元逐年减少，2004 年首次实现全国企业离退休人员基本养老金全年无拖欠，7 年间中央财政共投入 2282 亿元，财政补贴从此走上正轨，用以弥补养老保险基金收支的当期缺口。

1998 年，中央政府决定在生产不景气的国有企业建立再就业服务中心，为下岗职工提供再就业服务，实行"三条保障线"政策。下岗职工在本企业再就业服务中心可以按照"三三制"，领取 3 年的基本生活费，如果 3 年期满仍未就业的下岗职工可以登记失业，将其纳入失业保险范畴，继续领取 2 年的失业保险金，2 年期满如果仍未就业，将其纳入城市最低生活保障制度领取低保费用。1998～2004 年，全国国有企业累计下岗的 2800 多万名职工，绝大部分进入再就业服务中心，按时领取基本生活费，并由该中心代缴社会保险费[①]。下岗职工基本生活保障所需基金按"三三制"由企业、中央和地方财政、失业保险基金分担。7 年来中央财政共向地方补助了 730 亿元下岗职工基本生活和再就业补助基金。2004 年之后，全国各地国有企业下岗职工再就业服务中心相继逐步取消。

中央 2000 年 8 月起建立了战略储备性的全国社会保障基金，至 2014 年末，基金资产总额 15356.39 亿元。2014 年，基金权益投资收益额 1424.60 亿元，投资收益率为 11.69%[②]。中国财政主导型社会保险制度模式有两个层次的含义：一是养老保险和医疗保险制度实行社会统筹与个人账户相结合，在社会保险基金的收入流量上，国家财政和地方财政起着不可或缺的重要作用，财政补助功能日渐重要，财政在社会保险基金收入中占比逐年加大，使财政成为弥补社会保险基金严重不足的主要提供者；二是在社会保险制度的设计中，政府为社会保险管理制定了一系列的财政税收政策、劳动就业政策等，成为社会保险事业可持续发展进程中不可替代的管理者与统领者，国家财政同时肩负制定社会保险财务政策与财务管理的使命，全面负责监督、管理社会保险基金的运营与投融资。

从社会保险改革的国际背景看，受到 20 世纪石油危机和人口老龄化危机的影响，欧洲大多数国家以财政为主导的社会福利制度的可持续发展受到了严峻的挑战，养老金领取者比例上升，供款者的比率相对下降，为了弥补供款的减少，政府的补贴随着人口老龄化的步伐加快而动态提高，大大增加了政府的预算赤字。可以说是 20 世纪 70 年代的石油危机促使福利国家纷纷改革其无所不包的社会福利制度，90 年代风起云涌的人口老龄化浪潮又使得欧洲国家社会保险财政体系分崩离析。西方国家社会福利制度改革的重点放在增收节支上，即增加社会保险基金收入，减少社会保险基金支出，各国政府都对其社会保险职能和管理体制进行了或大或小的改革。其中最主要的是从社会福利体制上"开刀"，即从国家垄断向民营化

① 石汉：《郑斯林部长关于我国劳动社会保险现状及发展前景报告》，中央国家机关工委、教育部等联合举办的形势报告会，2005 年 6 月 17 日。
② 参见中国社会保障基金理事会《全国社会保障基金理事会基金年度报告（2014 年度）》。

转轨。也就是说,改变政府一包到底的传统做法,变全民福利为选择性福利,尽量缩小干预社会保险的范围和项目,把缴费责任由政府全部或部分地转移到企业和职工个人身上,大力发展企业年金,把一些项目交由非政府机构实行市场竞争性管理,或由工人合作社和其他社会团体承担,与政府共担责任。

中国社会保险同样面临着隐性债务或是显性债务居高不下、人口老龄化与高龄化加速的问题,政府对社会保险的全责制或是无限责任不利于社会保险的健康发展。在目前大部分地方政府债务负担比较严重的情况下,学界提出的不断扩大社会保险支出在财政支出中的比重很难迈出大的步伐,在国家及地方财政社会保险负担日渐加重的情况下,一些学者早期提出的"建立社会保险基金自主平衡机制"的讨论就是为财政"减负"的一种理性思考。计划经济时期大部分利润上缴给了中央财政,在学界诉求中央政府应该承担社会保险转型成本的前提下,目前财政主导型的社会保险改革要考虑两大命题:一是政府在社会保险基金(主要是养老保险基金与医疗保险基金)未来可能转向入不敷出的情况下,应该厘清权利与义务的关系,进一步理顺政府在社会保险职能中的问责制与权责制,政府作为"最终责任人"的社会角色不能动摇;二是要努力调整社会保险基金的收支结构,建立社会保险制度的造血机制,加快社会保险替代财源建设,与商业保险共筑社会保险大堤,走社会保险产业化、市场化、多支柱的发展道路。

要真正实现社会保险的效率化管理并达到中央和地方财政的"减负"目标,就要按照新公共管理战略思路,努力研究政府在不同阶段、不同时间、不同地点社会保险职能的进位程度与退位程度问题,对政府在社会保险中应该强化的政府职能,政府要勇于承担责任;对政府在社会保险中应该弱化的职能,要考虑采取更多的途径来替代政府的部分职能,如作业外包、政府购买招标等。政府职能强化不等于政府全方位承包,政府职能弱化不等于政府全身而退,进位或退位都可能存在政府职能强化程度或弱化程度的度量问题。

二 政府的社会保险信用与建立社会保险责任政府

产权制度是整个社会信用体系的体制性基础。在社会保险体系构建过程中，明晰私有产权（个人账户）、共有产权（统筹账户）与国有产权（全国社会保障基金理事会基金等）的制度安排，才能重建社会保险各交易主体之间的一种特定的经济社会关系，使与市场经济信用相连接的"社会保险信用"的作用机制在交易中也能够发挥基础性的作用，有助于各种社会保险政治资源、经济资源与社会资源的优化配置。规范社会保险秩序，自发调节和内生地抑制各种"搭便车"行为和失信行为，使企业和个人依法缴纳社会保险费，随时承兑作为社会保险责任主体的政府为社会保险担负兜底责任的信用承诺，成为社会保险可持续发展最基础的信用。因此，明晰产权关系，进行相关的社会保险产业化的一些改革，有助于社会保险个人、企业与政府信用这一问题得到一定程度的落实。

市场经济要求政府在履行社会保险职能过程中由原来的行政式管理体制转向服务型管理体制，要求政府在一切社会保险活动中坚守诚信原则，兑现政策承诺，树立高效廉洁的诚信政府形象。政府信用最为根本，因为它对社会、对公民信用的影响最大。我国社会保险产权结构并不复杂，产权归属已是一个相对明晰的概念，多元化投资为主体的社会资本型的社会保险产业化建设，也可以建立一个产权归属清晰、权责界定明确、流转顺畅的社会保险的私有产权、公有产权和国有产权的现代产权制度，不存在太多的产权幻觉问题。维系社会保险财产权益，则需要形成良好的信用基础规制和制度秩序。社会保险制度也是一种契约制度，社会保险的产权安排要通过契约方式加以落实，由社会保险经办管理得以实施。社会保险中的养老保险关系、医疗保险关系、工资关系、劳动关系等，均需要花费一定的交易成本，达成一种政府、企业与个人之间的共同契约，政府是这种社会契约的组织者或监督者。

社会保险中的政府信用是政府介入社会保险的一个重要职能。目前在美国、日本等发达国家中，青年一代对社会保险的政治预期与经济预期均在降低。发展中国家面临同样的问题，主要是由于政府信用的二元化、社会保险待遇中个人财产权益的丧失及通货膨胀这一不可预计因素，将对个人未来养老保险的现值与终值产生不对应（现值和终值是一定量资金在前后两个不同时点上对应的价值，其差额即为资金的时间价值），加之社会保险基金投资亏损与贬值严重，加强社会保险基金管理是重中之重。

（一）克服政府的社会保险信用的二元性

社会保险可持续发展，社会保险经办管理体制进一步强化，面临着许多发展困境，其关键是要建立一个可持续的责任政府，以实现社会保险中的信用承诺作为重要的政策目标。纵观一些国家社会保险发展状况，社会保险制度是一种代际接续的、长效性的社会制度，社会保险政策出台表现较多的是执行难的问题，政府失信问题也较为突出。政府信用是一种代理信用，其代理行为可能与代理时间相分离，代理者任期内如果不承担社会保险最终责任，践约守信的动力也就可能消失。政府信用是一种建立在作用方与被作用方权力非对称基础上的特殊信用。当被作用方（政府）拥有国家赋予的行政强制力时，一旦发生失信行为，作用方（公众）由于其权力支配上处于明显的劣势地位而显得孤立无助，这种不公平性尤其是政策执行的拖延性客观上为政府的失信行为创造了条件。

社会保险经办是一项十分复杂的工作，建立社会保险的责任政府，关键是要维系产权结构或产权安排的各项权能。政府职能转换，需要通过契约外包、委托－代理、政府规制等方式提高管理效率。由于行政管理事务中的一些不可抗力会直接影响政府的信用，政府委托管理等都是实现政府职能的新管理方式。代理理论要解决的问题是：设计和建立一种能够有效保证代理人的行为符合委托人利益和愿望的激励机制（通常是合同），明确代理人的责任和利益，从而实现委托人的利益最大化。例如，在养老金的委托－代理管理过程中，当基金管理人和资产经理的利益与养老金受益人的利益不一致时，代理风险就会产生。在长期投资相关的复杂的投资组合战略中，基金经理与养老金受益人之间的信息不对称，养老金受益人不了解有关的法律和法规，客观上为失职、低效和滥用权力创造了条件。最直接的道德风险是欺骗、不履行、错误履行或公开盗窃养老金资产。例如，英国的马克斯威尔案和个人养老金计划的误售，美国的"安然事件"和 20 世纪 60 年代中期发生的"斯图特贝克事件"① 等，使养老金受益的私有产权遭受损失，也使政府信用受到损失。政府信用的衡量，与企业信用不能使用同一标准，社会保险政策的一些调整，客观上也可能损害一部分人的利益，造成政府"失信"的社会印象。2004 年和 2005 年，我国"两个确保"政策和对城镇贫困居民实施的"应保尽保"政策分别出台，是迄今政府最大的也是最成功的信用。农村社会保险资源比较匮乏，尤其是不发达地区的新农保和新合作医疗制度，需要中央乃至地方政府年复一年地加大补贴，能不能提供财力保证，是财政可持续发展的关键。为了社会保险的整体利益，政府的信用要体现在社会保险的绩效上，尽力实现帕累托最优（Pareto optimality），减少政府信用的二元性。

（二）社会保险经办管理优质化体现责任政府的意志

2003 年 5 月 7 日，日本官房长官福田康夫在东京宣布，他因有三年未缴纳养老保险金而失信于民，决定引咎辞职。主管养老金事务的厚生劳动省社会保险厅披露，官房长官福田康夫、财务大臣谷垣祯一、经济产业大臣中川昭一，以及金融、经济、财政大臣竹中平藏等 7 人，在过去某一段时间内，因种种原因没有缴纳养老保险费。日本小泉内阁的 18 名成员中已经有 7 名成员没有按日本法律缴纳养老保险金。2003 年 5 月 10 日，日本最大的在野党民主党党首菅直人，因被媒体揭发曾经有漏缴国民年金保险费的行为不得不引咎辞职，政府高官的养老金丑闻加剧了民众对政治与政

---

① 1963 年底，美国的斯图特贝克汽车制造厂关闭，造成 7000 多名工人失业，并导致该厂为其雇员所资助的企业年金计划的终止。由于没有健全的法律规定和要求，该厂在倒闭之前有很长时间因为经济上的衰落，已经停止继续向养老金计划缴纳基金。这就导致了该计划终止时，计划资金的严重短缺，从而造成了参加计划的 4000 多名工人完全丧失了他们为该厂工作了多半生而指望获得退休津贴的权利。有些工人在该厂工作了近 40 年，而在工厂关门和企业年金计划终止时，只差 1~2 个月的时间就有资格领取到全额退休津贴。斯图特贝克事件爆发的主要原因就在于：作为受托人的企业雇主没有受到相应的监督及法律的约束，造成的缴费不足现象没有被及时发现，而且事件发生后又没有相关的法律要求雇主进行赔偿，使得计划参与人的利益受到严重侵害。此后美国又发生了一系列类似事件，最终促使了 1974 年《雇员退休收入保障法》的颁布与实施。该法明确规定了企业雇主及雇员各自在企业年金业务领域的权利与义务，从而减少了受托人与委托人之间由于信息不对称或者操作不当带来的委托－代理风险。

府的不信任。菅直人打算以支持企业多雇用应届毕业生等方式促进就业，设法改革社会保障体系，但如何为民生项目"埋单"，在日本公共债务两倍于经济规模的情况下是道难题。从菅直人不缴纳养老金被迫引咎辞职到上台后对社会保障的"醒悟"，体现了当政者的现实意志。

政府行为直接展示了政府形象，无信用无以立，政府形象的优劣是取得民众支持的重要因素。从一定意义上说，政府信用是最重要的信用，它对社会信用、公民信用起着表率的作用，影响最大。社会保险政策的经办管理是政府亲民形象的一个重要窗口，也是政府关注民生的重要窗口。在"以人为本"的社会管理体制下，政府在社会保险经办管理过程中应该更注重实效化、人性化。重视社会关切，需要将社会保险的具体政策条款和细则落到实处。20世纪90年代以来，中国政府以"两个确保""应保尽保""养老金社会化发放""精准扶贫"作为重要的政策举措，其中"两个确保"发放率与养老金社会化发放率接近100%，奠定了良好的政府形象。从2006年起，中央财政对中西部地区参加新农合的农民的补助提高到每月发放20元，地方财政相应提高补助标准，并逐年提高，至2016年，城乡居民医疗保险年人均政府补助标准提高到420元，2006年起将中西部农业人口占多数的市辖区和东部部分省区市困难地区的县（市）纳入中央财政补助范围，确保基金及时到位和足额发放，并将增加的财政补贴主要用于大病统筹，确保了2010年前建立起覆盖全国的新农合保险制度和城乡医疗救助制度。

社会保险是一个宏大的系统工程，政府责任落实到位是政府职能的具体化，社会保险责任政府的基本注解是：政府运用公权力管理社会保险公共事务，必须对公民的社会保险合同承担法定的责任和义务，杜绝失职行为，实行依法行政、政务公开、信用到位，保证社会保险制度的可持续发展。主要包括以下要素。

1. 社会保险经办管理可持续发展理念

我国现行社会保险资源存量有限、增量不足，面临人口老龄化与高龄化的威胁、经济转制成本高、社会保险发展层次与水平不平衡等问题。由于受众多因素的影响，社会保险制度的可持续发展，要从社会经济发展前瞻性研究着眼，以系统论的观点做好顶层设计工作，以保证政策执行的连续性与有效性、保证政府职能的稳定性发挥，尽力降低社会保险经办管理成本，提高社会保险绩效，增强民众对政府在社会保险经办管理中的公信力。树立社会保险可持续发展理念，主要包括政府对社会保险的价值判断标准是否正确、发展定位是否符合中国国情等。社会保险可持续发展建立在社会保险资源尤其是社会保险基金可长期有效供给、社会公平公正和参保者长期积极参与的基础之上，结合社会与经济发展的社会变迁，使当代人与后代人的基本生存权利得到有效满足，社会保险政策不断优化，社会保险内涵得以扩充。从而使社会保险经办管理体制在社会保险可持续发展过程中得到强化，并积极致力于社会保险的最高目标和长期目标的实现。

2. 提高政府的社会保险信息的透明度与政策的可操作性

在公民权利意识越来越强烈的背景下，社会保险参与者需要了解更多与自身生存利益相关的养老保险、医疗保险、工伤保险、失业保险、经济适用房政策、劳动就业等信息。尽可能在信息对称的前提下，政府在经办管理过程中如实地向公民报告重要的社会保险等咨询信息、最新法律法规。同时强化政府回应和反馈机制，成为政府社会保险经办管理过程的重要责任之一，社会保险政策的可操作性与公正性直接关系到社会保险的可持续发展，一度发生的农民工大量退出养老保险和中断养老保险缴费事件，凸显了政府对农民工参与城镇养老保险政策的诚信不足，致使政府履行社会保险职能的公信力遭到质疑，加大了政府养老保险的信用危机。2014 年本课题组与广州市白云区地方税务局联合在广州市白云区对外来务工农民进行了参保意愿的问卷调查，共调查了 5101 人，在户籍所在地参保的占 47%，共 2397 人，在广州市白云区参保的 2704 人中，28.3% 的人认为缴费比例过高，难以承担，14.7% 的人认为养老保险接续存在问题，10% 的人认为没必要参加医疗保险（见图 2 - 1）。

政府应设计将农民工真心纳入社会保险体系这一大政方针相应的可操作性方案，因为农民工这一群体以中青年为主进入城市，本身并没有养老负担，可以为农民工这一群体设计完全积累账户。但是，在将农民工纳入城镇职工养老保险制度之后，因农民工在政府出台禁止退保之前反复退保，以他们的名册所缴纳的统筹账户基金只为原务工城市作出了贡献。

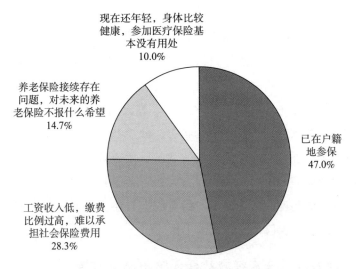

图 2 - 1　2014 年广州市白云区外来务工人员在穗参保的主要因素

3. 依法行政，扩大公民对社会保险的参与

依法行政指国家机关及其工作人员依据宪法和法律赋予的职责权限，在法律规定的职权范围内，对国家的政治、经济、文化、教育、科技等各项社会事务，依法进行管理的活动。依法行政的基本要义包括：提高政府立法质量，是依法行政的前提；严格行政执法，是依法行政的关键；强化行政执法监督，是依法行政的保障；加强对依法行政的领导，是依法行政的组织基础。

社会保险依法行政的内涵：一是政府自身要建立防止滥用权力挪用社会保险基金或是管理无序的严格规制，防止越权与侵权行为，防止社会保险政策执行不力引发的社会动荡；二是要为依法行政提供可靠的法律保障，使行政权力更具权威性，增强约束力与执行力，尤其在努力扩大社会保险的缴费能力、科学处置劳动纠纷与劳资关系、加强劳动行政监察、强化对农民工的社会保护机制以保护农民工权益、完善社会保险税费改革等方面要加大改革力度；三是在行政立法、行政执法、行政程序、行政复议、行政监察、行政诉讼、行政处罚、行政调解与行政仲裁等各个环节建立社会保险依法行政的系统工程，使社会保险依法行政成为经办管理过程中的社会常态。

扩大社会保障覆盖面是建立和谐社会的重要指标，我国社会保障管理体制的宏观层面与微观层面总是存在不相协调的现象：在"福利社会化、社会福利化"的口号下，过去政府对医疗保险的参与不足或过度退位，致使居民对政府医疗保险的预期偏低；居民对政府社会保险政策的知情权不足，一些改革政策的出台和在政策实施过程中也经受不住实践的考验，缺乏可操作性，缺乏企业与公民积极参与，缺乏有公制力的谈判协商机制；民间非营利组织长期处于发育不良状态，缺少社会参与或是参与欠缺，使社会保险处于一种有渴求但无生气的状态。健康的社会保障管理体制，要求努力扩大企业与公民的知情权、参与权、话语权、决策权与监督权，建立民情民意反馈制度、听证制度、回应制度与协商谈判制度，能在较大程度上提高政府社会保险依法行政的工作效率。

三　税务部门全责征收社会保险费经办管理

早在 1999 年 1 月，国务院就颁发了《社会保险费征缴暂行条例》（国务院令第 259 号），其中明确规定，社会保险费可以由税务机关征收，也可以由劳动保障行政部门按照国务院规定设立的社会保险经办机构征收。例如，1999 年 11 月，广东省委、省政府作出决定：自 2000 年 1 月 1 日起，社会保险费由地方税务部门负责征收，即实行税务机关征收、财政部门管理、社会保险经办机构核发待遇的社会保险费征收管理新体制。由于《社会保险费征缴暂行条例》同时赋予地方税务部门与社会保险部门征收社会保险费的责任权限，而大部分社会保险事务归于社保部门，与全国各省区市一样，广东省地方税务部门征收社会保险费实行的是权责不一、事权分离的代征模式，即各级地方税务部门按照各级社会保险部门提供的应征户数和应征的社会保险费总额征收社会保险费，实际上成为一个配套角色，这种"代征代收"模式并没有触动社会保障体制革命。2019 年之前，全国是社会保险经办机构和税务部门两个征收主体并存，加之理论界"从税派"和"从费派"之争，使高层决策对谁是中国征收社会保险费的责任主体难下定论。社保界人士表示，"2006～2016 年，企业养老保险费由社会保险经办机构征收（或主要由社保征收）的 15 个省份，征缴收入年平均增长率为 17.7%，税务征收（或主要由税务征收）的 17 个省份征缴收入年平均增长率为 16.8%，低于社保征收省份 0.9 个百分点。数据分析表明，社会保险经办机构征收社会保险费的效果更好"①。国务院决定，从 2019 年 1 月 1 日起由税务部门统一征收社会保险费（由于各种原因，事实上并没有有效执行）。

从 2003 年起，广东省推进代征代收模式向全责征收模式转型，即统一规范全省社会保险费全责征收业务流程，对税收征管流程与社会保险费征管流程实行一体化设计，把社会保险费征管流程统一规范为"登记－核定－申报－征收－清算－会统"六个环节，实施税费同征、同管、同查，实现税费同属一个税务管理机关、一个税务核算单位、一个税务管理员管理，并建立中间数据库，地方税务部门与社会保险部门可共享中间数据库，提高征收效率，从而从体制上突破了旧的征收模式的瓶颈制约，保证了社会保险的扩面征缴到位，确保了社会保险基金收入的安全性，避免了收支一条线带来的潜在风险，发挥了税收体制优势。然而，"税费之争"的身份之虞难以使税务部门挺直腰杆，利益动机也使社会保险部门与税务部门的合作机制或多或少受到影响。体制的桎梏决定了这还不是一场真正意义的征收改革。

从 2009 年 10 月 1 日起，广州市建立了"人大监督、劳动与社会保障行政监管、地税全责征收、财政专户管理、社保经办待遇核发、通过银行（邮政）实行待遇社会化发放"的社会保险基金管理新模式。由地方税务机关全面负责社会保险费征缴环节中的缴费登记、申报、审核（核定）、征收、追欠、查处、划解财政专户等相关工作，并将征收数据准确、及时地传递给社会保险经办机构记账②。广州市地方税务机关全责征收社会保险费，全面发挥了地方税务部门的征缴效率优势、服务平台优势与执法刚性优势，从"优化配置资源加强组织管理、着力制度建设推进规范管理、突出宣传培训提升队伍素质、落实四同管理突出征管绩效、强化技术支撑完善信息系统"五个方面入手，与社会保险等部门一道，全力以赴地推进地方税务全责征收工作。到 2010 年 9 月底，社会保险费征收同期增长超过

① 唐霁松：《社会保险费统一征收应尽早落地》，《中国社会保障》2017 年第 5 期。

② 参见广东省劳动和社会保障厅、广东省地方税务局发布的《关于强化社会保险费地税全责征收促进省级统筹的通知》（粤劳社发〔2008〕23 号）。

10 个百分点，征收率接近 100% 。扩大五大保险品种的覆盖面工作有条不紊，追缴欠费工作深入展开，保证了广州市各社会保险项目待遇的落实与养老金的发放。

从 2013 年 5 月开始，广东省地方税务系统应用新的社会保险征缴系统，对所有企业按《中华人民共和国社会保险法》的要求实行"五险合一"全险参保，系统上线时由企业自行向地方税务部门申报人数，根据申报人数征收社会保险费。"五险"捆绑在一起，也确实使大多数中小企业难以承受缴费之重，企业各种费用、税收加上社会保险缴费，几乎占了企业成本的 40%。2016 年，广州市地方税务服务热线 12366 咨询需求最集中的是社会保险费征缴方面的问题和传统的税收业务方面的问题，两者的咨询占了 71.5%（见表 2 - 1）。

表 2 - 1　2016 年度广州市地方税务局 12366 热线咨询问题

咨询分类		数量/个	比例/%
税收征管	网报问题咨询	11043	14.9
	发票问题咨询	1570	2.1
	查询业务问题	2031	2.7
	办税流程及征管指引	15396	20.8
	小计	30040	40.6
社会保险费征缴		22878	30.9
营业税（含营改增）		1381	1.9
个人收入所得税		2990	4.0
企业收入所得税		680	0.9
其他税费		7796	10.5
举报及非本局管辖范围		8243	11.1
合计		74008	100.00

注：一个来电可能咨询若干个问题，咨询问题的数量会多于来电数量。表中数据由广州市地方税务局提供。

2015 年 12 月，中共中央办公厅、国务院办公厅印发的《深化国税、地税征管体制改革方案》明确指出，要发挥税务部门税费统征效率高等优势，按照便利征管、节约行政资源的原则，将依法保留、适宜由税务部门征收的行政事业性收费、政府性基金等非税收入项目，改由地税部门统一征收。扩覆工作和征缴工作的难题主要是进城农民工、城市困难就业人员、残疾人群、弹性就业人员的参保问题；小型企业与微型企业人员流动频繁，劳动关系松弛，强制推行社会保险难度较大；新增设单位、未参保单位，都是地方税务部门扩大覆盖面的重点单位。酒店餐饮业、娱乐业、新兴行业、外商投资企业、城镇私营企业和其他城镇企业及其职工为强制执法检查的行业；农转居人员、被征地农民等都是扩覆工作的对象。

上述扩覆工作的单位与个人很难融入社会保险，需要地方税务部门运用社会保险的强制手段加以实施。税务征收系统需要扁平化管理，将内部组织按照参保客户的导向发展，改变层级组织模式，辅之以电话服务、电子政务等手段，扩大公共服务覆盖面。组织代收站点建设，培训社会保险费征缴的公共服务受托人，让他们接受地方税务部门委托，代理地方税务部门成为代收代缴社会保险费的职能主体，向地方税务部门负责，地方税务部门向市政府负责。缴费登记、申报、审核、征收等一些基础性工作还可以借助残疾人联合会、城市中小企业局或是社区街道组织服务平台等加以完成，鼓励社会力量、利用社会资源参与代征代缴工作，大幅度提高征收绩效。

2018 年，第十三届全国人民代表大会第一次会议审议通过的国务院机构改革方案的议案，要求改革国家税务、地方税务征管体制，将省级和省级以下国家税务和地方税务机构合并，实行以国家税务总局为主与省（区、市）人民政府双重领导管理体制。这样，社会保险费将由地方税务部门全责征收改为由税务部门全责征收，也为养老保险全国统筹的费用收缴解决了统一的征收体制问题。

第三节　公共管理与政府社会保险职能的确立

公共产品有两个本质特征：一是消费的非竞争性；二是收益的非排他性。社会保险属于公共产品或是准公共产品的范畴，在公共管理的体制框架下，认识社会保险的政府职能，是要更多地借助公共管理理论的视角，明晰政府在社会保险经办管理过程中的历史使命与责任。

20 世纪在西方国家悄然兴起的新公共管理运动，其本质是公共部门的绩效管理，区别于传统行政管理的一个重要标志就是以顾客为取向的价值标准，顾客是否满意成为衡量公共绩效的重要指标。绩效与效率既有联系也有区别。尼古拉斯·亨利认为，效率（efficiency）指以最少的可得资源来完成一项工作任务，追求投入与产出之比的最大化；有效性（effectiveness）则指注重实现所预想的结果。许多国家政府社会保障部门将注意力放在了改革社会保障行政管理体制、提高服务手段与政策效果、降低社会保障管理成本的技术层面上，以保证社会保障制度的可持续发展。社会保险经办管理中的政府绩效是要依靠设置一系列统计指标体系，对社会保险政府责任的实施效果进行综合评判。一些国家研究开发了社会保险绩效评估办法和质量标准，以确保对提高社会保险经办管理服务质量、降低经办管理成本的总体目标进行跟踪评估。

我国对社会保险的绩效评估不够重视，社会保险投入与产出模糊，突出地表现在政府社会保险质量统计信息的严重不足，社会保险政府绩效在产出量测量、成本测量、结果测量、服务质量测量、公民满意度测量、政策的社会负面效应测量等方面无法进行准确的评估。本书课题组成员在参与社会保险项目财政基金评价过程的体会是，单位自评过程中诚信不足，过于美化效率指标。在社会保险财政资金拨付第三方的绩效评估中，所谓绩效评估也是流于形式，第三方对业务指标不熟悉，无法行使独立调查，难以独立判断社会保险专项基金的使用效率，财政部门幕后的影响多多少少影响了公正评价。

我国应加强对社会保险统计的管理，在改进和完善定期统计报表制度的同时，建立起经常性的专题调查制度，及时掌握我国社会保险中心工作急需的正面数据与负面数据，研究建立政府社会保险效率监测预警体系，逐步实现统计数据来源渠道的多元化，以不断提高我国社会保险工作的效率和质量。通过政府社会保险基金预算管理强化政府社会保险职能成为一种新趋势，同时政府要对社会保险这一系统工程进行长远规划，了解未来环境给社会保险带来的机遇与挑战。新公共管理运动用绩效和计划预算制度取代了原有的线性项目预算制，计划预算根据机构的特定项目进行基金分配，这些非线性技术将社会保险的最终产出与社会保险资源的投入及其社会保险项目的财政预算结合在一起进行综合核算，可以更好地节约有限的社会保险资源，达到更为理想的管理目标。

社会保险制度是持续性的制度，在人口老龄化、高龄化与医疗风险普遍化的压力下，社会保险的责任趋向分化，表现为三个方面：一是重新划分国家、企业与个人的责任，一种涉及收入保障的新的社会契约正在重新定义之中；二是私营部门、社会资本介入社会保险；三是公共社会保险机构重新设计操作规程，再造行政管理模式是成立独立的管理小组来领导改革，全程进行社会保险程序的再设计，在最大限度上直接避免项目设计和政策指导失误这一最大的潜在风险，分化的优势在于通过单一作业提高经办管理效率。中国社会保险责任趋向分化，也要进行三方面的改革：一是提高个人在社会保险中的自我保障责任，尽快建立养老、医疗、就业的多支柱体系；二是明晰社会保险经办管理的边界，中央与地方政府社会保险的责任分工，解决长期以来悬而未决的养老保险隐性负债等众多问题；三是引进社会资本与多种组织形式，建立多元化的社会保险支撑体系，如养老保险产业化、社会资本进入医疗领域等。

政府不是全职政府，加之社会保险资源有限，加强社会保险经办管理的一个国际趋势是缩减行政开支，降低运营成本，国际社会在社会保险的私营化过程中引入竞争机制，使得政府开支和成本全面缩减。我国社会保险费改税，改由税务部门征缴社会保险税，提高社会保险统筹层次，可以节约征缴成本与管理成本；采取政府药品采购进行的竞争性供应有利于节约医疗费用开支。类似行政化降低管理成本的措施，应逐步落实到位。

很多国家绝大多数社会保险机构一直享有的提供社会保险服务的垄断经营正受到来自私营部门的挑战。这些私营机构相信，利用它们的基础设施和经验，能够用更低的成本管理好社会保险基金。社会保险基金的捐献人也常常支持这一观点，相信他们能够从私营部门（如私有银行和保险公司）获得比公共机构更好的服务。智利模式在社会保险基金民营化管理方面的制度创新，如个人责任的回归、市场机制的引入、民间力量的渗透，以及养老基金与资本市场的结合，对世界不同模式的国家有借鉴价值。

再分配政策是政府对公民之间收入和财产的不平等进行某种程度的矫正，成为政府管理与干预经济的工具。社会保险经办管理过程中的再分配在实现社会公平、缩小地区间与不同阶层间贫富差距方面发挥着越来越重要的作用。无论是社会保险中的各种养老或医疗救助，还是失业救助等，均需要财政拨款加以支持，财政投入普惠城乡居民，城乡居民养老保险和医疗保险的财政补贴越来越大，给受保障者带来收入增加的实惠，更为全体国民共享改革发展成果创造条件。

我国再分配领域社会保障的逆向调节其实也比较严重，由于不同群体之间社会保险制度的不统一，即碎片化问题严重，在二次分配中"逆向调节"的问题较为突出，在一定程度上拉大了贫富差距。机关事业单位和企业之间养老金双轨制折射出的社会分裂，是中国社会不同群体之间社会保险待遇的不平等体现，企业以农民工名册所缴纳的统筹基金构成了向国有企业离退休职工的逆向分配。在国民收入的二次分配中，社会保障本应缩小贫富差距，但在现实操作中，由于社保制度设计多多少少存在一些利益集团的意志，很多实际需要帮助的人群并没有被纳入社会保障中。例如，将农民工纳入城镇职工养老保险体系，却没有将农民工纳入城镇失业保险制度，没有将城市务工女性纳入城镇生育保险制度。企业年金发展过程中，央企占据了90%以上的份额，被称为"富人俱乐部"，通过补充保险进一步拉大了其他普通实体企业与央企的二次分配差距。

针对全社会建立社会保险体系的诉求，我国社会保险应该建立强势政府还是弱势政府？承担稳定经济与社会秩序及制度供给职能的政府应该在社会保险中发挥什么作用？这些都是政治哲学中应该回答的问题。亨廷顿在《变革社会中的政治秩序》中提出：向现代化发展过渡的发展中国家面临大量复杂的问题与矛盾，这些问题与矛盾"只有依靠强大的集权政府才能克服"。"强大的政府"就是能够提供合法的政治秩序基础和有效的政治参与基础的政府，它必须提供这样一些政治制度——使参与政治的人们接受政治社会化以作为其参与政治的代价。作为最大的发展中国家，我国在经济与社会转型过程中均面临着社会保险发展的大量难题，需要构建一个社会保险全覆盖的强势政府。而近期如社会保险改革中的养老保险基础养老金全国统筹、行政事业单位养老保险改革、延迟退休年龄改革、养老保险并轨、"三医联动"等重大改革安排进程十分缓慢甚至停滞不前，需要政府的强力推动，否则改革难有起色。

世界银行《1997 年世界发展报告》指出，每一个政府的核心使命包括五项最基本的责任：①确定法律基础；②保持一个未被破坏的政策环境，包括保持宏观经济的稳定；③投资于基本的社会服务和社会基础设施；④保护弱势群体；⑤保护环境①。从公共管理视角看，我国社会保险领域中政府的基本职能包括以下几方面。

1. 为社会保险经办管理提供完备的法律框架

社会保险制度及社会保险经办管理中的法制建设，关系到国民经济发展、社会稳定和人权建设，它是调整一个国家或地区社会保险关系法律规范的总和，包括国家立法机关制定的社会保险法律法规和国家行政机关颁布的社会保险政策、通知及其他规范性文件。政府通过社会保险立法，界定社会保险的渊源、确立社会保险立法的基本原则、理顺社会保险部门与其他部门之间的法律关系，保持法律执行的连续性、协调性与稳定性。由于较长时期以来出台的各项社会保险险种分别通过单项法规或政策进行规范，缺乏综合性统一法律法规；社会保险漏洞较多、强制性偏弱，一些用人单位尤其是外资企业以各种理由拒不参加法定社会保险，或是长期拖欠保费或是少缴保费；城乡之间，地区之间，机关和事业单位与企业之间，社会保险制度碎片化问题严重，制度整合过程中也存在各种各样的执行难的问题。2010 年 10 月 28 日第十一届全国人民代表大会常务委员会第十七次会议通过、2011 年 7 月 1 日起施行的《中华人民共和国社会保险法》的出台，对于规范社会保险关系、保障全体公民共享发展成果、维护社会和谐稳定具有十分重要的现实意义。诚然，"先制度、后法律"的《中华人民共和国社会保险法》在很大程度上"将就"了之前形成的社会保险制度，留下了不少授权条款，原则性过强，操作性不足。要在今后陆续出台的养老保险改革中，不断完善社会保障法律法规。

2. 为保持社会稳定对社会保险经办管理进行系统规划

近几年经济下行压力不减，各种社会矛盾不断积累，维护社会稳定的任务日益繁重且十分复杂。相当部分的群体性事件与社会保障或就业有关。社会保险权利属于公民的基本权利，关系每个公民的切身利益，社会

---

① World Bank, *World Development Report 1997*.

保险影响广泛。政府需要对各个社会层面进行系统规划，包括城乡社会保险发展规划、社会保险经办管理规划、社会保险信息化建设规划、社会保险可持续发展规划等，做好城市居民医疗保险与新农合保险的整合工作，做好行政事业单位与企业职工养老保险制度的并轨工作。

3. 提供较为完善的公共产品和均等化服务

社会保险经办管理服务的内容十分广泛，包括社会保险缴费、档案管理、老年扶理、医疗保健、心理安抚、待遇发放、残疾人康复、大病医疗、劳动就业管理、孤老残幼帮扶等。随着社会保险信息化手段的提高，社会保险经办管理效率与服务理念进一步深入人心，经办管理机构的服务意识大大提高，并重新定义了社会保险经办管理的服务质量标准，如制定经办管理服务目标并签订服务保证书，明确服务方法、服务时间限制和服务标准，利用"互联网＋"平台、移动终端设备、自助一体机等渠道，建设一体化的社会保险经办管理的公共服务系统，建立信息交互平台，完善以被保障群体为中心的服务体系与便捷、高效和安全的服务。以广东省为例，至 2015 年，全省 21 个地市全部实现了 12333 电话咨询服务的全覆盖，社会保险方面电话咨询服务约 709 万人次。一些地区还设立了自助终端、互联网平台、手机短信服务、微信公众服务平台、APP 客户端等方式为一体的信息服务体系，提供自助查询和业务办理，为社会公众提供贴心、便捷的服务[①]。

4. 为社会保险提供财政支持

国家要对社会保险提供强有力的财政支持，没有各级财政作为后盾，很难建立与健全可持续的社会保障体系，没有财政持续稳定的社会保险基金补贴，社会保险也难以健康发展。政府对社会保险的财政支持主要通过以下几个渠道：一是财政减税，即社会保险缴费（税）实施税前列支，也包括企业年金和职业年金的免税政策；二是为实施充分的就业政策，尤其是在"大众创业、万众创新"的背景下，各级财政部门均实施了相应的优惠或税收减免政策。据测算，财政支出每增加 1%，可使劳动就业量增加 5.5%，我国利用国债项目，大搞基础设施建设，创造了数以百万计的就

---

① 广东省人力资源和社会保障厅：《广东省社会保险白皮书 2015》，2015。

业机会，国债所创造的就业乘数较高；三是对社会保险基金投资、企业年金和职业年金投资累积余额用于购买国债、股票等投资性权益资产的，在其交易和投资收益分配环节，可对其相关税收适用较低的税率或实行减免等税收优惠政策；四是当社会保险基金出现收支逆差时，由财政部门提供一定数量的补助（见表2-2）；五是财政部门对社会保险基金周转困难的地区实施直接财政拨付，例如，广州市等城市财政拨付的就业专项基金的使用，财政部门大多聘请第三方进行绩效评估。

表 2 - 2 2015 年全国社会保险基金预算情况

单位：亿元

	企业职工养老保险基金	城乡居民养老保险基金	企业职工医疗保险基金	居民基本医疗保险基金	工伤保险基金	失业保险基金
财政补助	3671.20	1949.18	66.4	4033.87	13.65	0.21
年末滚存结余基金	31281.83	4623.96	9898.86	2394.11	1205.03	4998.84

资料来源：财政部网站，居民基本医疗保险基金包括单独管理的城镇居民基本医疗保险基金、新农合基金，以及城乡统筹地区统一实行的城乡居民基本医疗保险基金。

政府与市场是社会保险制度经办管理中两个重要的主体。社会保险制度改革的不断深化，势必导致社会保险经办管理中政府与市场两者关系的不断调整，政府与市场的边界与组合关系如何，会直接影响社会保险制度经办管理的运行效率，寻求政府与市场的相对均衡机制，明确政府的责任体系，是新时期社会保险建设的重要使命。

在发展经济学理论中，发展中国家的经济增长与经济发展有所区别，经济增长仅指一国或一个地区在一定时期内包括产品和劳务在内产出的增长；经济发展则意味着随着产出的增长而出现的经济、社会和政治结构的变化。这些变化包括投入结构、产出结构、产业比重、分配状态、消费模式、社会福利、文教卫生、群众参与等内在的变化。经济增长是社会保险发展的基础要件，没有经济增长就不可能有社会保险的发展。经济发展，包括社会保险可持续发展在内，如果一味盲目追求 GDP 的增长，而不顾及 GDP 增长所付出的社会成本与在 GDP 增长的同时增加人民福祉，就会出现"无发展的增长"，即经济增长没有带来社会的发展。经济增长会带来国民收入的提高，但在注重经济发展的同时，应注意其中心意义是社会和个人福利的增进。根据马斯洛的需求层次理论，个人对社会保险的需求层次也在不断提高。我国和谐社会建设进程中，社会保险的内涵也会有所发展。从保障公民基本生存权利发展到维系公民基本生存权利的同时维护个人的发展权，一方面，要求政府加大社会保险的投入，提供社会福利增量；另一方面，在国民收入分配不平等程度加剧的同时，要利用政府在社会保险调控中的再分配职能，注重社会公平，调整社会保险支出结构与社会保险资源配置，更好地发挥政府在社会保险可持续发展中的效用。

当前中国社会保险制度建设过程中，政府还存在着缺位与越位并存的问题，社会保险覆盖范围还有待进一步扩大，保障标准统一的步伐还比较缓慢，社会保险制度的碎片化现象还比较严重，与 2020 年"人人享有基本生活保障"的目标还有较大差距。社会保险制度设计本身也存在结构失衡与协调不力的问题，制度建设落后于社会经济发展进程与综合改革的需要。为适应全面建成小康社会与和谐社会的要求，未来的社会保险制度建设与经办管理必须和经济及社会发展之间形成良性的政策互动架构，让全体人民共享经济与社会发展成果。

就国家财政与地方财政而言，应进一步通过调整财政支出结构，在社会保险一体化经办管理建设的基础上，逐步完善城乡社会保险制度的整合问题，加大社会保险资源整合力度，进一步改革社会保险经办管理体制与运行机制。在加大对社会保险事业可持续发展投入的同时，要增加就业专项基金的投入，以及通过减免税费、贴息等形式加大对再就业的支持力度。

在社会保险的某些市场化改革进程中，政府与市场都存在失灵的可能性，政府与市场的有机结合，其表现形式是政府通过代理、作业外包、投招标等方式，使政府的一些社会保险事务通过市场方式加以实施。这样，市场的发育水平与基础构件会影响政府社会保险职能的发挥。社会保险体系对劳动力供给、储蓄行为及资本积累会造成负面激励效应，其前提条件是要建立完善的市场体系和市场经营主体。在西方国家，市场发育早期较为成熟，私营企业创造了比公共社会保险机构更高的运营管理效率与资本红利，市场能承受社会保险更多的社会职能。而在发展中国家，市场不完善，私营企业的经营水平有限，市场在社会保险中的作用受到限制。由于医疗保险资源表现为单独的商品属性，资本市场是社会保险基金保值增值的重要载体，西方国家资本市场高度发达、高效有序，并有众多的适合社会保险基金投资的金融创新工具，保证了社会保险基金、企业年金、商业保险基金、职业年金等较高的收益率。而在大多数发展中国家，资本市场的广度与深度、投资规模与投资工具都不能满足社会保险基金投资的需要。因此，在社会保险基金投资选择上，发展中国家采取了更谨慎的投资政策。

世界各国在社会保险领域中，政府与市场的结合都是相辅相成的，既要避免市场万能论倾向，又要提防国家万难论与政府高明论的极端，世界上不存在万能的政府，也不存在万能的市场，要求在不完善的政府与不完善的市场之间进行利益权衡。2005 年国务院发展研究中心对医疗改革的基本否定，为研究敲响了警钟。对医疗改革，人们一方面抱怨政府退位太快，另一方面责怪医疗保险过分市场化。显而易见，单纯的政府行为与市场行为都不能取得良好的效果。社会保险经办管理要求根据经济开支合理化与成本最小化的原则，建立一种稳定与协调的社会动员机制，建立多种社会保险资源的组合空间：一是在社会保险各个领域建立健康的市场发育机制，真正发挥市场在社会保险领域中的基础性资源配置的作用；二是转换政府职能，降低门槛，提高社会保险的行政效率与社会保险制度的创新能力，矫正政府在社会保险经办管理中的错位、缺位、失位与越位问题，建立清晰的体制框架，让政府、市场、企业与个人在社会保险的可持续发展中形成合力，使社会保险经办管理工作得以顺利进行。

| 第三章 |

社会保险经办机构财务管理与服务

财务指企业或行政事业单位在执行企业或行政事业单位任务工作过程中涉及的基金活动所体现的经济关系。财务经办管理指基金的筹集、运用、使用和分配，并进行计划、组织、实施与控制的总称。社会保险经办机构财务管理是在社会保险事业发展过程中对社会保险基金进行筹集、运营、分配、支付等方面所体现的经济关系，其以现行社会保险法律法规和现行财政会计制度为依据，科学有序地组织、调节和监督社会保险基金的运行，正确处理社会保险基金运动中的各种经济关系，维护国家、企业与受保障者的合法权益，以维护社会保险经办管理体制的高效运行。

第一节　社会保险经办机构财务管理的内涵

社会保险经办机构财务管理是社会保险可持续发展的首要条件，财政部早在 1997 年 1 月 1 日发布了《社会保险经办机构财务管理办法》（以下简称《办法》）。《办法》表明社会保险经办机构财务管理的目标就是要多渠道筹措社会保险基金，以最有效的投资理念盘活基金并使之投资效益尽可能最大化；以公平与效率的观念配置基金，以审慎严密的办法监控基金；以科学的计发办法充分保证社会保险基金的发放。社会保险经办机构财务管理的整个运行程序就是要以财务收支和基金活动为中心，提高理财水平，确保社会保险事业各项活动和各种社会保险措施的到位，推动社会保险事业的可持续发展。

一　社会保险经办机构财务管理的任务

社会保险经办机构财务管理任务的主旨是认真贯彻执行国家有关社会保险政策与财务工作法律与制度，正确处理收入与支出之间的矛盾，依法筹集和使用基金，努力降低经办管理的财务成本，提高社会保险基金的使用效益，全面支持社会保险事业健康有序发展。

（一）社会保险基金预算的编制与加强收支管理

社会保险基金预算的主要内容包括社会保险基金收入计划、社会保险基金支出计划以及社会保险基金预算编制说明。社会保险养老、医疗、失业保险基金预算收入包括：单位缴纳的社会保险费收入、职工个人缴纳的社会保险费收入、基金利息收入、财政补贴收入、转移收入、上级补助收入、下级上解收入、其他收入；社会保险基金预算支出计划包括：社会保险待遇支出、转移支出、补助下级支出、上解上级支出、其他支出。预算编制说明的内容包括：编制预算草案的政策依据、各项数字的计算依据、比上年预算及其执行增减变化的主要原因。

在预算方式管理中，我国采取的模式要求是将社会保险基金的收支纳入政府的经常性预算，当社会保险基金收大于支时，政府可将其用于安排其他支出甚至用于弥补财政赤字，当社会保险基金收不抵支时，则通过财政预算予以弥补。年度结束，社会保险经办机构应按照财政部门制定的报表格式及规定的时间，根据社会保险基金预算编制的原则和内容，依据本年度预算执行情况和下年度收支预测，编制下一年度社会保险基金预算草案。

（二）社会保险经办机构财务管理制度与国家、企业和个人三者间的关系

社会保险的覆盖对象从在职职工逐步发展到全体公民，社会保险收支的各项活动必然牵涉国家、企业与个人三者之间的利益关系。正确处理三者之间的关系，是社会保险经办管理的一项重要任务。现阶段政府在社会保险中起着主导作用，社会保险财政支出压力日益加大，转制成本难以消化，更需要三者共同承受社会保险基金压力，合理筹集基金，逐步建立社

会保险制度相对平衡的机制。发展企业年金和职业年金，缓解基本养老保险压力，防止社会保险基金收入的漏洞，坚持"收入工资化、工资货币化"改革，保证社会保险费应收尽收。在社会保险经办机构财务管理上，树立社会保险经济效率观与社会效益观，坚持以最小的基金消耗取得尽可能大的财务成果。

（三）社会保险财务信息与社会保险科学决策

在逐步理顺社会保险经办机构财务管理机构与管理关系的前提下，应进一步明确财政部门、社会保险部门及各参保单位的财务经办管理关系，加强财务约束和会计核算工作，建立社会保险财务信息网络与平台及科学的核算程序，真实反映社会保险收支活动的情况，发挥预算约束、制度约束、财务监督等全方位的财务经办管理效能，完善社会保险财务服务体系，为社会保险科学决策提供有价值的参考。

二　社会保险基金预算与编制原则

社会保险基金预算是政府预算的重要组成部分，是国家为了实现社会保险目标，根据有关法律法规筹集和分配的各项社会保险基金，它包括各级政府一般性税收收入安排的各项社会保险基金，以及其养老保险、医疗保险、失业保险、工伤保险、生育保险等各项基金收支活动的计划安排，是财政全面反映、管理、监督各项社会保险基金收支活动的重要手段。对社会保险基金的全方位管理是建立健全社会保险可持续发展的重要保证。

社会保险经办机构经费预算指社会保险经办机构根据实际工作需要编制的年度财务收支计划，包括经费收入预算和经费支出预算。社会保险基金预算作为由政府财政编制的反映社会保险基金收支规模、结构和变化情况的计划，是国家预算的重要组成部分，同时具有相对的独立性，在政府总预算体系中占有极其重要的地位。第一，社会保险基金预算与政府其他预算相比，具有更明显的目的性，设立专项社会保险基金预算，对其基金收支情况进行管理，可以增强管理力度；第二，社会保险分配虽与财政分配关系密切，但它以公平为第一原则，而一般的财政分配还需要考虑经济与社会效率问题，所以将社会保险基金纳入政府预算管理时，不应将其与政府公共预算融为一体，单独设立社会保险基金预算管理，既可以显示社会保险分配的特点，又能避免财政专项基金与其他基金互吃"大锅饭"的现象发生；第三，从管理性质上看，社会保险基金预算是特种预算，它与经常性预算、投资预算密切相关，改进与完善现行的复式预算体系是建立社会保险基金预算的重要条件。按照财政部《办法》的要求，社会保险基金预算的编制原则如下[①]。

1. 坚持收支平衡的原则。社会保险经办机构应根据机构编制人数和工作需要，实事求是地编制预算。

2. 坚持统筹兼顾、重点安排的原则。社会保险经办机构要正确处理事业需要与财力可能的关系，分清轻重缓急，科学合理安排使用经费。

3. 坚持勤俭办事、厉行节约的原则。真正做到少花钱、多办事，把事情办好。

三　社会保险基金预算与其他的国家预算

社会保险活动需要经常性收入的财力支持，以国家预算作为经济后盾。全国社会保险基金预算按险种分类编制包括：基本养老保险基金（含企业职工基本养老保险基金、城乡居民基本养老保险基金）、基本医疗保险基金（含城镇职工基本医疗保险基金、城乡居民基本医疗保险基金）、工伤保险基金、失业保险基金、生育保险基金（"十三五"规划将生育保险与医疗保险归并在一起）。2015年各级财政部门对社会保险项目的补助达到9734.51亿元。社会保险支出主要是通过国家财政分配形成的，一部分由国家预算内列收列支，另一部分由国家财政政策所规范。社会保险基金预算建立后，在其收支关系上涉及国家预算、国有资产经营预算和财政投融资预算三者之间的关系。

（一）社会保险基金预算与政府公共预算

社会保险基金预算是国民收入的一种重要的再分配形式，如养老保险调节基金涉及各级政府财政之间、各行为利益主体之间的分配关系调整。

---

① 参见财政部《社会保险经办机构财务管理办法》（财社字〔1996〕175号）。

建立国家、企业与个人共同分担社会保险费用机制，企业缴纳的社会保险税（费）列入成本开支，无疑会间接影响政府经常性的所得税收入。从支出上看，行政与部分事业单位的社会保险缴费包括基本养老保险统筹基金与单位应缴的职业年金由公共预算支出（采取挂账的办法），社会保险机制建立初期需要财政部门在相当长的时期内投入一定的启动基金，人口老龄化与高龄化会加大财政对社会保险的支撑压力；社会救助及重大灾害应急预案也会随着社会的发展而呈现较大的波动，使公共预算增加了减收增支的双重压力。

（二）社会保险基金预算与国有资产经营预算

我国社会保险项目均有不同程度的基金结余。这部分结余基金要用于购买国家发行的特种定向债券和国债。由全国社会保障基金理事会管理的社会保险基金，一部分用于购买国债等，另一部分要进入资本市场保值增值。我国还从国有资产中分割一部分以补充社会保险基金的不足，这些社会保险基金成为国有资产经营预算中国债收入的来源之一。国债的还本付息也是国有资产经营预算的支出项目之一，成为社会保险基金预算的重要收入项目。建立社会保险基金预算，这些收支关系要进行必要的调整和矫正。2014 年，中央国有资本经营收入 1410.91 亿元，加上 2013 年结转收入 152.19 亿元，中央国有资本经营收入总量为 1563.1 亿元。其中调入一般公共预算用于社会保障等民生支出的为 184 亿元①。

（三）社会保险基金预算与财政投融资预算

随着财政信用和政策性银行业务的开展，社会保险基金结余额可用于购买国债，从而成为财政投融资的基金来源之一。失业保险基金中用于转业训练和生产自救的固定资产投资支出，应列入财政投融资预算，投资所形成的资产归入国有资产经营预算账户。

四 社会保险经办机构财务管理体制

以微观和基础的财务经办管理与会计核算为切入点，社会保险经办机

---

① 楼继伟：《关于 2014 年中央决算的报告》，第十二届全国人民代表大会常务委员会第十五次会议，2015 年 6 月 28 日。

构财务管理体制是社会保险基金预算管理的主体和核心环节，合理筹集和分配社会保险基金，最终实现社会保险目标；会计核算制度又是会计制度的核心，是社会保险经营主体进行会计核算的依据。

（一）社会保险基金分配和管理体制

社会保险基金分配侧重于社会保险基金的统一与规范管理，以防范社会保险基金的分散管理与挤占挪用。改革基金分配与管理体制的重点：一是将各个方面、各种渠道的社会保险基金全部纳入财政管理，统一进入财政专户，并与有关部门配合清理企业欠费，清理以前年度基金形成的固定资产并及时变现后存入财政专户，统一按财务制度核算，统一由财政部门监督拨款；二是由政府预算外基金、部分国有资产变现收入、事业单位的业务补偿性收入等渠道筹集一部分基金用于社会保险事业；三是设立总会计制度，进行专户会计登记，办理基金的缴存、拨付，定期向同级政府和上级财政部门报送会计报表，为规范财政专户管理并实现社会保险基金预算奠定良好的基础。

（二）社会保险经办机构财务管理监督体制与内部制约制度

社会保险财务体制包括财政与各部门单位的财务经办管理关系、业务主管部门与所属单位的财务关系、单位内部的财务关系。社会保险基金预算实行属地管理，在财务经办管理关系上，与中央、省属单位的社会保险事务也发生一定的财务关系，地区、部门或单位的社会保险财务必须归口统一管理。财政部门是社会保险基金和财务经办管理的主管部门，其他部门必须自觉接受财政、审计部门的检查监督。社会保险部门内部要建立不同职责和岗位相互分离与相互制约的制度，保证记账人员与经济业务事项、会计事项的审批人员、经办人员、财务保管人员的职责及权限明确与职务分离。重大经济事项的决策与执行要坚持分离和制约制度，如社会保险基金投资决策者、运营收益分配决策者与执行者的分离，社会保险基金调度、划转由财政部门执行。同时，必须建立社会保险基金经营执行与业务记录相分离、资产保管与会计核算相分离的制度。

（三）建立严密的会计控制系统

依法建立会计账户，分险种、分统筹基金和个人账户分账核算，这有利于使各险种管理清晰，各基金账目记载清楚，实现对各基金收支的有力监管，防止基金账目的混乱导致出现各基金相互挤占、相互挪用的现象。合理运用会计方法对发生的业务进行账务处理，会计科目设置及账务处理符合要求，按国家及省有关社会保险基金财务会计规定，统一设置会计科目，规范基金账务处理，使基金会计账目能够清晰、直观地反映所有社会保险基金的收支和使用情况。基金记账依据有效、摘要准确。更正会计记录应履行必要的审批手续，并记录在案，不得越权自行更改，必须履行相关的审批手续。

（四）社会保险预决算审批程序

社会保险基金预算包括社会保险税收体制、社会保险转移支付制度、社会保险基金管理制度、社会保险事业财务经办管理制度等。社会保险基金预算作为整个国家预算重要的组成部分，其预算的审批程序要严格按照2018 年 12 月 29 日通过的《中华人民共和国预算法》执行。近几年来，将新农保制度和城镇居民社会养老保险制度整合为城乡居民基本养老保险制度，财政部门是社会保险基金预算的拟定机构和初审机构，按法律程序要报同级人民政府审查和全国人民代表大会财政经济委员会审批，并报上一级财政部门备案。社会保险基金预算管理包括决算的审查批复，决算草案的编制是各级政府、各级部门对所属各单位的决算草案进行初步审查，并汇总形成部门决算草案。县级以上各级政府汇总本级财政决算，各级政府社会保险决算的审批权限在各级人民代表大会，这样逐步汇总上报，形成国家财政总决算报全国人大审查批复。财政部根据全国人民代表大会批复的国家财政决算，分别向各部门和各省区市下达决算批复，这样逐级下达决算批复，形成了"两上两下"的审批程序。在政府间转移支付制度尚不完善的情况下，政府间决算带有一定程度的财力分配性质，即上级财政在与下级财政批复决算的过程中，通过办理决算以解决体制决算、基金缴拨关系的方式，帮助下级财政解决实际问题。

五　建立社会保险基金预算的条件与实现机制

充分做好社会保险财务经办管理工作，建立社会保险基金预算体系的目的，是科学运用国家财政预算管理的方法，发挥政府财政公共调控职能的手段，按照建立市场经济体制基本框架的要求，实施有效的社会保险制度。

（一）社会保险基金预算编制中的部门职责

社会保险基金预算的建立，标志着政府将对社会保险基金实行统一管理，这是由财政预算在基金分配体系中的主导地位所决定的。目前不仅社会保险经办管理机构多，而且各管理机构集行政管理、事务管理、基金管理和监督于一体，其职责不明，政事不分。因此，应理顺行政管理、基金管理等机构之间的关系，进行专业分工：社会保险业务主管部门主要负责制定社会保险政策、法规和业务指导性的管理等工作；财政部门主要负责财政专户管理的社会保险基金，编制社会保险基金预算与决算，按时拨付社会保险基金，实施预算管理和监督；地方税务部门全责征收社会保险基金，并做好全面负责社会保险费征缴环节中的缴费登记、申报、审核（核定）、征收、追欠、查处、划解财政专户等相关工作，并将征收数据准确及时地传递给社会保险经办机构记账；银行部门负责养老保险基金的社会化发放工作；社会保险经办机构核发待遇；审计部门负责审计社会保险基金的使用是否合理、合法、合规。

（二）社会保险基金的预算管理手段

预算编制是否真正有利于实现社会保险收支管理的目标、是否具有行政约束效力，关键要看预算管理的手段和办法与实际的社会保险基金执行的效果是否合拍。我国企业职工基本养老保险、企业职工基本医疗保险、失业保险等各项社会保险基金缺乏严格的财政管理和监督，致使各项基金提取比例偏高，保障待遇水平偏低，滚存结余基金比重过高（见表 3 - 1）。

表 3 – 1 2015 年全国社会保险基金预算年末滚存结余基金

单位：亿元

社会保险 基金类别	企业职工基本 养老保险	城乡居民基本 养老保险	企业职工基本 医疗保险	居民基本 医疗保险	失业 保险	工伤 保险	生育 保险
年末滚存 结余基金	31281.83	4623.96	9898.86	2394.11	4998.84	1205.03	684.00

资料来源：根据财政部 2015 年全国社会保险基金预算情况整理。居民基本医疗保险基金包括单独管理的城镇居民基本医疗保险基金、新农合基金，以及城乡统筹地区统一实行的城乡居民基本医疗保险基金。

国务院副总理马凯 2014 年 12 月 8 日在第十二届全国人大常委会第十二次会议上提出："现在的缴费水平确实偏高，'五险一金'已占到工资总额的 40% ~50%，企业觉得负担重。"值得注意的有两个问题：一是地区不平衡问题，有的省区市结余得多，有的省区市结余得少，要靠中央财政转移支付补贴之后才能够维持支付；二是最近几年基金收入增长的速度慢于支出增长的速度。滚存结余过多，降低费率有一定的空间。

在过去的一段时期，社会保险基金投资运营比较混乱，存在挪用、浪费甚至贪污社会保险基金的现象。如果在基金管理手段上监控不力或是基金投资不作为，即使编制了社会保险基金预算，也只能是流于形式。因此，应建立社会保险基金等各项基金的财政专户，各项基金先进国库，随即转入财政专户，然后通过专户进行社会保险的各项支出。社会保险结余基金应由专门成立的社会保险基金委员会按照政府规定的投资比例进行运营管理，使社会保险基金保值增值。这样既有利于对各项社会保险基金实行严格的预算管理和监督，又有利于保证专款专用原则的执行，不得用于弥补政府公共预算和国有资产经营预算的赤字。

六 社会保险基金的特点与财务经办管理的任务

（一）社会保险基金的特点

社会保险基金财务制度必须严格按照《中华人民共和国会计法》《社会保险基金财务制度》《社会保险基金会计制度》等法律法规及政策规定，健全和完善社会保险经办机构会计操作规程，对各类社会保险基金的会计建账、科目设置、记账及更正等作出具体规定，实行基金收支两条线管理、专款专用，对基金筹集和支付、基金结余、基金账务、银行开户管理、基金监督与检查等做出严格的规定。社会保险基金是维系社会保险制度运行与可持续发展必不可少的资源，其表现在以下几个方面。

1. 社会保险基金征缴的强制性

社会保险基金通过法律手段进行筹集，其基金来源渠道、筹集模式、缴费水平、支付方式、管理办法，一般根据国家或地方法律法规规定，强制实施。企业和职工依法按规定缴费（税）率缴纳保险费，职工在符合社会保险受领或受保条件时依法获得保险金给付。近几年来，经济下行与失业问题较为严重，一些企业经济收益滑坡，影响了基金的征缴。

2. 社会保险基金的社会性

社会保险覆盖全体劳动者与城乡居民。在我国，社会保险五大险种覆盖率在不断提高，城乡居民也已经被纳入养老与医疗保险体系。其社会性日渐明显，养老金实现了社会化发放，社会保险基金社会化管理与社会保险产业化步伐日渐加快，民营基金也正在融入社会保险领域，社会保险基金财务社会化的雏形已经显现。

3. 社会保险基金的投资性

从我国目前的实际情况来看，社会保险基金投资的主体是基本养老保险基金，主要包括四大类：一是基本养老保险社会统筹账户上的积累基金与个人账户基金；二是基本养老与医疗保险体系个人账户上的基金；三是全国社会保障基金；四是企业年金和职业年金。对于基金制的社会保险而言，实现社会保险基金的保值增值，以应对通货膨胀的威胁，实现对参保者的信用承诺，是世界各国面临的共同问题。只有加强社会保险基金的未来偿付能力，才能真正实现社会保险的可持续发展。

（二）社会保险基金财务经办管理的主要任务

第一，贯彻执行国家有关法律法规政策，不断扩大社会保险覆盖面与筹资水平，逐步推行社会保险税费改革，降低征缴成本，扩大社会保险基金积累。

第二，正确处理国家、企业与个人三者之间的关系，要在经济增长与发展的基础上，提高参保者的待遇水平，同时提高参保者的社会保险意识，逐步落实个人在社会保险中应尽的责任与义务。对于支付待遇，社会保险基金经办管理部门要正确核算和保证及时足额到位。

第三，认真编制社会保险基金收支预算，严格收支管理，做好基金的预算、决算、成本核算与控制工作。建立健全财务会计管理制度，严格基金收支核算，如实反映基金动态。社会保险基金管理机构要按照财务会计制度的要求，如实记录、正确反映，并定期或不定期地向政府和社会公布社会保险基金运行情况、财政专户基金收支结余情况，做好基金分析、评估与财务信息的披露工作。

第四，严格遵守财经纪律，加强财务控制与监督，确保基金安全，维护参保者的合法权益。政府部门要切实履行政府职能，强化对社会保险的财务审计与行政监督，杜绝社会保险基金的非理性投资，确保社会保险基金不被挪用。

七 社会保险基金预算与决算管理体制

社会保险基金预算管理指社会保险基金经办管理机构根据社会保险制度的实施计划和任务编制，经过法定程序审批的社会保险基金财务计划。经办管理机构在每年年末按照财政部门的要求，根据本年度执行情况和下年度基金收支增减变动预测数据，编制下一年度基金预算草案，按照法定程序得到上级部门审批后，严格执行预算。社会保险基金预算管理包括以现金收支为基础的财务收支预算，以经营成果为核心的盈利预测，以固定资产购建和对外投资为主要内容的投资预算。

（一）编制要求与编制原则

社会保险基金预算编制：一是坚持"以收定支、以筹定支"原则，充分考虑社会复杂因素对预算执行的影响；二是努力扩大社会保险的征缴率与征缴额，清理有意拖欠与恶意欠缴社会保险基金的行为，确保收入与支付及时到位；三是在部分积累筹资模式下，既要实施当年的基金收支平衡，又要有适当的基金积累。实施基金积累制，要努力研究积累系数与积累率对企业的承受能力与个人的承受能力的影响。据《经济日报》报道，2015 年，全国已有天津、重庆、福建、江西等地执行新的社会保险缴费基数标准。与 2014 年相比，用人单位和职工需要缴纳的社会保险费用均出现不同程度的上涨，实际到手工资变少。对低收入群体而言，过高的缴费率会影响其生活质量；而对企业而言，过重的社会保险负担，既会影响其提供更多就业岗位扩大社会就业，更会迫使某些逐利资本从实体经济退出。

（二）社会保险基金预算审批

预算编制先由上级或同级政府下达社会保险基金收支增长和平衡指标的宏观调控计划。社会保险基金经办管理机构在预测年度基金增减变动因素的基础上，提出基金预算草案，上报人力资源和社会保障部门。人力资源和社会保障部门根据上报的基金预算草案，分类审核汇总后报经财政部

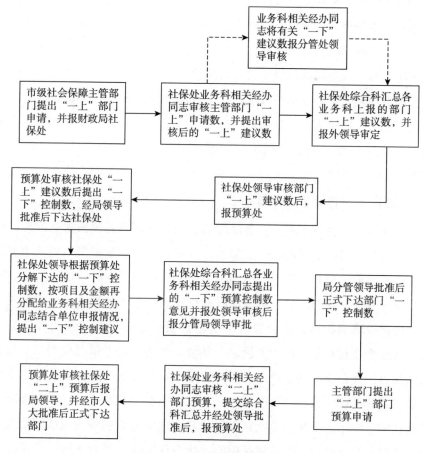

图 3—1　部门预算编制流程

门审核并报经同级政府审批;按法定程序审核批准后的预算,由财政部门及时向人力资源和社会保障部门批复执行,并报经上级财政部门及人力资源和社会保障部门备案(流程见图 3-1)。

(三) 社会保险基金预算的执行与调整

采取各种措施,严格执行社会保险基金预算经办管理,包括分险种考核、分开核算、理顺各种征缴关系,强化征收管理体制,做到应缴尽缴,确保基金收入任务的完成。预算支出管理要严格防止社会保险基金流失,杜绝假冒骗保行为。在统筹范围内合理调度和使用社会保险调节基金。社会保险经办机构要认真分析社会保险基金收支情况与动态发展情况、掌握投资盈利情况,定期向同级财政部门及人力资源和社会保障部门报告收支情况、积累基金的可发放月数与安全预警,加强基金运行的财务监督,确保基金预算的顺利进行。根据社会经济的发展动态,预算在特殊情况下要做更改,必须报经同级政府审批方可生效。社会保险基金经办管理机构要及时调整预算方案,说明更改理由,上报财政部门及人力资源和社会保障部门审核。经同级政府批准后,由财政部门及时向人力资源和社会保障部门下达预算调整计划,并报上级财政部门及人力资源和社会保障部门备案。

(四) 社会保险基金决算

每年末预算执行年度,社会保险基金经办管理机构要根据财政部门制定的表式、时间和要求编制年度基金财务报告,在规定期限内经人力资源和社会保障部门审核并汇总,报同级财政部门审核批准,对不符合法律、法规及政策、制度规定的,财政部门有权予以调整,经财政部门审核无误后,由同级政府批准,批准后的年度基金财务报告即为基金决算财务报告。财务报告包括基金资产负债表、基金收支表、财务情况说明书、附注及明细表。社会保险基金经办机构编制基金财务报告时,应做到数字真实可靠、计算准确无误、手续完备齐全、内容完整、及时报送。在办理决算的过程中,要十分重视基金决算报告的基金收支分析和情况说明,认真分析基金财务收支的增减变动情况说明,社会保险经办管理机构可根据实际需要增加基金当年结余率、社会保险费实际收缴率等有关财务分析指标。

一般按照企业职工基本养老保险基金、城乡居民基本养老保险基金、城镇职工基本医疗保险基金、城乡居民基本医疗保险基金、工伤保险基金、失业保险基金、生育保险基金的年内预算收入、年内预算支出，以及年末结余、年末滚存结余进行决算。

八　社会保险基金收支项目的核算与管理

（一）社会保险基金收入项目

2019 年之前，全国范围内社会保险基金的征缴工作有三种征收形式：一是由地方税务部门全责征收；二是由社会保险经办机构征收；三是由社会保险经办机构委托地方税务部门征收。不论是课税还是缴费方式，社会保险各项目都要按照国家法律、法规及社会保险政策的要求，应收尽收，按时足额入库。任何地区、部门、单位和个人不得截留和减免。社会保险基金收入包括保费收入、利息收入或投资收入、转移收入、中央和地方财政补贴收入、滞纳金收入、其他收入等。

保费收入是社会保险基金的主体。近几年来，我国各项社会保险费收入有了大幅度的提高，年度滚存结余有了较大的积累，因此要切实加强征收分类管理和分户核算。利息收入或投资收入是衡量社会保险基金保值增值的重要指标，包括银行存款收入、特种定向国债收入、证券投资收入、基金投资收入、产业投资收入等。社会保险统筹结余基金的投资方式受到制度的约束，增值率较低，尚难以抵御通货膨胀的威胁。转移收入指保险对象跨统筹地区流动而转入的收入。财政补贴收入是根据收支平衡情况及"两个确保"的需要，采取非固定的方式划拨的财政基金。我国养老保险支付在大部分省区市出现了赤字，养老保险改革面临重重困难，中央与地方对养老保险的财政补贴数额将越来越大。

（二）社会保险基金支出项目

社会保险基金的支出要根据国家规定的支出项目和支付标准实施，非统筹项目不能进入统筹范围，这在一定程度上限制了社会保险基金的支出范围。按照《社会保险基金财务制度》的要求，任何地区、单位和个人，不得以任何借口增加支出项目和支付标准。社会保险基金支出项目包括社会保险待遇支出、转移支出、职工困难补贴支出、补助下级支出、上解上级支出、其他支出等。

社会保险待遇支出中，养老金发放是最大的年金性支出，也是社会保险基金支出管理与核算的重点。养老金支出包括基础性养老金和个人账户积累养老金两部分，并按照经济增长的一定比例让离退休人员在每年的养老金增量中享受社会经济发展成果。医疗保险按照"三通道"模式：参保者在门诊首先使用个人医疗账户基金，个人医疗账户基金使用完毕后或是住院后可使用社会统筹基金，但个人要支付一定比例的医疗费用，并规定了个人使用社会统筹医疗基金的封顶线，即超过了当地年平均工资额的 4倍，就要个人自付，或是通过社会医疗基金救助。

失业者享受失业保险救济也规定了一定的资格条件，领取失业救济金的期限不能超过两年，失业保险基金支出中的开支范围包括困难失业人员的大病医疗补助基金、再就业扶持基金、上岗培训基金、生育补助基金等。工伤保险基金用于在生产和劳动过程中，对因工伤或职业病受到伤害的职工发生的医疗、康复、抚恤金，生活困难补贴等进行支付。生育保险基金用于对女职工生育或流产的医疗费补贴。

我国科学地建立了社会保险基金社会化发放运行数据库，使养老金社会化发放率超过了95%，通过银行、邮政等商业网点实现社会化发放，大大方便了离退休职工，也保障了养老金发放的按时与足额到位。

（三）社会保险基金财务分析

社会保险基金财务分析是对财务报表的会计资料、统计资料、业务资料及辅助资料进行全面总结，并结合社会保险基金运行情况进行分析和研究的过程。

1. 社会保险基金财务分析的目标

社会保险基金是社会保险制度可持续发展不可或缺的物质基础，离开了社会保险基金这一物质基础和责任政府的政治保证，社会保险制度难以可持续发展。社会保险基金经办管理的目标就是尽最大的可能保证社会保险基金的征收、管理、投资、发放的良性运行，实现代际公平，实现真正意义上的社会保险可持续发展这一总体目标。社会保险基金财务分析要以追求经济效益与社会效益为出发点，提高社会保险经办管理绩效，实现社会保险基金最大限度的增值，以解除参保者对社会保险的疑虑与担心，实现社会公平与社会稳定。财务分析的目的是为社会保险基金管理提供科学参考，具体要做好以下工作。

（1）财务预测

我国财政部1999年6月颁布的《社会保险基金财务制度》（财社字〔1999〕60号）明确规定："各级社会保险机构必须于年度终了后，根据上年报预算执行情况和本年度的收支预测，编制企业社会保险基金预算草案。"许多国家也将社会保险基金纳入社会保险会计核算体系。社会保险基金财务分析作为社会保险基金管理的重要组成部分，凸显了其重要的决策价值。财务预测主要是通过会计、统计及业务资料的分析，对财务活动未来的发展趋势作出判断和评估，提出多种可供选择的方案，使社会保险基金财务预算的编制有科学的参考依据。例如，美国2003年起建立了社会保障随机预测模型OSM（OCA Stochastic Model）评估社会保险基金在未来面临的不确定性，建立了社会保险基金长期微观预测模型CBOLTM（The Congressional Budget Office Long Term Model），用于量化模型的不确定性。

（2）财务控制

社会保险基金运行的各项财务指标，在实施过程中，难免会与计划目标发生偏离，进行社会保险基金财务预算必要的动态调整，有利于最大限度地实现预算目标。及时发现偏差，尤其是社会保险基金投资过程中，要尽可能地通过财务分析纠正投资失误，采取措施，减小损失。财务控制与财务监督贯穿财务分析过程，对社会保险基金的运行建立完善的财务指标监督体系，对社会保险基金运行进行事前、事中与事后控制。

（3）财务绩效评估

财务绩效指财务部门在履行社会保险职能过程中基金耗费所产生的社会经济效益，财务绩效评估不仅包括对财务部门工作业绩的评估，更重要的是对社会保险基金运行效果的评估，主要包括社会保险基金预算执行情况分析、社会保险基金收入状况分析与支出状况分析、基金使用情况分析、基金投资结构分析等。财务绩效评估要坚持以事实为依据，客观公正地作出评价，以便找出原因，明确工作重点与矫正方向。采用的方法通常有比较分析法、对比分析法、综合分析法、因素分析法、平衡分析法，定量分析与定性分析相结合。社会保险基金财务绩效评估要求建立反映社会保险基金管理业绩及基金运营效益的指标体系，并结合国家宏观调控政策及社会经济发展形势作出判断，找出工作差距，更好地实现社会保险可持续发展目标。

2. 社会保险基金财务报告

财务报告是根据日常核算资料定期编制的，用来反映经营单位一定时期内的财务状况和预算执行结果的总结性书面文件，包括各种会计报告和财务情况说明书。社会保险基金财务报告主要包括基金资产负债表、基金收支表、财务情况说明书、附注及明细表，其中以基金资产负债表和基金收支表为核心。

（1）社会保险基金资产负债表

资产负债表是反映单位在某一特定日期（月末、季末、年末）全部资产、负债和净资产等财务状况的主要会计报表。它从资产、收入、支出、负债和净资产方面，综合反映单位期末结存情况。社会保险基金负债表重点反映社会保险基金财务状况。因此，要通过研究资产、负债、基金余额各项目的结构关系及其变动情况，反映社会保险基金的财务状况与偿债能力的强弱，例如全国社会保障基金理事会各年度基金资产负债表。

（2）基金财务状况分析

资产总额及其分布状况分析：可以了解社会保险各项目基金总量的大小，如收入、支出、积累额等，能反映基金的规模。

负债总额及其分布状况分析：社会保险负债主要是由于人口老龄化社会带来的养老与医疗保险基金未来可能出现的严重不足，单位年度财务报告分析中可以反映养老金的负债情况，一定程度上反映了基金所承受风险的大小。

资产总额与负债总额比例关系分析：把握社会保险基金在报告期的偿付能力及风险状况。

（3）基金资产结构分析

资产结构是资产负债表的核心内容，基金资产主要由现金、银行存款、财政专户、国库内存款、中短期投资、暂付款等项目构成，各项目的来源与使用途径都要受到国家法律的约束。通过对资产结构进行分析，研究社会保险基金资产的组成状况、盈利能力、预防风险能力的大小等，为优化资产结构、改善财务状况提供有力的决策参考。基金资产结构分析包括以下内容。

资产结构比重及影响程度分析：分析资产类各资产构成要素的结构比及其在总资产中所占的比重及影响程度，揭示一些财务派生性指标与基金运用的真实潜力。

基金资产结构的收益性分析：凡是资产价值中包含一个超出成本价值的收益额，该资产被投出而使该潜在收益额能被实现的资产，称为收益性资产。社会保险基金资产各项目对基金收益发挥着不同的作用，基金资产中的现金、财政专户及暂收款属于保值性资产；银行存款、短期投资、长期投资则属于增值性资产，通过对资产类资产结构的收益性分析，了解基金资产的整体收益水平。我们要在不影响基金运行的情况下，尽量调整资产结构，扩大基金资产的盈利能力。

基金资产风险性分析：不同的资产可能存在不同的风险，社会保险基金投资结构、投资比例、投资方向都可能存在投资风险问题，社会保险基金投资组合可以适当地规避一些投资风险，但并不一定能实现投资收益的最大化目标。权衡风险的发生与如何规避风险，要求基金托管机构或投资部门一道，在财务分析中选择最优的资产结构与投资结构。

基金资产结构的弹性分析：资产结构弹性指资产总量可随时调整的可能性及资产内部结构能随时调整的可能性。弹性资产主要指金融资产，资产结构弹性取决于弹性资产在总资产中的比重。资产结构弹性分析要比较报告期与基期的资产结构，从中判断金融资产比重的变化情况，以确定资产结构弹性。资产结构中弹性资产的拥有量也必须适度，否则可能造成持有成本或机会成本偏高。进行资产弹性分析的目的在于根据基金所处的具体环境确定金融资产合理的持有量，以保持资产的最佳结构与最佳经营效益。

（4）基金负债结构分析

基金负债包括暂收款、短期借款、长期借款等科目。暂收款核算基本养老保险基金收支活动中形成的往来款项。短期借款和长期借款分别核算为解决基本养老保险基金困难而临时借入的短期与长期款项。负债的期限长短与基金成本及财务风险相关，社会保险基金负债结构主要分析负债期限结构。分析资产负债表中中长期借款与短期借款的比例关系及各自与基金资产之间的偿付关系，把握基金的财务风险，分析资产负债率状况，反映偿还债务的保障程度，有利于降低基金风险，维系基金的资产平衡。

（5）基金收支分析及基金结余分析

基金收支表反映社会保险基金收入、支出和结余情况，我们主要分析收支表中收支项目之间的对比关系及其与资产负债表有关项目之间的相互关系。

基金收支表列明了收入项目与支出项目。社会保险基金收入主要有基金保险费收入、投资收益、财政补贴收入、转移收入、上级补助收入、下级上解收入及其他收入。基金保险费收入包括单位缴费和个人缴费，下设统筹基金收入和个人账户基金收入两个明细科目。在个人账户基金收入明细科目下按缴费者个人设置明细账进行明细核算。投资收益包括用社会保险基金购买国债、将社会保险基金存入银行、社会保险基金进入资本市场或进行产业化投资获得的收益。财政补贴收入指同级财政部门给予的基本社会保险基金补贴。转移收入指参保者跨统筹地区流动而划入的基本社会保险基金。上级补助收入指上级拨入的基本社会保险基金。下级上解收入指下级上解的基本社会保险基金。

保费收入与投资收益是决定社会保险正常运行的关键性收入，分别反映了社会保险的工作质量或社会保险基金投资保值增值的运营成果。通过历年保费收入的趋势分析和投资收益分析，结合其他多项指标，可以综合反映社会保险可持续发展的综合实力。收入构成中其他各项目属于政策性收入，归于维系社会保险基金地区综合平衡的范畴，以保持社会保险活动的正常运行。

社会保险基金支出主要由基本社会保险基金支出、转移支出、补助下级支出、上解上级支出及其他支出构成。其中，社会保险基金支出属于大项，反映了社会保险覆盖面扩大之后受保障人群的整体待遇水平，从中也可以结合许多指标进行多点分析。结合历年会计报告资料对比分析，可以反映基金经办机构历年预算执行情况，反映受保人群受保水平的发展趋势。

社会保险基金结余是当期社会保险基金收入减去当期社会保险基金支出后的余额，社会保险基金结余绝对值的大小可以反映当期社会保险基金的投资收益是否实现了增值；社会保险基金结余与社会保险基金负债表上的基金结余额对比，可以反映当期基金运营对基金总余额的贡献程度；如果某社会保险项目累计滚存结余基金过高，可以反映该项目可能缴费率过高或是保险待遇偏低或是保险内容偏少，政府可以适当降低缴费率或增加保险内容，提高保险待遇。

第二节　社会保险基金监管模式与财务监督

一　加强社会保险基金监督管理重在确立保障机制

（一）确保基金的安全和完整

社会保险制度是社会的安全阀和减震器，社会保障全覆盖是建设社会主义和谐社会最重要的指标。确保社会保险基金安全完整、保值增值，是各级政府的重要责任，任何单位和个人都不得侵占挪用社会保险基金。经办管理机构要增强责任感和使命感，把管好、用好老百姓的"养命钱"作为神圣的天职，以规范基金使用范围、加强基金责任监管、维护基金安全，切实做好社会保险基金的监督管理工作。

（二）维护劳动者的合法权益

基金是社会保险的生命线，是社会保障制度的物质基础，社会保险基金的安全与完整，直接关系参保人的长远利益和社会的稳定。由于目前社会保险基金的结余只能用于存入银行或是购买国债，应留足 2~3 个月的风险存储基金，以应对各种自然灾害或社会风险。社会保险基金监管工作是社会保障体系的重要组成部分，在保证社会保障制度良性运转和可持续发展、确保基金安全完整方面有着不可或缺的重要作用。

（三）实现社会保险基金的保值增值

学术界关于社会保险基金贬值的争议颇多，关于做实个人账户，也有不少学者认为做实后的个人账户基金贬值不可避免。社会保险基金安全管理事关社会稳定和国家的长治久安，社会保险经办机构管理和运营好社会保险基金责任重大。巩固与拓宽现有基金筹集渠道，应采取多种方式多元化地充实与壮大社会保险基金，扩大基金积累规模。在新的经济常态下，如何在确保社会保险基金安全的前提下选择投资渠道、寻求最佳增值路径，以取得更好的经济效益与帕累托最优，引起人们的广泛关注和谨慎的思考。社会保险基金进行多样化投资已是大势所趋。因此，如何规避基金贬值风险与投资风险，尽快建立规范的社会保险基金营运监督体系，是我们当前需要认真研究的重要问题。

二　社会保险基金监督的体制框架

人力资源和社会保障部是负责全国社会保险基金监督工作的最高管理机构，根据《社会保障监督委员会章程》，人力资源和社会保障部社会保险基金监督司、省厅社会保险基金监督处、市局社会保险基金监督科各有分工。例如，人力资源和社会保障部社会保险基金监督司的主要任务是："拟定社会保险经办机构管理规则，以规范社会保险经办机构管理社会保险事务的行为；综合协调各项社会保险基金管理政策；拟定社会保险基金监督制度，建立健全社会保险基金监督网络，组织监督各项社会保险基金管理情况；建立社会保险基金监督举报系统，受理投诉举报，查处基金管理中重大违纪案件；制定社会保险基金运营机构的资格标准，认定投资机构运营社会保险基金的资格，并对其运营基金状况实施监督；拟定补充保险承办机构的资格认定标准，认定有关机构承办补充养老保险、补充医疗保险业务的资格，并对其管理的补充保险基金实施监管；拟定社会保险内部审计规则和内部审计人员资格认证制度，颁发社会保险管理系统内部审计检查证等。"[1]

1. 社会保险基金监督体系

指履行社会保险基金监督职能的职能分工和职权界定，主要包括：①各级"人大"监督；②各级行政监督，包括各级人力资源和社会保障部门

---

[1]　人力资源和社会保障部社会保险基金监督局：《社会保障基金监管法规文件汇编》，中国劳动社会保障出版社，2010。

各行政主管监督、各财政部门的财务监督和各级审计部门的审计监督；③社会监督，人民群众通过社会团体和社会组织、舆论机构及公民个人对社会保险基金管理情况进行监督，各级政府社会保障监督委员会的监督和社会保障基金监管机构开设举报电话、受理来信来访等监督；④基金管理部门内部控制，包括社会保险经办机构的内部稽查和上级社会保险经办机构对下级社会保险经办机构的监督，也包括财政专户管理机构、税务征收机构及银行、邮政等社会服务机构。2005～2015 年社保信息系统中有 241 名离退休人员死亡后，仍继续享受基本养老待遇超过 3 个月，涉及金额 1079.4 万元人民币。养老金经办管理中存在异地支取的问题，离退休人员死亡后，家属不及时报告，便可能发生这样的问题。

2. 基金运营监督子系统

基金运营监督子系统是要保障社会保险基金的收益性、安全性与流通性，通过收益性而达到社会保险基金保值增值的目的。依照低风险、适度高回报、流动性、最优投资组合四大原则，要求基金运营监督子系统侧重对社会保险基金投资运营的各个环节进行系统监督，寻找风险点，及时进行矫正。

3. 基金监督法制子系统

基金监督法制子系统为基金日常管理监督子系统、基金运营监督子系统得以落实的依据，是其操作的法律准绳。政府应当制定完善各种社会保险的具体的法律法规，完善社会保险制度的基本治理架构，严格规范社会保险政策的制定、执行、反馈和做好政策的修正工作。

三　社会保险基金财务监督

社会保险基金财务监督包括内部监督和外部监督。内部监督指社会保险经办机构通过严格的内部控制与财务管理，对社会保险基金的运行情况进行全程监督与系统分析；外部监督包括行政监督和社会监督。行政监督指国家有关行政管理部门行使各自的政府职能，代表国家对社会保险事业进行监督；社会监督主要指社会保险基金的有关利益代表、中介机构对社会保险基金托管机构的经办管理工作，以及对政策落实和计划执行情况进行的监督。

(一) 内部监督

内部监督包括内部自我控制与会计监督两大组成部分。

1. 内部自我控制

内部自我控制指社会保险基金经办机构内部各职能部门之间在相互分工协商的基础上,采取一系列规范化、系统化并具有约束力的方法、措施与实施程序,在机构内部建立起一整套严密的相互制衡的内部控制机制。

第一,内部审计制度:内部审计制度是内部审计部门对社会保险基金各项业务活动进行内部审计的一种监督活动。内部审计部门具有相对的独立性,负责对社会保险经办机构内部各职能管理部门的财务活动进行系统评价和监督,促使内部各职能部门提供真实与可靠的信息,保证社会保险基金经办机构内部审计各个环节、各项规章制度、各项政策与计划任务得以顺利实施。

第二,社会保险基金财政专户与收支两条线管理:社会保险基金财政专户与收支两条线管理是根据国务院有关政策的规定设立的基金专用计息账户。财政专户管理作为财政部门监督社会保险基金有效运行的一种管理方式,已实施多年,要求各种社会保险基金收入直接进入社会保险基金财政专户管理,在理顺财政专户缴拨关系和缴拨程序的基础上,实行缴拨款项和会计凭证的传递,便于社会保险经办机构的记账和对账工作。各级财政部门与社会保险经办机构之间建立起各负其责、相互制约、管理有序的分工机制,定期核对社会保险基金财政专户的存款余额,审核无误后相互在财政专户对账单上签字、盖章,交经办机构记账和备查,确定社会保险基金的安全与完整。

第三,财政部门与社会保险部门之间的联席会议制度:联席会议制度要求共同遵守社会保险基金的专款专用原则,共同研究解决社会保险制度运行中的社会保险基金征收管理、基金运营与待遇发放中的新问题与新对策,共同商讨社会保险基金的保值增值问题。

2. 会计监督

第一,预算监督:主要是对照检查预算编制是否符合财政部门或上级主管部门的要求,预算的执行情况与社会保险基金计划执行进度是否一致，预决算的编制数字是否准确、账表是否相符、报送是否及时。

第二，内部监督：根据会计制度制定详细的会计核算办法，按照业务管理流程的要求建立会计核算岗位责任制度，充实稽核队伍进行常规性稽查工作，从而形成强有力的相互联系又相互制衡的监督机制。

第三，报告制度：社会保险五项基金收支活动频繁，基金滚存结余额巨大，定期对社会保险基金的运行情况、收入账户及支出账户、往来款项等进行核对报告，如某些社会保险项目滚存结余额过大，应该及时提出降低费率报告（如表3-2所示，在失业保险基金中，财政补贴收入与社会保险费收入之比、年末滚存结余额相当于当年社会保险费收入的倍数分别为1：17331.09和4.09，失业保险基金降低费率完全有必要）。报告制度可以完善社会保险基金的会计核算工作，为会计决策起到支持和参照作用。

表3-2　2015年全国社会保险基金决算情况

单位：万元

项目	合计	企业职工基本养老保险基金	城乡居民基本养老保险基金	城镇职工基本医疗保险基金	居民基本医疗保险基金	工伤保险基金	失业保险基金	生育保险基金
一、收入	463540840	265539733	28792451	89261119	54047235	7295241	13646338	4958723
社会保险费收入	338146433	210958205	7076469	84966251	11142822	6854123	12426389	4722174
财政补贴收入	102441681	38933266	20439939	745814	42122163	138149	717	61633
二、支出	391176609	230921782	21350088	73855621	47848460	5761185	7364519	4074954
社会保险待遇支出	373365453	222269695	20691460	72579600	45395206	5685939	2698202	4045351
三、本年收支结余	72364231	34617951	7442363	15405498	6198775	1534056	6281819	883769
四、年末滚存结余	588929356	338382650	46042323	107328851	27060123	12627633	50807347	6680429
财政补贴收入与社会保障费收入之比	1：3.30	1：5.42	1：0.35	1：113.92	1：026	1：49.61	1：17331.09	1：76.62
年末滚存结余额为当年社会保险费收入的倍数	1.74	1.60	6.51	1.26	2.43	1.84	4.09	1.41

资料来源：2016年财政部网站《关于2015年全国社会保险基金决算的说明》，表中最后两行为加工数据。

第四，提高社会保险会计信息质量：面对大量的社会保险基金的会计信息，要从中做好社会保险基金会计信息的筛选、释疑、组合与加工工作，摒弃虚假信息，保证社会保险基金会计信息的及时性、准确性与科学性。通过社会保险基金财务信息尤其是投资回报率等信息的公开披露，提高社会保险基金会计信息运营管理的透明度，减少信息不对称现象及虚假信息带来的风险损失，有效防止社会保险基金的违规操作。

（二）外部监督

外部监督包括行政监督与外部独立审计监督，其中行政监督又包括主管部门的监督与相关行政职能部门的监督。

1. 行政监督

第一，主管部门的监督：主管部门主要有人力资源和社会保障部、直属国务院领导的全国社会保障基金理事会。人力资源和社会保障部履行对社会保险基金的监督管理职能，还要对属于用人单位行为的企业年金和职业年金等非政府管理的补充养老保险基金进行监管，并负责社会保险基金托管合同的审批、管理收益支付、确保个人账户之间转账安全、跨统筹范围的地区社会保险转移接续、社会保险基金投资运营等职能。全国社会保障基金理事会依法开展股票投资等业务，面对巨大的投资风险甚至股票连续性暴跌或熔断风险，证券投资的管理难度加大，需要强化对投资管理人的日常监管和年度检查，优化整体资产配置，确保社会保险基金的安全和收益。全国社会保障基金理事会依法对会计报告程序、独立外部审计、社会保险基金的重组与清算、投资管理人的最低资本金作出规定。

第二，相关行政职能部门的监督：我国政府相关部门在社会保险中一直起着主导和统领的作用，财政部门在社会保险基金的筹集、管理、发放与使用过程中，依据财政法规履行审核、检查、处罚等行政职能；税务部门对社会保险基金全责征收并从事一系列与征收相关的管理活动，确保社会保险基金应收尽收；审计部门对社会保险基金的筹集、使用、管理、发放及基金投资运营过程的违规违纪行为进行监督，对社会保险基金的管理程序、会计凭证和账簿的合法性进行检查监督，如审计署2012年作出的全国尚有17个省区市未能按照规定真正实现养老保险的省级统筹的审计报告；监察部门是陪同财税部门检查的专职监察机构，对预算单位包括社会保险基金经办管理机构的财务执法情况、社会保险基金收支运行情况进行监督；中国证券监督管理委员会（以下简称证监会）与中国人民银行对社会保险基金运营托管机构的市场准入与退出进行审核，发放许可证，监督托管银行和其投资活动。

2. 外部独立审计监督

政府审计有其自身的缺陷性，外部独立审计主要是在取证与调查分析的基础上，针对社会保险基金年度财务报表做出具有权威的审计报告，独立审计对出具的审计报告负有法律责任，因此对社会保险基金年度财务报告的审计必须由会计师事务所、精算师协会、资产评估机构、风险评级机构等第三方共同完成。审计的主要内容包括：审计社会保险基金年度财务报表的真实性与公允性、社会保险基金预算编制及执行情况等详细内容。会计师事务所在独立审计的基础上，根据审计结果对社会保险基金年度财务报表出具审计报告，并公开披露。例如，国家审计署 2012 年 8 月 2 日公布的社保审计报告《我国 17 省份仍未实现职工养老保险省级统筹》披露：2012 年度有 6 个省本级、54 个市本级和 245 个县 377.82 亿元财政补助资金未及时足额拨付到位；28 个省本级、240 个市本级和 988 个县的参保单位与个人通过少报缴费基数等方式少缴保费 51.40 亿元；4 个省本级、16 个市本级和 66 个县隐瞒欠费 74.03 亿元。目前我国尚有 17 个省份未能按照规定真正实现养老保险的省级统筹。16 个省本级、120 个市本级和 419 个县的经办机构等部门和单位多头开户 1791 个、违规开户 717 个；6 个省本级、23 个市本级和 168 个县企业职工基本养老保险基金预算编制不规范。①

四　社会保险基金监管模式

（一）按照集合程度划分

1. 集中监管

集中监管指一国政府在构建社会保险基金监管体系时，将监管职能赋予单一的机构，由该机构代表政府集中履行对社会保险基金的监管职能，

---

① 韩宇明：《我国 17 省未实现职工养老险省级统筹》，《新京报》2012 年 8 月 3 日。

如智利的社会保险基金监管部门是养老基金管理公司监管委员会，法国是养老基金控制委员会，阿根廷是劳动与社会保障部。在集中监管方式下，监管主体是单一、专门的政府机构，也就意味着单一的责任中心，有利于将社会保险基金作为一个整体进行统筹管理，提供有效的监管服务，减少监管真空。

2. 分散监管

分散监管指一国政府在构建社会保险基金监管体系时，将国家对社会保险基金监管的职能交给两个以上相互独立的政府现有的经济管理部门来完成。例如，美国的社会保险基金监管机构包括劳工部、国内税务局、养老金收益保险公司、社会保障咨询理事会；英国的社会保险基金监管机构包括社会保障部职业养老金局、国税局养老金计划办公室；捷克的社会保险基金监管机构包括财政部、养老保险与保险监管司等。

（二）按照监管的运营模式划分

1. 审慎监管

在社保部门，审慎监管指监管部门以防范和化解社会保险基金投资风险为目的，通过制定一系列相关投资管理机构必须遵守的周密而谨慎的投资规则，客观评价社会保险基金投资管理机构的风险状况，并及时进行风险监测、预警和控制。一般情况下，监管机构较少干预社会保险基金的日常活动，只是在委托人提出监管要求或基金出现较大问题时才介入，监管机构大都依靠审计、精算等方面的中介组织对社会保险基金运营进行监管。

2. 严格的比例监管

由于社会保险基金的监管机构独立性强，公权力较大，除了要求社会保险基金达到门槛最低的审慎监管要求外，社会保险基金经办机构还对社会保险基金的资产结构、运作和绩效等具体方面做了限制性的规定。监管机构根据这些规定，通过现场和非现场监管的方式密切监控社会保险基金的日常运营，一旦出现风险问题马上采取行动。我国个人账户基金、全国社会保险基金、企业年金基金和职业年金基金由于都要实行市场化的投资营运，所以实行严格的投资比例监管，以实现保值增值。

五 中国社会保险基金监管的客观要求

社会保险基金监管模式主要由监管主体、监管客体、监管手段和监管制度共同组成。监督客体主要包括基金受托人组织、基金市场营运机构、投资管理人、基金托管机构和提供各类服务的法人或其他组织。在社会保险基金多元化投资模式下，监管部门着重对社会保险基金营运进行监管，研究和设置风险景气指标和警戒指标。根据资本市场的发展变化，规定资产投资组合的主要比例，同时对所监管的各类机构和提供服务的中介机构，强化资质要求，实施特许制度，并设计和创造能进能退的竞争机制。赋予监管机构相应的执法权限与责任，对社会保险基金管理和营运中存在的严重违法违规行为，会同司法机关进行严厉查处，对相关责任人追究民事责任甚至刑事责任。

第一，建立一个由人力资源和社会保障部、证监会、中国银行保险监督管理委员会（以下简称银保监会）等机构的专家共同组成的、独立的社会保险基金监管委员会，同时吸收企业代表和个人代表共同参与，事前、事中、事后负责对社会保险基金的运作进行全面监管。其主要履行以下职责：根据国家有关社会保险基金管理的法律法规、投资政策及对国际、国内宏观经济形势的客观判断，研究制定社会保险基金的投资策略、投资方向及具体的委托管理、账户管理、受托管理、托管、投资管理及监督管理办法，审批社会保险基金管理公司的资质、信用表现及营运资格，对违规营运的社会保险基金管理公司和个人作出行政处罚。

第二，建立严格的社会保险基金营运的信息披露制度，使基金管理者、投资者等各方获得充分的、公开的信息，减少由于信息披露不充分导致的风险和损失。基金营运机构有责任将基金投资的成本、收益及其他重大事项及时向社会公众履行告知义务，监管机构侧重审查信息披露的真实性、及时性与综合性，体现公平、公正、公开原则，有效防止违规操作。

第三，强化社会保险基金营运机构的内部控制机制，建立相互监督与相互制约的法人治理结构、责权明确的决策系统及专家论证制度，对社会保险基金的重大投资项目进行科学的可行性论证。同时，对中介机构或其他组织，要通过审计机构、资产评估机构、风险评级机构实施外部监管，执行统一的标准和流程，确保基金财产的完整和独立，最大限度地保证社会保险基金投资的保值增值。

第四，建立社会保险基金运营管理机构的市场准入机制和市场退出机制，保证社会保险基金营运的安全，为此要严格按照有关部门新近颁布的一系列社会保险基金投资管理的法律法规，明晰对计划投资管理人、计划账户管理人、计划基金托管人的资格资质认定与信用监督。当某些基金运营机构不能确保基金收益和基金安全，或出现某些违规行为时，监管机构有权力限制其运作基金的活动，并提出劝诫或警告，直至取消其运营资格，以充分保障社会保险基金的安全性、收益性与流动性。

第三节　社会保险基金经办管理与服务

社会保险基金指为了保障参保人的社会保险待遇，按照国家法律法规的要求，由缴费单位和缴费个人分别按缴费基数的一定比例缴纳筹集的专项基金。社会保险基金经办管理就是如何合理地组织和运用社会保险基金，基金管理与投资是一门科学，也是一门艺术，拓宽投资渠道、提高投资效率、增加投资回报是社会保险基金经办管理的主要方向，也是防范通货膨胀、预防社会保险风险的重要手段。

一　社会保险基金经办管理体制的变革

20世纪90年代以来，社会保险基金与资本市场互动发展，市场化程度不断深化，社会保险基金委托人每年会不定期地向社会保险基金管理人追加基金，不仅考虑以往管理业绩，也会考虑其投资风格。社会保险基金作为最大的机构投资者，通过不同投资方式进入资本市场，成为资本市场上最大的供给者，对资本市场的法人治理结构和金融创新产生重大投资价值与深远影响。在权责发生制指导下，社会保险基金经办管理以基金制为准则，按期、按标准和流程提取，按实际发生额支付，涉及基金总供给与基金总需求的平衡问题，影响积累与消费的比例关系，也涉及国家与企业之间、国家与居民之间的分配或再分配关系。社会保险基金源于国民收入，通过支出使用，最终形成消费基金和一部分积累基金。因此，社会保险基金的筹集、支付与管理，均必须按照特定的途径和方式，在全社会有序地进行。

首先，改革由各部门、各地区分散统筹的办法，实现事、钱分离，统一建立各项社会保险基金，并将其列入国家预算，将现行复式预算划分为政府公共预算、社会保险基金预算和政府投融资几个部分。对社会保险基金预算，坚持列收列支、专款专用、收支平衡。需要支出时直接由财政拨付，通过基金的预算收支管理，使社会保险基金的营运与支出遵循安全、节约、高效的原则，强化财政在社会保险制度改革中的监督与调控作用。

其次，改变政府对养老保险、医疗保险的个人账户、企业年金与职业年金管理的过度介入。政府对社会保险基金的管理也难以担负起保值增值的责任，虽然这有利于社会保险基金的安全，但它所起的负面作用不可小觑。社会保险基金投资比例定位于企业债券比例、股票比例、证券投资基金比例、银行存款比例、国债比例、实业化投资比例，政府要在这六个比例上进行投资分割与指标控制。企业年金和职业年金则可以在体制内和体制外循环。基金定位于购买国债与银行存款，增值效率低下，从长期看，使社会保险基金收支更不平衡，应建立托管人制度与托管市场，基金的运用交由非政府机构操作，目前社会保险基金境内投资管理人包括博时基金管理有限公司、南方基金管理有限公司、华夏基金管理有限公司、嘉实基金管理有限公司、中信证券管理有限公司等规模较大的公司，政府重在监督，并给予税收方面的优惠支持。对旧体制遗留的转制成本，尤其是国有企业改革中出现的问题，政府应承担改制责任。

再次，改革基金筹集与支出办法，加强社会保险基金的定量研究与预测分析。市场经济条件下，各种社会经济风险越来越大，现收现付的管理方式不能体现劳动者和国家的权责及政事分离，而现行制度出现的技术误差与制度缺陷，一些社会保险项目基金结余过多，但这些社会保险项目缴付率仍旧偏高，因此，国家要对基金筹集、提取比例、支付项目与支付标准、积累系数、积累基金的保值与增值，以及采用什么手段保证基金的筹集与使用既达到基本平衡又留有余地进行通盘考虑等方面进行实证研究。既能有效地应对社会经济风险，又能降低和减轻企业负担。为此，还必须加强风险预防、风险预测与社会参数预测，对一定时期内的就业情况、工资水平、基金收缴率、价格水平、利率、财政承受能力等进行多因素综合分析。对该时期内的社会保险基金的筹集、使用、积累及未来发展作出准确的判断，使社会保险水平真正地与社会生产力发展水平及各方面的承受能力相适应。

最后，理顺社会保险经办机构财务管理关系。社会保险基金的财务经办管理，就是认真地落实社会保险有关政策法规，合理组织、调节和监督社会保险基金的运营，正确处理运营过程中的各种经济关系，具体如下。

第一，分级管理。由于现阶段各地区之间经济社会条件差异较大，各地社会保险实施范围、对象、标准与内容有所差别。财务经办管理应体现因地制宜、分级管理原则，便于基金的融通调剂和调节各方面的利益关系，地方财政对社会保险基金的直接提供与间接提供是决定当地社会保险水平的重要因素。

第二，政事分离。社会保险基金的行政管理与社会保险基金的运营管理要分开，社会保险经办管理机构行使行政管理职能，主要策划方针政策、法规、制度的制定及监督检查，社会保险基金经办管理机构主管社会保险基金的收支管理、营运活动，接受行政管制和社会监督。

第三，财权与事权一致。社会保险各项基金的分配使用和投资运营，有两个方面需要澄清：一是财权范围和财力大小的划分，必须同事权与任务相一致；二是社会保险基金各项开支活动，必须专项专管、专款专用，不能相互挤占，以确保基金的筹集、分配、使用与社会保险的工作安排和规划的实施相适应。

第四，责、权、利相结合。社会保险经办管理机构财务管理体制要体现责任与权力、利益相对等的原则，明确各级社会保险部门的职权和责任，各司其职、各负其责、各得其利，充分发挥财务职能的制约效应。

二 社会保险基金经办管理的投资与增值

经济合作与发展组织（Organization for Economic Co-operation and Development，OECD）数据显示，2001~2015 年，澳大利亚、加拿大、智利、丹麦和芬兰等国的养老基金占 GDP 的比重均呈持续上升状态。其中，加拿大的比重由 50.989% 上升到 83.439%，智利的比重由 51.271% 上升到 69.645%，

丹麦的比重由 26.475% 上升到 44.858%，芬兰的比重由 47.91% 上升到
49.411%[①]。要抵御通货膨胀对养老保险基金的冲击，实现养老基金的投
资与增值是一个世界性难题。以美国为例，据专家测算，如果不进行改
革，美国的社会保险制度到 2037 年，美国政府将无力支付养老金。面对严
峻的形势，2001 年 5 月美国总统布什专门成立了一个由 16 人组成的"加
强社会保险总统委员会"。布什改革计划的核心内容是，允许社会保险制
度的受益者利用部分社会保险税的设立投资于金融市场的私人账户，以获
得较高的回报率，从而弥补社会保险未来的开支不足。帕拉柯斯（Palac-
ios）以现行人口发展态势和现行老年保障制度不改变为前提，作了1990 ~
2050 年分地区的公共养老金支出预测，到 2050 年，整个 OECD 成员公共
养老支出将占 GDP 的 16% 以上，而中国这一比例将达到 13% ~ 14%。中
国基础养老金的贬值问题一直遭质疑，据中国社会科学院世界社保研究中
心主任郑秉文测算，基本养老保险在过去 20 年来，贬值将近 1000 亿元。
投资主体的多元化、投资工具的多元化及投资对象的多元化，是实现养老
保险制度可持续发展的关键。在社会保险基金的投资方式选择上，不但要
追求投资的安全性，而且要追求投资的经济性、流通性和收益性。有学者
提出，养老保险基金风险管理已成为政府的一项政策挑战，虽然已尝试了
诸多改革，但制度风险和资本市场风险依旧没有克服，这些风险是养老保
险改革能否成功的关键，当前中国不仅应该关注制度体系的完善和资本市
场建设，同时应提高公民的风险意识。20 世纪中国政府规定，为确保投资
安全，将基础养老金用于购买国债和存入银行，虽然投资的名义安全性较
高，但由于不具备规避利率风险和通货膨胀风险的能力，低利率时代不可
能实现社会保险基金的保值增值。根据费雪方程，名义利率 i、实际利率 r
与通货膨胀率 j 存在以下关系：

$$r = (i-j)/(1+j)$$

式中，实际利率 r 是相对稳定的，而名义利率 i 与通货膨胀率 j 可能会
同步上升或同步下降，但比例关系不一定协调。名义利率增长一般低于通

---

① OECD, "Stat. funded pension indicators", http//stats. oecd. org/.

货膨胀的增长，养老保险基金存于银行使养老基金贬值。为了抵御物价上涨的影响，保证基金的实际购买力超过物价的增长水平，在社会保险基金实行部分积累制之后，由于储蓄与使用时间上的不同步，必须保证养老保险基金的增值。

通过投资运营获得比通货膨胀率更高的收益率，增强社会保险的给付能力与安全系数，实现对参保者未来的承诺，减轻社会保险制度运行的巨大压力。而社会保险基金多元化投资模式能最大限度地兼顾社会与经济目标，使基金积累制度的成本低于现收现付制度，保证养老基金的实际安全性，减轻社会保险制度的负担，增加退休收入，同时产生多重良性外部效益，因此，它是实现社会保险基金有效投资和保值增值的应有选择。投资环境优化是一个渐进的过程，社会保险基金投资的理想原则为"高收益、低风险、高流动性"。借鉴国外经验与现代投资理论，为了降低投资风险，必须尽可能进行分散投资，进行投资组合，包括投资工具组合、投资期限组合、投资项目组合。多元化投资策略包括以下几方面。

一是投资工具组合。投资工具组合就是将不同投资工具进行科学配置，养老保险基金可以选择包括从实业投资到金融资产投资在内的各种投资工具，如银行存款、证券投资基金、可转换债券、国债、商业银行理财产品、企业债券、信托产品、股票，也可以进行实业投资如基础设施、不动产等投资，一般为中央直管的国有非金融企业和财政部直接管理的国有金融企业或改革试点项目。基金管理公司应根据相关投资诉求，在科学评估投资风险的基础上，以规避投资风险为原则，选择不同的投资工具或是进行投资组合。2013 年 3 月，人力资源和社会保障部、中国银行业监督管理委员会（以下简称银监会）、证监会、中国保险监督管理委员会（以下简称保监会）等联合发布的《关于扩大企业年金基金投资范围的通知》规定：投资股票、股票基金、混合基金、投资联结保险产品（股票投资比例高于30%）、股票型养老金产品的比例，合计不得高于投资组合委托投资资产净值的30%。企业年金投资办法适用于职业年金，高校职业年金的建立是强约束而不仅仅是鼓励，财政部、人力资源和社会保障部、国家税务总局联合下发的《关于企业年金职业年金个人所得税有关问题的通知》（财税〔2013〕103 号），规定自 2014 年 1 月 1 日起，实施企业年金、职业年金个人所得税迟延纳税优惠政策。企业年金投资可以体制内进行，也可以体制外进行，2016 年 9 月 28 日发布的《人力资源和社会保障部、财政部关于印发职业年金基金管理暂行办法的通知》（人社部发〔2016〕92号）规定：投资股票、股票基金、混合基金、股票型养老金产品的比例，合计不得高于投资组合委托投资资产净值的 30%。

二是投资期限组合。投资期限组合指在不同投资期限进行不同投资工具的搭配。社会保险基金选择投资期限组合时要充分考虑不同时期社会保险基金支付的需要，根据不同资产的交付约定期限和流动性要求，以及经济周期的变化确定相应的期限组合，以保证适时兑付的需要。其组合方法主要有两类：一、期限分散化的投资期限结构，选择投资品种时购买多种期限配置的资产，使不同期限的资产能满足适时的兑付需求；二、期限分离法，它与期限分散法相反，是把近乎全部的资产都投资于一种期限证券的组合方法。

三是投资区域组合。将社会保险基金投资于不同地区、不同国家的实业资产或金融资产，也符合分散风险的原则，不同地区或国家的投资收益和风险不同，且不完全相关，通过不同地区或国家的投资组合可以适当降低投资风险，有机会提高投资收益。养老保险基金在进行国际投资区域组合时要考虑国与国之间资本市场的相关性和互斥性、各国经济周期不同步及汇率波动对投资的影响。我国政府规定，职业年金基金财产只限于境内投资，不能做国际间投资区域组合。

四是基准资产组合。基准资产组合就是养老金计划的战略性长期资产配置。基准资产组合的预期回报率方差 $\sigma^2_{(基准组合)}$ 或标准差 σ 可以反映基准资产组合的绝对风险，即先取基准值或目标权重，然后用方差—协方差矩阵对它们进行相乘。

$$\sigma^2_{(基准组合)} = (v^T \tau v_i)$$

式中，v 为基准资产品种权重矩阵（v^T 为 v 的转置矩阵）；τ 为假设的方差–协方差矩阵；v_i 为第 i 种资产品种的目标权重。

五是实际资产组合。实际资产组合就是投资者在任一考察日的资产组合。由于投资管理人加大或减小资产品种权重，实际资产组合可能不同于基准组合。实际资产组合的方差根据与计算基准组合方差的相同办法来计算实际资产组合的绝对风险。

$$\sigma^2_{(实际组合)} = w^T \tau w_i$$

式中，w 为实际资产品种权重的矩阵，w^T 为 w 的转置矩阵；w_i 为实际资产组合中第 i 种资产品种的权重。

为规避风险，最理想的投资模式是实行投资组合，根据投资条件与投资偏好，寻求收益率较高且稳定性、安全性较好的投资品种组合。高风险、高回报，基金的投资收益与风险呈正相关，资产的流动性与收益率呈负相关。因此进行社会保险基金投资时，必须坚持根据具体情况灵活选择投资组合策略。2015 年人力资源和社会保障部、财政部在《基本养老保险基金投资管理办法》等相关政策文件中已经明确指出，在将来的实际运营中，养老保险基金进入股市的规模和时点也不由政府直接操作，而是政府授权委托市场机构来具体运作。按照《中华人民共和国证券投资基金法》的规定，投资管理机构是不能违规承诺收益或承担损失的。该法明确了国家重大工程、重大项目建设，以及国有企业改制、上市股权投资等政策支持。社会保险基金作为机构投资者，合理控制风险资产的投资比重，理性投资，就可以有效地分散投资风险，获取一定的投资收益。

社会保险基金在投资使用过程中，除了满足基金支出的 2～3 个月的风险准备金之外，其滚存结余基金非常庞大，是一笔非常可观的投资基金，2017 年全国各类社会保险滚存结余基金达到 67154 亿元[①]。如果不能较好地解决滚存结余基金的保值增值问题，任凭其基金贬值，就难以保证未来应对人口深度老龄化基金供给的需要。中国老龄化问题日益严峻之际，养老保险的隐形负债越来越显性化，数据越来越庞大。

中国人口老龄化、高龄化的速度远高于世界平均水平，人口预期寿命持续延长的速度不减，通货膨胀周期性问题不可避免，必须大力营造社会保险滚存积累基金的保值与增值机制，否则社会养老保险制度将处于非常困难的境地。充实社会统筹账户、做实养老保险个人账户，将为社会保险

---

① 笔者根据财政部有关报表计算。

基金的保值增值奠定良好的现实基础。

在投资原则上，政府相关政策文件应对投资的保险性、变现性、收益率和社会效果作出具体的规定。中国实行社会统筹与个人账户相结合的养老、医疗保险制度，为防止通货膨胀造成基金贬值，可考虑将所缴基金折算成一种随物价上调的货币单位，设立个人资本化账户，职工本人所缴基金存入其个人账户，本金和利息归个人所有，政府负责基金的收缴、账户管理、投资和医疗费的报销，以及养老金的发放。

实践中，选择社会保险基金的增值方式，应以安全性、收益性、流动性为原则。基础养老金仅以传统的银行存款和国债投资为主，最具安全性，实际的负利率无法抵御通货膨胀，隐含着巨大的基金贬值风险，但社会保险基金的特性决定了其不能用于创业投资、衍生金融工具等高风险投资。社会保险基金投资于股票市场、基金市场和信托市场，有可能获得较高的投资回报，也有可能遭遇巨大的投资亏损风险，高收益与高风险并存。中国类似的投资市场投机现象严重，股票市场大起大落，股指低迷，2012 年下半年至 2014 年上半年，连续两年位列世界倒数第一、第二位。2014 年下半年至 2015 年上半年，股指出现了快速上涨，2015 年 6 ~ 7 月股票市场出现连续暴跌，开始了 A 股的"瀑布跌"模式。

从 2018 年 1 月下旬开始，中美关系趋于紧张，全球政治环境、经济环境都出现了很大的波动，股票市场进入非景气状态，上证综指、深证综指、创业板指均出现了 10% 以上的跌幅。整个上半年，世界经济形势一片飘摇，2018 年 6 月 19 日，美方宣布在推出 500 亿美元征税清单之后，又威胁将制定 2000 亿美元征税清单，加上其他外部因素影响，致使中国股市 6 月 19 日出现 2018 年的近两年来罕见的大跌。沪指大幅低开后，开盘直接失守 3000 点，午后跌幅进一步扩大，跌破 2900 点，最大跌幅近 5%，创两年内新低，下跌动能非常强劲，创业板盘中大跌逾 6%，也开创了 2015 年股灾以来的新低。两市逾千股跌停，跌幅超过 9% 的个股超过两千支，两市所有板块全部沦陷。上证指数、深圳指数下跌幅度创当日世界股市跌幅之最，分别为 - 3.78% 和 - 5.31%，中国香港恒生指数当日也下跌了 - 2.78%（见表 3 - 3）。

表 3 - 3   2018 年 6 月 19 日主要股指下跌情况对照

美国道琼斯工业指数	24682.67 -304.80，-1.22%	日本日经 225 指数	22278.48 -401.85，-1.77%
美国纳斯达克指数	7680.68 -66.35，-0.86%	韩国综合指数	2340.11 -36.13，-1.52%
美国标普 500 指数	2751.14 -22.61，-0.82%	富时新加坡 STI 指数	3301.35 -22.69，-0.68%
英国富时 100 指数	7596.40 -34.93，-0.46%	中国香港恒生指数	29468.15 -841.34，-2.78%
法国 CAC40 指数	5388.11 -62.36，-1.14%	中国上证指数	2907.82 -114.08，-3.78%
德国 DAX 指数	12677.76 -156.35，-1.22%	中国深证成分指数	9414.76 -528.37，-5.31%

注：-304.80 表示指数下跌 304.80 点、-1.22% 表示指数下跌 1.22% 。
资料来源：作者根据 2018 年 6 月 19 日网络资料整理。

国内资本市场结构、税收与会计审核或一些法律限制会对社会保险基金投资组合的配置造成一定程度的影响，市场结构不完善也会对资产配置产生一定程度的冲击。以美国养老金投资组合为例，由于投资基金越来越难以获取超市场水平的业绩，追求提高回报能力已使不断扩大的另类投资（alternative investments）项目成为在投资界增长最快的领域，1986 ~ 1995年投资于另类投资的基金增长了 25%，对冲基金和创业资本基金成为现今进行跨国性投资的养老基金经理比较看好的热门项目。

我国社会保障基金境外委托投资主要包括股票、债券类产品（见表 3 -4）。

表 3 - 4   境外投资委托投资产品总体情况

产品	类型	管理人
全球股票（除美国）	积极型	State Street Global Advisor（道富） Alliance Bernstein（联博） AXA Rosenberg（安盛罗森堡）
美国股票	指数增强型	T. Rowe Price（普信） Janus Intech（骏利英达资产管理）
中国香港股票	积极型	Allianz（德盛安联） UBS（United Bank of Switzerland，瑞士联合银行集团） Invesco（景顺投资）

续表

产品	类型	管理人
全球债券	积极型	Black Rock（贝莱德） PIMCO Alliance Bernstein（联博）
现金组合	保守型	Black Rock（贝莱德）

社会保险基金的投资必须在安全性大的条件下尽可能多获得回报，安全第一盈利第二。由于各种社会保险基金由社会保险经办机构管理，按险种分别建账，不得相互串用基金，通过财政预算实现收支平衡。社会保险基金必须存入财政专户，专款专用，投资运营范围和投资领域受到很大程度上的严格限制。同时为应对突发事件的发生，社会保险基金投资后必须随时保持一定的变现率，除了一部分可以预期支付的 2～3 个月的风险准备金之外，一部分基金要随时可变现，作为满足一部分社会成员基本生活的社会保险基金，几乎不存在任何延期、缓期的时间滞后弹性。因此，社会保险基金投资管理体制的改革势在必行。

全国社会保障基金理事会的基金由中央财政预算拨款、国有资本划转、基金投资收益和国务院批准的其他方式筹集的资金构成。截至 2017 年底，全国社会保障基金理事会社保基金权益投资收益额 1846.14 亿元，投资收益率 9.68%。其中，已实现收益额 1011.97 亿元（收益率 5.58%），交易类资产公允价值变动额 834.17 亿元。社保基金自成立以来的年平均收益率为 8.44%，累计收益额为 10073.99 亿元。[①]

社会保险基金投资渠道有限，继 2012 年广东省政府决定将企业职工基本养老保险基金部分结余资金 1000 亿元委托并入全国社会保险基金统一运营并有所收益之后，山东省政府 2015 年初与全国社会保障基金理事会签订了 1000 亿元基本养老保险基金结余的委托投资管理合同。部分社会保险基金并入全国社会保障基金运营这种战略合作，开发了一条社会保险基金的投资新渠道。

世界各国正在将政府主办的定额收益式养老金计划改革成私营的定额

---

① 参见全国社会保障基金理事会《全国社会保障基金理事会社保基金年度报告（2017 年度）》。

缴费式养老金计划，一些私营公司同样在把自己的养老金计划由公司主办的定额收益式计划改变成定额缴费式计划或现收现付计划。养老保险私营管理是近几年来国外社会保险发展的一个新趋势。各国研究表明，养老基金投资回报率存在较大差异与各国养老基金管理方式有着紧密的联系，凡由政府管理运作的公共养老基金的收益率一般低于私人机构管理的养老基金。1980～1990 年，英国、美国、荷兰的私营养老基金的实际投资收益率分别为 8.8%、8.0% 和 6.7%，而同期厄瓜多尔、埃及、赞比亚等国的公营养老基金的投资收益率都在 -10% 以下，亏损严重的土耳其为 -23.8%。主要原因是：一方面公共养老基金在投资方面受到了太多的限制；另一方面公共养老基金管理机构之间的竞争相对不足，减少了它们努力提高收益率的外部压力。

在我国社会保险基金管理体制的改革过程中，资本市场还处在初级阶段，若要放开对社会保险基金投资的限制，条件还很不成熟。如果养老金基金投资中的各个环节不作精心设计，将来遇到的风险和不可预见的困难会比改革前还难以应对。因此，在开放过程中，要明确制定法规来规范其投资行为及防范风险。主要应明确的法律问题包括：投资于各种工具的比例要求、止损原则及损失责任、流动性的维持及融资安排、养老金基金投资中的保险安排、投资过程中的披露制度、监管者的责任、养老金基金收入的税收安排等。

社会保险基金保值增值是建立社会保险制度最核心和最关键的问题，克服筹资软约束，有必要建立全国和省（自治区、直辖市）两级社会保险基金，充当投资基金。作为更高层次、更稳定的国家货币体系的一个重要部分，使社会保险滚存积累基金在资本市场中稳妥地运作，获取最大限度的增值，避免基金贬值风险。对于养老保险基础养老金全国统筹而言，将养老保险基础养老金用于结算全国社会保险收支，支持社会保险制度的改革与发展。社会保险基金入市还存在众多机制障碍，投资模式、法人治理结构、入市规模等问题有待解决。应该承认，与发达国家养老金投资机构相比，我国在投资理念、投资方式、投资技术和管理创新能力等方面，还存在较大的差距和改进的空间。

社会保险基金入市要求按照规范、稳健、专业化和市场化的原则和设计流程运作，建立防火墙，防范和抵御各种潜在的投资风险，壮大基金投资规模，提高投资运营绩效。目前由于社会保险制度改革的复杂性，加之资本市场的稳定性较差，社会保险基金入市还存在较多的体制性障碍，只有寻求最佳的投资战略与投资思路，才能促进社会保险基金和证券市场的健康发展。

社会保险基金入市，主要的基金来源是养老保险基金、包括做实后的个人账户基金、企业年金基金、全国社会保障基金理事会的基金、医疗保险个人账户基金等。在国外，社会保险基金占据资本市场的份额达到1/3以上，欧美基金业所管理的基金资产中，60%来自养老保险基金。我国社会保险基金入市规模取决于一系列的改革，是否做实个人账户，关键是防止统筹账户挤占个人账户，变混账管理为分账管理，而养老保险基金隐性债务过大，新人与中人的部分账户要真正做实，需要政府尤其是中央财政补贴相当数量的养老基金来补偿历史欠债。根据财政部、人力资源和社会保障部《做实企业职工基本养老保险个人账户中央补助资金投资管理暂行办法》，全国社会保障基金理事会与试点省（自治区、直辖市）人民政府签署的委托投资管理合同，将个人账户基金纳入全国社会保险基金统一经营，作为基金权益核算。2014年个人账户基金权益为1109.74亿元，其中划入资金805.82亿元，累计投资收益303.92亿元。[①] 2017年个人账户基金权益1274.06亿元，其中委托本金余额828.62亿元，累计投资收益445.44亿元；地方委托资金权益1140.81亿元，其中委托本金余额1000亿元，累计投资收益140.81亿元。[②]

社会保险基金进入资本市场，一要规避通货膨胀的威胁，二要加强监管，避免投资风险。在资本市场上，投资者面临的三种主要风险是：养老保险基金监督委员会选择的投资基准没有使负债避免资产——负债风险，基金内部官员试图超基准增值而承受的战术风险，受基金内部官员监管的投资管理人试图超越他们业绩的指标增值而承担的积极管理风险。

① 参见全国社会保障基金理事会《全国社会保障基金理事会社保基金年度报告（2014年度）》。
② 参见全国社会保障基金理事会《全国社会保障基金理事会社保基金年度报告（2017年度）》。

中国社会保险基金由政府进行管理，社会保险基金的使用也由政府决定，如比较多的年份一些省区市每年的"送温暖工程"中动用失业保险基金的非制度性支出、为处理一些突发事件动用养老基金或是社会保险项目基金串用等问题。一些社会保险基金经办人员在社会保险基金上"动手脚"，造成严重后果。例如，唐某在江西某照明有限公司担任人事负责人，负责公司人事档案和办理员工的医保业务。2011 年 2 月至 2012 年 7 月，唐某利用职务上的便利，采用截留不入账等方式，将该公司职工工伤医疗保险金 254690.14 元占为己有；冒领该公司职工刘某、李某、李某某三人的伤残补助金 45000 元。2012 年 5 月 3 日至 2012 年 6 月 18 日，唐某采用伪造的"安远县城镇职工医疗保险事业管理局业务专用章"，冒签医疗保险局相关审核负责人，伪造了 12 份《赣州市工伤保险待遇申报表》，从代付职工医疗保险金的安远县人民医院财务科骗取 335858 元。政府对社会保险基金一贯的谨慎管理对保障社会保险基金的安全是非常必要的，社会保险基金如何产生最大的增值，表现出明显的地区差异，政府对社会保险基金保值增值的责任随着人口老龄化的深入越来越沉重。

未来的养老金政治将聚焦于政府的调节作用，而这个作用将会围绕着收入保障问题产生大规模的政治冲突。马克·W. 弗雷泽在美国《纽约时报》撰文指出："中国养老金改革的障碍更大程度上是政治问题，而非财政问题。首先是缺少一个像美国社会保障署这样管理养老保险的中央机构。相反，中国的养老社保体系类似美国 20 世纪 30 年代新政之前的状况：一种以州为基础的权宜之计，各州规定不同，几乎没有针对跨州工作或退休人员的条文。在中国，约有 2500 个县级和市政府各自运营养老保险基金。"[1] 随着证券投资市场的进一步规范和基金管理制度的进一步完善，我国的社会保险基金投资、管理与监督都将迎来一个创新的时代。减轻未来人口老龄化社会带来的社会保险基金的支付压力，实现政府对退休人口生活水平不会下降的承诺，重视社会保险基金的保值增值是重中之重。

---

[1] 马克·W. 弗雷泽：《老无所依》，《纽约时报》2013 年 2 月 21 日。

| 第四章 |

社会保险经办工作统计管理与绩效评估

中国社会保险基本实现了体制内全覆盖，成为全球社会保险覆盖面最大、参保者最广泛、涉及人群最庞大的国家，社会保险部门成为最重要的政府部门之一，政府主导型的社会保险决定了政府在促进社会稳定和弥补市场失灵方面负有重大责任和直接责任。社会保险的绩效如何，直接关系到广大公民的利益，公民也有权利、责任和义务共同维护社会保险制度的正常运行，促进政府进一步改进社会保险绩效，维护社会的持续安全与政治、经济和社会的健康发展。

第一节 社会保险经办统计管理

社会保险绩效评估以社会保险统计为基础，客观描述社会保险经办管理活动中的数量特征和数量关系。社会保险统计工作中存在大量不确定现象与模糊现象，要如实反映社会保险绩效情况，离不开描述统计与推断统计，需要建立相关的统计指标体系，以配合社会保险绩效评估工作的展开。

一 社会保险经办管理中的统计现象

（一）确定型现象与非确定型现象
确定型现象指发展变化中具有明确的必然性或规律性的现象。社会保险是一种常规性的工作，社会保险基金的缴纳、管理、支付、投资等均成为社会保险经办管理工作中的重要环节。养老金的发放成为银行工作的一种金融行为，城乡居民养老保险和城乡居民医疗保险的财政补贴作为一种工作惯例等，均是社会保险工作中的一种确定型现象或是常态性工作。

非确定型现象指现象因果关系残缺不全，使其在发展变化上所呈现出的一种不确定性。例如，城乡居民最低生活保障标准线的确定是依据当年地方财政供给能力、上年度地方经济增长率与困难人群数量等因素综合考量的，地方政府每年公布的某年度的最低生活保障标准，在年度内是一个确定型数值，而从跨年度来看，财政供给能力增强或是就业机会增加，享受条件与人数都可能发生较大的变化，最低生活保障标准一般是随年增加的，但没有固定的比例性增长规律，它是随机型的。重复若干次社会保险经办管理工作的问卷调查或民意测验结果有时也是随机型的，人们的主观印象、视觉刺激、情感波动、生理反应等因素随时都可能对调研结果产生影响。

（二）模糊型现象

模糊型现象指由现象外延的模糊不清而导致的分类上的一种排生性现象。失业统计或就业统计工作中，隐性失业或隐性就业，就是一种典型的就业或失业不清晰的模糊现象。社会保险经办管理工作中同样存在许多亦此亦彼的现象，如企业职工上班期间的隐性失业如何测定，工作时间的测量是否要按"泰罗制"的工作效率来测定。再如，国有企业下岗职工的隐性就业问题，按照"三三制"原则，一些下岗人员按月按量领取了国有企业下岗职工的基本生活费，同时私下从事有工作报酬的零星劳动而不汇报，是否因有隐性就业行为就停发这些人群的下岗职工基本生活费？由于是零星劳动，不足以维持他们的日常生活，停发生活费还是听之任之，很难有一个准确的政策界限。在生育保险与医疗保险的界定上，一些妇科疾病也难以界定是由生育引起的问题应归为生育保险报销还是非生育因素引起的问题而应归为医疗保险报销，因此"十三五"社会保障规划将医疗保险与生育保险合二为一可以较好地解决这一模糊性问题。高校一次性就业率统计中也存在模糊现象，找挂靠单位签约但不到该单位上班，以签约数计算一次性就业率，有的将考取研究生的人数也计算在就业人数中，人为地制造了就业假象。大病是以器质性病变来界定还是以医疗费的多少来界定？均有不同的说法。

2005年，按照当时683元的中国绝对贫困标准，中国农村没有解决温饱的贫困人口有2365万。但若按当时联合国人均1天消费1美元的最低标准，中国绝对贫困人口的总数将不少于2亿，仅次于印度，位列世界第二。这里产生的一个问题是，评价中国扶贫攻坚计划用什么贫困标准更合适？2015年10月初世界银行宣布，按照购买力平价计算，将国际贫困线标准从此前的每人每天生活支出1.25美元上调至1.9美元。从全国情况看，发达地区的购买力平价普遍高于非发达地区，如果我国顺应国际社会提高贫困标准的话，贫困人口还将大幅度增加。参照世界银行上调后的最新标准，中国的贫困人口将从2014年的8200万人大幅度增加，扶贫的任务将更加艰巨。如果中国政府扶贫标准定位在1.25美元至1.9美元之间，在任何一个区间范围内，或是接近1.9美元，中国贫困人口比例将较大幅度增加。"确保农村贫困人口到2020年如期脱贫"，每年脱贫1000万以上人口的任务都要加码，需要更大幅度增加脱贫人口的数量和提高脱贫人口真正脱贫的质量。

（三）灰色型现象

灰色型现象是由现象概念内涵的可变性而导致的一种不确定性，一些事物既包含已知信息，又包含未知信息，一些信息可以预料，而有些信息又无法直接预料和判断。社会保险领域许多现象均属于灰色型现象。例如，正规就业与非正规就业就无明确的界限，在城市国有企业下岗职工基本生活费发放工作中，一些失业人员一面开着自己的小轿车，一面却在领取下岗职工基本生活保障费；对城市居民最低生活保障的家计调查工作中，允许实施举报制度，也因一些低保居民偶尔打出租或是偶尔上电影院被举报，一些类似的灰色型现象难以厘清原委，确实存在一些制度型歧视。

社会保险严禁重复参保，一个参保人只能享受一份社会保险待遇，而且也只能在一个统筹地区和单位缴费，本书课题组2014年在广州市白云区所作的调查中发现，从抽样的调查人群看 2000 多人已经在户籍所在地参加了社会保险，如果在白云区实施外来务工人员社会保险全覆盖，难免存在大量的重复参保问题，按照"您是否了解企业有无按时足额缴纳每月的社会保险费"，有 4962 人作了回答，我们基本可以作出判断，被调查人群近5000 人在白云区参加了当地的社会保险，近 3000 人表示没有在户籍所在地参保，可能存在在户籍所在地与非户籍所在地重复参加了社会保险的问题。这一问题产生的原因是这些参保人属于既有农民身份又有城镇职工身份的"灰色人群"。

我国建设大量经济适用房的初衷是解决中低等收入者的住房困难问题，但最终经济适用房成了不少人出租、转让甚至出售的投资工具。社会保险缴费以工资收入为计算基准，但我国的工资收入中，"灰色收入"存在合理不合法的现象，大多数未计入工资收入，这种灰色型现象造成了社会保险缴费的累退性，加大"工资收入化、收入货币化"改革举步不前，是因为收入的灰色型现象而蒙上阴影。据英国政府估计，英国每年的福利支出中，大约有 40 亿英镑因欺诈而白白损失，其中仅住房福利方面的欺诈行为所导致的损失就高达 10 亿英镑。参与福利诈骗活动的不仅有一些福利金领取者，还包括一些不诚实的雇主和房东，有时还涉及政府官员，更为严重的是存在有组织的犯罪活动。上述社会保障中的种种灰色型现象，加大了各国的社会保障制度的运作成本与管理成本，影响了社会保障制度的可持续发展与制度信用。

我们对社会保障灰色型现象的研究是多方位的，如离退休费用的增长、医疗费用的增长等都受多种因素的影响，很多因素难以定论，属于灰色型现象。通常运用灰色数据变换、灰色线性 GM（Grey Linear Models）统计预测或灰色非线性 GM 统计预测（维尔赫尔斯特模型预测）对未来社会保障可持续发展的资源运用进行预期，如离退休费用与工资总额两者之间存在密切的关系，工资总额牵涉到税基、养老金替代率等因素，最终对离退休费用造成影响，要预测离退休人数未来数值，可以采用 GM（1，2）模型，通过累加生成数列、建立 GM（1，2）模型、生成函数模型、模型检验、模型预测等环节，最终给政府提供关于离退休费用预期的决策参考（见图 4 - 1）。

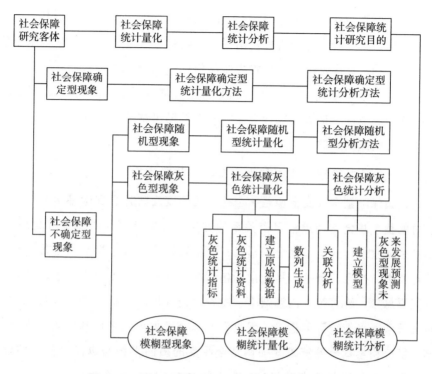

图 4 - 1　社会保障体制与社会保险经办管理统计

二　社会保险统计指标类别

进行社会保险绩效评估，要强调社会保险经办管理中统计工作的整体性与系统性。评估指标与维度相比，维度是评估对象和评估行为的类型区分，规定了评估的基本层面；指标是评估的具体手段，指标可以视为维度的直接载体与外在表现。按照不同的标志可以进行不同的统计指标分类，本章中考虑社会保险绩效评估的要求，按社会保险统计的性质可以进行以下分类。

（一）经办管理工作中的收入指标与支出指标

社会保险中的收入指标包括：①时期指标，如年度社会保险基金收入指标，包括企业缴费收入、个人缴费收入、国家和地方财政社会保险基金补贴、利息收入与其他收入；②动态指标，如社会保险基金收入增长率变动指标、实际征集率变动指标、企业和个人缴费总额与财政补贴比例变动。社会保险中的支出指标包括：①时期指标，如年度社会保险基金支出总额指标、年度社会保险管理费用支付额指标、年度社会保险调剂基金使用总额指标、社会保险基金投资损益额指标；②分析指标，如社会保险基金支出总量增减变动趋势预测分析指标、养老保险待遇生活保障系数指标；③状况指标，地方政府社会保险基金补贴可持续发展状况指标、中小企业缴费状况指标等。

（二）经办管理工作中的平衡指标与效益指标

社会保险基金收支平衡是从全社会的角度反映社会保险基金从征集到支付的整个基金活动过程平衡关系的方法。按照社会保险基金筹集模式，不管是现收现付式还是部分积累式，实施短期平衡或中期平衡是最起码的管理要求，社会保险基金平衡指标包括各单项基金年度收支结余、基金滚存积累总额、统筹范围内调剂率、缴费单位或区域负荷程度、社会保险基金统筹状况平衡统计分析等。现收现付基金筹集模式强调基金当年收支平衡，部分积累基金筹资模式强调基金收支的横向平衡与纵向平衡的结合，完全积累基金筹资模式强调基金收支的纵向平衡。社会保险效益指标中，包括社会保险经济效益指标与社会保险社会效益指标，社会保险经济效益指标包括基金实征率、基金积累系数、基金增值率、基金征收保险系数；社会保险社会效益指标包括区域覆盖率、单位纳入率、费用统筹率等。在效益指标中，可以计算扩大社会保险覆盖面而带来的社会秩序和社会稳定指数。①

（三）经办管理工作中的主观指标与客观指标

社会保险主观指标难以用统计报表制度来反映实情，一般需要进行社会保险专项调查，如社会保险盖洛普民意测验等。问卷调查可以反映人们对社会保险的认可与认知程度；反映人们对社会保险的一种社会心态或心理意愿。例如，中国人民大学舆论研究所一度进行的老百姓最关心的十件大事民意测验，设计若干细项，最后进行综合评价，得出最关

---

① 社会秩序指数由刑事、治安、贪污、生产、安全五项指标组成；社会稳定指数则由通货膨胀、失业率、贫富差距、城乡贫困率等指标组成。

心大事的列序。主观指标可以从多个角度进行挖掘。按照马斯洛的需求
层次理论，人们在低层次的需求满足后就会转向更高层次的需求，依据
被调查者不同的价值取向，在不同的时期人们对社会保险有不同的价值
判断。主观指标是有时效性的，需要依据情况的变化加以更新，更多地
表现为一种现象描述。表4-1所示"关注话题"就是人们的一种主观
表示。

表4-1　2012年两会网民关注话题排行

序号	证券时报网两会调查	人民网两会调查	中国网两会调查	中国新闻社外媒工作者两会调查
1	房地产调控	社会保障	高考改革	反腐败
2	长期资金入市	收入分配	养老保障	人民币汇率、小微企业及宏观调控政策
3	新股发行制度改革	医疗改革	楼市调控	食品安全
4	减税	社会管理	人口政策	房价、就业、教育、医疗等民生问题
5	垄断行业开放	教育公平	反腐倡廉	道德、诚信等社会心理问题

注：本表为主观指标，客观指标可以通过劳动统计资料、官方统计或是抽样调查获取有效信息，是对现行社会保险制度运行的一种数量描述指标。

（四）经办管理工作中的流量指标与存量指标

在度量社会保险可持续发展的指标体系中，反映一定时间段内量变的
指标被称为流量指标，如个人失业时间与领取失业保险金的月数、若干年
后剔除通货膨胀后养老金的真实购买力、社会保险财政拨款与补贴的真实
效用等。反映资产某时点现有量的指标被称为存量指标，如某时点养老保
险基金积累额、养老院数量、未来人口老龄化社会人均敬老院拥有面积的
定基对比等。社会指标体系中引入存量指标使政府更能审时度势，合理安
排社会保险基金的使用与社会保障资源的再分配。

（五）经办管理工作中的景气指标与警戒指标

社会保险也会出现景气或非景气状况，当经济好转时，社会保险基金
收入增加，社会保险经办工作也相应处于景气阶段；当经济处于低谷时，

社会保险基金收入减少，社会保险经办工作也会遭遇困境。20 世纪 70 年代发生石油危机之后，福利国家纷纷进行福利体制改革，昔日从出生到死亡的福利景气状况也相应发生大面积的缩减，可以用社会保险景气指标加以描述。编制社会保险的民众参与指数、信心指数与期望指数等，反映社会保险经办管理工作的实质性波动。

社会保险景气指数主要用于对社会保险经济循环波动轨迹的描述与预测，预警指标则主要用于对经济循环轨迹在任一时点上的状态进行描述和预测，景气指数是预警的基础。预警系统由警戒指标组成，如对企业而言，社会保险费用占工资总额的百分比要有一定的限度，一般称为征缴警戒线。在欧洲一般认为征缴警戒线为 24%，在日本则认为是 29%；社会保险费用占 GDP 比重的警戒线在国际社会一般认为是 15%，许多发达国家已低于警戒线；在美国，政府认为失业率的警戒线不能超过 5%，在我国，一些学者则认为失业率以 7% 作为警戒线较为合理。国际上公认的"痛苦指数"（失业率 + 通货膨胀率）警戒线是 10%，重警戒线是 20%。社会保险预警系统与社会保险景气指数结合起来，可以监测社会保险的运行与波动状况。

（六）经办管理工作中的失业预警指标

实现充分就业，是任何一个国家的奋斗目标，但任何一个国家都会有一个适度的失业率，保持适度的失业率是市场经济国家的正常现象。一旦经济形势恶化，劳动关系会更加紧张、劳资矛盾会发生实质性的变化，企业倒闭风潮骤然发生，政府将建立失业预警制度和失业预警指标，西方一些国家将失业预警指标定为 5%，我国将失业预警指标定为 7%。失业预警制度是对可能出现的较大规模经济形势恶化造成的失业所采取的预防和调控的重要措施。

建立失业预警机制，就是当失业率指标达到或超过预期时，即发出预警报告，并启动应急预案；当经济形势好转，失业率等指标回归到预警线之下，预警报告可以解除。失业预警指标由失业动态监测指标、失业信息统计调查指标、失业预警线及警报级别设定指标、失业应急预案组成。失业预警与应急预案见表 4-2。

表 4 - 2　地区、行业或企业失业预警及应急预案管理

警报级别	总失业人数或一次性裁员	单个企业关闭破产	失业人员大规模上访	城镇登记失业率	超过 24 个月未就业人员比例	失业人员增幅	失业保险基金可支撑月数
Ⅰ级警报（特重）	2000 人以上或超过 60% 以上人失业	1000 人以上	500 人以上	高于 1.5 个百分点	30% 且人数在 1500 人以上	高于 100% 且增加人数在 1500 人以上	≤1 个月
Ⅱ级警报（严重）	1000～2000 人失业或裁员 50%～60%	500～1000 人失业或企业从业人员在 500～1000 人	100～500 人	0.5～1.5 个百分点	20%～30% 且人数在 1000 人以上	50%～100% 且增加人数在 1000 人以上	≤2 个月
Ⅲ级警报（一般）	1000 人以下失业或裁员 50%～60%	200～500 人失业或企业从业人员在 200～500 人	100 人以下	低于 0.5 个百分点	10%～20% 且人数在 500 人以上	30%～50% 且增加人数在 500 人以上	≤3 个月

三　社会保险经办管理工作统计指标体系

进行社会保险绩效评估涉及社会保险各个领域，并与宏观经济环境、社会环境、人口环境等因素密切联系。以下指标按社会保险内容进行分类，并综合考虑相关指标对社会保险各项目的影响。统计指标体系包括主观指标与客观指标。

1. 养老保险缴费率或纳税率。

2. 养老保险基金保费收入总额。

3. 养老保险当年覆盖率及年均覆盖增长率。

4. 养老保险基金当年欠缴率及年均欠缴率。

5. 养老保险统筹基金滚存积累率及年均积累系数。

6. 养老保险基金中央或地方财政补贴额及年度增长率。

7. 养老保险基金当年增值额及年均收益率。

8. 养老金社会化发放率。

9. 养老金发放年均增长率及人均养老金。

10. 养老金年均增长率与年均通货膨胀率之比。

11. 养老保险当年"空账"率及"空账"指数。

12. 中青年人群对未来养老保险保障程度预期的信任程度。

13. 医疗保险缴费率或纳税率。

14. 医疗保险覆盖率或年均覆盖增长率。

15. 医疗保险某病发病率、治愈率或好转率。

16. 医疗保险个人账户累计积累额。

17. 进入社会统筹医疗账户人数比率。

18. 采取某专项措施后医疗保险费用年度结余率。

19. 政府采购药品价格降低率及降低额。

20. 参保人群对医疗保险项目满意率。

21. 医疗保险统筹账户基金滚存结余率。

22. 失业保险当年覆盖率或年均覆盖增长率。

23. 失业保险缴费率或纳税率。

24. 失业保险参保人群领取失业保险金人数比率。

25. 平均失业周期。

26. 失业率及下岗职工再就业率。

27. "4050" 人员再就业率。

28. 大学毕业生一次性就业率。

29. 失业人员进入城市居民最低生活保障人数比率。

30. 工伤频率及工伤死亡率。

31. 职业病发病率及治愈率。

32. 职业病总死亡率或康复率。

33. 工伤保险缴费率或纳税率。

34. 工伤保险农民工覆盖率。

35. 工业伤害伤残率及各伤残等级平均赔付额。

36. 工伤保险滚存积累率。

37. 生育保险覆盖率。

38. 生育保险滚存结余率。

39. 生育保险平均顺产或剖腹产补贴额。

40. 农村养老保险参保人数及其比率。

41. 养老保险基金积累额及积累率。

42. 新农合覆盖人数及其比率。

43. 新农合中央或地方财政补助额及年均增长率。

44. 五保户供养人数及敬老院数量。

45. 社会保险预算支出占财政预算支出的比重及变化状况。

46. 社会保险支出占 GDP 的比例。

47. 养老保险基金滚存积累可供保障时间长度。

第二节　社会保险部门经办管理绩效评估构架与难点

一　社会保险部门经办管理绩效评估构架

进入现代社会，许多国家社会保险部门将注意力放在了改革社会保险行政管理体质，提高经办管理服务手段与效果，以及降低管理成本与运行成本的层面上。一些国家社会保险机构开发了经办管理绩效评估办法，以提高社会保险经办服务质量。从 1993 年开始，令美国顾客满意的初始方案就开始着力于改善联邦政府和美国人民之间的关系，《政府绩效和结果法案》（*The Government Performance and Results Act*，GPRA）要求联邦机构准备战略计划、绩效测量和年度绩效计划并向国会报告。美国社会保障管理局（Social Security Administration，SSA）顺应美国政府 GPRA 的需要，有义务向国会提供综合性责任义务履行报告，包括财政管理报告、业务运行情况审计报告等[1]。我国政府社会保险部门涉及人力资源和社会保障部、民政部、财政部等多家行政职能机构，属于典型的公共部门。从外部性看，绩效评估的主体内容应体现以人为本、顾客就是上帝的主体思想，政府主导型社会保险在维护社会稳定与弥补市场失灵方面所产生的影响，可以通过设计一系列实际效果指标反映参保人在社会保险经办管理等方面所享受的服务质量、表现参保人生活福利指数的变化、社会保险成本控制及社会保险基金投入与产出比。从内部性看，政府社会保险绩效评估体系对

---

① *The Government Performance and Results Act*（GPRA），Washington, D. C.：GAO, 1993.

评估政府社会保险部门建设成就、政府社会保险职能转变的水平变化、政府社会保险法制化水平、政府社会保险民主决策化水平、政务社会保险信息公开化水平等指标都要有所反映。在评估过程中，不仅要考察社会保险经办管理过程中的客观指标，还要考察与客观指标相关的主观指标。

社会保险经办管理职能决定了社会保险评估要从职能分析着手，以此构造具体的统计指标体系，实施多元化的社会保险经办管理方式，包括政府社会保险的经办管理，也包括民间参与的社会保险经办管理，在绩效评估中要将指标具体化。经办管理方式如社会保险费由地方税务部门征缴、养老保险由现收现付式转向部分积累式、药品政府采购、医疗费用的结算、行政事业单位与企业离退休职工养老保险待遇调整执行等，这些治理工具产生了什么绩效、公众评价的满意度如何，都是我们在评估中需要得出的答案。

社会保险经办管理的服务功能主要通过四个方面表现出来。第一，从原有的企业保险走向社会保险改革之后，社会保险经办机构承担了企业难以承担也无力承担的大量的社会事务工作，如养老金社会化发放等。第二，对于社会贫弱和失能老人，社会保险经办机构在提供一定补贴的同时，还给予日常护理、家庭照料等多种形式的社会服务。第三，社会保险经办机构办理的社会保障卡为公民提供了现代生活的多项服务，其设计功能越来越强大。第四，以成都为例，成都市社会保险网上经办系统分为用人单位网上经办系统和个人网上经办系统，服务项目由之前的42项扩充至100项。其中，改版升级前的个人网上经办系统有21个服务项目，改版升级后有23项；改版升级前企业网上经办系统有21个服务项目，改版升级后的用人单位网上经办系统有77个服务项目，其中企业网上经办模块有38项，机关事业单位网上经办模块有39项。经办系统优化整合了办理流程，用人单位只需根据业务提示就可以在网上经办系统完成业务申报办理；新系统采用后台及时受理，对于"人员参保、停保、信息变更"等非审核性的一般业务，网上申报成功后实现后台自动、及时受理办理；新系统对资料上传更方便，审核类业务需要的文件材料，用人单位在系统内上传合格的电子文档即可，无须到窗口递交纸质材料；同时，新系统新增了网上银行缴费业务，用人单位可自主选择缴费方式。

社会保险经办管理机构的绩效评估不仅是一个技术过程，也是一个政治过程，因为社会保险由政府推动，政府的目的是通过社会共济，平抑企业畸轻畸重的社会负担，将企业保险层次上升到社会保险层次，通过再分配手段，使参保者的基本生存权、工作权与健康权得到充分保障，社会保险经办管理方式将社会保险经办管理目标变为现实。由此从技术上和制度上均要完善社会保险绩效评估，其设计原则如下。

第一，围绕"低水平、广覆盖、可持续、严管理"的社会保险体系的原则，建立满足这四项原则的社会保险的目标管理责任制。社会保险制度早期提出的"三低"原则包括低起点、低水平、低增长；广覆盖是建设和谐社会最基本的要求；社会保险可持续发展包括政治的可持续发展与财政的可持续发展；严管理的目标是要节约社会保险有限的资源，尽可能降低管理成本与运行成本。

第二，按照社会保险的政治、经济与社会功能的设计要求，更加侧重于社会保险政治效果与经济效果的评估。政治效果的评估侧重于对社会稳定的度量。经济效果的评估，一方面考量各项社会保险政策实施后的社会反响和企业与公民的社会参与程度及稳定程度；另一方面侧重于对社会保险投入与产出的效益度量，使社会保险经办管理活动绩效得以较系统的量化。

第三，侧重于社会保险经办管理服务设计，使个人的社会保障卡功能更齐全、老百姓使用更便捷、服务大厅窗口有更多的便民服务。政府要加大对社会保险受体的服务满意度考察，包括排队时间、咨询满意率、简化办事程序等评判在内。社会保险具体政策的实施效果要由社会公信力来决定，由民众来裁决，政府的自我评价也要遵循客观需求进行合理判定。

第四，要统一社会保险经办管理与服务指标的含义、计算范围、计算方法。社会保险经办管理指标要与相应的社会保险财务指标、业务指标保持衔接，保持计算口径的统一性。

第五，在中国社会保险与国际社会保险接轨的前提下，要注意经办管理服务评估指标与国际同类指标的可比性，如失业与失业率的界定；注意与签约国之间社会保险经办管理服务指标的同一性；注意汇率波动对相关社会保险价值指标在不同的时间和空间上的可比性。

二 社会保险绩效评估的难点分析

采用经济与数学的方法对社会保险经办管理与服务的绩效评估指标体系进行综合测算，西方学者提出了制度设计特征的评估方法，要求将评分系统概念化。具体操作方法是将各种设计特征进行综合汇总，按照它们与社会保险计划的覆盖范围、享受津贴的资格要求、筹资模式或管理安排等关系进行分类，然后给每一设计量分，分数反映了每个指标的相对重要性（权数）。制度设计特征的评估方法旨在对一个国家法定的社会保险制度及其倾向作出评价。当然，各个国家对社会保险的承诺与最终的实施效果之间总会存在差异，特别是战争、自然灾害、严重的人口老龄化或严重的经济混乱等特殊情形使社会保险制度无法有效运转时，公共管理和公共财政将分崩离析，这种差异就变大了。

我们在考虑西方国家的制度设计特征的评估方法时，结合中国国情，认为制定一定的评估标准与评估原则是十分必要的。由于社会保险评估用影子价格、社会贴现率等"成本－效益"分析方法已不足以进行客观评价，社会保险以参保人的基本权益为特征，必须考虑以参保人性化为中心的评估标准，客观指标与主观指标相结合。应该承认，我国社会保险经办机构的管理与服务绩效评价基本上未起步，其主要原因是缺乏统一的法律保障、缺乏权威专业的评价机构、缺乏科学的评价指标、缺乏统一的评价标准与评价方法、缺乏完整的评价内容。与公共部门绩效评价的公平标准、质量标准、责任标准、透明性标准、部门回应标准相比，社会保险经办机构还缺少绩效评价的基本要素，现代化管理手段落后。社会保险绩效评估存在以下难点。

第一，社会保险制度的技术性较强，如养老保险基金筹集模式由现收现付式转向部分积累式医疗保险的"三通道"原则、"三条保障线"向"两条保障线"过渡等。但公众对它们的认知程度较低，评估的客观性存在问题，评价者关心的是自身利益是否受损，社会保险的刚性原则成为左右人们对社会保险评估的底线。社会保险的公正与效率问题是测量社会保险绩效的重要参照系，公平与效率的标准比较抽象，我们在评价政府治理工具的同时，可以运用效率和公平作为选择政府治理工具的标准，但是公平与效率在不同的场合要发挥不同的作用。在实施社会救济时，我们要追求效率最大化原则；在实施社会保险时，我们首先要在建立公平的原则基础上，强调公平与效率原则的结合，在社会保险的基准上建立收入再分配的深层次改革机制。因此，绩效评估的标准要将制度改革的因素考虑进去。

第二，评估方法还无法超越经济统计或客观指标的范畴，而我国现有的这些社会保险统计信息资源严重不足，数量指标多，质量指标少，测量表面量度的经济效果较易，但对社会效果或政治效果的影响测量偏难。例如，"两个确保"政策的实施可以通过准时率与足额发放率指标来反映，但这一政策对社会稳定的效果如何却难以度量。实施城市居民最低生活保障制度保障了部分贫困居民的基本生活，低保项目虽然提供的现金不是很多，但是相应的关联福利（半价或一些免费的商品供应）待遇却很高，导致有很多人争当低保户，甚至出现了"富翁领低保"的现象，造成了一些在业者的消极情绪与不满。本研究在于寻找关于低保政策的取向是朝向减少关联福利扩大覆盖面，还是朝向为现有低保家庭提供更为有力的帮助。经济适用房的初衷是解决低收入者的住房问题，却造成了低价买进、高价转让或出租等投机套利现象的发生。这些社会保险政策二重性的结果会导致被调查者复杂的心理与寻租行为。

第三，评估指标难以摆脱主观判断的片面性，尤其是一些明确的以价值为取向的社会发展指标和政治性指标的影响，评估的信息资源与数据分类不充分，评估采用的测度与标准不一致，使评估结果的反馈和扩散能力较差。例如，什么叫下岗职工？什么叫失业人员？在民众的眼中，只要单位不再让你上岗，或者说停发了工资，就认为是下岗职工或失业人员；而在官方统计中，下岗职工是国有企业的专有名词，城镇登记失业率与真实失业率有相当大的差距。我国的失业统计口径又与国际社会的失业统计口径相差太大，失业率作为一个极为敏感的政治术语，影响了人们对中国社会失业问题严重性的认识。

第四，社会保险牵涉到绝大多数人的切身利益，尤其强调公众参与，绩效评估的重要方式之一是民意测验。公众对政府工作评估的高或低、认可或不认可，总的来说属于满意度的研究范畴，满意度指数与累加李克特量表是基本的测量工具，要将结果导向理念、公共服务市场化理念、全面质量管理理念、公众参与理念、顾客导向理念贯穿于政府绩效评估之中。2003 年开始，独立的民意调查研究机构进入了中国公共政策研究与政府表现评估，包括中国政府原有的隶属于政府或半官方性质的民意研究机构，如北京美兰德信息咨询有限公司、北京华通明略信息咨询有限公司等，政府的统计调查职能基本上集中在从事国民经济的宏观统计研究。媒体大量地使用各类民意研究的数据，政府对针对政策的独立民意研究结果的敏感度降低。政府开始使用竞标等更为专业的方式来购买政策研究、民意测验、对政府部门的行为与成效评估等服务。中国已进行了多次社会保险民意调查，满意度调查大多表现为对社会保险公共管理期望、承诺、表现三重因素的评价，包括政府社会保险角色责任判断及可能提供给服务对象的利益的判断、政府承诺的公信力与公务透明度、管理者的实际运作水平与实际的作为。

第三节　社会保险经办管理与经办服务满意度调查[①]

满意是一种社会心理状态，是客户需求被满足后的心理愉悦感，反映了客户对产品或服务的事前期望与实际使用产品或服务后所获得的主观感受。这种心理状态被称为满意度。

一　广州市就业和社会保险窗口服务与网上平台

据全国规模对社会保险经办机构的满意度调查，2015 年与 2013 年相比，满意度有所提高（见表 4 - 3）。

[①] 本节为本书课题组成员陈玉梅、陈倩、钟凯、林毓铭在广州市劳动保障信息中心所做调研课题研究报告的一部分。本节引用资料部分参考了陈倩以本课题研究为背景撰写的硕士学位论文《智慧广州社会保障公共服务的实证研究》，林毓铭为指导教师。

表 4 - 3　社会保险经办服务满意度调查

项目	2013 年		2015 年		提高（个百分点）
	平均值	标准差	平均值	标准差	
总体评分	84.7	14.1	85.4	16.2	0.7
经办服务	87.5	14.8	87.6	15.3	0.1
大厅配置	84.9	16.7	85.8	16.3	0.9
政策宣传	85.5	15.4	86.0	15.8	0.5
等待时间	83.8	16.6	85.0	16.3	1.2
网上服务	81.5	19.1	83.2	17.3	1.7

资料来源：唐霁松：《2016 年社会保险经办管理专业队伍建设》，在 2016 年全国 MPA 教育研讨会上的报告。

　　广州市劳动与社会保障信息中心早期的公共服务建设重在政务信息公开，以及部分业务办理表格下载和部分业务信息查询，真正实现的网上业务办理仅限几个备案性质的业务应用，没有很好地建立稳固、完整、具有丰富服务内容而且方便、易用的网络服务平台。广州市建设"金保工程"取得了令人瞩目的成就，逐步形成了以医保（项目编号：PJ3）、社保（项目编号：PJ4）、劳动（项目编号：PJ5）为核心的劳动和社会保障业务应用平台。

　　2006 年，针对公共服务建设的庞大需求，广州市劳动与社会保障信息中心开展了社会保险个人账户网上对账和网上增、减员办理，互联网宽带从 10M 升级到了 100M，网上经办的服务器从一台升级到了两台，并增加了提高运行速度的内容服务器。2007 年，广州市劳动与社会保障信息中心正式启动了劳动和社会保障局网上行政审批和业务办理系统项目，建立了全市统一规范的劳动与社会保障公共服务系统，整合内外网信息资源，实现外网受理，内网审批，"一站式"发布。2007 年，系统一期建设完成了 34 项网上业务办理和自助服务系统。2008 年，系统二期建设新增 38 项网上业务办理，实现了所有（72 项）行政审批业务的网上办理，用户可在任何时候、任何地点通过互联网登录办理劳动和社会保障相关业务。2009 年，三期项目启动建设，针对用户特点对 72 项业务进行向导式流程改造，加强网上业务办理的电子监察、效能监察等管理功能。2010 年，四期项目启动建设，根据政策变化和技术架构变化对现有网上经办系统进行了改造，并新建了离线网上经办业务。2011 年，五期项目启动，新增 17 项全流程网上经办业务子系统，深化推进 10 项网上经办业务子系统的全流程建设，对现有 50 项网上经办业务进行优化、改造，接入市民网上服务平台和数据共享中心，并结合电子印章技术应用于网上经办业务，配合政务管理办公室、监察局实现劳动与社会保障行政审批备案业务接入市电子监察系统。目前网上经办业务系统已发展成包括社会保险、医疗保险、劳动就业、劳动鉴定、职业技能培训与鉴定等多方面服务的综合性对外服务平台，提供了办事导航、表格下载、咨询解答、在线申请、网上办理、状态查询、结果公布等"一条龙"经办管理服务。

随着业务规模的扩大和社会保险政策的不断完善，经办管理人员对业务办理效率包括流程简化等的要求提高了，信息技术的发展进一步提高了网上经办的可操作性，促使广州市劳动与社会保障信息中心积极探索服务模式的新思路。

二 研究方法和主要内容

（一）半结构式访谈

本书课题组接受广州市劳动与社会保障信息中心的委托，举行了社会保险经办管理与经办服务满意度调查，在深度访谈结束后，对"半结构式访谈记录"进行认真归纳梳理，结合前期理论分析、单位走访和预调研的结论，初步形成了本次研究的构面和维度，以此形成关于办事人员和工作人员的劳动与社会保障公共服务访谈提纲和问卷量表，具体描述如下。

1. 办事人员劳动与社会保障经办管理与公共服务访谈提纲（注：以原方式处理）

一是服务形式。

（1）您在劳动与社会保障事务方面用到了哪些形式的服务？

（2）您认为哪种服务形式最方便、最有效？

（3）针对目前的问题，您认为可以增设哪些服务形式？

二是服务内容。

（1）您经常需要办理哪些业务？

（2）一般业务流程有哪些？

（3）您认为该业务模块有哪些需要改进的地方？

三是服务效果。

（1）您办理业务一般需要多长时间？

（2）对办理结果的基本评价是什么？

（3）在业务办理之前或者过程中，您是否主动搜集并获得资源（如利用服务终端、网络资源）？

（4）在提高服务质量方面，您认为有哪些需要补充或加强的？

2. 工作人员劳动与社会保障经办管理与公共服务访谈提纲

一是服务形式。

（1）您了解/知道的劳动与社会保障事务的服务形式有哪些？

（2）您认为哪种服务形式最方便、最有效？

（3）针对目前的问题，您认为可以增设哪些服务形式？

二是服务内容。

（1）您经常需要处理哪些业务？

（2）一般业务流程有哪些？

（3）您认为该业务模块有哪些需要改进的地方？（哪些业务数量压力最大而需要分流？哪些业务数量较少需要整合？哪些业务流程过长需要简化？哪方面业务比较缺失？）

三是服务效果。

（1）您办理一项业务一般需要多长周期？每个办事人员一人次的业务办理时间多少？

（2）客户对办理结果是否满意？（办理的业务是否满足客户的需求？是否因此发生过业务投诉？对投诉的处理流程及结果是怎样的？）

（3）在提高服务质量方面，您认为有哪些方面需要补充或者加强？

围绕"半结构式访谈提纲"，本书课题组对 23 名访谈对象进行了深度访谈，让他们针对这些问题做了专门回答，进行了现场详细的记录，之后根据访谈对象的回答情况对访谈记录进行了归纳整理，形成了"半结构式访谈记录"。

第二轮的访谈结果是对初期研究结果的一个很大的补充和完善，在此基础上提出了本次研究的研究假设和基本理论，并最终形成问卷调查表。

3. 访谈研究数据处理

在深度访谈过程中，在与14名社会保障信息系统的一线工作人员及9名办事人员的沟通中，大家所谈及的影响服务模式选择和需求的关键因素主要包括以下几点。①提供的服务模式多样性；②服务模式的方便性和快捷性；③对服务模式的不断改良；④办事人员对业务流程的熟悉程度；⑤业务办理的频率；⑥业务办理的效率；⑦对业务流程的认可度；⑧对业务办理时间的期许。

在此基础上，本书课题组进行了适当的归纳和整理，得到"半结构式访谈提纲"，请被访者逐一回答问题。为避免对被访者的误导，除非被访谈者要求，本书课题组在访谈过程中一般不发表意见或建议，以免影响被访者自己的思路和观点。

（二）问卷调查研究方法

1. 问卷开发

一是开发原则。

调查研究主要以结构化的问卷作为测量工具收集资料，因而问卷的开发成为调查研究的重要环节。结合调研群体的社会化特征，首先提出一系列的问卷开发原则，用以指导问卷的开发，减少偏差。

（1）问卷的长度要控制在两至三页纸。

（2）对研究目的加以简单明了的介绍，并提供简单的问卷填答指导。

（3）问卷语言简单、易懂，确保大多数访谈者理解并可以回答。

（4）问题及选项客观、中立，避免诱导性。

（5）同一部分的一组问题要有同构性和相关性，选项间相互独立。

二是开发过程。

问卷调查过程见图4-2。

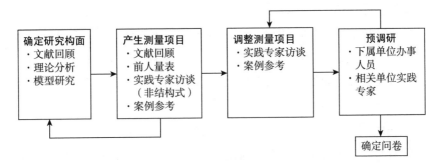

图 4-2　问卷调查流程

A. 确定主要的研究构面及维度。

从优化社会保障经办管理与公共服务的目的出发，本研究课题组首先确定服务模式需求调查为基本研究构面。同时通过对大量公共服务相关文献的分析，发现满意度构面也是服务优化的有力依据。

B. 确定各研究构面的具体题项。

对于服务模式需求调查构面，本书课题组通过到社会保险经办机构实地探访、与实践人员非结构式访谈并参考其他公共服务优化成功案例，根据社会保险业务经办流程设计题项，考察在业务咨询、申报、受理及反馈过程中受众群体对社会保险经办管理与公共服务模式的利用及需求，采用不定项选择的方式进行提问。

对于满意度构面，结合访谈收集的意见和文献回顾，参考公共服务 SE-RVQUAL 量表，分别对经办业务大厅和网上业务经办大厅的满意度的相关要素进行统计测量。量表采用李克特五级衡量标尺予以评分，从"非常不满意、不满意、一般、满意、非常满意"五个选项依序给予 1~5 分的赋值。

C. 征询实践专家意见，调整问卷初稿。

在问卷初稿设计完成后，征询发起单位广州市劳动与社会保障信息中心专业人员的意见，并由该中心将文件下发至其他社会保障业务经办管理单位进行意见收集，大家针对问卷的组成和内容，积极提出了补充意见和建议。商讨后问卷增设了网上经办业务大厅功能需求构面，其中包括网上经办业务大厅现有功能使用频率及新功能开拓两个模块：现有功能使用频率基于劳动与社会保障网站现有功能进行题项设计，采用李克特量表从"没有、很少、一般、很多、非常多"依序给予 1~5 分的赋值；本研究课题组通过参考各地社会保险网上业务经办大厅及电子政务的特色功能，设计了 11 项现有可行的新功能考察受众群体的需求程度，采用李克特量表从"不希望、无所谓、一般、希望、非常希望"依序给予 1 ~ 5 分的赋值。另外，本研究也对问卷原有的两个构面进行了补充和完善，以此完成了量表的设计工作。

D. 预调研。

根据设计完成的调查问卷，通过与广州市劳动与社会保障信息中心工作人员的联系，在社会保障基金中心业务经办大厅随机抽取了 20 位办事人员进行预调研。预调研主要考察问卷的测量项目特别是关于样本基本特征的收集项目是否合理、排版是否合乎参保人的阅读习惯，以及测试问卷的长度和耗时、语言是否通畅易懂、问题和答项是否全面合理等。实测问卷完成时间在 10 分钟左右，符合预期构想。然后根据实际业务人员的意见回馈，对问卷作了再次修改和补充。

本书课题组至此完成了问卷开发的全过程，根据"劳动与社会保障公共服务调查问卷"，开始进行大规模的调研。

三是问卷的构成。

本书课题组调研的问卷一共包括 6 个部分，共 38 个问题，经测试完成时间为 10 ~ 15 分钟（见表 4 - 4）。题项类型包括单项选择、不定项选择及李克特五级量表赋值。

问卷起始简要说明了本次调研的组织者身份及调研目的，并提供了简单的答题指导。

问卷正文的第一部分为被调查人员的基本信息（Q1 ~ Q4），包括年龄、性别、学历及他们的身份。需要了解被调查人员对社会保险经办管理与公共服务使用及需求产生影响的样本基本特征，并对它们进行测量。问题的回答采用简单的单项选择形式，统计时对每个答案进行编号，根据实际选项编号后予以记录。

第二、第三部分是问卷的主体，包括对样本基本特征、服务模式需求调查（Q5 ~ Q14）和经办服务满意度的测量（Q15 ~ Q38）。其中经办服务满意度的测量又分为 4 个部分：网上经办使用频率（Q15 ~ Q19）、网上经办新功能开拓（Q20 ~ Q30）、经办机构满意度（Q31 ~ Q34）和网上业务经办大厅满意度（Q35～Q38）。其中第二部分经办服务模式需求问题的回答采用不定项选择方式，统计时采用多重响应二分法，对每个题目的各个选项分别编号并予以记录，0 代表没选中，1 代表被选中。第三部分则采用李克特五级量表赋值，统计时根据赋值一一录入。

问卷的测量构成见表 4 - 4。

表 4 - 4　问卷测量构成

研究构面	编号	问题序号
样本基本特征	A1 ～ A4	Q1 ～ Q4
服务模式需求调查	B1 ～ B10	Q5 ～ Q14
网上经办使用频率	C1 ～ C5	Q15 ～ Q19
网上经办新功能开拓	D1 ～ D11	Q20 ～ Q30
经办机构满意度	E1 ～ E4	Q31 ～ Q34
网上业务经办大厅满意度	F1 ～ F4	Q35 ～ Q38

2. 问卷调查的实施

（1）样本的选择。

问卷调查的目的是了解劳动与社会保障经办管理与公共服务模式提供的现状和需求满足状况、网上业务经办大厅功能开拓情况，以及劳动与社会保障业务办理的满意度，因此，被调查对象是通过不同途径办理过劳动与社会保障业务的单位或个人。现行劳动与社会保障业务办理仍以经办业务大厅和网上业务经办大厅为主，本研究课题组的调研针对通过这两种途径办理业务的人员进行问卷派发，以提升样本的代表性及保证抽取的样本数量足以代表调查总体。

（2）问卷的发放。

问卷发放采用网络调查及现场调查两种方式。其中网络调查经过广州市劳动与社会保障信息中心专业人员的协助，将调查问卷挂在劳动与社会保障网站上，对于每位登录网上业务经办大厅的人员均强制要求填写问卷，同一账户在发放时间内只要求填写一次。对于现场调查，则选取有代表性的社会保障综合服务大厅、广州市医保中心、就业服务中心、社会保障基金中心及市场中心五个业务经办管理机构进行问卷发放，将问卷置于大厅排号机处，由工作人员协助派发给每位拿号等候的办事人员，并于办理业务时回收问卷。此外，对于接受现场问卷调查的办事人员均赠送小礼品作为感谢。

（3）问卷的回收。

问卷的发放及回收持续时间约为 20 天，现场调查共发放问卷 2400 份，回收问卷 1271 份；网络调查共回收问卷 86329 份。问卷回收后，对所有问卷进行了验收并编号，对有问题的问卷逐一做了适当处理，具体包括以下几点。

①对于问卷主体的经办服务模式需求调查和经办服务满意度测量的两部分中，至少有一个部分的选项全部相同的，予以剔除。

②单个样本中存在 3 个或以上缺漏项的，予以剔除。

③单个样本中存在 3 个或以上不符合题项选择要求的（例如，在李克特量表中同一题目两项评分），予以剔除。

④单个样本中偶尔有一项缺漏，明显是疏忽漏选，则以缺失值处理，在数据处理中由统计软件处理；而对于明显是疏忽多选的单项选择题型，则采用平均值予以补充，仍然计入有效问卷。

根据以上判断原则，现场调查回收的有效问卷共计 1070 份，有效回收率为 84.19%；网络调查回收的有效问卷共计 58068 份，有效回收率为 67.26%；共计回收有效问卷 59138 份，有效回收率为 67.50%。各派发点回收问卷情况见表 4-5。

表 4-5　各派发点问卷回收情况

单位：份，%

派发点		回收问卷	有效问卷	有效回收率
现场调查	综合服务大厅	238	213	89.50
	就业中心	32	28	87.50
	社会保障基金中心	532	465	87.41
	医保中心	415	327	78.80
	市场中心	54	37	68.52
现场调查小计		1271	1070	84.19
网上业务经办大厅		86329	58068	67.26
总计		87600	59138	67.50

对有效问卷统一了数据编码，其中对于电子版的有效问卷作了数据格式调整，对于纸质版的问卷则进行了人工录入，形成基础数据，供接下来的数据分析使用。

（三）数据分析

对问卷调查所收集到的详细资料进行了统计分析，包括描述统计、问卷的信度和效度检验、问卷服务模式需求调查部分的数据统计、网上经办功能拓展部分的关键因子的统计验证、命题假设的验证结论。

采用的分析方法包括线性相关分析法、主成分分析法、回归分析法、多重响应分析法、单因素方差分析法（analysis of variance，ANOVA）等，使用统计软件 SPSS 17.0。

1. 描述统计

本书课题组对样本基本信息的统计分析主要是了解被调查群体的性别、年龄、学历及办事人员身份的不同构成，由表4-6可知样本覆盖情况比较理想，基本符合样本设计预期。

表4-6 样本描述统计

单位：人，%

变量	属性	数量	占比	小计
性别	男	26923	45.5	59137
	女	32214	54.5	
年龄	20岁以下	1587	2.7	59138
	20~39岁	43207	73.1	
	40~59岁	13413	22.7	
	60岁以上	931	1.6	
学历	大专以下	24596	41.6	59129
	大专或本科	29134	49.3	
	本科以上	5399	9.1	
办事人员身份	单位	9932	16.8	59086
	个人	49154	83.2	

注：本表的数据未经修改，可能存在比例合计不等于100%的情况。

2. 问卷的信度检验和效度检验

（1）信度检验

信度可以反映问卷调查结果的可靠性、稳定性和一致性，本书课题组的研究主要采用测算 Cronbach's α 系数方法，通过测量问卷内题目选项间的一致性程度来检验问卷的内部一致性信度。问卷调查技术认为，一份信度良好的总量表 Cronbach's α 应为 0.8 以上，0.7～0.8 尚可接受；而对于构面或层面的分量表，系数应为 0.7 以上，0.6～0.7 尚可接受。若总量表的内部一致系数低于 0.8 或分量表低于 0.6，则应考虑删减项目或修订统计调查量表。

通过 SPSS 软件对所有项目进行信度检验，见表 4－7。Cronbach's α 系数大于 0.8，说明问卷具有良好的内部一致性信度，通过了信度检验。

表 4－7　信度检验（N＝59138）

Cronbach's α 系数	基于标准化项目的 Cronbach's α 系数	项目数量
0.885	0.833	86

此外，本研究课题组分别对各个研究构面也进行了信度检验，由表 4－8 可知，网上经办使用频率、网上经办新功能开拓、社会保险经办管理机构满意度及网上业务经办大厅满意度的 Cronbach's α 系数分别为 0.894、0.964、0.953 和 0.948，均大于 0.8，具有非常好的内部一致性信度。同时经办公共服务模式需求构面的 Cronbach's α 系数为 0.747，大于 0.7，也达到了良好的信度。

表 4－8　研究构面信度检验（N＝59138）

研究构面	项目编号	Cronbach's α 系数		
服务模式需求	B1～B10	0.747		
网上经办使用频率	C1～C5	0.894		0.885
网上经办新功能开拓	D1～D11	0.964	0.923	
经办机构满意度	E1～E4	0.953		
网上经办满意度	F1～F4	0.948		

（2）效度检验

效度指测量其所需要的测量内容的有效程度，即测量的有效性或准确性。测量的效度越高，测量结果越能反映待测量变量的真实特征。效度是一个多层面的概念，它是相对于特定的研究目的和研究构面而言的。因此，效度检验必须针对其特定的目的功能及适用范围，从不同的角度收集各方面的资料分别进行检验。

本书课题组主要通过内容效度和结构效度两种途径来分析调查问卷。内容效度考察测量项目对欲测内容的代表性程度。检验内容效度就是检验由概念到指标的经验推演是否符合逻辑和是否有效。本书课题组研究调查问卷在梳理社会保险业务经办流程中经办服务模式的使用、各地社会保险网上办公大厅的特色功能上，借鉴电子政务满意度测算经验进行设计，结合大量的文献阅读，设计初步的问卷。继而借鉴社会保障方面的专家学者与工作人员提出的建议，通过半结构式深度访谈，并对访谈记录进行分类及整理，对问卷进一步修改、完善，从而确定了38个条目6个构面。因此，调查问卷具有了较好的内容效度。

结构效度指测验项目对理论构想的测量程度，即测量结果中的几组题型相比较时存在某种预期的相关关系。结构效度由收敛效度和区别效度组成。通过不同的测量方法，同一构面的两个测量结果仍有较高的相关度，则具有收敛效度；通过相同方法测量不同构面，结果之间仅有较低的相关度，则具有区别效度。

鉴于问卷的不同构面特征，本书课题组采用主成分分析法对问卷第二部分网上经办新功能的开拓进行了结构效度检验（第二部分经办服务模式需求为不定项选择，不适用于主成分分析）。进行主成分分析之前，先通过 KMO（Kaiser-Meyer-Olkin）检验和 Bartlett 球形检验来论证因子分析的可行性。KMO 值为 0～1，该值越大，表示变量间的共同因素越多，越适合进行因子分析；若 KMO 值小于 0.5，则不适宜进行因子分析。表4-9显示 KMO 值为 0.942，接近于1，同时 Bartlett 球形检验效果非常显著，表明结果非常适合进行因子分析。

表 4 – 9　满意度调查的 KMO 检验和 Bartlett 球形检验

KMO 值		0.942
Bartlett 球形检验	近似卡方	1319000.465
	自由度（df.）	253.000
	显著性（sig.）	0.000

作主成分分析时，同一构面的题项均落在同一个因子上，说明量表具有收敛效度（见表 4 – 9）。Gaski 认为，若每两个构面间的相关系数小于其中任一构面的 Cornbach's α 系数，则认为量表具有区别效度。因此，表 4 – 12 中网上经办满意度与相关因素之间的一般线性相关分析中各研究构面即自变量之间具有一定的相关性，相关系数介于 0.131 ~ 0.824，均低于表 4 – 8 中第三部分网上经办新功能开拓 Cornbach's α 系数（最小值为 0.894），表明量表具有结构效度。

3. 服务模式需求调查的数据分析

服务模式需求调查的数据分析主要考察业务经办流程中办事人员对经办公共服务模式的使用及需求情况，采用不定项选择答题方式。因此，在 SPSS 数据录入时采用多重响应二分法，对每个题目的各个选项分别编号并予以记录，0 代表没选中，1 代表被选中；继而通过 SPSS 软件的多重响应集中的频率分析及列联表分析功能对数据进行统计分析。对服务模式需求调查部分的频率统计结果见表 4 – 10。

表 4 – 10 的 B1 题显示，在参与问卷调查的人群中，52.92% 的被调查者表示是从网站上了解到劳动与社会保障业务的，31.67% 的被调查者是经同事朋友等第三方得知的，22.53% 的被调查者是从报纸上了解到的，这三种主要的获取途径占到总数的 85%。由此可知，网络已经成为新媒体的重要载体。

表 4 – 10　服务模式需求调查频率统计

单位:%

编号	A	B	C	D	E	F	G
B1	22.53	52.92	31.67	8.68	8.53	2.29	—
B2	39.12	25.80	45.36	9.81	19.92	1.64	
B3	44.44	18.87	52.01	2.57	8.48	1.96	—

续表

编号	A	B	C	D	E	F	G
B4	41.22	32.75	20.51	46.25	1.45	—	
B5	49.06	17.96	47.10	2.00	6.17	1.35	—
B6	51.21	20.17	50.48	2.40	9.20	1.16	
B7	56.87	27.65	28.42	29.94	28.21	39.22	0.79
B8	46.44	19.32	46.56	3.67	11.30	1.49	
B9	45.80	43.56	45.49	29.01	0.78	—	
B10	41.98	30.45	28.57	9.92	3.36	—	

注：A～G为"劳动与社会保障公共服务调查问卷"第二部分（服务模式需求调查）各题目的选项；B1～B10为第二部分所包含的10个题目的编号。

（1）劳动与社会保障业务咨询经办过程中信息获取途径调查分析

在目前劳动与社会保障的业务经办过程中，52.01%的被调查者选择了从网上服务大厅获取相关资料，44.44%的被调查者选择了综合服务大厅或者经办机构。在深度访谈时，得知被调查者多会在办理业务之前通过网上服务大厅了解、获取信息和资料，网上经办服务业务大厅不可或缺的地位已经很显著。12.23%的被调查者也正是基于对网上服务大厅的需求较强，对继续完善网上服务大厅的呼声也比较高，有45.4%的被调查者认为有必要完善网上服务大厅的业务咨询办理模式。使用率和改善需求率差距较大的是12333电话服务热线模式，从该途径获取资料的人员比例占到8.53%，但是认为需要改善的人员比例达到了19.92%，在访谈中得知多数人对电话服务热线模式寄予了厚望，使用率不高并不是没有需求，而是因为12333电话服务热线占线频率过高，被调查者被迫放弃该方法。

手机Web终端的业务咨询模式：被调查者人群中只有2.57%的人选择使用手机终端的获取渠道，对该渠道的完善需求也不高，占到9.81%。访谈中了解到绝大多数的访谈对象对手机终端的使用一无所知。劳动保障信息中心已经投资开发了"指挥社保"手机终端平台，该系统主要包括民生播报、社保服务、人才市场等功能，可以浏览全国和广州市社会保险的时政要闻、图片新闻，并可查询个人社保信息（包括个人缴费历史，养老账户总额，本月医保进账，失业保险基金、工伤保险基金、生育保险基金发放信息，转入、转出基金，一次性缴费等）和广州市人力资源和社会保障局发布的有关的劳动力就业信息，具有很强的实用性和可读性。而被调查者也对个人社保信息查询极为关注，顺势而生的手机终端服务并没有达到可观的使用量，究其原因，是大多数人认为手机终端的功能和具体使用方法宣传不到位。

总之，在办理劳动与社会保障业务前，网上服务大厅承担了大部分的咨询工作，已经建成上线的新型服务模式有望提供补充的信息查询功能，其作用取决于民众的了解程度和认同程度。

（2）劳动与社会保障业务办理过程中的情况调查分析

在网上服务大厅和经办机构，本书课题组搜集了相关的办事流程指南，总量很大，内容很详细。但是从调查问卷的反馈数据来看，46.25%的被调查者认为资料获取不太方便，41.22%的被调查者认为资料更新不及时，32.75%的被调查者认为资料缺乏全面性，20.51%的被调查者认为资料的语言过于专业，难以理解。实际看到的现象似乎与调查结果存在矛盾和冲突。在深度访谈中，本书课题组重点就这个问题访谈了工作人员和办事人员。近几年国家社会保障事业迅猛发展，各社会保险项目覆盖面越来越大，要求政策及时传达，经办业务大厅政策信息更新不及时，造成办事人员认为政策信息不全面。

在了解业务受理途径和业务申报途径问题上，选择综合服务大厅的比例首次超过了网上服务大厅，分别为51.21%、50.48%和49.06%、47.10%。考虑到业务办理过程中资料提交可以通过网络进行，资料审核环节必然需要经办机构查验证件原件，而且大多数被调查者认为双向沟通需求比较大，网上服务大厅提供了办事流程指南和注意事项，办事人员多会选择利用网络资料了解，然后与经办机构工作人员再次确认。据此，能够产生互动的沟通方式在业务办理过程中受到广泛欢迎。

在劳动与社会保障业务办理过程中，被调查者最关心的问题是提高办理质量和办理效率，占比达到56.9%；其次是关注提高办事流程清晰度的问题，占比达到39.2%，多元化服务模式建设、拓宽交流咨询平台和加大政策辅导力度的比例相对均衡。由于经办机构柜台办理业务量比较大，柜台业务大量挤压，这也是本书课题组调研所关注的问题，调研业务办理流程中可以分流到网络服务大厅的项目，探索新的经办服务模式，提高网上经办业务利用率。

（3）劳动与社会保障业务经办流程结束后信息沟通的反馈情况分析

在业务办理结束后，有46.56%的被调查者通过网上服务大厅与业务部门进行信息互动，有46.44%的被调查者选择通过综合服务大厅或者经办机构与业务部门进行信息互动。对于沟通的信息，45.80%的被调查者关注丰富的查询或反馈渠道，45.49%的被调查者关注互动过程中专业的咨询解答，43.56%的被调查者关注办事人员需求的及时响应，这为本研究课题组的调研方案提供了方向。另外，41.98%的人选择柜台渠道办理业务的原因是对其他途径不了解，这就不难理解高达30.45%的被调查者认为，非柜台业务没有需要的业务事项或服务功能。

（4）不同年龄段对业务流程的反映情况分析

社会保障业务办理流程中，不同年龄段的被调查者对业务咨询、业务申报和受理、业务信息反馈阶段的需求不同。本书课题组重点聚焦不同年龄段劳动与社会保障业务咨询、业务申报和受理、业务信息反馈的四个调查项目，分析不同年龄段的被调查者对业务流程的不同阶段的需求偏好（见表4－11）。

表4－11　业务流程服务模式需求各年龄段调查频率统计

单位:%

年龄段	编号	A	B	C	D	E	F
20岁以下	B1	25.46	30.88	28.67	17.14	9.83	1.76
	B2	40.39	34.78	29.55	5.73	9.70	0.95
	B3	44.74	29.62	31.51	3.09	4.54	0.95
	B5	43.79	28.86	31.51	3.91	4.47	0.95
	B8	42.06	29.82	31.59	5.49	7.38	1.26
20～39岁	B1	17.50	57.79	32.41	8.54	8.05	2.51
	B2	37.15	26.97	48.27	11.01	20.40	1.78
	B3	40.87	19.44	56.21	2.78	8.95	2.22
	B5	45.36	18.69	51.37	2.15	6.52	1.56
	B8	43.14	20.03	50.41	3.70	12.26	1.58

年龄段	编号	A	B	C	D	E	F
40~59岁	B1	36.92	41.09	30.22	8.17	9.65	1.68
	B2	44.79	21.31	38.54	6.72	19.77	1.30
	B3	54.98	15.91	42.10	1.89	7.41	1.31
	B5	60.79	14.62	36.26	1.25	5.15	0.74
	B8	56.63	16.06	36.99	3.44	8.84	1.22
60岁及以上	B1	43.50	34.48	23.09	8.27	12.46	1.72
	B2	46.62	20.73	35.45	5.37	16.76	1.40
	B3	58.17	16.67	34.84	1.72	8.60	1.18
	B5	60.79	13.53	31.47	2.47	7.73	1.29
	B8	60.37	15.15	30.72	2.69	9.24	1.61

注：A~F为劳动与社会保障公共服务调查问卷第二部分（服务模式需求调查）各题目的选项；B1~B8为第二部分中题目的编号。

在业务了解环节中（B1），60岁以下的被调查者主要从网站上了解到劳动与社会保障业务，20岁以下、20~39岁、40~59岁的占比分别为30.88%、57.79%、41.09%，而60岁及以上的有43.50%的被调查者主要通过报纸了解劳动与社会保障业务。可以看出，传统媒体咨询业务对于老年人比较有效。

在各个年龄段中，业务流程各阶段改善需求率与使用率保持一致，经办机构柜台业务、网上服务大厅和自助查询终端所占比例较高。但是在资料获取环节（B2），20~39岁被调查者中有48.27%认为最需要改善的是网上服务业务大厅，而其他年龄段的被调查者则更为关注经办机构柜台业务。在走访时发现，对于网上服务大厅新功能的开发，20~39岁这个阶段的用户比较关注，而其他年龄段的用户则是被动地接受，若非必需，他们一般会选择沿袭原有习惯。这一点在业务申报途径（B5）选择中也完全体现出来：51.37%的被调查者选择使用网上服务大厅，而其他年龄段的被调查者选择了经办机构，分别达到了31.51%、36.26%、31.47%。同样的状况也出现在经办业务受理的项目中。这在选择非柜台渠道办理业务原因的题目（B10）中给出了很明确的解释，各个年龄段大部分被调查者认为不了解其他途径。为了扩大网上服务大厅业务咨询、办理使用频率，选择多种宣传方式，增加新功能的使用黏性值得思考。

4. 网上经办功能拓展部分的必要性分析

课题研究的基本目的是从满意度角度探讨网上业务经办大厅新功能开拓的必要性，换句话说，即网上业务经办大厅现有功能的使用频率和新功能开拓对提高其总体满意度是否有显著影响。主要进行以下分析。

（1）对问卷第三部分"网上经办功能拓展"（见表 4 - 12）进行量表的均值分析，从样本统计结果分析被调查者的网上经办功能使用频率、新功能需求和满意度评价。

（2）进行相关性分析，分别采用线性相关分析和偏相关分析，分析该部分中各个研究构面与网上经办总体满意度的相关性和关联程度。

（3）运用因子分析的主成分分析法，对本部分所有题项进行四次最大正交旋转之后抽取主因子，以此构建出主因子模型。

（4）对所提炼出来的主成分因子进行多元回归分析，对三个主成分因子（自变量）共同作用情形下对于因变量（网上经办总体满意度）的影响显著性进行分析。

一是均值分析。

A. 样本均值分析。

（1）由样本统计结果可知，被调查者对网上业务经办大厅常见的服务功能的使用率普遍较低，均偏向于"很少"（见表 4 - 12）。明显信息获取类功能使用率较高，业务办理相关功能次之，意见反馈功能最低。

表 4 - 12　网上经办功能拓展部分数据统计

研究构面	项目	平均值（%）	标准差
网上经办使用频率	C3 信息咨询	2.36	1.007
	C1 办事指南	2.28	0.975
	C2 表格下载	2.14	0.988
	C4 网上申报	2.09	1.021
	C5 意见反馈及投诉	1.91	0.937

研究构面	项目	平均值（%）	标准差
网上经办新 功能开拓	D7 在线咨询/客服	3.62	1.025
	D1 办件查询	3.56	1.010
	D2 短信或邮件提醒	3.54	1.028
	D9 网上值班室	3.45	1.038
	D6 快递服务	3.43	1.046
	D3 网上预约	3.41	1.056
	D8 场景式导航	3.37	1.045
	D11 特殊群体绿色通道	3.37	1.063
	D5 网上支付	3.34	1.093
	D10 个性化定制	3.34	1.046
	D4 电子印章	3.27	1.089
经办机构 满意度	E1 总体	3.19	0.773
	E4 服务质量	3.18	0.776
	E2 信息获取	3.15	0.767
	E3 办理效率	3.14	0.779
网上经办 满意度	F1 总体	3.24	0.756
	F4 安全与隐私	3.23	0.748
	F3 便捷性	3.20	0.762
	F2 业务内容丰富程度	3.19	0.744

（2）网上经办新功能开拓部分也显示出信息获取或查询类功能较受欢迎，在线咨询/客服、办件查询和短信或邮件提醒需求率高于3.5，偏向于"希望"；同时调查人群对交互性或即时交流类功能也较感兴趣，如网上值班室及在线咨询的需求率均位居前列；另外，提高业务经办办理效率方面的功能（如网上预约）则比可能涉及安全性的功能的需求率更高。

（3）满意度评价方面，社会保险经办机构的办理效率和网上经办业务大厅的业务内容丰富程度满意度的平均值均为其所在构面中最低的，直观反映出提高业务办理效率、开拓网上业务经办大厅新功能的必要性。此外，公众对社会保险经办机构和网上业务经办大厅的总体满意度相对较高，偏向"一般"。但从两个构面横向对比看来，网上业务经办大厅的满意度比经办机构满意度更高，表4-13的独立样本t检验也证明了这一点，

p 值为 0.025，均值差异较显著。

表 4 – 13　独立样本 t 检验

		方差方程的 Levene 检验		均值方程的 t 检验						差分的 95% 置信区间	
		F	sig	t	df.	sig.（双侧）	均值差值	标准误差值		下限	上限
VAR0002	假设方差相等	0.000	1.000	-2.970	6	0.025	-0.050	0.017		-0.091	-0.009
	假设方差不相等			-2.970	6	0.025	-0.050	0.017		-0.091	-0.009

B. 不同样本特征下的样本均值验证分析。

对该部分四个构面下的题项分别进行方差齐性检验，发现显著性概率均低于 0.05，即各个构面的题项方差不相等，无法满足进行样本特征检验的单因素方差分析，因此，仅就人口统计变量与网上经办功能使用率、网上经办新功能需求、经办机构满意度和网上业务经办大厅满意度作列联均值分析。

（1）由于 20 岁以下及 60 岁及以上的被调查者人数较少，只分析占样本主体的 20 ~ 39 岁和 40 ~ 59 岁的中青年人群，同时中青年是使用网络的主力军。表 4 – 14 显示，除"办事指南"外，20 ~ 39 岁人群使用其他网上经办功能的频率均高于 40 ~ 59 岁人群；而较年轻人群不管对经办机构还是网上业务经办大厅的满意度都低于年轻人群；这样就不难解释对于网上业务经办大厅的新功能开拓，20 ~ 39 岁人群的需求度会更高。

表 4 – 14　不同样本特征下网上经办功能拓展的均值比较

项目编号	性别		年龄				学历			身份	
	男	女	20 岁以下	20 ~ 39 岁	40 ~ 59 岁	60 岁及以上	大专以下	大专或本科	本科以上	单位	个人
C1	2.261	2.295	2.060	2.281	2.304	2.227	2.197	2.336	2.356	2.371	2.261
C2	2.100	2.167	2.114	2.172	2.043	1.875	1.975	2.246	2.285	2.305	2.102
C3	2.365	2.355	2.221	2.377	2.324	2.301	2.291	2.408	2.409	2.429	2.345

项目编号	性别		年龄				学历			身份	
	男	女	20岁以下	20~39岁	40~59岁	60岁及以上	大专以下	大专或本科	本科以上	单位	个人
C4	2.082	2.095	2.184	2.129	1.967	1.810	1.950	2.181	2.224	2.259	2.054
C5	1.975	1.850	2.125	1.939	1.789	1.736	1.820	1.957	2.029	1.967	1.894
D1	3.522	3.595	2.958	3.620	3.468	3.258	3.402	3.667	3.721	3.522	3.569
D2	3.510	3.567	2.961	3.609	3.416	3.173	3.388	3.642	3.694	3.500	3.549
D3	3.386	3.432	2.932	3.493	3.230	3.048	3.197	3.548	3.646	3.343	3.424
D4	3.280	3.266	2.913	3.376	3.013	2.822	3.037	3.421	3.538	3.223	3.281
D5	3.348	3.338	2.951	3.458	3.051	2.863	3.099	3.500	3.608	3.278	3.355
D6	3.414	3.435	2.972	3.515	3.217	3.054	3.224	3.556	3.640	3.348	3.440
D7	3.575	3.650	3.041	3.690	3.467	3.300	3.444	3.732	3.771	3.577	3.623
D8	3.375	3.372	2.986	3.448	3.201	3.060	3.190	3.491	3.576	3.322	3.383
D9	3.439	3.450	3.014	3.517	3.285	3.148	3.270	3.560	3.628	3.387	3.457
D10	3.340	3.339	2.989	3.418	3.152	2.990	3.170	3.446	3.536	3.287	3.350
D11	3.368	3.378	2.999	3.441	3.219	3.113	3.218	3.471	3.555	3.326	3.383
E1	3.183	3.192	2.924	3.186	3.222	3.215	3.198	3.184	3.166	3.215	3.182
E2	3.151	3.149	2.915	3.152	3.170	3.165	3.161	3.147	3.114	3.178	3.144
E3	3.137	3.137	2.943	3.135	3.167	3.141	3.157	3.125	3.106	3.171	3.130
E4	3.175	3.181	2.958	3.176	3.211	3.195	3.194	3.172	3.144	3.217	3.170
F1	3.227	3.244	2.958	3.237	3.268	3.248	3.248	3.232	3.207	3.257	3.232
F2	3.186	3.193	2.954	3.193	3.209	3.178	3.203	3.185	3.160	3.209	3.186
F3	3.196	3.202	2.956	3.204	3.217	3.157	3.212	3.193	3.174	3.215	3.196
F4	3.221	3.233	2.968	3.230	3.249	3.214	3.237	3.225	3.199	3.256	3.221

（2）受教育程度方面，分析发现学历越高者，对网上经办现有功能的使用率越高、关于经办机构和网上经办的满意度越低，因而希望网上经办新功能开拓的愿望越强烈。

（3）结合与办事人员的半结构式深度访谈情况来看，单位业务办理代表对劳动与社会保障业务信息了解较娴熟、业务办理更顺畅，其认为由于单位业务较繁杂，有些业务环节是网上业务经办大厅功能难以替代的。因而对比数据可知单位业务办理代表使用网上经办现有功能的频率较高，同时对经办机构和网上经办满意度也颇高，但对网上经办新功能的需求则低于个人。此外，对于表4-12中满意度最低的经办机构业务办理效率一项，单位业务办理代表的满意度也是所有样本特征中最高的。

二是相关分析。

表4-15和表4-16分别展示了网上经办满意度与其他三个构面之间的线性相关分析及偏相关分析。

表4-15　网上经办满意度与其他三个构面之间的
一般线性相关分析

		网上经办满意度	网上经办使用频率	网上经办新功能开拓	经办机构满意度
网上业务经办大厅满意度	Pearson 相关性	1.000			
	显著性（双侧）				
	N	59122			
网上经办使用频率	Pearson 相关性	0.192**	1.000		
	显著性（双侧）	0.000			
	N	59108	59124		
网上经办新功能需求	Pearson 相关性	0.143**	0.229**	1.000	
	显著性（双侧）	0.000	0.000		
	N	59091	59094	59106	
经办机构满意度	Pearson 相关性	0.824**	0.188**	0.131**	1.000
	显著性（双侧）	0.000	0.000	0.000	
	N	59121	59123	59105	59137

注：** 在 0.01 水平（双侧）上显著相关。

表4-15显示，进行线性相关分析时，网上经办使用频率、网上经办新功能需求和经办机构满意度均与网上业务经办大厅满意度呈显著正相关，相关系数为 0.143~0.824。其中，社会保险经办机构满意度的相关系数相对明显较高，显示其影响效果较大，表明经办机构与网上经办并非简单的相互替代关系，经办机构满意度的提升反而有助于促进网上业务经办大厅的满意度。因此，在开拓网上业务经办、完善构建网上业务经办大厅的同时不能忽视经办机构的建设。

为了剔除人口统计变量的干扰，采用控制样本特征变量后的偏相关分析方法，对该部分再次进行相关分析，结果见表4-16。分析后发现构面间相互呈显著正相关的状况不变，相关系数为0.149~0.824，进一步验证了其相关关系。

表4-16　网上经办满意度与其他三个构面之间的偏相关分析

		网上经办满意度	网上经办使用频率	网上经办新功能开拓	经办机构满意度
网上经办满意度	Pearson 相关性	1.000			
	显著性（双侧）				
	N	59122			
网上经办使用频率	Pearson 相关性	0.195**	1.000		
	显著性（双侧）	0.000			
	N	59016	59016		
网上经办新功能需求	Pearson 相关性	0.149**	0.216**	1.000	
	显著性（双侧）	0.000	0.000		
	N	59016	59016	59016	
经办机构满意度	Pearson 相关性	0.824**	0.191**	0.139**	1.000
	显著性（双侧）	0.000	0.000	0.000	
	N	59016	59016	59016	59016

注：** 在0.01水平（双侧）上显著相关。

三是因子分析。

本书课题组的主要研究目的是利用因子分析验证第三部分网上经办功能拓展的因子维度，通过 SPSS 软件分析问卷的 KMO 值为0.942，表示数据具有相关性，非常适合进行因子分析。因而，对第三部分网上经办功能拓展的4个构面共23项题目采用主成分分析法进行因子分析。

通过主成分分析法获取初始的因子分析结果，分析结果见表4-17，其中初始特征值大于或等于1的因子有3个，累积解释总变异达74.829%。一般调查研究法中要求主成分因子的提取需占累积解释总变异（表4-17中，简称"累积"）的60%以上，这3个因子足以解释全体变量的大部分方差。

表4-17 23个项目的特征值和解释的总方差

成分	初始特征值			提取平方和载入			旋转平方和载入		
	合计	方差/%	累积/%	合计	方差/%	累积/%	合计	方差/%	累积/%
1	8.815	38.327	38.327	8.815	38.327	38.327	8.078	35.122	35.122
2	5.345	23.241	61.567	5.345	23.241	61.567	5.589	24.300	59.422
3	3.050	13.262	74.829	3.050	13.262	74.829	3.544	15.407	74.829
4	0.731	3.178	78.007	0.000	0.000	0.000	0.000	0.000	0.000
5	0.577	2.511	80.518	0.000	0.000	0.000	0.000	0.000	0.000
6	0.542	2.357	82.875	0.000	0.000	0.000	0.000	0.000	0.000
7	0.422	1.833	84.707	0.000	0.000	0.000	0.000	0.000	0.000
8	0.399	1.735	86.442	0.000	0.000	0.000	0.000	0.000	0.000
9	0.334	1.453	87.895	0.000	0.000	0.000	0.000	0.000	0.000
10	0.286	1.245	89.141	0.000	0.000	0.000	0.000	0.000	0.000
11	0.269	1.170	90.310	0.000	0.000	0.000	0.000	0.000	0.000
12	0.235	1.021	91.331	0.000	0.000	0.000	0.000	0.000	0.000
13	0.223	0.969	92.300	0.000	0.000	0.000	0.000	0.000	0.000
14	0.217	0.943	93.244	0.000	0.000	0.000	0.000	0.000	0.000
15	0.200	0.870	94.114	0.000	0.000	0.000	0.000	0.000	0.000
16	0.197	0.854	94.968	0.000	0.000	0.000	0.000	0.000	0.000
17	0.194	0.843	95.812	0.000	0.000	0.000	0.000	0.000	0.000
18	0.189	0.824	96.635	0.000	0.000	0.000	0.000	0.000	0.000
19	0.179	0.779	97.415	0.000	0.000	0.000	0.000	0.000	0.000
20	0.162	0.702	98.117	0.000	0.000	0.000	0.000	0.000	0.000
21	0.159	0.690	98.807	0.000	0.000	0.000	0.000	0.000	0.000
22	0.150	0.652	99.458	0.000	0.000	0.000	0.000	0.000	0.000
23	0.125	0.542	100.000	0.000	0.000	0.000	0.000	0.000	0.000

注：提取方法为主成分分析法。

同时，项目因子提取的碎石图（见图4-3）也显示前3个因子特征值变化非常明显，到第4个因子后特征值变化趋于平缓。因此，提取前3个因子对总体变量的描述有显著作用。

根据以上分析，提取3个公共因子，采用方差极大法对因子载荷阵进行旋转，得到旋转后的因子载荷矩阵（见表4-18）。选取每个项目载荷得分高于0.6的因子，结果显示社会保险经办机构满意度及网上经办满意度落在同一主因子2上，因子载荷为0.857~0.905；网上经办使用频率及网

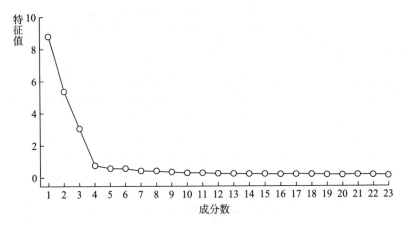

图 4 - 3　因子提取碎石图

上经办新功能需求分别落在主因子 3 及主因子 1 上，因子载荷分别处于 0.791 ~ 0.870 和 0.822 ~ 0.875。因此对第三部分的研究选取这 3 个因子作为研究对象，依次命名如下。

（1）网上经办新功能需求。网上经办新功能需求与原"网上经办新功能需求"的项目相同，主要阐释公众对新功能的需求程度，累计方差为 38.327%，即解释了原始变量总方差的 1/3。

（2）满意度因素。主因子 2 命名为满意度因素，由原来的"经办机构满意度"及"网上经办满意度"组成，主要受经办机构的满意度及网上业务经办大厅的满意度影响。

（3）网上经办使用频率。网上经办使用频率与原来的"网上经办业务大厅使用频率"构面相同，共 5 个题项，具体含义为考察受众使用网上业务经办大厅现有功能的频率高低，由表 4 - 17 可知该因子解释了原始变量总方差的 13.262%。

表 4 - 18　旋转因子载荷矩阵[a]

项目编号	因子		
	1	2	3
C1	0.123	0.122	0.798
C2	0.120	0.086	0.870
C3	0.106	0.116	0.791

续表

项目编号	因子		
	1	2	3
C4	0.103	0.068	0.863
C5	0.076	0.043	0.811
D1	0.822	0.068	0.077
D2	0.840	0.069	0.065
D3	0.860	0.049	0.096
D4	0.844	0.043	0.117
D5	0.847	0.051	0.105
D6	0.869	0.060	0.082
D7	0.847	0.065	0.056
D8	0.867	0.048	0.086
D9	0.875	0.038	0.073
D10	0.868	0.050	0.085
D11	0.835	0.068	0.078
E1	0.074	0.891	0.075
E2	0.061	0.897	0.078
E3	0.044	0.903	0.074
E4	0.052	0.905	0.075
F2	0.062	0.883	0.082
F3	0.059	0.874	0.081
F4	0.083	0.857	0.077

a 旋转在 4 次迭代后收敛

注：提取方法为主成分分析法；

旋转法为具有 Kaiser 标准化的正交旋法

四是多元回归分析。

将三个关键因子和人口统计变量通过强行进入法进行多元回归分析，因变量为"网上业务经办大厅总体服务满意度"，分析结果见表 4-19。

表 4-19　多元回归模型摘要

R	R²	修正 R²	估算值的标准误差	Durbin-Watson 系数
0.863	0.746	0.746	0.381	1.992

注：Predictors：（Constant）、网上经办使用频率、网上经办新功能需求、满意度因素、性别、身份、年龄、学历。

A. 拟合优度分析。

由表 4 – 19 可得，修正 R² 较高，达到 0.746，表示自变量综合解释了网上经办总体服务满意度的 74.6%，解释水平较高。Durbin-Waston 系数为 1.992，非常接近于 2，表明残差自相关的情况不显著。此外表 4 – 20 的单因素方差分析中，显著性概率为 0.000，即拒绝回归系数均为 0 的原假设。三者综合表明了本次回归拟合效果比较好。

表 4 – 20 多元回归单因素 ANOVA 分析

	平方和	df.	均方差	F	sig.
回归	25165.147	7	3595.021	24706.312	0.000
Residual	8587.140	59014	0.146		
Total	33752.287	59021			

注：Predictors：(Constant)、网上经办使用频率、网上经办新功能需求、满意度因素、性别、身份、年龄、学历。因变量为网上经办总体满意度。

B. 影响显著性分析。

从表 4 – 21 可以看到，学历和身份两个变量的显著性概率分别为 0.772 和 0.303，均大于 0.05，不具有显著性，即两者对网上经办总体满意度的影响不显著。其他变量的显著性概率均为 0.000，说明其对于网上经办总体满意度具有非常显著的影响。

表 4 – 21 多元回归模型系数

	非标准化系数		标准化系数	t	sig.
	β	标准误差	β		
(Constant)	3.180	0.012	—	255.320	0.000
性别	0.011	0.003	0.007	3.594	0.000
年龄	0.014	0.003	0.010	4.537	0.000
学历	0.000	0.003	0.000	-0.289	0.772
身份	0.004	0.004	0.002	1.031	0.303
网上经办新功能需求	0.058	0.002	0.077	36.441	0.000
满意度因素	0.647	0.002	0.856	411.360	0.000
网上经办使用频率	0.063	0.002	0.084	40.115	0.000

注：因变量为网上经办总体满意度。

同时自变量的拟合系数均为正数，表明网上经办使用频率、网上经办新功能需求和满意度因素与网上经办总体服务满意度均为正相关，换句话说，若要提高网上业务经办大厅的服务满意度，则需提高网上业务经办大厅现有功能的使用频率，开发更贴近办事人员的新功能以拉动其对新功能的需求，提升办事人员对经办机构的满意度评价。

三 研究结论

（一）统计分析结果讨论

1. 服务模式需求调查结果分析

通过调查研究发现 60 岁以下的被调查者主要通过网络、公司同事介绍两种途径了解劳动与社会保障业务，反映出新兴网络在当前业务推广中占据重要地位，企业单位通过团体性业务对被调查者产生影响。而 60 岁及以上群体对劳动与社会保障业务的了解则以报纸途径为主，也可以看出，传统媒体咨询业务对于老年人比较有效。

在劳动与社会保障业务办理的信息获取、申报、受理和意见反馈过程中，经办机构和网上服务大厅是被调查者普遍选用的两大服务模式，其中社会保险经办机构偏向于业务受理及申报，而网上服务大厅则倾向于业务信息获取；自助查询终端和 12333 电话服务热线则受信息提供的服务功能所限，选用率较前两者低；选用手机 Web 终端的人员最少，结合半结构式访谈的结果，大部分被访者并不了解该服务模式的存在，劳动与社会保障单位对手机 Web 终端的功能及具体使用方法的宣传亟待加强。

对于业务办理的信息获取环节，被调查者认为主要存在劳动与社会保障资料更新不及时和获取不够方便的问题，现实表现为 12333 电话服务热线和下属单位咨询电话经常占线，咨询服务供不应求；群众通过非柜台渠道查询到的信息与实际业务操作信息不吻合，迫使其增加经办柜台咨询频率，加大柜台业务办理压力。

业务申报和受理阶段，被调查者更关心业务办理质量和效率、办理流程清晰和网上办理等多元服务模式建设的问题，因此完善非柜台服务模式，增设业务申报或受理相关服务功能也是劳动与社会保障公共服务优化的一个方向。

意见反馈方面，被调查者则倾向于即时性互动与交流，希望业务部门提供丰富的反馈渠道和专业的回应。

综合看来，需要改善的服务模式为网上服务大厅、经办柜台、自助查询终端、12333电话服务热线和手机Web终端（按需求率从高到低排序），而人们不选用非柜台业务的原因，主要是不了解其他服务模式及缺乏所需业务功能的常识。因此，在创新服务模式、丰富模式下业务内容的同时，仍需加强对非柜台服务模式的宣传力度，提升公众对劳动与社会保障业务的了解和使用，从而实现公共服务以人为本、多元竞合、均等共享的基本理念。

2. 网上经办新功能拓展部分结果分析

一是均值分析。

调查研究发现，网上业务经办大厅中被调查者对信息获取类的现有功能使用频率较高，对同类新功能开发的需求度也相对较高，因而劳动与社会保障业务信息共享仍是服务优化的重点。新功能中交互或即时性交流类的需求度也位居前列，反映了即使是非柜台业务，公众也关注与相关部门的沟通互动。

满意度方面，被调查者对网上业务经办大厅的满意度略高于经办柜台服务，其中经办柜台的业务办理效率和网上经办的业务内容丰富程度的满意度最低，再次论证了提高业务办理效率、推进非柜台业务分流、开拓网上经办新应用业务的必要性。

分析显示，20~39岁人群、学历较高者使用网上经办现有功能的频率较高，对经办柜台和网上经办的满意度相对较低，希望网上经办新功能开拓的服务层级更高。此外，企业单位办事代表对业务相对了解，意识到有些业务环节是网上业务经办大厅功能难以替代的，因而其对两大服务模式的满意度较个人办理的高，同时对网上经办新功能的需求相对较低。

二是相关分析。

通过一般线性相关分析和控制了人口统计变量后的偏相关分析可知，网上经办现有功能使用频率、网上经办新功能需求和经办机构满意度与网上业务经办大厅满意度构面均呈显著正相关，意味着提高网上经办现有功能的使用频率、丰富网上经办业务内容和提升经办柜台满意度,也有助于提升公众对网上业务经办大厅的满意度。

三是因子分析。

通过主成分分析法的主成分提取和正交旋转,网上经办新功能拓展部分提取出三个关键因子,分别为网上经办现有功能使用频率、网上经办新功能需求和满意度评价,其中,满意度评价包括原经办业务机构满意度评价和网上经办满意度评价。此三个主因子累计解释了原总方差的74.829%,即其解释了该部分所有题项的74.829%,程度良好。

四是多元回归分析。

对因子分析中提取的三个主因子进行多元回归分析,并加入人口统计变量进行控制,结果显示拟合程度良好,除学历和身份变量对网上经办总体服务满意度的影响不显著外,性别、年龄、网上经办现有功能使用频率、网上经办新功能需求和满意度评价均对网上经办总体服务满意度呈显著正相关。

因此,综合因子分析和多元回归分析可知,网上经办现有功能的使用频率、网上经办新功能需求是提升网上经办总体服务满意度的必要条件,从而论证了提升网上经办现有功能使用频率、丰富网上经办应用业务是优化网上业务经办大厅服务的重要途径。

|第五章|

养老保险经办管理与服务

中国人口老龄化与高龄化，一方面源于医疗水平和生活质量普遍提高、人口预期寿命普遍延长；另一方面源于自然生育率下降、少子化现象严重。老龄化与高龄化加重了社会负担，也使中国的养老保险系统面临困境，老有所养已成为中国极为关注的现实问题。人口老龄化与高龄化，均使中国养老保险面临着财务危机，不得不建立多支柱的养老保险体系，以规避养老保险危机。中国企业离退休人数已经从 2004 年的 3775 万人增长到 2015 年的 9142 万人①，养老保险基金压力越来越重。中国社会科学院发布的《中国养老金发展报告 2015》显示：2014 年，我国 23 个省（自治区、直辖市）和新疆生产建设兵团都出现了当期养老保险收不抵支的现象。如果只考虑征缴收入，2014 年全国城镇职工基本养老保险基金结余比 2013 年减少了 1484.26 亿元，已经出现了高达 1321.09 亿元的当期赤字，养老保险基金短缺的警报响起，提升经办管理与服务质量的要求将更加迫切。2015 年度养老金并轨、延迟退休年龄等政策引起网民热议。

第一节　基本养老保险经办管理

中国已经进入老龄社会，老龄化速度快，老年人口规模大，2035 年前

---

① 参见《2004 年度人力资源和社会保障事业发展统计公报》和《2015 年度人力资源和社会保障事业发展统计公报》。

后，人口老龄化将达到高峰期。21 世纪前二十年是中国养老保险事业发展
的关键时期。世界银行发布的《21 世纪老年人收入支援：关于养老金及其
改革的国际观察》的报告，为帮助各国解决养老金问题提供了一个共同框
架，建议实现养老金体系多样化，既融合维持最低生活标准的公共部分，
又包含私人管理和私人筹资的部分，同时强调养老金改革与促进经济成长
和发展的内在联系。该报告称，面临当今人口和经济上的重大变化，以前
设计的大多数公共养老金方案今后将无法达到目前的福利水准。因此，如
果要维持现有体系，就必须削减卫生保健和教育方面的公共支出，或大幅
削减下一代老年人的养老金。世界银行认为，多重支柱的设计方案是养老
金改革的最佳方案，因为这一方案更具灵活性，能更好地解决不同养老金
体制面对的不同风险。应对老龄化与高龄化的挑战，有必要加速建立多支
柱的养老保险体系。

在国际社会倡导的多支柱体系的框架下，政府主导下的公共养老金计
划的运行机制正在经历三个方向的改革：一是为应对人口老龄化增加预提
基金积累，即养老保险的融资机制由现收现付制向部分基金积累制或完全
基金积累制转变，以此来缓解人口老龄化、高龄化加速给养老金制度造成
的空前压力；二是公共养老金计划的待遇给付结构由待遇确定型（Defined
Benefit，DB）部分或全部向缴费确定型（Defined Contribution，DC）转变；
三是引入私人部门管理运营养老保险基金或是引入釜山推广计划（Pusan
Promotion Plan，PPP），由政府部门和私人部门共同管理与运营积累的养老
保险基金，并实施包括实业投资在内的多样化的投资资产组合，以实现养
老保险基金最大限度的增值。

一 社会保险转制成本的消解

计划经济体制下，政府是各种社会资源唯一的配置者。国有企业所上
缴的利润与税收大部分形成了国有资产，没有单独列入政府预算管理，更
没有社会保险预算及其应对社会保险风险的长期政策安排。实行社会转型
与经济转型之后，政府有责任承担转制成本，这在理论上已基本达成共
识。政府已在逐步消解养老保险隐性债务、安置国有企业下岗职工、支持
国有企业改制、"三条保障线"向"两条保障线"过渡、保证国有企业下

岗职工基本生活费的发放等方面的一系列改革中承担了一定的转制成本。

在转制成本中，养老金隐性债务占有很大的比重。王燕等认为，养老金隐性债务指一个养老金计划向职工和退休人员提供养老金的承诺，等于如果该计划在今天即终止的情况下，所有必须付给当前退休人员的养老金的现值加上在职职工已积累并必须予以偿付的养老金权利的现值。[①] 王晓军认为，养老金制度的债务是制度对所有参加人员承诺的未来给付精算现值或者说是所有制度覆盖人口未来得到养老金权利的现值；制度转轨时的债务是旧制度终止时所有覆盖人口在旧制度下已积累得到养老金权利的现值，它隐藏在过去现收现付制度下，被称为隐性债务。养老金隐性债务作为一个存量概念，代表了政府能够明确预计并列入财政计划要积极应对的直接和隐性的债务[②]。

现收现付制筹资模式下，隐性债务指参保人在未来将要获取的全部养老金收益，如果延续现收现付制筹资模式，上一代人的养老金收益可以通过下一代人的缴费来实现，通过代际转借模式一代一代延续下去。但是，当现收现付制筹资模式向部分基金制或全部基金制筹资模式转轨时，部分或全部的隐性债务就会显性化，这时需要借助财政的力量来弥补转轨成本。养老金隐性债务是采取受益基准制原则的现收现付制筹资模式向参保职工作出的养老保险待遇承诺，当现收现付制筹资模式创立时，政府利用在职职工的缴费向当前的退休者支付养老保险金，统筹账户与个人账户混账处理，并向在职职工承诺在未来也以既定标准向其支付养老保险金，但未考虑到未来的通货膨胀因素。

转轨成本指根据特定的经济转型与社会转型要求，必须筹集基金加以解决的那一部分显性化的隐性债务。转轨成本包括：改革之初已经退休的离退休职工的养老金权益；改革之初没有退休而在新制度实行后退休但仍然在旧体制下的职工的养老金权益；改革之初没有退休而在新制度实行后退休、参加新制度的职工在旧体制下积累的养老金权益。截至 2017 年底，

---

① 王燕等：《中国养老金隐性债务、转制成本、改革方式及其影响——可计算一般均衡分析》，《经济研究》2001 年第 5 期，第 3~12 页。

② 王晓军：《中国养老金制度及其精算评价》，经济科学出版社，2000，第 126 页。

有 9142 多万企业退休人员、1700 多万机关事业单位退休人员。转制成本的产生是由于仍需要在较长时期内偿还计划经济体制时期的债务，该融资缺口源于养老金隐性债务，但并不等于养老金隐性债务，因为部分支出用于应对部分旧体制，而每天又在形成新的债务，新债务则由持续的缴费偿还。转制成本是计划经济体制向市场经济体制转轨所必须支付的代价，养老保险资源之所以是稀缺的，是因为养老金的供给是受到约束的，几乎任何能够带来预期收益的制度变迁都需要转制成本。20 世纪 70 年代以来石油危机引发的世界性养老金制度改革使人们看到了从现收现付制养老保险制度向基金积累制养老保险制度转轨对人口老龄化带来的冲击。但是，这种制度变迁存在的一个重要问题是隐性养老保险债务和转制成本的清算，以及如何为转轨而筹集养老保险基金。

如何削减转制成本，做实个人账户？国家从 2001 年开始在养老问题特别严重的辽宁省进行做实养老账户的试点，并随后在全国 13 个省区市推广。至 2010 年，这 13 个省区市共做实个人账户基金 1570 亿元，仅占到个人账户累计记账额 17609 亿元的 8.9%，空账的金额仍高达 16039.4 亿元。部分积累的模式实际上也已经启动，抓紧制度定型，尽快实现制度的转轨是当时养老保险工作的大局。2013 年 12 月 12 日公布的《中国养老金发展报告 2013》的数据显示，2012 年中国城镇职工基本养老保险制度的个人账户空账达到 2.6 万亿元。由此产生的"新人"和"中人"个人账户的空账问题，使我国目前的社会保险体制变成了"名义上的基金制，实际上的现收现付制"。这样，不仅使基金制的运行具有由空账造成的基金不足的潜在支付风险，还会增加现收现付制由人口老龄化所带来的支付困难。从长期来看，将有可能诱发我国社会保险体制的全面危机，严重阻碍经济发展和社会安定。由于计划经济时期国有企业的大量利润收归中央财政所有，计划经济遗留的隐性成本理应由中央财政解决，体制改革的决定是由社会统筹与个人账户相结合的养老保险制度先行承受转制成本，不足部分由财政兜底，由于采用混账管理制度，最终还是导致了大量的个人账户"空账"。

如何消化转制成本，实务部门曾经提出或采取过不少具体措施，具体包括以下几方面。

第一，对计划经济时期遗留的隐性成本由国家承担一部分费用，即从国有资产或土地批租所得收入中划出一部分资产转入养老保险基金。在国有企业进行股份制改造、股份合作制改革及组建有限责任公司的过程中，随着职工参股融资，一部分资产变现为个人所有，转归为社会保险机构所有，以此偿还隐性债务；或是在企业发生兼并、拍卖或转让时，按职工平均每人应负担的隐性债务作为第一债务付给社会保险经办管理机构，作为偿还债务的基金来源。

第二，我国 20 世纪在股票市场曾实施国有股减持方案，据统计，自 2001 年 6 月 14 日至 2001 年 10 月 22 日出台国有股减持办法，共有 17 家企业通过新发或增发减持部分国有股，筹集社会保险基金 23.15 亿元，加上 2000 年海外上市减持筹集的 100 亿元基金，通过国有股减持归集的社会保险基金约 120 亿元。由于国有股本身存在着与现代市场经济原则相悖的内容，同时中国股票市场的投资者对于国有上市公司的总体业绩普遍不满和不信任，实施细则和配套措施没有到位，国有股变现社会保障基金，在 2001 年股市运作中曾遭遇股市狂跌的尴尬。2002 年 6 月 23 日，国务院决定，除企业海外发行上市外，对国内上市公司停止执行《减持国有股筹集社会保障基金管理暂行办法》中关于利用证券市场减持国有股的规定，并不再出台具体实施办法。1999 年 11 月 1 日至 2008 年 10 月 9 日，我国持续在居民储蓄存款利息中征收 20% 的个人收入所得税作为社会保障基金。

第三，发行社会保险特种国债或特定债券，是将旧的隐性债务转变为新的、明确的债务，通过债务筹资将承受费用负担的时期向后延长，这样转轨成本甚至可以由后几代人进行分摊。认购券是政府向所有从旧的养老保险制度转入个人账户制度的原投保人发放的一种凭证，政府承认他们在旧的养老保险制度中缴纳的养老保险费，并且他们凭借认购券在退休后可以获得领取相应养老金的权利，即认购券将显性化的隐性债务通过债券的形式延期支付。发行认购券有利于当期政府安排财政预算，减轻当期政府的财政压力。

第四，为应付未来难以预料的风险，各级财政部门应在老龄化程度还未十分明显的情况下，建立相对独立的养老保险基金预算制度和担负终极责任的准备金制度，实行专门化管理与政府经常性支出的分离，以预防未来可能出现的养老金费用危机，夯实社会统筹账户，减少对个人账户的透支。

第五，在职工收入增加与"收入工资化、工资货币化"改革的口号下，谨防非统筹项目进入统筹账户；谨防企业为提高替代率而变相在职工退休前大幅度提高退休前一年职工工资而多领取养老金；发展企业年金保险与职业年金保险、个人储蓄养老保险、保险企业养老年金保险、公积金作为第二养老金、基金公司的投等，以提高养老生活品质，降低基本养老金替代率改革、建设多元养老保险支柱。

第六，国际劳工组织研究表明，退休年龄从60岁提高到65岁，可减少30%~50%的退休金支出。因此，一些国家对提前退休采取了惩罚措施，对延迟退休也采取了奖励政策。中国早期的测算表明，退休年龄每延长1年，可以弥补养老金缺口200亿元，如何有效地遏制我国平均内退年龄54岁的过早退休现象，是当前延迟退休年龄政策需要研究的课题。

第七，不断扩大养老保险覆盖面，试图在国家"十三五"规划期间进行从省级统筹过渡到基础养老金全国统筹的改革，以弥补不发达地区养老保险基金的不足。

二　做实个人账户与提高养老保险统筹层次

在退休人员逐年递增的情况下，养老保险个人账户空账规模与速度迅速增加。2011年以来，党中央、国务院及人力资源和社会保障部对养老保险省级统筹工作提出了更高的要求，中共十七届五中全会通过的《中共中央关于制定国民经济和社会发展第十二个五年规划的建议》及据此编制的《中华人民共和国国民经济和社会发展第十二个五年规划纲要》明确提出，要完善实施城镇职工和居民养老保险制度，实现基础养老金全国统筹。人力资源和社会保障部发布的《关于印发人力资源和社会保障事业发展"十二五"规划纲要的通知》（人社部发〔2011〕71号）也明确提出"稳步提高各项社会保险统筹层次，全面落实城镇职工基本养老保险省级统筹，实现基础养老金全国统筹"。中共十八大报告明确提出要"逐步做实养老保险个人账户，实现基础养老金全国统筹"。提高统筹层次为大势所趋，做实个人账户却是困难重重。

我国个人账户"空账"化现象根源于改革开放前的计划经济时期未能为离退休职工积累养老保险基金,而实施社会保险统筹与个人账户相结合的养老保险制度之后,中央财政未能大规模地偿付历史隐性债务,仅在幕后担任了财政兜底的角色。在职职工一方面要为自己积累养老保险基金,另一方面要负担已离退休职工养老保险基金的发放。在社会统筹账户收不抵支的情况下,政府采用了代际转借技术,大量地运用了个人账户基金,形成了大量个人账户的"空账"运行情况。根据不同的测算模型,我国养老金收支缺口情况见表5-1。

表5-1 养老金收支缺口测算

单位:万亿元

测算单位	收支缺口		
	2001~2075年	2005~2035年	1997~2033年
世界银行	9.15	—	—
原劳动和社会保障部	—	6	—
中国人民大学	—	—	8
曹远征、马骏等	18.3(2013年)	—	68.2(2033年)

养老保险新政要求从2006年1月1日起持续做实个人账户,有三个方面的原因。一是从有利于养老保险现收现付制筹资模式向部分积累制筹资模式过渡,理想状态是实行分账管理,统筹账户基金实行现收现付制,用于互助共济,个人账户基金实行积累制,用于职工个人未来养老。但实际情况是企业离退休人员从1995年改革初的不到4000万增加到2016年底的9142万,在离退休人员越来越多的情况下,为了确保养老金当期发放,一方面财政补贴额度越来越大;另一方面不得不动用本应留作积累的个人账户基金弥补统筹基金的不足。二是有利于应对人口老龄化社会与高龄化社会的挑战,尽快缩短做实个人账户的周期,可以减轻未来人口老龄化高峰期沉重的养老保险基金的兑付压力。三是如果参保人员个人账户没有做实,兑现性差,养老保险关系大规模的转移难免受到影响,制约了劳动力的正常流动,做实个人账户后,个人账户基金具有可携带性,有利于大规模公司化的参保人流动。

早在 2005 年 12 月 14 日，国务院发布了《国务院关于完善企业职工基本养老保险制度的决定》（国发〔2005〕38 号）。该决定指出："做实个人账户，积累基本养老保险基金，是应对人口老龄化的重要举措，也是实现企业职工基本养老保险制度可持续发展的重要保证。"①为与做实个人账户相衔接，从 2006 年 1 月 1 日起，个人账户的规模统一由本人缴费工资的 11% 调整为 8%。同时，进一步完善鼓励职工参保缴费的激励约束机制，相应调整基本养老金计发办法，加强基本养老保险基金征缴与监管。②凡是参加企业职工基本养老保险的单位和个人，都必须按时足额缴纳基本养老保险费。③基本养老保险基金要纳入财政专户，实行收支两条线管理，严禁挤占挪用，并制定和完善社会保险基金监督管理的法律法规，实现依法监督。④继续把确保企业离退休人员基本养老金按时足额发放作为首要任务，进一步完善各项政策和工作机制，确保离退休人员基本养老金按时足额发放，不得发生新的基本养老金拖欠，切实保障离退休人员的合法权益。⑤城镇各类企业职工、个体工商户和灵活就业人员都要参加企业职工基本养老保险。要进一步落实国家有关社会保险补贴政策，帮助就业困难人员参保缴费。①

从实行养老保险新政的 2006 年到 2015 年，各级财政 10 年间提供基本养老保险补贴 23368 亿元，其中，2015 年养老保险补贴猛增 1168 亿元，是从未有过的速增。而 1998～2005 年，8 年间只有 2419.1 亿元②。做实养老保险个人账户是一个长期的过程，从《国务院关于完善企业职工基本养老保险制度的决定》要求逐步做实个人账户的 2006 年 1 月 1 日起（2005 年个人账户"空账"规模在 8000 亿元左右），事实上个人账户不仅没有做实，个人账户"空账"规模反而越来越大。人力资源和社会保障部发布的《中国社会保险发展年度报告 2015》显示，全国养老金个人账户"空账"规模不断增长，"空账"率已超九成。2015 年，全国个人账户空账规模已经超过了 4 万亿元。与此同时，个人账户基金从 2014 年的 5001 亿元下降

---

① 《国务院关于完善企业职工基本养老保险制度的决定》，http://www.gov.cn/zwgk/2005 - 12/14/content_127311.htm，最后访问日期：2018 年 10 月 14 日。
② 根据人力资源和社会保障部历年《人力资源和社会保障事业发展统计公报》整理。

到 3274 亿元。账户里实实在在的资金还不到 1/10。我国政府对做实养老保险个人账户付出了巨大的努力，辽宁省在 2001 年开始做实个人账户，每年中央财政补助 144 亿元。从 2001 年开始试行做实保险个人账户到 2005 年底，辽宁省已做实个人账户基金 201 亿元。由于中央财政基金大量投入，有专家认为，辽宁省的经验没有推广价值。把空账做成实账，人们寄希望于中央政府的支持和补贴，现在辽宁省作为全国唯一的试点省份，中央财政的部分转移支付尚能接受，如果在全国展开，中央财政就会面临很大压力，按辽宁省的缺口计算，全国各省区市为做实账户需要转移的支付高达近万亿元人民币。到 2010 年，中央财政对辽宁省做实试点的补贴处于暂时中止状态，并特批辽宁省向已经做实的个人账户基金借支发放养老金，到 2014 年借款额达到了 700 多亿元。事实上，这样做回到了原态。

中共十六届三中全会报告提出："采取多种方式包括依法划转部分国有资产充实社会保障基金。"由于划转工作尚未进入实质性操作阶段，社会保险基金缺乏稳定的基金来源，其发展面临困难。划转部分国有资产充实社会保险基金，发挥社会保险基金长期投资的优势，对国企改革来说，一个显而易见的好处是国家将长期持有一些重点企业的股权。截至 2012 年底，我国国有资产总额 68 万亿元，资产规模约占全国金融资产总规模的一半，净资产总额 4.8 万亿元，2012 年实现净利润 8000 多亿元。因为社会保险基金是国家战略储备金、老百姓的"养命钱"，短期内动用本金的可能性非常小，社会保险基金具有较多的优势；另一个好处是，社会保险基金作为股东之一持有国有股权，有利于抑制"一股独大"，从而推动国企公司治理的完善。但是对于资本市场来说，靠中小投资者无法撑起一个规模较大的资本市场，市场主力必须是机构投资者。虽然最近几年机构投资者队伍不断扩大，但大部分是证券投资基金。一些基金的运作出现短期化、同质化现象，因此真正的长期机构投资者并不多。据有关权威人士披露，2016 年，当时从国有企业利润中拿出 7% 充实社会保险基金，这是一个重大利好，有利于延缓养老基金不足的未来预期。

有的学者主张发行十年期养老保险长期国债，将现有的隐性债务转变为未来的债务，国务院发文也要求行政单位在参与养老保险改革中，单位缴纳的 20% 的统筹账户基金和 4% 的职业年金采取记账方式，由未来的政府承担兑现责任。从理性上说，按照老年学学者爱德华·罗赛特的划分：目前人口老龄化尚处于老年时期向低强度过渡的时期，隐性负债显性化程度也较低，应尽可能以现有的财力解决现有的浮出水面的债务，而不是将现有的债务向后延长，加重在未来社会人口老龄化由低强度进入中强度甚至高强度时期的养老费用税收负担，这也是一种对未来不负责任的表现。正如美国经济学家斯蒂格利茨所言：如果政府通过发债为转轨成本融资，那么后代人口因为要负担利息成本而不能取得较高的投资净收益率。靠发债转轨，在隐性负债减轻的同时，今后的显性负债会越来越重。积极举债的长期化，使得为当代人养老埋单的将是下几代人，造成了养老保险债务在代际的不公平转移。这种养老债务跨代转移会造成代际分裂。

2010 年中国安排财政赤字 10500 亿元，财政赤字首超万亿元，赤字率控制在 3%（国际安全线）以内，尽管中国财政赤字风险总体可控，在地方政府存在隐性举债的行为下，需要防范财政赤字扩大带来的潜在的地方政府的财政风险问题。尽管表面上我国的国债负债率、国债依存度、国债偿还率还在公认的警戒线内，但如果我们把银行不良资产、社会保险基金的欠账算作财政负债，那么财政债务负担率有可能超过了国际警戒线。今后社会保险各个经济层面的风险向财政集中的速度可能明显加快。

养老保险制度是一个代际相传的制度，我国企业退休人员基本养老金已经连续 15 年调整，其中 2016 年和 2017 年分别增加 6.5% 和 5.5%，月人均基本养老金从 2004 年的 647 元提高到 2017 年的 2470 元左右，从 2019 年 1 月 1 日起，上调退休人员基本养老金幅度为 5% 左右，与 2018 年持平。目前人口老龄化还处于初期阶段，养老保险基金财政预算要沉淀部分基金，作出担负终极责任的基金安排。要实现这一制度安排，就必须树立养老保险财务制度可持续发展的思想理念。坚持这一理念，首先要求各届政府联系人口老龄化、高龄化的不同时期，坚持对未来负责的精神，坚持养老保险决策机制上的可持续性，将担负终极责任的基金安排，列入各级政府的长期预算，强化养老保障基金财政积累意识，持之以恒。据有关资料显示，我国未来 30 年中仅养老金缺口每年就要平均为 1000 多亿元，截至 2014 年，中央和地方财政补贴基本养老保险基金从 2002 年 408.2 亿元增加到 3548 亿元，总额达到了 20748 亿元，年均增长率达到 19.75%。[1]
从 2014 年起全国养老保险基金支出大于收入，出现了历史拐点。自从
1997 年全国统一实行养老保险制度以来，政府一直试图用维持养老保险高
缴费率和设立中人过渡性养老金这两种"体制内消化"的方法来偿还转制
成本，已经没有太多的制度选择空间。"财政面临既要应付当年支出又要
考虑常年积累的双重压力，养老保险制度随着人口老龄化与高龄化的深化
变得越来越脆弱，对财政的依赖会越来越强烈，这将给未来留下巨大的金
融风险和社会安定的隐患。重启国有股减持充实社会保险基金，加上财政
部拨款、彩票收益、海外国有股减持收入，才能有效缓解社会保险基金严
重短缺问题。"[2]

中国人口老龄化目前处于由生育率减退引起的老年低强度时期[3]，根
据国家统计局《中国统计年鉴 2016》公布的 2015 年全国 1% 人口普查结
果：2015 年，中国育龄妇女的总和生育率仅为 1.047，这一数据不及人口
世代更替水平 2.1 的一半。今后随着低生育率的长期化，21 世纪中国人口
老龄化的进程将逐渐加快。根据联合国相关机构的推算，中国人口老龄化
的发展速度更快、时间更短。从相对量上看，中国 65 岁及以上老年人口占
总人口的比重由 7% 上升到 14%，只需 25 年，将与日本接近，都属于老龄
化速度快的国家，其他发达国家完成这一过程用了更长的时间。从增长速
度上看，老年人口的比重在 2010 ~ 2020 年年均将增长 0.38%，2020 ~ 2030
年年均将增长 0.45%。在这一变化过程中，还将呈现出老年人口高龄化等
十分明显的阶段性特征。

延长退休年龄，可以增加缴费，同时减轻养老负担。遭遇失业危机的

---

① 根据人力资源和社会保障部历年统计公报计算。
② 林毓铭：《对分解养老保险隐性债务措施的评判与反思》，《中国财经信息资料》2003 年
第 31 期。
③ 根据人口学家爱德华·罗塞特对老龄化的划分，60 岁及以上人口占总人口的 10% ~11%
称为老年时期开始，11% ~ 12% 称为老年时期，12% ~ 14% 称为老年低强度时期，
14% ~16% 称为老年中强度时期，16% ~18% 称为老年高强度时期，18% 以上称为老年
最高强度时期。国际社会另一个通用指标：65 岁及以上的人口占总人口比例达到了 7%，
就是老龄化社会；如果达到了 14%，就叫老龄社会；如果达到了 21%，就是超老龄化
社会。

空前挑战，20 世纪 90 年代国有企业改革，"竞争上岗、优胜劣汰"，提前退养、买断工龄等使我国养老基金的积累遭受重大损失。根据早期测算，在我国退休年龄每延长 1 年，养老统筹基金可增长 40 亿元，减支 160 亿元，减缓基金缺口 200 亿元，世界各国养老保险制度都进行了类似的改革，但不少国家也受到了民众的抵制，法国 2010 年将法定退休年龄从 60 岁提高到 62 岁并提高缴费比例，让退休人员在 62 岁领取部分养老金，同时把领取全额养老金的年龄从 65 岁提高到 67 岁，引发了法国全国总工会领导的全国性大罢工，持续时间长，导致严重的暴力冲突与财产损失。

人力资源和社会保障部再次公布将在 2022 年出台阶递性延迟退休年龄政策，期待这一改革的到来。中国社会科学院社会政策研究中心秘书长唐钧在《"延退必然论"可以休也！》的文章中认为："延退"对大多数劳动者不利。从国际经验看，支持"延退"的，大多是白领；而反对"延退"的，多为蓝领。因为年龄的增长，对白领而言是积累优势，对蓝领而言则是劣势。唐钧认为，虽然目前对于劳动的体力要求看起来有所降低，但实际上劳动强度和工作紧张程度却成倍增加。普通工人到了男 50 岁、女 40 岁以上时，多有心有余而力不足之感。唐钧指出，蓝领工人到 40 岁、50 岁以后，被企业以各种理由辞退的可能性大为增加。一旦被辞退，不但意味着不再有稳定的收入，还意味着仍然要缴纳保险费。来自东方网和谐论坛的调查见表 5 - 2。

表 5 - 2　你是否赞成中国延长退休年龄

回答	占比（%）
赞成，可以解决人口老龄化问题	6.58（338 人）
反对，加剧就业压力，加大贫富差距	76.53（3930 人）
不要搞"一刀切"，要有弹性制度	8.26（424 人）
无所谓，服从安排听指挥	0.18（9 人）
应该鼓励老年人再就业，发挥余热	2.26（116 人）
视行业而定，脑力劳动者可延长	6.19（318 人）

注：本调查参与者 5135 人，来自东方网和谐论坛。

2006 年养老保险新政的宗旨是逐步做实个人账户，实现真正意义上的养老保险统筹账户与个人账户分开管理，职工个人账户由原来的中账户记账 11% 降为 8%，减少了 3 个百分点。在企业缴费规模不变的情况下，增加了 3 个百分点的社会统筹账户。在个人账户的规模统一由本人缴费工资的 11% 调整为 8% 的同时，基础养老金由发放月平均工资的 20% 变为 30%，统筹账户承担了支付标准提高费用的 10 个百分点。

养老金缺口主要来源于当年收入的养老保险费本身就不够支付当年的养老金支出，在一些不发达省（自治区、直辖市）表现特别明显，养老保险新政后当期基础养老保险支付由 20% 提高到 30%，自然会引发当期支付压力的进一步加大，因此，这不能保证社会统筹账户不会对个人账户发生新的拆借。在数理上现在很难判定养老保险新政是否可以逐步做实个人账户。逐步做实个人账户需要中央和地方财政的巨额基金长期投入，如何通过划拨国有资产和部分国有企业利润解决社会保险历史欠账问题，还有待新思路、新突破。国际上通行的发行养老保险国债、增加养老保险财政支出、出售国有资产、发行福利彩票、提高退休年龄、减少提前退休人口等，仍不失为减少养老保险显性成本的有效办法。

扩大养老保险覆盖面，提高养老保险统筹层次，有助于降低养老保险的经济风险。早在中共十六届三中全会上通过的《中共中央关于完善社会主义市场经济体制若干问题的决定》就明确提出："建立健全省级养老保险调剂基金，在完善市级统筹基础上，逐步实行省级统筹，条件具备时实行基本养老金的基础部分全国统筹。"实现养老保险基础养老金全国统筹，必须实现社会保险税费改革，变费为税，建立由中央政府负责管理的全国统筹的基础养老金制度。2010 年 10 月 28 日，第十一届全国人大常委会第十七次会议通过了《中华人民共和国社会保险法》，在"社会保险基金"一章中第六十四条规定：基本养老保险基金逐步实行全国统筹。中共中央十七届五中全会关于"十二五"规划的建议，提出"实现基础养老金全国统筹"，然而长期以来，中央政府和地方政府在偿还养老金隐性债务的责权上模糊不清、界定不明，这既不利于债务的偿还，致使养老保险个人账户"空账"日渐扩大，也会间接危害到养老保险制度的可持续发展。

《中共中央关于全面深化改革若干重大问题的决定》规定，养老保险实施精算平衡管理，财政部门希望未来养老保险改革后能够减少对财政的过度依赖，实现体制内的自求平衡。未来的改革需要明晰中央与地方政府各自应该承担的养老保险转轨成本，并加以积极清偿，做实个人账户才有可能建立养老保险由省级统筹过渡到基础养老金全国统筹的建设平台。囿于全国各省（自治区、直辖市）经济发展水平不同，各地养老保险缴费基数、缴费费率和待遇高低有别，养老保险基础养老金全国统筹之前实际上是要保证养老保险一定时间内的"异地漫游"，也只有将现在的养老保险省级统筹进一步上升到国家统筹的层面，打破各地"划疆而治"的利益格局，矫正"转出地受益，转入地受损"的不公平状态，才能确保养老保险账户在全国范围内的"无缝"划转，保证基础养老金全国统筹改革的进行。

三 个人账户基金与社会保险统筹基金分开管理

（一）现收现付制与基金制的选择

《中华人民共和国社会保险法》第十一条规定："基本养老保险实行社会统筹与个人账户相结合。"过去将相结合处置为"混账"管理模式，当社会统筹账户不足以支付时，将会严重侵占个人账户，造成大量"空账"。做实个人账户的目标是不再产生新的"空账"，实现真正意义上的个人账户基金与社会保险统筹账户分开管理，统筹账户实行现收现付式管理，而个人账户实现完全基金积累制，进入资本市场，实行委托管理。现收现付制与基金制筹资模式选择，需要依据一定的经济与社会条件作出抉择。

1958 年，美国著名经济学家萨缪尔森提出，由于现收现付式养老保险制度并没有大规模的养老基金用于投资，它不可能像基金制一样，可以依靠养老基金资本市场上的投资收益为未来养老金的支付筹集基金。现收现付式养老金计划虽然不能取得金融投资收益，但它可以取得"生物收益"，其"生物收益率"（biological rate of return）的数值等于人口增长率和工资增长率之和。1966 年，亨利·艾伦在萨缪尔森"生物收益率"概念的基础上指出，只有当人口增长率和工资增长率之和大于市场利息率时，现收现付式养老保险制度才是可取的。因为在这种情况下，现收现付式养老保险制度可以实现资源配置的帕累托最优。从养老保险制度的筹资角度看，因为这时它的"生物收益率"高于市场利息率，所以也优于基金式的养老保险制度。后来人们把亨利·艾伦这一观点称为艾伦条件（Aaron condition）。根据艾伦条件，一些经济学家极力主张实行养老保险基金制，反对现收现付式养老保险制度。即 $\delta + \rho > r$ 时，采取现收现付制；$\delta + \rho < r$ 时，采取基金制。其中，δ、ρ、r 分别代表实际工资增长率、劳动人口增长率和市场利息率。

艾伦条件理论假设是把实际工资增长率和市场利息率都作为一个外生变量，人口增长率也是外生的或事先给定的，一个现收现付制的养老金计划要想实现帕累托最优，那么这个计划的融资率也必须不随时间而变化，如果融资率随时间而变化，艾伦条件就得不到满足。斯普里曼利用无限的交叠世代模型得出结论：如果时间是无限的，在设定一个上限的自由变化的缴费率条件下，除非人口增长率和工资增长率之和永远小于利息率，否则现收现付制就总能在代际进行帕累托有效的配置。而对基金制来说，当且仅当将来存在某些时期，从此一时期以后的所有各时期内，艾伦条件都得不到满足，客观存在才是帕累托有效；否则，不管艾伦条件是否得到满足，基金制一般不会达到帕累托有效的改进。

在艾伦条件中，实际工资增长率、劳动人口增长率与市场利息率是三个不同的指标，具有不可加性，工资增长率与劳动人口增长率之间有着一种相互制衡的关系，工资增长过快，会减少对劳动力的需求，工资增长缓慢或是停滞不前，会增加对劳动力的需求。利息率的高低与养老基金的储蓄和投资相联系，利息率高，会吸引养老基金的储蓄动机，利息率的高低与工资增长率和劳动人口增长率没有必然的因果关系，将工资增长率和劳动力增长率这两个不相干的统计指标简单相加，与利息增长率指标相比没有太大的经济学意义。工资增长率与劳动力增长率是两个完全不同的统计量纲，未通过数学变换应不具有可加性。劳动力增长率与市场利息率在经济意义上没有直接的对称关系或相关关系，因而也无法与实际利息率进行对比。艾伦条件仅考虑这三个指标，完全排斥了人口老龄化所带来的老龄负担系数等多种经济社会变量指标，简单定论养老保险采用现收现付筹资模式还是基金式筹资模式是不够科学的。

(二) 两种账户分开管理

统筹账户与个人账户的混账管理，造成了至 2015 年底 4 万亿元人民币的空账，甚至多于 2015 年底的养老保险滚存积累的基本养老保险基金 39937 亿元。

尽管各国选择的养老保险筹资模式及具体实施措施不一，但是采取的基本策略具有共同的奋斗目标：面对不断扩大化的老龄人口与日渐趋紧的财政供给动力，如何选择一个适合本国国情的养老保险运作模式与政策矩阵，如何构造一个高效率的可以保值增值的养老基金运营管理体制，成为当今包括福利国家在内所需要进行重新评估、调整的一个重大课题。减少政府介入、减轻财政压力、增加个人参与、发挥市场机制和社会资本在养老保险竞争管理中的作用、建立多支柱的养老保险体系与实施养老保险产业化改革，成为当前基本养老保险改革中的主流意识与主流方向。

逐步做实个人账户，实行个人账户"实账"化运作是养老保险制度可持续发展的长期需要，做实个人账户，必然要摒弃混账管理模式，逐步消除社会统筹账户不足对个人账户的代际拆借与长期依赖。具有现收现付性质的社会统筹账户由社会保险经办管理机构统一管理，保证社会统筹部分基金的及时、足额发放的前提是财政资金的足额到位，当然财政不可能一下就能够解决缺口问题，从混账管理到分账管理需要一个较为漫长的过程。本应完全属于基金积累制的个人账户基金应由完全独立的机构进行管理，实行保值增值，实现其安全性、收益性和流动性的目标。允许设置一个从混账管理到分账管理改革的过渡期，逐步减少社会统筹账户对个人账户的代际转借的比重，逐渐采取两种账户分开管理模式，从制度上保证和防止个人账户基金被长期挤占挪用。

2000 年 7 月，我国率先在辽宁省进行"统账分离，做实个人账户"的改革试点，到 2010 年，政府允许辽宁省向已经做实的个人账户基金借支发放养老金，到 2014 年借款额达到了 700 多亿元，改革基本上又回归原点。实现统账逐渐分离后，另一个有效的路径是统筹基金的基金支付缺口通过盘活国有资产等方式筹集基金解决。个人账户逐渐做实后，让个人账户基金进入资本市场，使其逐步增值。尽管养老保险个人账户实账率目前不到10%，逐步做实后的养老保险个人账户还是有很大的投资空间，医疗保险由于实施分账管理，2017年底医疗保险个人账户积累达到6152亿元。如果按照《劳动和社会保险事业发展第十一个五年规划纲要草案》要求，"到'十一五'期末，使财政支出用于社会保险的比重达到20%左右"。①我国逐步做实个人账户的目标可以达到一定的要求。

就本应完全基金制的个人账户而言，一些国家个人账户基金管理大致采用政府集中管理与私人分散管理两种模式，主要监控指标集中在收益率和管理成本两个方面。在条件成熟的情况下，基本养老保险的个人账户与企业年金保险的个人账户可以归并管理，对其投资收益进行免税，归并后的个人账户做实后，才能真正使退休者在退休后过上有保障的生活。

中国政府集中管理逐步做实后的个人账户基金，具有太大的增值压力，中国社会科学院世界社保研究中心主任郑秉文透露：以银行存款为主的投资体制下，从2001年到2011年间的十余年间中国养老保险基金"缩水"近6000亿元。个人账户基金交由私人分散管理，也难以在尚不完善的市场体制下实现充分的效率最大化，而且我国资本市场尚不成熟、投机成分较浓、市场波动较大，难以控制市场风险。基于政府集中管理个人账户基金的低效率与市场不发达国家私人分散管理的高风险的经验借鉴，一些学者提出了我国个人账户养老基金由公共性质的养老保险公司管理的模式，避免各级政府及任何机构对养老保险个人账户基金的影响及干预。

公共养老保险公司属于公共性质，一方面要独立于政府运行，又要接受政府的法律监督与政策管制；另一方面不能完全以盈利为目的。公司承担无限责任，对政府负责，实行法人治理结构，政府承担有限责任，在公司破产清偿时，弥补个人账户清偿不足部分，以保证缴费者的利益。公司具有独立性，且应设立多家类似的公共养老公司，借鉴智利等国家养老金竞争性管理办法，政府率先与一些资信程度较高、经营业绩优秀、财务状

---

① 郑秉文：《以存款为主的投资体制致养老金缩小近6000亿元》，《经济参考报》2012年11月9日。

况稳定、有良好诚信记录的公共养老保险公司制定严格的养老金管理协议，让这些公司参与养老金的竞争性管理，有利于改变政府单一和垄断的养老基金管理模式，严防基金缩水，较大幅度地提高养老保险基金保值增值的能力。

对公共养老保险公司的监管有三个要素：一是对公司的资格审查及经营管理活动的监管，其财务会计制度、信息披露、财务报表、投资去向等都要被纳入监管范围。二是对风险防范机制的监管，对公司的自有资本应有一定量的规定，建立资本储备金制度与基金转移制度，进行事前与事中控制。为了便于竞争体制的建立，可以允许投保人根据基金收益率转移个人账户基金到收益率更高的公司落户。三是设立个人账户管理基金协会，进行行业自律规制，接受专门机构的集中监管。

四　养老保险经办流程管理

制定统一规范的养老保险经办流程，是确保养老保险制度顺利实施的重要的基础性工作，也是保证经办工作规范化、标准化与信息化的需要。养老保险经办流程管理划分为：办理登记、申报征缴、个人账户管理、待遇审核、待遇支付、财务管理六个主要环节。并要求对各个环节的岗位职责、业务范围、服务标准、办事程序、注意事项等作出原则性规定，进行规范管理。①办理登记环节：要求岗位人员认真审核参保单位的申报资料、人员清单，确保登录信息准确无误，办理登记包括受理参保登记、变更登记、注销登记和验证等业务。②申报征缴环节：主要包括申报审核、保费征缴、欠费管理等业务。如果是地税部门全责征缴，则办理登记和申报征缴两个环节由地方税务部门完成。③个人账户管理环节：包括建账与记账、转入与转出、中断与终止、对账查询等业务。④待遇审核环节：包括退休待遇审核、一次性待遇审核、供养直系亲属待遇审核等业务。⑤待遇支付环节：包括离退休（职）待遇支付和一次性待遇支付、供养直系亲属待遇支付、待遇支付管理等业务。⑥财务管理环节：包括基金预算管理、基金保值增值、财政补贴基金的申请和划拨及结算、个人缴费基金管理等，财务管理环节是经办管理服务工作的核心环节，是确保基金安全的重要基础。城乡居民养老保险缴费业务流程见图5－1，城乡居民养老保险领取养老金业务流程见图5－2。

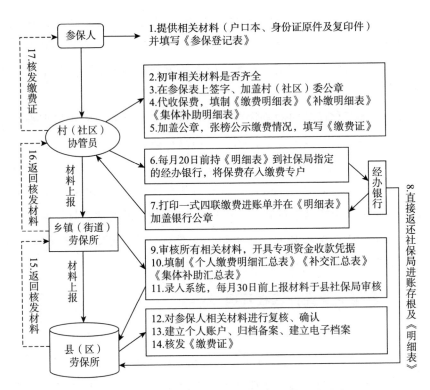

图 5－1　城乡居民社会养老保险参保缴费业务流程

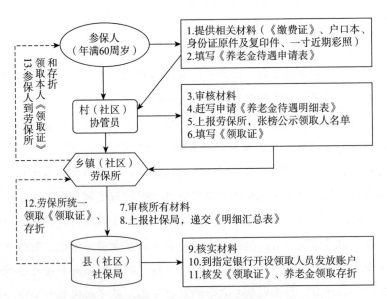

图 5－2　城乡居民社会养老保险领取养老金业务流程

按照统一规范的经办流程管理，可以防止不行政或乱行政的行为，我国各市县人力资源和社会保障部门均制定了自己的养老保险经办流程，实现了有效运转。

第二节　基础养老金全国统筹、养老保险全国统筹及经办管理

《人力资源和社会保障事业发展"十二五"规划纲要》提出，全面落实城镇职工基本养老保险省级统筹，实现基础养老金全国统筹。然而，养老保险省级统筹因达标标准不统一引发颇多争议，"十二五"实现基础养老金全国统筹任务未能完成，国家《中华人民共和国国民经济和社会发展第十三个五年规划纲要》重提"十三五"期间基础养老金要实现全国统筹，然而养老保险省级统筹走向基础养老金全国统筹的路径仍异常艰难。理顺体制、完善机制、调整利益分配格局、建立公平的政策矩阵是成功的关键。

一　养老保险省级统筹标准不统一引发争议

《中华人民共和国社会保险法》于 2011 年 7 月 1 日起施行，其亮点之一就是提出基本养老保险基金逐步实行全国统筹，其他社会保险基金逐步实行省级统筹。《人力资源和社会保障事业发展规划"十二五"纲要》提出，全面落实城镇职工基本养老保险省级统筹，实现基础养老金全国统筹。2015 年是实施"十二五"发展规划的最后一年，养老保险基础养老金全国统筹的改革步伐并未实施，甚至未能进入初步布局阶段。2015 年养老保险改革热点频频，机关事业单位养老保险改革、拟定延迟退休年龄政策 2017 年出台、养老保险打破双轨制，这些改革或话题是否延缓了基础养老金全国统筹的改革步伐，或许出于顶层设计考虑的要求，高层决策机构在 2015 年众多的养老保险改革的战略安排虽大都浮出水面，但进展甚微。

养老保险省级统筹，包括企业和职工个人缴费比例、基本养老金计发办法、发放标准、基金管理、调剂金制度等内容的整个企业职工基本养老保险制度，以省（自治区、直辖市）为单位实行统一管理。省级统筹是企业职工基本养老保险制度改革发展到一定阶段后的一种较高层次的管理方

式，可以提高抗风险能力与社会保险基金的经济周转能力，扩大互助共济功能，是深化基本养老保险制度改革的必然结果。

为实现 2020 年社会保障制度全覆盖的目标，我国持续扩大养老保险覆盖率，努力提高养老保险统筹层次，有助于降低养老保险的社会风险与提高调剂水平。早在中共十六届三中全会作出的《中共中央关于完善社会主义市场经济体制若干问题的决定》就明确提出："建立健全省级养老保险调剂基金，在完善市级统筹基础上，逐步实行省级统筹，条件具备时实行基本养老金的基础部分全国统筹。""十一五"期间，在完善养老保险市级统筹的基础上，尽快提高统筹层次，加强省级基金预算管理，基本实现基本养老保险省级统筹，个别有困难的地区，建立健全省级调剂金制度。

基础养老金管理成为中央事权，实现养老保险全国统筹，必须实现社会保险税费改革，变费为税，建立由中央政府负责管理的全国统筹的基础养老金制度。中共中央十七届五中全会关于"十二五"规划的建议，提出"实现基础养老金全国统筹"，基础养老金全国统筹，也将原有的养老保险个人账户与统筹账户的混账管理模式彻底摒弃，做实个人账户压力较大。然而，长期以来中央政府和地方政府在偿还养老金隐性债务的责权上一直模糊，既不利于债务的偿还，也间接危害到养老保险制度的可持续发展。养老保险制度省级统筹是提高统筹层次、增强养老保险制度的互济共助功能、提高财政兜底能力和基金支付能力，最终实现制度统一的重要途径。

追溯改革历史，早在 1987 年，我国首次提出养老保险省级统筹的概念，国务院要求 1998 年底实现养老保险省级统筹的目标，由于理论上与实践上准备均不充分，最终目标落空。2007 年，国务院再次要求养老保险省级统筹的期限在 2009 年底完成，至 2009 年 7 月，人力资源和社会保障部透露，全国已经有 25 个省（自治区、直辖市）建立了省级统筹制度，比 2008 年底增加了 6 个，其他 7 个省（自治区、直辖市）也正在积极研究制定省级统筹方案。至 2011 年，人力资源和社会保障部部长尹蔚民在十一届全国人大四次会议上举行记者会并宣布："十一五"期间我国社会保障体系建设取得"突破性进展"，并宣称现在养老保险基金统筹层次还比较低，我们在"十二五"期间要实现基础养老金的全国统筹，在更大范围内进行资金调剂，化解风险。至 2012 年，审计署 8 月 2 日公布的社保基金审计报告显示，我国尚有 17

个省（自治区、直辖市）未能按照规定真正实现养老保险省级统筹，不达标的理由是：延压养老保险费收入，调剂金管理不规范，基金存在会计记账和核算错误，保费被欠缴，有人重复领取养老金，部分农民工未参保，养老金相互串用，省内缴费比例不统一，未以单位职工工资总额为单位缴费基数，违规运营养老保险基金和保险金未入财政专户。

2012 年同期，人力资源和社会保障部认定，全国仅有广东、山东、江苏、浙江四个发达省份养老保险省级统筹不达标。不论审计署与人力资源和社会保障部在省级统筹标准上存在什么分歧，也就是意味着要求 2009 年底全国全部实现省级统筹的目标落空，致使国务院提出的在 2012 年实现养老保险全国统筹的期望也未能实现。

养老保险省级统筹要求实施统一养老保险政策、统一缴费基数和比例、统一计发办法和统筹项目、统一业务经办机构和规程、统一计算机信息管理系统"五个统一"的省级统筹标准。实现省级统筹的四个标志包括以下几点。①

（1）统一制度。即在全省（自治区、直辖市）范围内，城镇各类企业及其职工、城镇个体经济组织及其帮工、城镇私营企业主，均应参加国家的基本养老保险，实行统一的基本养老保险制度。

（2）统一标准。即在全省（自治区、直辖市）范围内，统一确定缴纳基本养老保险费的比例和基本养老保险待遇支付标准。各类企业和个体经济组织、职工和帮工，都按照全省（自治区、直辖市）统一确定的缴费比例缴纳基本养老保险费；对不同所有制、不同用工形式的劳动者，按照全省（自治区、直辖市）统一确定的项目与计发办法支付基本养老保险待遇。

（3）统一管理。即基本养老保险业务统一由省（自治区、直辖市）级社会保险经办机构负责管理，并达到全省（自治区、直辖市）规范、统一；社会保险经办机构实行省（自治区、直辖市）级垂直管理。

（4）统一调剂管理基金。即建立以省（自治区、直辖市）为单位的基

---

① 参见《国务院关于建立统一的企业职工基本养老保险制度的决定》（国发〔1997〕26 号）和《国务院关于实行企业职工基本养老保险省级统筹和行业统筹移交地方管理有关问题的通知》（国发〔1998〕28 号）。

本养老保险基金，各地、市、县征缴的基本养老保险费用于支付当期养老保险待遇后，结余基金除按规定留存外，其余应上缴省级社会保险经办机构纳入财政专户管理。省级社会保险经办机构统一组织实施对各地、市、县的基金调剂。

按照《国务院关于实行企业职工基本养老保险省级统筹和行业统筹移交地方管理有关问题的通知》精神，各省（自治区、直辖市）纷纷出台了基本养老保险省级统筹的管理办法，以湖北省为例，提出的养老保险省级统筹的管理体制要求如下。①

（1）各级政府要切实加强领导，从大局出发，坚决执行上级下达的基本养老保险基金征集计划。省（自治区、直辖市）与市、州要签订责任状，并作为考核各地政府工作的重要依据。

（2）各级社会保险经办机构有权稽核企业有关账目报表，督促企业按规定、按时、足额缴纳基本养老保险费，企业应如实提供情况，积极配合。凡弄虚作假故意少报、少缴养老保险费或多报冒领养老金，除如数追缴追回外，还要根据有关法律处以一定数额的罚款，罚款转入养老保险基金。对拒绝缴纳养老保险费者，社会保险经办机构可以依法申请人民法院采取强制措施。

（3）社会保险经办机构的工作人员玩忽职守、徇私舞弊，行贿受贿，致使社会保险费少征、漏征、流失等，给予有关责任人行政处分，构成犯罪的，提请司法机关依法追究刑事责任。

至2012年，养老保险省级统筹从提出到最后落实，前后经历二十多年的时间，并做了多次部署，但进度缓慢成效不大（见表5-3）。

表5-3　养老保险省级统筹及全国基础养老金全国统筹
时间进度表及执行情况

年份	政策文件	主要内容	政策执行结果
1987	国家经济体制改革委员会、劳动人事部下发通知	在全国大多数市、县实行退休费用社会统筹，有条件的地方也可以进行全省统筹的试点	"省级统筹"概念首次使用

① 参见《湖北省人民政府关于实行企业职工基本养老保险费用省级统筹的通知》（鄂政发〔1999〕51号）。

续表

年份	政策文件	主要内容	政策执行结果
1991	《国务院关于企业职工养老保险制度改革的决定》	尚未实行基本养老保险基金省级统筹的地区，要积极创造条件，由目前的市、县统筹逐步过渡到省级统筹。明确提出要积极创造条件，由目前的市、县统筹逐步过渡到省级统筹	
1995	《国务院关于深化企业职工养老保险制度改革的通知》（国发〔1995〕6号）	提出将改革的重点放在地市	各方意见分歧增大，进程停滞在县市级养老保险统筹，条块分割、企业负担不均衡、基金共济能力弱等缺陷愈演愈烈
1998	《国务院关于建立统一的企业职工基本养老保险制度的决定》和《国务院关于实行企业职工基本养老保险省级统筹和行业统筹移交地方管理有关问题的通知》（国发〔1998〕28号）等文件	要求各省区市逐步推行养老保险的省级统筹，1998年在全国实现省级统筹，建立基本养老保险基金省级调剂机制；2000年省区市范围内基本实现统一企业缴费比例，统一管理和调度使用基金，对社会保险经办机构实行省级垂直管理	国务院提出实行省级统筹的时间表和标准；时间表因各地进展不理想而未能实现。只有少数省市如北京、上海等实现，大部分省区市仍是市、县一级统筹
2006~2007		2007年，国务院要求养老保险省级统筹在2009年底完成	湖南、西藏、江西、河南四省区和新疆生产建设兵团相继出台省级统筹办法
2007	劳动和社会保障部、财政部联合印发《关于推进企业职工基本养老保险省级统筹有关问题的通知》	明确了省级统筹标准；田成平在2007年9月表示，力争用两年左右的时间在全国基本实现养老保险省级统筹	劳动和社会保障部首次明确公布工作时间表：2009年底实现全国省级统筹；截至2007年9月，除为数不多的像北京、上海等省市实现，大部分省（自治区、直辖市）仍停留在市、县一级统筹
2008	中共十七大报告和十一届全国人大一次会议通过的《政府工作报告》	中央明确提出要加快企业职工基本养老保险省级统筹步伐	计划2009年底在全国实现养老保险省级统筹。海南、安徽、湖北、河北、山西5省份规划启动省级统筹。截至2008年3月，北京、天津、吉林、黑龙江、上海、福建、重庆、云南、陕西、甘肃、宁夏、青海、新疆等13个省（自治区、直辖市）实现省级统筹

续表

年份	政策文件	主要内容	政策执行结果
2009		全国人力资源和社会保障工作会议决定，在2009年实现养老保险省级统筹；人力资源和社会保障部表示决策层已下定决心，"在本届政府任期内实现养老保险的全国统筹"	2009年有望迈出实质性的改革步伐。广东、广西、贵州、内蒙古、江苏、浙江、四川、辽宁、山东9省区规划启动省级统筹。2008年底，北京、天津、新疆等17个省（自治区、直辖市）实现养老保险省级统筹；海南和新疆生产建设兵团出台了养老保险省级统筹办法；其余省（自治区、直辖市）仍停留在县市统筹，统筹单位超上千个。截至2009年7月，河北、山西两省实现养老保险省级统筹，已建立或开始建立省级统筹制度的省（自治区、直辖市）已增至25个。2009年7月，人保部透露，全国已经有25个省（自治区、直辖市）建立了省级统筹制度，比2008年底增加了6个，其他6省（自治区、直辖市）也正在积极研究制定省级统筹方案
2011	《中华人民共和国国民经济和社会发展第十二个五年规划纲要》《"十二五"时期人力资源和社会保障事业发展规划纲要》	全面落实城镇职工基本养老保险省级统筹，实现基础养老金全国统筹	人力资源和社会保障部在加强养老保险顶层设计的基础上，研究制定职工基础养老金全国统筹方案。其间开展了相关基金模拟运行测算，并已形成了方案初稿
2012			2009年底实现省级统筹目标没有完全实现。审计署2012年8月公布的社保基金审计报告显示，17个省（自治区、直辖市）未能按照规定真正实现养老保险省级统筹
2016	《中华人民共和国国民经济和社会发展第十三个五年规划纲要》	实现职工基础养老金全国统筹	2015年，全国人民代表大会财政经济委员会（以下简称全国人大财经委）调研数据：全国只有北京、天津、上海、西藏、青海、陕西6省区市真正实现了省级统筹

注：省级统筹基金主要用于当年下拨各地的调剂资金，解决后备金赤字的地方欠发养老金的部分资金，应付重大自然灾害或突发性事件造成养老金不足所需部分资金。

对照"五个统一"和"四个标志"的要求，原先纷纷宣告已实现养老保险省级统筹的 17 个省（自治区、直辖市）未能通过国家审计总署的社保基金审计，11 条不达标在这 17 个省（自治区、直辖市）中各有千秋[①]。而 2015 年 10 月 28 日全国人大财经委调研数据显示："全国只有北京、天津、上海、西藏、青海、陕西 6 个省市真正实现了省级统筹。省级统筹推进难，原因之一就在于全国各省之间的养老保险收支鸿沟，一旦全国统筹，则意味着东部养老金富集省份要补贴处于亏空状态的中西部省份。"[②]原人社部社会保障研究所所长何平认为，实行省级统筹，说白了就是要求基金结余较多的地、市，拿出一部分基金支援基金有缺口的地、市，确保全省的养老金按时足额发放。所以，省级统筹并不是一个理论问题，而是一个现实利益的调整问题，涉及地方财政的责任担当问题和一个省之内各个统筹地区之间的利益调整问题，这才是根本症结所在。[③]"真正实现"养老保险省级统筹还是"虚拟实现"养老保险省级统筹，自评标准为何与外评标准大相径庭？如果是政府诚信问题，有悖于政府的诚信原则，参保者有权利了解事实真相并启动问责机制。

二 基础养老金全国统筹

2009 年全国实现养老保险省级统筹的目标落空，而最高决策部门早在《国务院关于深化企业职工养老保险制度改革的通知》（国发〔1995〕6号）中就提出了在 21 世纪初建立全国统一养老保险制度的问题，1997 年全国各地围绕国务院 A 方案和 B 方案，出台了 33 个省级养老保险方案，其中也包括 A 方案和 B 方案的嫁接方案，形成了混乱的大账户、中账户和小账户记账格局。进入 21 世纪后，国务院重新提出 2012 年年底实现养老保险全国统筹的要求，政策执行再次踏空。"十二五"规划期间实现养老

---

① 金辉：《全国尚有 17 个省未实现省级统筹　提高养老保险统筹难在哪里？》，《经济参考报》2013 年 6 月 21 日。

② 《养老金全国统筹方案出台箭在弦上　平衡中央地方利益是关键》，《21 世纪经济报道》2015 年 10 月 28 日。

③ 杜萌、周国强：《权威人士称养老保险全国统筹最难在地方利益》，《法律日报》2009 年 7 月 13 日。

保险全国统筹规划实施中，国家发展和改革委员会（以下简称国家发改委）将"研究制定基础养老金全国统筹方案"列为 2013 年深化经济体制改革的重点，再显养老保险全国统筹的使命之重。2014 年底，人力资源和社会保障部部长尹蔚民在接受全国人大的质询时表示，设计养老金全国统筹、投资运营等方案，需要解决很多矛盾和难点，很难找准其中最佳利益平衡点，人力资源和社会保障部将争取在 2015 年完成该方案的设计。

在表 5-3 中，政府一次次提出省级统筹的时间表，目标一次次设定，但执行效果总未达到预期。2012 年人力资源和社会保障部统计公报称，全国 31 个省（自治区、直辖市）（不包括香港、澳门、台湾）和新疆生产建设兵团已建立养老保险省级统筹制度，但事实上，我国只有为数不多的几个省（自治区、直辖市）实现了基础养老金在省级的统收统支，绝大多数省（自治区、直辖市）养老保险统筹层级仍然停留在县市一级，全国统筹单位多达 2000 个。真正意义上的省级统筹为什么如此困难，主要原因在于以下几点。

（一）难以平衡地方利益，统筹层次无法提高的阻力在于地方政府本身

养老保险统筹涉及最主要的问题是直接的利益关系，无论省内各地市之间还是各省之间，只要养老保险基金的利益问题无法平衡，实行省级统筹或是全国统筹的任务就难以推行。中央政府是政策制定者，省级政府是政策实施监督调控者，地方政府是执行者。对于中央政府和省级政府而言，实现省级统筹是提升养老保险保障能力的有效办法，但省级政府存在一定的顾虑，按照惯例，哪一级统筹就由哪一级财政负责，因为财政责任的上移，无疑给省级政府增加了财务负担及更多的行政管理责任。已经实现省级统筹的地方，除了 4 个直辖市，大多省区属于欠发达地区，如甘肃、青海、宁夏、新疆；没有完全实行省级统筹的地方，大多属于发达地区。出现这种经济较不发达地区先完成省级统筹任务的现象，主要由于中央财政对欠发达地区实行省级统筹给予一定的财政补助，再加上省级财政补助，省级就有足够的资金开展养老保险省级统筹，且省内地市由于结余少也愿意将责任上移。而发达省（自治区、直辖市）无法得到养老保险基金的中央财政补贴，省内养老保险基金结余又滞留地市级，若省内经济差异化大，则各地市不愿将养老保险金上缴省级补差调剂，就产生了越发达地区省级统筹越困难的现象。

对于省内各地市来说，养老保险的属地管理规则，基金限制在各个行政片区内，基金的上解就可能导致利益受损，涉及当地财政收入、经济和政绩，地市政府对养老保险基金疼爱有加，经济好的地市担心省级统筹"劫富济贫"，降低本地居民养老待遇水平，损害本地利益；而经济差的地市希望得到外援降低自身支出压力。当出现局部利益与全省利益冲突的时候，各个市、县往往选择局部利益。各级政府都在衡量自己的利益得失、风险与收益，对是否接受省级统筹受利益驱使而使然。在论及2011年养老保险财政补贴2200多亿元时，中国社会科学院世界社保研究中心主任郑秉文表示，养老金尚未实现全国统筹，广东等省（自治区、直辖市）的余额，不能转移给西部收不抵支的省（自治区、直辖市），财政必须要拿出2000多亿元来补贴分割的养老制度，主要流向那些当期收不抵支的省（自治区、直辖市）。这2000多亿元看起来补贴了西部省份，但本质上是补贴给了养老保险制度本身，留在了少数几个盈余大户省，年复一年存在下去的。养老保险省级统筹的困难，不是理论或技术上的困难，而是利益平衡问题。在当前及今后很长一段时间，各省级行政区间的巨大经济差距将继续存在，各地对自身利益的争夺与地方保护主义将继续存在，中央政府也很难在短期内完全协调好各省级行政区的利益诉求。

（二）碎片化管理导致无法统一养老保险制度

按照我国公共政策制度的总体设计，中央政府负责养老保险制度宏观政策的制定和宏观指导，具体实施细则由各地政府依据自身特点、经济状况及当地居民的收入水平进行设定，如缴费基数、缴费模式、费率水平等。从多年计划经济到市场经济转型遗留的各种历史痕迹导致了养老保险制度管理的碎片化格局，不仅省际政策不一致，甚至省内各地市之间差异（如缴费费率、缴费基数等）也非常大，不易进行统一归并管理，因此省内经济差异化、工资水平差异化导致养老待遇发放差距，使养老保险省级统筹障碍重重。以广东省为例，据广东省统计局发布的2014年全省经济运行数据显示，2014 年广东省 GDP 近 6.8 万亿元，经济增速高出全国 0.4 个百分点。全省人均 GDP 达到 63452 元，首次超过 1 万美元。达到世界平均水平。但是由于区域经济发展不平衡，地区间贫富差距十分明显，珠三角地区人均 GDP 早在 2010 年就超过 1 万美元，进入了全国前列，但 2014 年粤东西北地区的 12 个地市中，只有阳江市人均 GDP 为 46938 元，超过全国平均水平（46652 元），而人均 GDP 最低的汕尾市，仅 23928 元，与全国平均水平相去甚远。

广东省在 2018 年之前，城镇职工养老保险单位缴费率普遍在 9% ~ 12% 的低缴费区，深圳、珠海、佛山为 10%，东莞只有 9%，缴费工资较低，普遍低于全省在岗职工平均工资的 60%，企业负担较轻；欠发达地区则相反，覆盖率低，参保缴费人数少，基金结余较少，有的地市出现当期赤字，单位缴费比例普遍高于 15%，韶关、河源、汕尾基本养老保险企业缴费率达到 18%，最高的达到 22%，缴费工资普遍已达到或接近全省在岗职工平均工资的 60%，企业负担较重。广东省城镇职工养老保险平均缴费率 13.19%，个人缴费率 8%，两者相加 21.19%，为全国最低。从 2019 年 1 月 1 日起，广东省将全省城镇职工单位养老保险缴费率统一到 14%，从 2019 年 5 月 1 日起，全省城镇职工养老保险缴费率又统一到 16%。

各地参保人员和企业对实现养老保险均衡发展的诉求日益强烈，中国社会科学院社会政策研究中心秘书长唐钧认为，推进养老金全国统筹，必然会出现用东部盈余的养老金来弥补处于亏空状态的中西部地区，这势必引发东部地区的不满，对提高养老金统筹层次形成很大阻力。[1] 全国 2018 年末基本养老保险基金累计结存 43885 亿元，全国各区域之间，主要存在养老保险基金滚存结余不平衡、人口红利期结束时间不一致、人口赡养比例不平衡问题。东部地区外来年轻态人口大量涌入，具有养老基金结余的巨大优势，东部地区合计，其养老保险滚存基金积累能占到全国养老金结余的一半以上，而中西部地区大量劳动力外流，人口红利期结束更早、老化问题更严重，养老保险基金收支不平衡，大都依靠中央财政补贴。在这

---

① 《养老金全国统筹方案成型　地方利益固化阻碍统筹步伐》，《经济参考报》2015 年 7 月 28 日。

样的背景下设计全国基础养老金统筹方案,很难处理好中央与地方的关系、发达地区与不发达地区之间的关系。

中西部地区青壮年劳动力向东部地区流动,候鸟式地变换用工单位,在不同统筹地区反复退出养老保险关系,反复退保也为东部地区留下了巨额的养老统筹基金,而他们大多数人基本上享受不到养老金待遇。即使后来的可转移12%的统筹基金到不同的统筹地区,留下的8%的统筹基金,其数量也是非常可观的。

(三) 统筹调剂基金部分用于做实个人账户,地市参与省级统筹积极性降低

养老保险"统账结合"中的统筹部分称为"基础养老金",省级养老保险统筹要求从各地市上调养老保险调剂金,如广东省规定从2009年1月1日起,将省级养老保险调剂金上缴比例由3%统一调整为9%,养老保险调剂金上移至省财政专户管理,主要用于补差欠发达或是受灾害的地市统筹资金当年上缴不足的支付缺口。养老保险代际转借模式统筹账户对个人账户的借用,导致个人账户2015年底累计4万多亿元的"空账"运行。地市的统筹账户基金,除了向省级人力资源和社会保障部门上缴调剂金之外,一部分还要用来做实个人账户。2006年之后实施养老保险新政,中央政府要求积极逐步做实个人账户,除财政补贴和转移等方法,也在利用提高统筹层次的方式来筹集基金以弥补个人账户无法支付的部分。"每做实1个百分点中央财政补助0.75个百分点,最高不超过3.75个百分点;每做实1个百分点地方财政补助0.25个百分点"[①]。调剂金的上缴影响较发达地市政府进行省级统筹的积极性,本可留在本地提高政府政绩的养老保险基金,不仅要用作补差其他地市养老金支出,还要用作本地市个人账户做实,个人账户的标准是2006年统一从3%起步做实,从当地短期收益来看,收益远小于支出,地市将倾向于将基金截留本地。

到2015年底,我国养老保险的"空账"规模大约4万亿元人民币,2006~2015年整体做实个人账户计划落空,个人账户"空账"率反而越来

---

① 参见《劳动和社会保障部、财政部关于上报做实企业职工基本养老保险个人账户试点实施方案的通知》。

越高，呈迅速扩大化趋势，发达地区省级统筹难，在于做实账户的制度性诱惑使改革陷入纠结症。其实，真正做实个人账户，遭遇我国非景气的资本市场，基金贬值的压力更大，一方面基金贬值，另一方面花费大量的财政补贴，这是改革之大忌。

在省级统筹尚未真正达标的情况下，"十三五"期间继续实施养老保险基础养老金全国统筹，考验着决策层的智慧与胆识。中国社会科学院世界社保研究中心主任郑秉文认为，统筹层次无法提高的阻力在于政府本身，上级政府在提升统筹层次这一问题上的"叶公好龙"，导致社保碎片化制度不能根绝。[①] 基础养老金全国统筹最大的问题在于中国经济发展的严重不平衡、养老金储存结构的严重不平衡、人口老龄化程度的严重不平衡、劳动力流动的严重不平衡，最终导致利益失衡问题，引起中央和地方之间的博弈。

（四）全国养老保险水平、规模与结构及赡养率等指标差异之大难以平衡利益关系

按照"统一制度政策、统一缴费基数和比例、统一待遇、统一基金管理、统一基金预算、统一业务规程"的六个统一标准。面临双轨制待遇调整、促进行政事业单位养老保险改革的舆论压迫、养老金缺口与延迟退休年龄等难题，加上全国复杂的经济社会环境与经济发展差距，不同地区在经济水平、基本养老保险历史债务和现状等方面的巨大差距严重制约着基本养老保险统筹层次的提高。现行的省级统筹之所以不是真正意义的省级统筹：一是存在统而不筹的问题，省级统筹仅停留在市级基金统收统支、省级调剂的层面，事实上属于分散管理的状态；二是缴费基数和缴费比例在省级范围内难以统一；三是基本养老金计发基数不统一。

中共十八大报告明确提出"逐步做实养老保险个人账户，实现基础养老金全国统筹"[②]，然而，人口老龄化与高龄化加剧、经济指标下行、国际

---

① 转引自郭晋晖《养老金全国统筹遭遇"叶公好龙"困局　中央与地方博弈加剧》，《第一财经日报》2013 年 6 月 4 日。

② 参见中共十八大报告《坚定不移沿着中国特色社会主义道路前进　为全面建成小康社会而奋斗》，《人民日报》2012 年 11 月 8 日。

局势动荡、社会矛盾尖锐，加之我国严重的地区差别与养老负担差别，致使养老保险全国统筹的目标实施难度加大，根源在于哪一级统筹需要哪一级财政负责，中央财政的压力凸显，城乡居民整体缴费标准较低的问题依然存在，而要增加城乡居民养老金额的发放，就需要延长缴纳年限或提高缴费标准。延迟退休年龄并不是养老保险制度本身的原因所致。东部、中部与西部地区经济与发展差距带来一系列的养老保险发展不平衡的问题，我们可以借用 Theil 提出的熵来研究养老保险水平在不同地区之间的差异。

$$T_{全国} = T_{地区间} + T_{地区内} = \sum_{i=1}^{3} Y_i \log(Y_i/GDP_i) + \sum_{i=1}^{3} Y_i \left[\left(\sum_j Y_{ij} \log(Y_{ij}/GDP_{ij}) \right) \right]$$

式中，T 为熵；Y_i 为第 i 个地区的养老保险费用支出份额；GDP_i 为第 i 个地区的 GDP 份额。以 Theil 表示的各地区之间总差距可以直接分解为组间差距和组内差距，如我们将养老保险份额与 GDP 的份额之比分解为东部地区、中部地区与西部地区，了解三大地区差距（组间差距）和各地区内部差距（组内差距）各自的变化趋势及其对总差距的影响。当 $i=1$、2、3 时，分别为东部地区、中部地区与西部地区；j 为省、直辖市、自治区；ij 分别为我国东部、中部、西部各自对应的省、自治区、直辖市；Y_i 为东部、中部地区或西部地区的养老保险费用支出份额在全国三大地区总额中的比重；GDP_i 为东部地区、中部地区或西部地区的 GDP 在全国 GDP 总额中的比重；Y_{ij} 为某省、自治区、直辖市养老保险费用在相应东部地区、中部地区或是西部地区总额中的比重；GDP_{ij} 为某省、自治区、直辖市的 GDP 在相应东部地区、中部地区或是西部地区 GDP 中的比重。

　　赡养率在全国极大不平衡，它是制约省级养老保险统筹的重要因素，更是影响全国养老保险统筹的重要因素，以广东省为例，新兴发达地区人口红利期延长、赡养率低，老城区赡养率高。2010 年，深圳在职参保人数686.73 万，离退休人员只有 15.62 万人，赡养率为 2.3%，珠海的赡养率为 5.4%，东莞 5.1%，惠州 5.6%；而与此相反，湛江、茂名、汕头、韶关，以及广州等地区的养老负担较为沉重，赡养率分别为 36.1%、35.3%、33.5%、31.9%、21.3%。[1] 各地之间养老金失衡、养老人口赡养失衡问题

---

① 根据《广东省 2010 年度社会保险基金决算表》数据计算得出。

就非常突出，从现在养老金缴费在职职工与退休职工的比值来看，广东高达 9∶1、辽宁是 2.15∶1、吉林是 1.69∶1、黑龙江只有 1.52∶1，很明显，东北三省财政为此所承受的养老压力明显要比广东大。

广州市赡养率相对较低些是由于大量劳动力进入广州市就业延长了人口红利期。赡养率问题影响缴费率，在全国养老保险统筹时，不同省（自治区、直辖市）巨大的赡养率差距会引起基金再分配问题，发达省份的赡养率因人口红利期的延长而低于不发达省份。

（五）基础养老金全国统筹再分配问题存在制度不公

中国养老保险制度运行一方面是中央与地方财政对收不抵支地区进行年复一年的财政补贴，且补贴规模越来越大；另一方面是社会保险基金存银行或是买国债发生严重的贬值，远没有解决基本的保值增值问题，居民消费价格指数（Consumer Price Index，CPI）长期领跑银行利率，养老金基数越大，贬值越多。基础养老金全国统筹，将要求发达省（自治区、直辖市）将大量的剩余养老金再转移给不发达地区，加大基础养老金全国统筹收入再分配功能，实现基础养老金全国统筹后基本养老金计发标准由省级统筹在岗职工平均工资变为全国在岗职工平均工资后，分析对地区间基本养老保险收入再分配的影响，将基本养老保险的计发基数中的在岗职工平均工资表示为：

$$C = \lambda W_n + (1 - \lambda) W_p \qquad (0 \leq \lambda \leq 1)$$

式中，C 为计发基数中的在岗职工平均工资；W_n 为全国在岗职工平均工资；W_p 为地区养老保险省级统筹后在岗职工平均工资。当 $\lambda = 0$ 时，$C = W_p$，基本养老金的计发标准为各地养老保险省级统筹后在岗职工平均工资，各地区之间收入再分配功能越小，基本养老金发放越注重效率；当 $\lambda = 1$ 时，$C = W_n$，基本养老金的计发标准为 W_n，各地区之间收入再分配功能越大，基本养老金发放越注重公平；当 $0 < \lambda < 1$ 时，各地区之间的收入再分配功能介于两者之间，收入再分配功能随着 λ 的减小而逐步减小。由此可见，λ 是决定收入再分配功能强弱的重要参数，λ 在 0~1 范围取不同的值，可以实现不同程度的收入再分配功能。

2009 年 2 月 5 日，人力资源和社会保障部在其官方网站公布了《农民工参加基本养老保险办法》和《城镇企业职工基本养老保险关系转移接续暂行办法》（以下简称两个《办法》），进城务工农民离开原统筹地，原统筹地区可以留置 12% 的统筹基金（基础养老金），8% 的统筹基金拨给农民工新务工的统筹地区，不论如何分割，企业以农民工名义上缴的统筹基金，农民工大部分因历史性退保导致缴费记录清零或不足 15 年或是断保不能享受这一部分共有财产权，尽管国务院两个《办法》已经部分地实现了不同统筹地区的基础养老金的双向分配，它是以牺牲退保或断保的农民工共有财产权为代价的。[1] 其实现操作中这 12% 的统筹基金的转出并不十分顺利：一是全国并非都已实现了养老保险转移接续功能；二是并不是所有的养老保险制度都能接续，如农民工返乡以后如何接续；三是接入地担心增加支出，担心新来农民工养老金缴费满 15 年后在本地退休养老，不愿意接收缩水的统筹账户的劳动者；四是转出地由于可以截留 8% 的统筹资金，特别是经济发达地区，经济上不吃亏，原先允许退保时留足了 20% 的统筹基金，仍可能热衷于农民工向其他非统筹地区的转移。

（六）实现养老保险基础养老金全国统筹要解决的问题与经办管理

《中国共产党十八届五中全会公报》重提"十三五"期间实现职工基础养老金全国统筹，划转部分国有资本充实社保基金。基础养老金又称社会性养老金，是退休人员基本养老金的重要组成部分。从全国各地企业养老保险的覆盖率来看，发达地区高于不发达地区；缴费比例各地均有了一定程度的下降；缴费基数存在不同程度的打折，"平均来看养老保险缴费基数不到实际工资的 70%，也就是说，养老保险企业名义负担率为 20%，但实际平均负担只有 14%"[2]；受工资水平影响的养老保险待遇水平均存在一定差异，实现养老保险基础养老金全国统筹，仍有来自发达省（自治区、直辖市）的重大阻力与意想不到的困难，需要进行以下改革。

1. 全国养老保险统筹制度模式的改革

1993 年开始的分税制财政管理体制改革，中央与地方养老保险责任的划分并没有因此而变得清晰，中央财政与地方财政的养老保险补贴的边界

---

① 林毓铭：《提高第一代农民工的养老待遇》，《中国经济发展报告》2019 年第 3 期。

② 楼继伟：《在中国财政学会 2017 年年会暨第 21 次全国财政理论研讨会上的发言》。

也无严格的制度性规定，从 20 多年的中央与地方养老保险基金财政补贴比率来看，基本无规律可循（见图 5 - 3）。

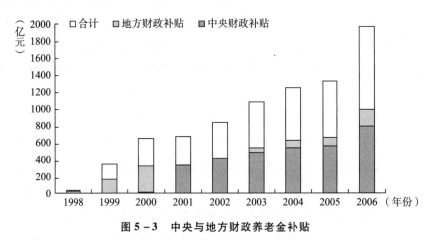

图 5 - 3　中央与地方财政养老金补贴

1998 年之前，《劳动和社会保障事业发展统计公报》没有关于中央与地方养老金财政补贴的官方统计数据，从 2008 年开始，《劳动和社会保障事业发展统计公报》更名为《人力资源和社会保障事业发展统计公报》。1999 ~ 2006 年，《人力资源和社会保障事业发展统计公报》的官方统计，将中央财政与地方财政对养老金的补贴作了分类统计（见图 5 - 3），1998 ~ 2000 年主要由地方财政对本省的养老保险进行财政补贴，2001 ~ 2002 年只由中央财政对全国提供养老保险财政补贴，2003 ~ 2006 年由中央和地方财政共同提供养老保险财政补贴，中央财政出大头，地方财政出小头，2007 年之后，《人力资源和社会保障事业发展统计公报》不再作中央与地方财政对养老保险财政补贴的分类统计，无法从公报中获取数据。分税制财政管理体制改革后，中央财政财力相对雄厚，加之几十年计划经济财源向中央的集中，中央财政理应负担更高的财政补贴责任。从不清晰的官方统计数据看，中央财政似乎在履行自己的责任。2015 年，各级财政补贴基本养老保险基金 4716 亿元。[①] 中国社会科学院社会保险研究所所长郑秉文等执笔的《中国养老金发展报告 2016》中提出，2015 年城镇职工基本养老保险个人账户累计记账额（"空账"）达到 47144 亿元，而当年城镇职工

---

① 参见《2015 年度人力资源和社会保障事业发展统计公报》。

养老保险基金累计结余额只有 35345 亿元，这表明城镇职工基本养老保险制度资产和负债之间缺口会越来越大，预计在不久的将来，基金累计结余将会被耗尽。[①]

一个重大的变革是：2010 年通过的《中华人民共和国社会保险法》中规定，"基本养老保险基金逐步实行全国统筹，其他社会保险基金逐步实行省级统筹"。之后，国家"十二五"规划及社会保障"十二五"规划表述变为"实现基础养老金全国统筹"。即中央负责基础养老金及待遇调整，地方负责个人账户。由基本养老保险基金全国统筹改变为基础养老金全国统筹，这种改变可以说是养老保险基本养老保险基金全国统筹的第一步战略，在基础养老金全国统筹顺利的情况下，未来改革的过程中可以再向基本养老保险基金全国统筹过渡。很快中共十九大报告提出了基本养老保险全国统筹的要求，现正在朝着这一目标努力。

出于鼓励缴费，我国养老保险新政采取了"多缴多得"的政策，显然会将不合理的工资制度带进养老保险制度，未来的改革可借鉴美国的养老保险制度，为了实现养老保险一要保证养老生活、二要缓解贫富差距的功能，可适当地采取高收入者低替代率、低收入者高替代率的制度。养老保险基础养老金主要是针对城镇职工养老保险制度，省际养老保险关系转移接续的政策较主要的矛盾是农民工的问题，现阶段统筹账户基金按 8：12 的方式分割于候鸟式务工农民原务工城市与新务工城市未必合理，如果城市能够将农民工在城市务工的统筹账户独立为一个全面积累的账户，就可以将农民工在城市遗留的统筹账户基金与城乡居民养老保险联系在一起（至少从目前看来，绝大部分农民工无法在城市缴费满 15 年），但主体权益是农民工，财产权不可混为一谈。这样的碎片化管理是值得的，至少保证了社会公平。

养老保险全国统筹如果采用税务全责征收模式，养老保险费征收的执行主体将从地方税务局移位于国家税务局。在全国范围内，推出"一站式服务、三方协议、缴费方式创新与多元，推动企业社会保险费稽查与清理欠缴，完善社会保费的税式管理"等都是挑战，统一基金管理流程与统一

---

① 郑秉文等：《中国养老金发展报告（2016）》，2016 年 12 月 24 日。

基金预算需要银行部门、财政部门、人力资源和社会保障部、国家税务局进行全方位的整合，完善真正规范的"费源管理、欠费管理、分类管理、征收管理、档案管理、咨询管理与入库管理"。

2. 养老保险基金预算改革

养老保险基金预算要根据养老保险制度的实施计划和任务编制书，经过法定程序审批执行基金财务计划。经办机构在每年末，应按人力资源和社会保障部下达的主要指标计划和财政部门的要求，根据本年度执行情况和下年度基金收支增减变动预测，编制下年度基金预算草案，按照法定程序得到审批后严格执行。养老保险基础养老金全国统筹后，养老保险基础养老金预算管理包括以现金收支为基础的财务收支预算与结余管理。

（1）编制要求与编制原则

预算编制一是要坚持以收定支、以筹定支原则，充分考虑全国范围内多重因素对基金预算编制的影响；二是提高养老保险质量，努力扩大征缴面与征缴额，清理有意拖欠与恶意欠缴基金，确保支付及时到位（2016年调查数据显示，无论是参保及时性还是险种覆盖面，中国企业社保合规的压力增大，停滞不前；在基数合规性上甚至出现下滑）；三是在现收现付体制下，实施当年基金收支平衡、略有结余原则。若实施基金制，要努力研究人口老龄化状态下养老金积累系数与积累率对企业生产经营的影响，考虑企业与个人缴费的承受能力。

（2）养老保险基金预算审批

按照《国务院关于试行社会保险基金预算的意见》，社会保险经办机构预算编制要严格根据养老保险基金收支增长和平衡指标的宏观调控计划，在省级基金预算的基础上，做好养老保险基金增减变动因素的年度预测，基金预算草案上报，中央政府根据上报的基金预算草案，分类审核汇总后报经财政部门审核，按法定程序审核批准后的预算，由财政部门及时向人力资源和社会保障部门批复执行。

（3）养老保险基金预算的执行与调整

采取各种措施，严格执行养老保险基金预算管理的规定，理顺各种征缴关系，强化征收管理环节，做到应缴尽缴，确保收缴任务的完成。预算支出管理要严格防止养老保险基金的流失，杜绝假冒领取及骗保行为。在统筹范围内合理调度使用调剂基金，以保证养老保险基金的支出需要。经办机构要认真分析养老保险基金收支情况与动态发展，定期向同级财政和人保部门报告收支情况，加强基金运行的财务监督，确保收支预算管理的顺利进行。养老保险基金经营管理机构要及时调整预算方案，说明更改理由，上报人保部门和财政部门审核。经同级政府批准后，由财政部门及时向人力资源和社会保障部门下达预算调整计划，并报上级财政和人保部门备案。

（4）养老保险基金决算

每年末，养老保险基金经办机构要根据财政部门规定的表式、时间和要求编制年度养老保险基金财务报告，在规定期限内经省人力资源和社会保障部门审核并汇总，报国家人社和财政部门审核，对不符合法律、法规及政策、制度规定的，财政部门有权予以调整，经财政部门审核无误后，由同级政府批准。批准后的年度基金财务报告为基金决算报告，财务报告包括基金资产负债表、基金收支表、财务情况说明书、附注及明细表。养老保险基金经营机构编制财务报告时，应做到数字真实客观、计算准确无误、手续完备、内容完整、报送及时。在办理决算的过程中，应十分重视财务报告及基金决算的收支分析和情况说明，认真分析基金财务收支的增减变动情况，经办机构可根据实际需要增加基金当年结余率、养老保险费实际收缴率等有关财务分析指标。

（七）中央和地方政府责任划分改革

据中国社会科学院世界社保研究中心测算："由于目前各地养老金各自封闭运行，养老保险基金收不抵支的地区，每年需要财政大量转移支付确保发放。而有大量基金结存的地区，也不能实现全国范围的调剂和统一管理。因此，为了不断提高企业退休人员的基本养老金的水平，中央财政还要每年拿出 1500 亿元以上的资金来支持这个系统的运行。"[1] 养老保险全国统筹，除了越来越大规模的财政补贴之外，还有一大有利条件：我国2015 年底基本养老保险滚存积累基金 39937 亿元，发达省（自治区、直辖

---

[1]　胡晓义：《"延长养老保险缴费达成共识"说法不准》，《中国青年报》2013 年 10 月 24 日。

市）最担心的是自身多年积累的滚存积累基金被收缴统筹，寄希望于改革之前的养老保险基金留存省级政府，改革后重新起步。如果这样，改革伊始就要完善中国财政补贴制度，着手建立中央养老保险基金调剂金制度。通过全国养老保险基金预算管理明确中央与地方政府责任，对于预算内基金缺口：一是动用滚存积累基金；二是通过中央调剂金进行余缺调剂；三是直接由中央财政补贴。第三种办法是现在常用的办法，包括部分地方财政补贴在内，如果养老保险基础养老金全国统筹之后，取消这种办法，会有财政退位之嫌；第二种办法建立中央调剂金制度，需要一个缓冲期。在实行"六个统一"之后，第一种办法动用滚存积累基金，必然遭到发达地区的抵制，殊不知发达地区巨额的滚存积累基金其中大部分是由不发达地区大量劳动力进入后积累的养老金。如果发达省（自治区、直辖市）不赞成养老保险基础养老金全国统筹，这将有悖于社会公平。

养老保险基础养老金全国统筹起步阶段，仍需通过调整现行中央财政补助进行再分配，暂不上解各省（自治区、直辖市）中央调剂金。待建立中央调剂金的条件成熟之后，再逐步建立中央调剂金制度，当然这是矛盾与利益冲突的集中点，全国各地缴费率、覆盖率、缴费基金基数、人口抚养比、就业率、人口红利期的长短、经济增长速度等指标的巨大差异，都会使中央调剂金的上缴与再分配产生利益冲突。建立中央调剂金的规模和作用，要动态进行跟踪管理与精算分析。滚存积累基金继续滚存下去还是在中央财政补贴和启用中央调剂金时一段时期之后动用，需要择机而行，可以考虑一定比例的基金留存地方，其他部分集中于中央管理，可以在人口老龄高峰期使用于基础养老金全国统筹。

（八）经办管理与信息系统的改革

目前的养老保险经办管理体制面临着"省级统筹统而不筹"、垂直和平行管理模式不一致、信息系统不一致、服务体系和窗口管理不一致等问题，尤其是发达地区，人员少、任务重，劳动力流入与流出频繁，导致经办能力不足，信息系统建设相对滞后。

实现养老保险基础养老金全国统筹，养老保险经办管理最重要的元素是信息流和资金流的管理。信息流的前提是社保经办机构起着关键的信息纽带的作用，在全国整体构建居民个人信息档案库和征信制度的基础上，在云社保与大数据的背景下，建立与居民联系紧密的公安、民政、税务、银行、居委会、人力资源和社会保障等相关部门的共享数据库，减少数据库重复建设成本，实现资源共享。社保经办机构现有的金保工程要发挥其核心作用，政府与企业的很多相关业务系统都要围绕金保工程进行系统化建设，以实现与参保人密切相关的信息资源的数据整合、信息交换和网络共享。在全国养老保险基础养老金统筹的统一网络平台上，构建中央、省、市三级人力资源和养老保险系统网络；在此基础上建立网络互联、信息共享、安全可靠的全国统一的基础养老金养老保险参保信息服务网络平台；以网络为依托，优化业务经办处理模式，建立规范的经办业务管理体系与完善的经办社会服务体系。

养老保险经办管理包括费用征收、档案管理、账户管理、政策咨询、基金使用与投资、内部控制等各种具体事务，并提供具体经办服务，经办规程需要做好顶层设计工作，从上至下做好流程设计。养老保险经办管理体制建设主要有三个方面的内容：一是确立养老保险统一政策、统一费率、统一项目、统一缴拨方式、统一调剂使用基金、统一对养老保险经办机构实行垂直管理的管理原则；二是明确养老保险行政管理、业务管理、统计管理、财务管理和监督管理的责任、机构设置和任务分工；三是确立养老保险经办管理方式和服务手段，以此提高养老保险的行政管理效率。从社会实践看，高效的养老保险经办管理体制应表现为：全国统筹后养老保险经办管理决策高度统一、科学管理；养老保险的行政管理、业务管理和监督机构分工明确、职责分明；以现代技术为依托，养老保险实行信息化、社会化管理。

为了有效履行养老保险经办管理的行政职能，确保各项养老保险制度的实施，需要按照养老保险经办管理的一般原则，建立社会化、职业化的管理机构。这些管理机构通过法律规定和政府授权而成为养老保险经办管理的权威组织。

全国统一的基金预算库，其关键是预算的科学性与合理性，预算与决算相结合、常态预算与应急预算相结合，预算要考虑的因素或指标众多，从基金缴费率、征缴基数、待遇增长率、欠缴率、当年离退休率、死亡率、基金增值率等均需要进行测算和预算。养老保险基金预算国家数据库从下至上层层递进，汇集至中央政府进行总基金预算，按照严格的预算管理与控制执行预算计划。

第一，规范养老保险业务经办流程管理：一是要研究和制定既相对独立又相互制约、既有内部控制又有外部监督的统一操作程序的业务经办流程；二是要研究设定工作内容明确、工作程序清晰、工作职责分工明确的的工作岗位，规范岗位设置；三是要加强标准管理，统一制定经办工作管理标准、业务操作和流程设计管理标准、基金营运和监督管理标准、对外服务管理标准、网络建设和信息技术管理标准等，实行标准化管理；四是要疏通业务申报渠道，统一开发业务软件，实现网上、磁盘或光盘等多种形式申报业务，尽量减少手工操作，提高工作效率；五是要明确养老保险经办机构与人力资源和社会保障部门之间的业务职责分工，经办机构的主要职责是按照政策规定具体经办操作业务，而不是研究和制定政策，经办机构仅是政策的执行者。

第二，实现经办服务方式的多功能转变：一是立足于前台服务的全能化功能建设，通过"综合服务窗口"，实现所有业务可在一个窗口实现"一站式"服务；二是在服务平台网络化上有所突破，推行分散式、下沉式的服务，实现"网络＋"经办服务功能向街道和社区延伸，近距离接触服务对象，使服务更方便也更加个性化；三是在服务手段多样化上有所突破，改变原有的单一的服务方式，尽快实现网上办理、就近办理、"一站式"办理和"一卡通"办理，全方位开发个人社会保障卡的全部功能，服务于百姓生活。

第三，实行垂直管理。一要遵循不断提高养老保险统筹层次的发展方向，对养老保险部门实行垂直管理，省以下养老保险部门的人、财、物统一由省级养老保险部门管理，包括干部任免、编制配置、经费拨付、业务管理等；二要适应规范统一办理各项养老保险业务的要求，统一流程，不断提高经办业务的水平和效率；三要优化经办机构的组织架构，创建管理、服务、监督三位一体的管理模式，加强管理，优化服务，实现信息共享，加大监督力度，不断提高依法办事能力；四是包括组织架构、岗位职能、业务流程、运行机制、信息系统和内控体系等各个方面的垂直管理。

养老保险经办管理的责任机制需要一套制度安排来确保实施，养老保险经办管理机构中各个部门要履行其所承担的行政责任与业务责任，其责任与权力是内在统一的，行政权力的配置应当同机构承担的行政责任相对称和相平衡，达到事权统一、权责统一，同时建立权力的制衡与内部控制，有利于形成部门间的职权分离和彼此制约的权力制衡机制。养老保险作为最贴近于公众、最体现民意的民生问题，地方政府具有相当的知情权与处置权，但中央政府的调控不可或缺。根据契约理论的要求，一种有效率的责任分配方式可以是中央政府和地方政府通过协商机制确定一个养老保险的权力与责任边界，一边是明确规定由中央政府负责，那么就由中央政府来提供；另一边是明确的地方养老保险事务则要由地方政府来负责。完成这个任务，需要的是一个有高度权威的中央政府和政令统一、令行禁止的行政管理体系。地方政府搞"上有政策，下有对策"，既阻碍了科学发展观的落实，也破坏了中央与地方关系的和谐。因此，坚持中央与地方政府在社会保险职能分工上的权责对称原则、集中与分散管理相协调原则、法律规范原则，才能克服地方本位主义，发挥中央与地方的积极性。

养老保险行政机构组织划分与业务分工，应该本着专业化、效能化和顾客利益至上的原则进行；机构设置及组织与业务的分配与划分，要想办法在专业分工与事权整合之间寻求平衡，以期达到业务专门化，同时避免叠床架屋、事权冲突、责任不清、协调困难等问题，使政府组织事权集中，职掌明确，责任清晰，从而达到精简、效率、统一的效果。一是要适度集中事权，在合理范围内集中事权，避免分散决策，形成高效率的作业；二是要适时裁撤、重组或根据需要增加机构，随着政府社会保险职能角色的变化，机构可予以强化或是裁减：包括阶段性任务已经完成或任务已改变的、任务或职能明显与其他机关重叠或职能萎缩，可以实行机构裁减、重组或是以作业外包方式委托民间机构办理。

三 养老保险全国统筹

人力资源和社会保障部发布的《2017 年度人力资源和社会保障事业发展统计公报》显示，全年城镇职工基本养老保险基金总收入 43310 亿元，比上年增长 23.5%，其中征缴收入 33403 亿元，比上年增长 24.8%。各级财政补贴基本养老保险基金 8004 亿元。全年基金总支出 38052 亿元，比上年增长 19.5%。年末城镇职工基本养老保险基金累计结存 43885 亿元。而在 2016 年，全国有 13 个统计地区养老保险基金累计结余的可支付月数已不足 1 年，其中黑龙江省的累计结余已为负数，赤字 232 亿元。2017 年，我国有十余个省（自治区、直辖市）当年养老金收不抵支，但同时也有不少地方养老金累计结余庞大，如广东省高达 7000 多亿元。① 大量的外来劳动力流入发达地区，使得发达地区养老金累计结余有了源源不断的增值保障，这种巨大的落差已经在我国持续了多年，并有不断加剧之势。在此背景下，在推进基础养老金全国统筹进展不大的情况下，党的十九大提出了推进养老保险全国统筹，力争改革一步到位。

如何实施养老保险全国统筹，它比基础养老金全国统筹迈上一个更大的台阶。改革难以一蹴而就，会影响发达地区的既得利益。2017 年我国确定了全国统筹的过渡性措施——中央调剂金制度，现定为 3%，根据《降低社会保险费率综合方案》部署，2019 年基金中央调剂比例将从 2018 年的 3% 提高至 3.5%。这一制度将在一定程度上缓解地区间养老金多寡不均的现实问题。中共十九大报告明确提出，尽快实现养老保险全国统筹，我们拭目以待，努力做好发达地区养老基金结余的上解工作，结合中央调剂金制度和财政补贴制度，切实保障养老保险全国统筹目标的早日实现。

早在十八届三中全会《中共中央关于全面深化改革若干重大问题的决定》中就明确提出：划转部分国有资本充实社会保障基金。2015 年 11 月，国务院印发的《国务院关于改革和完善国有资产管理体制的若干意见》又明确提出，国家根据需要将部分国有股权划转社会保障基金管理机构持有，分红和转让收益用于弥补养老等社会保障资金缺口。

国有资本划转社保基金需要实施城镇职工养老保险全国统筹作基础，在党的十九大报告已经提出，如实现养老保险全国统筹（十九大报告前提出的是基础养老金全国统筹），可能需要三年或更长的时间，国有资本划转工作花费三年时间若能与养老保险全国统筹改革保持同步，下一步就可以在全国范围内对中央国有企业与地方国有企业不均衡的问题进行国有资

① 人社部社保事业管理中心：《中国社会保险年度发展报告 2016》，2017 年。

本经营预算基金的调剂制度，以促使养老保险全国统筹。

《国务院关于印发部分国有资本充实社保基金实施方案的通知》（国发〔2017〕49号），其基本目标是：弥补因视同缴费年限政策形成的企业职工基本养老保险基金缺口，促进建立更加公平、更可持续的养老保险制度。针对"中人"视同缴费的财政负债，划转部分国有资产或是国有企业利润被认定为一个较为有效的解决办法，以下一些问题需要在改革中进一步提升其执行力。

（一）划拨比率直接影响弥补视同缴费的需求年限

从相关部门以及有关专家多方综合信息可知，央企国有资本在本轮划转的规模简单测算可能在4万亿元左右。又有相关数据统计显示：国有资本收益中划入公共财政的比例已经在2014年提高到13%，此后每年提高3个百分点，2016年已提高到19%，未来每年都会根据实际情况做出调整。

截至2016年底，中央企业累计上交国有资本收益6553亿元，按照规定比例划转公共预算579亿元；全国国有企业国有股减持和转持充实社保基金累计2748亿元，占财政性净拨入的34.5%，2016年国有股减持累计额占财政性拨入全国社保基金累计额的比率仅占34.44%，[①] 离国企第一轮提供4万亿元的目标还差37251.84万亿元。实际上2016年国有股减持资金和股份仅有185.00亿元，国有股减转持资金和股份2748.16亿元，2015年央企通过国有股权减持划拨了2653亿元给社保基金。若按国有股减持资金和股份划拨给社保基金每年提高3个百分点的增幅计算，要达到4万亿元的目标，假设4万亿元是一个静止数据，需要补差时间为90年；若以平均增速10%计算，需要补差时间为28年，其间要保证国企28年营业收入与利润率增幅稳定，才能给养老基金源源不断提供红利。

（二）充分考虑国有企业的承载能力

近几年来国有企业产能过剩与经济结构调整压力较大，利润增幅有所下降，部分国有企业出现了一些经营方面的问题，根据财政部2017年12

---

① 马吉英：《这个问题，十九大报告写了9句话，109个字，更多细节和故事都在这里了》，《中国企业家》2017年第9期。

月发布的统计数据，截至 2017 年 11 月末，国有企业负债总额首次突破百万亿关口，达到 100.08 万亿元。过去 10 年里，国企资产总额和负债总额的增长速度，分别为 116.84% 和 118.30%，远超过营业总收入和利润总额的增长速度 110.9% 和 105.70%，负债增长速度过快，已是 2007 年的 5 倍，① 投资回报率呈下降趋势，一些国有企业出现了一些没有利润回报的无效投资。

由于国企本身的问题及其他问题，国企划转社保基金的进展比较缓慢，与社会期待存在较大差距。国资委希望稳妥、适度推进这一工作：一是不能影响国有资本的发展后劲，二是要为国企解决自身历史包袱问题留出空间。央企和地方国企的国资各自划转社保，将是参保人在社保体制内实现经济利益分享的可行通道和制度安排，有利于应对人口老龄化势态下"中人"视同缴费基金不足的问题。截至 2018 年 10 月 15 日，国资委划转社保基金的三户企业已划转 200 亿元，国资委已着手研究扩大划转企业名单，如果正常运转，有利于降低财政对养老保险越来越高的财政补贴压力。②

（三）国有企业分布不均衡，划转国企利润存在诸多不确定因素

我国国企分布很不均衡，发达地区中央级国企比例较高，根据《财富》杂志（中文版）于北京时间 2014 年 7 月 14 日发布的《2014 年中国 500 强企业前 50 强排行榜》，在 2014 年，中国 500 强企业中，排名前 37 位都是国企，其中总部在北京的国企最多，上海次之，131 家企业的营业收入都超过 1000 亿元。2014 年中国企业 500 强的营业收入总额达到 56.68 万亿元，资产总额达到 176.4 万亿元。制造业与银行之间的利润鸿沟越来越大，近 1/4 上榜企业净资产收益赶不上银行 1 年期存款利率。

由于省级之间央企与地方国企分布不平衡，也有的大型国企（如以重工业为主导的东三省）转型困难，国有资本划转养老基金的分量有限。国企划转养老基金如果各省分灶吃饭，支持力度高低有别。北京、上海等一

---

① 悦涛：《国企负债突破百万亿大关》，《南方都市报》2017 年 12 月 25 日。
② 祝嫣然：《国资委回应国资划转社保基金试点：已划转 200 多亿元》，《第一财经日报》2018 年 10 月 16 日。

线城市在国有股份 500 强占得先机。中央级企业在地域范围内分布不均，地方国有企业获利能力参差不齐。从养老金结余能力看，广东省 2016 年养老金累计结余 7258 亿元，北京市结余 3524 亿元，结余省份对国企划转利润的压力偏低，而东北三省大量人口外流，抚养比急剧上升，"中人"视同缴费比率偏高，通过国有企业划转的压力更大，需要在养老保险全国统筹的前提下，调剂央企利润和养老调剂金制度加以解决。

（四）精确计算"视同缴费"，明晰国有企业划拨底线

视同缴费涉及的是"中人"问题，人口结构老化严重的地区，"中人"需要更多的基金补缺。这一群体在各自退休之前，工资增长率、剩余工作年限、领取退休金时间与死亡时间等涉及统计精算的指标千差万异。各地在"保低限高"的原则下设计的方案都需要保证"中人"的退休待遇基本不降低，需要国企划转多少利润才能满足发放需要是一个巨大的未知数，"再作研究"会成为一个常态。

现阶段要以做强、做大、做优、做实国有资产为目标，方能为视同缴费基金提供源源不断的经济保障。如果在第一轮中，国有企业能够提供 4 万亿元的国有资本经营预算调入一般公共预算，再划转进入社保基金，或是划转国有上市公司股权，或是非上市公司股权进入产权交易市场挂牌转让，那么养老改革中的"视同缴费"就可以得到一定程度的兑现。

在未来的工作中，央企与地方国企对养老基金的划转工作都要纳入明确和规范的划转程序，股权的确定和股权变更登记，出台具体的划转细则，保障划转的公开性、透明性与可持续性，让全体参保者能够共享改革开放的成果，要做好以下工作。

第一，视同缴费负债缺口到底有多大，其变化状况如何，隐性债务显性化，需要建立相关的动态监测模型与数据定位，以适时确定当年需要划转的比例，以当年收支平衡为原则，不要影响国有企业的正常发展。

第二，国企分布不均衡，不发达地区的视同缴费缺口大于发达地区，划转国有企业的数量、范围需要扩大，仅依靠地方少数国企无法满足"视同缴费"负债补偿，试点过程扩大国企参与的数量，考察划转企业支持养老基金的实际效果，如果养老保险全国统筹，央企划转对不发达地区养老金的再分配效果更佳，更能体现社会公平。

第三，仅仅依靠国企利润划拨不可能完全解决视同缴费问题，且周期过长，需要发挥多元化资金的筹集渠道，如 2016 年全国共发行销售彩票 3946 亿元，其中 315 亿元用于补充养老基金，[①] 多于第一步试点国企拨付的 200 亿元。养老基金投资、降低养老保险制度的管理成本、延迟退休年限等政策多管齐下，可以大大缩短视同缴费的财政负债期限。

第三节　养老保险产业化体制变革与经办管理

党的十八大报告提出，要积极应对人口老龄化，大力发展老龄服务事业和产业。国务院颁发了《国务院关于加快发展养老服务业的若干意见》（国发〔2013〕35 号）。我国的养老服务体系主要涵盖居家养老、社区养老、机构养老三部分，又衍生了抱团养老、候鸟式养老等多种养老形式，养老金融、智慧养老、"互联网 + 养老"、医养结合等一系列新型现代词词接续出现。今后将要形成以居家为基础、社区为依托、养老机构为支撑、基金保障与服务保障相匹配、基本服务与选择性服务相结合的养老社会服务体系。在当前人口老龄化加速的背景下，加快发展老年服务产业的发展，推进老年保健、老年劳务、老年房产、老年旅游、老年教育、老年文化、老年娱乐、老年保险、老年护理、老年代购、老年生活照料、老年婚姻、老年消费市场的逐步形成，传播世界先进养老模式和智能养老技术、整合养老服务产业链、以养老服务产业带动其他相关产业的发展，提升整个社会对养老产业的关注是养老保险经办管理工作的重点，亦将成为国民经济新的增长点和调整经济产业结构、发展社会服务的重要方向。

---

① 王世让：《2016 年彩票公益金筹集 1085 亿　315 亿补充社保》，《中国体育报》2017 年 9 月 6 日。

一 养老保险产业模式变革与扩大服务转型

老龄产业在国外也被称为"银色产业",老年人的各种个性化需求是老龄产业发展的根本基础,而老年人的主要需求是养老服务需求。我国应对人口老龄化的经济基础薄弱,财政准备不足,未来将长期面临养老与保障的双重压力。大力发展老龄服务事业和产业,需要加强老龄工作理论的研究,以指导养老产业发展与经办管理建设。以"互联网+"为代表的信息技术作为智慧养老产业升级的主要手段,推动健康养老向智慧健康养老发展。

养老服务分为两部分。一是养老产业服务,指那些为高、中收入或经济保障状况较好的老年人提供的养老服务。这些老年人有能力支付养老机构的各项费用,他们可以自由地选择养老机构。各种类型的养老机构可以为老年人提供专门基础设施、专用商品、专项服务,满足老年人个性化需要,包括老年人衣、食、住、行、用、医、娱、学等物质与精神文化方面构成的一个养老产业链,这也是多个产业相互交叉形成的综合性新兴产业。二是老年人福利服务,指为社会上更多的经济状况较差的老年人提供的养老福利服务。这部分老年人的养老需求同样旺盛,但是受收入的制约,他们承担不了市场化、商品化养老服务所必须支付的成本,需要财政的福利供给或社会资助。

《中华人民共和国国民经济和社会发展第十三个五年规划纲要》提出:"全面放开养老服务市场,通过购买服务、股权合作等方式支持各类市场主体增加养老服务和产品供给。"[①] 全球养老产业研究中心提出:"养老产业是针对个体不同年龄、地域、气候、环境、亲情习惯、心理状态、社会发展文明和经济基础、执政能力和水平提供的生命保障产业。养老产业通过各种生命研发、科学研究、生产应用提供保持和延续生命活力的全方位针对性联通服务。"[②] 养老产业可以被细分为三大产业市场(见表5-4)。

---

① 参见《中华人民共和国国民经济和社会发展第十三个五年规划纲要》。
② 参见凯德经济研究中心《2016—2022年中国养老市场发展现状及市场评估报告》。

表 5 - 4　按照服务链与供应链细分的养老产业市场

产业市场	内　容
本位产业	满足老年人的生活照料、老年护理等刚性需求，包括：养老基础设施和服务机构、老年房地产、老年护理服务业、老年医疗、老年食品及保健品、老年服饰文化等
相关产业	满足老年人的休闲娱乐享受型需求，包括：老年娱乐、老年教育、老年旅游、老年医疗保健、老年营养保健、老年心理咨询、老年法律咨询等；老年护理服务业供应链上的护理人员的培训、老年劳务派遣、老年护理专业用品、老年治疗和康复器械、老年服务储蓄等
衍生产业	满足老年人金融理财等精神需求，包括：老年储蓄、老年投资理财产品，倒按揭以房养老、老年人寿保险和健康保险等金融保险产品、老年融资等服务

　　国务院颁布的《国务院关于加快发展养老服务业的若干意见》的发展目标是："到 2020 年，全面建成以居家为基础、社区为依托、机构为支撑的功能完善、规模适度、覆盖城乡的养老服务体系。养老服务产品更加丰富，市场机制不断完善，养老服务业持续健康发展。"[①] 老年人的生活照料、老年护理是一个十分复杂的问题，特别是对一些年老体弱的老人，我们可以借鉴日本的老年人照料模式，如图 5 - 4 所示，日本对老年人的照料可以说是无微不至的人文关怀，是一种非常完美的服务链，日本养老护理服务根据不同身体状况老年人的不同层次需求，设立了上门服务、日间服

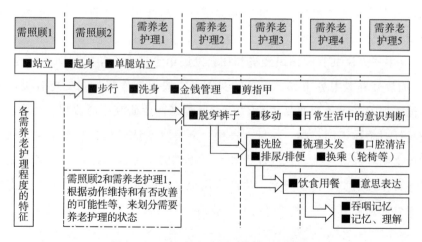

图 5 - 4　日本老年护理分类照料精细化

---

①　参见《国务院关于加快发展养老服务业的若干意见》（国发〔2013〕35 号）。

务、短托服务、长期服务、老年保健咨询和指导等形式多样、内容丰富的服务，特别是日本护理保险制度的实施，扩大了居家护理功能与服务内容。向有护理需求的居家老年人提供的服务内容包括各种诊疗处置、康复护理、用药管理、擦洗浴等日常生活的指导和援助等。

未来社会的人口老龄化状态不容乐观，居家养老是最主要的养老形式，我国各级政府要在发展居家养老便捷性服务、支持建立以企业和机构为主体、社区为纽带、满足老年人各种服务需求的居家养老服务网络体系上加大力度。在相关老龄化产业建设中，通过制定对民间机构的扶持政策措施，吸引社会资本，积极培育居家养老服务的社会组织、家政、物业等企业，提供助餐、助浴、助洁、助急、助医、助游、助写、助学等家政的个性化定制服务，全面开放养老服务市场，提供金融支持，满足不同种类老年人的个性化服务需求。支持城乡社区建立健全居家养老服务网点，兴办或运营老年供餐、社区日间照料、老年活动中心、医养结合 PPP（Public-Private Partnership）等形式多样的养老服务项目。

中国老龄科学研究中心副主任党俊武指出："实现'老有所养'需要政府、市场和社会的共同努力。既要完善社会保障制度顶层设计，加快探索构建长期照护保障制度，还要壮大虚拟经济特别是资本经济，为养老保障基金的保值增值提供强大金融支持。"[1] 根据老年人自理能力与主观意愿的不同，养老服务可以分为机构养老、社区养老和居家养老，"三位一体"是一个复合型的概念，是居家养老、社区养老和机构养老的整体协调。在这方面，日本养老分类的精细化很有借鉴价值。养老保险产业的发展需要精细化的服务，更需要强有力的金融支持与老年工作相关理论的指导。失独养老院是对失去独生子女老年人开设的专门养老场所。养老产业应该给予这一群体更多的人文关怀。

二 构建分类细化的老年产业市场

依据相关资料，进入人口老龄化与高龄化时期，老年人抚养率越来越高，失能期延长（见图 5 - 5 和图 5 - 6）。

---

[1] 转引自张家然等《养老金改革助推社会转型》，《经济导报》2012 年 11 月 21 日。

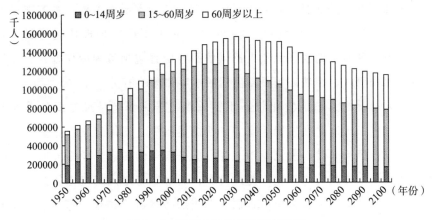

图 5 - 5　我国人口结构变化与预测

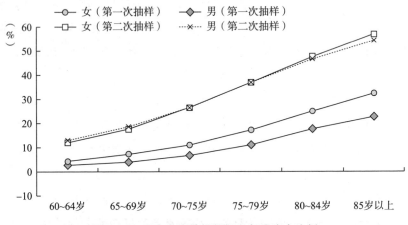

图 5 - 6　两次全国抽样数据老年残疾人比例

　　《中共中央关于制定国民经济和社会发展第十三个五年规划的建议》公开发布，建议推动医疗卫生和养老服务相结合，我国未来的主流养老模式是医养融合模式，医院办养老院，或养老机构进小区，政府财政通过外包招标方式将养老服务委托相关组织，这样既能为老年人提供专业老年生活照料、老年医疗保健、老年精神慰藉、老年文化娱乐等养老服务，满足多种养老服务和个性化需求，也能适应与弥补我国家庭供养资源减少、养老功能弱化的现实。除了发展传统意义的老年生活照料、康复护理、专项用品开发，还应当积极开发更多产业链长、关联度高、涉及领域广的、发展前景更为广阔的老龄服务产业，细化老年服务产业市场，需要在老年保健护理、老年劳务、老年房产、老年旅游、老年教育、老年文化、老年娱乐、老年保险、老年代购、老年理财、老年生活照料、老年婚姻、老年消费市场这些清单中提供人性化的服务。

1. 老年保健市场。这是一个庞大的市场，也是一个为节约老年医疗费用需要大力开拓的市场。安德森和纽曼评价保健服务三个最基本的方面包括保健类型、目的和分析单位，个人决定利用不同类型的保健服务的因素各不相同；保健目的包括美国慢性疾病委员会制定的四个保险等级，即预防性保健、康复性保健、稳定性保健和监护性保健；保健服务的结果、疾病发作的次数和利用保健服务的次数由不同因素决定。

保健服务包括两个市场：一是向公众开放的准公共服务市场；另一个是向私人开放的市场。前者指各种环境卫生服务、大规模免疫计划、水处理、空气质量保护、体育设施投放等；后者包括针对个人保健服务提供的市场。老年保健市场更多指向私人市场。公共预防则包括公共健康卫生评估、减少大气和水质污染、传染病检测、血液和药物管理、制定高速公路和职业安全规章、童年疾病及时发现和医治等。传统的私人预防包括健康卫生教育、医疗研究、意外事故预防和个人体检等。过早死亡论者认为，以上两种预防均能减少像心脏病、癌症、糖尿病、高血压和中风之类高死亡风险的概率。因此，它是处理过早死亡风险最理想的技术之一。

2. 老年消费市场。曾有专家预计，50年内老年人市场消费将达5万亿元。就我国而言，除老年保健品市场有一定的优势之外，可供老年人消费的市场还远远赶不上老年人的真正需求，供应链缺失，还有许多方面仍是空白。老年人从物质消费到精神消费的需求将构成一个巨大的市场，有资料表明：每年老年人的离退休金、再就业收入、亲朋好友的资助可达3000亿~4000亿元，具备一定的消费实力。针对有一定文化又不失健康的孤独老人的陪聊天市场、陪散步市场、陪旅游市场方兴未艾。

除了老年保健市场强调医院服务，老年保健品市场的发展潜力可观，近几年来，我国中老年保健产品总销售额（含保健食品及保健型医疗器械在内）约3000亿元人民币。中国医药保健品进出口商会数据显示：到2020年，我国老年人将达1.5亿~1.6亿人的惊人数量，全国保健产品市场总销售额有望达到2万亿元人民币。针对降血压、降血脂、降血糖、预防动脉硬化、增加脑部血流量、预防中风、预防老年痴呆症等保健品的需求量大增。

3. 老年劳务市场。社会重建学主张对老年人消极的社会环境进行干预：一是改善社会大环境，为老年人自我判断提供框架，减轻老年人所承受的环境压力；二是提供官方资助，解决老年人住房不足、缺少保健和贫困等问题，使老年人过上比较满意的生活，以增强自信心和自主性。老有所用，开发老年劳务市场，为老年人提供一些力所能及的劳动场所，并为老年人发挥其专业才能与管理经验，弥补未来劳动力市场劳动力不足有积极的作用。相比闲在家里，工作能让老年人获得幸福感。在文、教、科、卫等行业，许多60岁以上的老年人，他们的经验与智慧是一批宝贵的财富，在社会工作中发挥着不可替代的积极作用。

4. 老年护理市场。我国首部老龄产业发展蓝皮书《中国老龄产业发展报告2014》显示，2013年，城乡部分失能和完全失能老年人已经超过3700万人。截至2015年，全国完全失能和部分失能的60岁以上人口达到4000万人，占60岁以上总人口的19.5%。这意味着每5个老龄人中将有1个是日常生活不能自理的。如此数量庞大的失能老人无疑加大了对老年长期护理服务的需求。

医养融合模式将养老与医疗进行深度对接，是许多养老院的经营特色。2013年国务院发布的《国务院关于加快发展养老服务业的若干意见》指出，"积极推进医疗卫生与养老服务相结合"，"推动医养融合发展"。构建医养融合的养老新模式，应普遍惠及广大老年人群体特别是收入水平较低的老年人群体，这就需要政策的支持与帮扶。针对低收入老年人群体，相关部门应根据老年人的实际情况制定合理的养老服务补贴标准。广州白云区老人院可谓亚洲的楷模，建于老人院内的慈云康复大楼，总建筑面积为6088.9平方米，楼内配有200平方米的多功能康复治疗大厅，设有专门的物理治疗室、中药熏蒸室、传统针灸室、牵引按摩室，有价值近100万元的高档康复设施，配有医生、护士、治疗师等各级专业技术人员20余人，开展运动治疗、作业治疗、理疗和传统中医按摩、针灸等康复服务。泰康保险集团股份有限公司斥资20亿元投资建设的广州市首家"世界级标准医养活力社区"——泰康之家·粤园，以长期健康管理为目标，以老年医学为中枢，整合急症转诊、长期护理、预防保健及康复治疗的医养康护体系，为广东及珠三角地区的老年人提供国际标准、高品质的医养服务，满足中高端养老市场日益增长的需求，实施"区域性国际医疗中心＋社区配建康复医院＋参股特定医疗机构资源"的三层次医养战略布局。

2015 年，江苏省如东县成为我国最老龄化县，它比全国提前 10 年实行计划生育，比全国提前 20 年进入老龄化。如东县 60 岁以上人口比重为29.26%，1 个年轻人养 8 个老人，28 万老人正在寻找"寄托"之所，如东县正在饱受老龄化带来的阵痛，受养老院严重不足的困扰，如东县推进"9073"养老模式，即 90% 由家庭照顾居家养老，7% 由社区服务，3% 进养老服务机构。现在的如东县养老之困就是我国未来老龄化的一个前奏与缩影。如东县是中国计划生育做得最早、最好的县，也是中国老龄化程度最高、速度最快的县，2016 年，全县 103 万多人口中，60 岁以上人口占比31.55%（见表 5 -5）。

表 5 -5　江苏如东县 2010～2016 年人口老龄状况

年　份	户籍总人口（万人）	60 岁以上人口（万人）	老龄人口比例（%）
2010	105.29	26.89	25.54
2011	104.84	27.56	26.29
2012	104.75	27.53	26.28
2013	104.38	28.53	27.33
2014	104.37	29.14	27.92
2015	103.96	30.08	28.93
2016	103.53	32.66	31.55

资料来源：如东县统计局《如东县国民经济和社会发展统计公报》《人口及其变动情况统计年报表》。

值得一提的是，如东县的中医院医养融合 PPP（Public-Private-Partnership，公私合作制）项目，在 2014 年被财政部确定为首批政府和社会资本合作的示范项目。医养融合 PPP 模式将在更多的地区和医院诞生，为有一定经济实力的老年人提供集养老、娱乐、群聚、治病等多种功能的养老场所。

5. 老年房地产市场。美国"以房养老"按照服务类型和护理程度的高低，养老地产居所可以分为：老年社区、老年公寓、独立生活社区、协助生活社区、专业医疗护理养老院和持续护理退休社区。未来的主流养老模式将是医养融合、养老机构进小区，这样能为老人提供专业的生活照料、医疗保健等养老服务，全国各地包括三、四线城市正在高档小区进行老年房地产服务或是专门建立老年小区，提供老年房地产市场，也有的由一些医院建设养老会所，可以租住，也可以购买转让，医院医护人员提供配套的有偿医疗服务及收取少量管理费的娱乐服务，供老年人愉悦性情、读书写字。政府应当在税收和土地政策方面给予养老产业适当的优惠，加大对"PPP"模式的支持力度，促进养老地产健康地发展，满足老年人较高消费的需求。异地养老有小众性的特点，我国海南等地区异地养老有了一定的规模，得益于房地产升值的财富效应产生的结果，产生了一定的聚集效应，其他一些地方老年地产也有一定规模的发展，但空间有限。

6. 老年旅游市场。国务院办公厅 2015 年 7 月 28 日印发的《国务院办公厅关于进一步促进旅游投资和消费的若干意见》，给老年旅游市场的发展带来了新的机遇。该意见提出：积极发展老年旅游；加快制定实施全国老年旅游发展纲要，规范老年旅游服务，鼓励开发多层次、多样化老年旅游产品。规划引导各类景区加强老年旅游服务设施建设，严格执行无障碍环境建设标准；抓紧制定老年旅游服务规范，推动形成专业化的老年旅游服务品牌，积极发展中医药健康旅游。[①] 这为老年旅游的发展提供了明确的政策导向。2016 年上半年的旅游人口中，将近 20% 是老年人。

旅居养老是候鸟式养老和度假式养老的结合体，集健康管理、旅游休闲和文化娱乐为一体。近几年来，我国老年旅游市场规模逐年扩张，但存在产品单一、专业化服务品牌较少、低价低质等问题。事实上，我国"有钱、有闲、有需求"的老年人并不在少数，如何满足老年人的出游需求？可以错开旅游高峰期，将老年旅游服务细分为更符合老年人心

① 参见《国务院办公厅关于进一步促进旅游投资和消费的若干意见》（国办发〔2015〕62 号）。

理和生理特点的老年旅游服务产品规划设计、老年旅游服务合同签订、老年旅游保健服务、老年旅游医疗等，提高老年人服务的针对性和细致性。

7. 老年教育与文化市场。2016 年 10 月 5 日，国务院办公厅发布了《老年教育发展规划（2016—2020 年）》，要求：发展老年教育，积极应对人口老龄化、实现教育现代化、建设学习型社会，满足老年人多样化学习需求、提升老年人生活品质、促进社会和谐。[1] 伊莱恩·卡明（Elane Cam-in）和威廉·亨利（Willam Henry）认为，对于社会中的任何人来说，脱离是一种规范，是不可避免的现象。因为不论是脱离的观念，还是脱离过程的发生，都是社会结构的组成部分，每一个走完生命期的人无一例外地需要经历这一过程。老年亚文化群的形成隐含着一些社会问题，如老年人同其他人的隔离，有可能发展成为代际在思想感情上的隔阂，社会和谐面临挑战。我国老年教育市场潜力巨大，为了寻求一种孤独的解脱，或是寻求文化教育的渴求，全国各地老年大学办学风起云涌，如天津市 2011 年老年大学所有专业学科及其教学层次的教学大纲就共达 217 个，分 40 大类 152 个专业学科，以及基础、提高、研修（演唱、演奏）、创研（表演、创作）等教学层次，大大活跃了老年人的文化生活。对于满足人生凤愿、培养健康人格等均有重大意义。

8. 老年婚姻市场。伴随着人们平均寿命的增加和离退休老人生活水平的逐年提高，鳏寡孤独老人逐渐增多，老年人的孤独感、失落感成为社会的一个必须重视的问题，老年人婚姻问题逐渐凸显出来。从未来发展趋势看，女性的人均寿命比男性的人均寿命优势越来越大；从婚配年龄看，男性大于女性婚配平均年龄呈扩大化趋势，民政部门的婚姻登记显示：中国配偶间男女年龄差距以每年 0.6 岁的速度递增；在北京，65 岁及以上的再婚男性，平均要比妻子大 13 岁多。未来空巢化现象会更加严重。据宁波市海曙区 2015 年的调查，全区 6.4 万老年人口中，单身者有 1.3 万人，其中 85% 的老人想寻找伴侣。在高龄化家庭中，老年夫妻的亲密关系逐渐由亲情关系转向更高的责任形态，老人们表现了更加追求自身美满婚姻的情感

---

[1]　参见国务院办公厅印发《老年教育发展规划（2016—2020 年）》，2016 年 10 月 20 日。

中心取向。以老年情感为中心的婚姻质量出现严重的缺憾与贫乏，期望与形态产生偏离，失偶的伤痛与情感真空影响老年人的生活质量，与现实的美满家庭形态处于一种不相吻合的状态，幸福指数严重下降。独居寡居在经济支持、健康医疗、日常照料和精神慰藉等方面面临的问题比夫妇同居老年人更为严峻。老年婚姻会遭遇来自习俗、观念等方面的挑战，尤其是遗产问题，来自子女方面的压力非常大。老年人结婚、鳏寡老人再婚均已成为"保护老年人合法权益"的一项重要内容，理应得到法律保护和社会舆论的广泛支持。一些地方老年婚姻介绍所的建立，为老年婚姻市场注入了活力，矫正传统习俗与陈旧的封建观念，加强老年人的权益保护，是面对未来人口高度老龄化与高龄化的必要动力。

9. 老年保险市场。老年保险包括老年社会保险与老年商业保险两部分。老年社会保险包括西方福利国家的老年保险、鳏寡保险等，老年商业保险是一个需要大力开发的领域。一方面，国内商业保险发展历史较短，对老年人群体风险积累不足，不敢轻易涉足该项业务；另一方面，保险公司开发老年人意外、健康、医疗的保险套餐，其产品费率要提高数倍以上，这让绝大多数消费者无法承受。国内也有一些保险公司在产品开发上做文章，如阳光保险集团股份有限公司专为中老人开设的"防癌保险"，最长可保至85周岁，价格透明，无附加费用。"老益壮老人骨折医疗保险"无须提供住院费用发票，在基本证明材料（如X线或CT报告、意外事故证明等）齐全后即可申请理赔；客户能尽快获得赔付缓解住院费用的压力，也便于再向肇事方索赔，最大化减少意外带来的损失；中国太平洋保险公司新推出的"医疗住院补贴险"，首次将参保年龄放宽到70岁；友邦保险有限公司推出的"永安保"保险品种，专门为50岁、75岁的老年人"量身定做"，根据保险条款，投保者每月只须支付50～90元，就可以享受10万～20万元不等的保险保障，一旦发生骨折、关节脱位、烧伤等意外事故都将获得赔偿。

综上所述，分类老年产业市场来自老年人多样化的社会需求，考察老年社会需求最需要的社会理论是脱离理论、亚文化群理论、活动理论、年龄分层理论、符号互动理论等。中央政府先后出台了多项促进养老产业发展的政策（见图5-7）。从1996年8月全国人民代表大会通过《中华人民共和国老年人权益保障法》算起，直至 2017 年底止，我国政府先后制定了 200 多个老年政策法规，数量众多，涉及面广。政府这些养老规划和养老产业政策将为我国养老产业的发展提供强大的动力，完善养老服务需求侧和供给侧改革，引入"互联网＋"和物联网技术，开发信息平台，智慧养老、健康养老将成为一种新型的养老时尚。

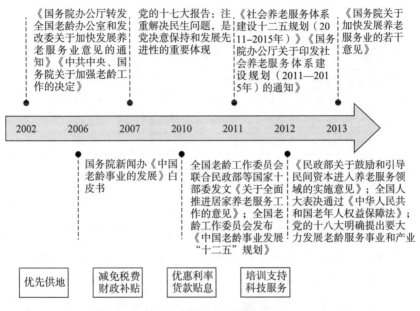

图 5－7　政策文件下达时间

三　我国居家养老服务要大力弘扬孝道文化

（一）居家养老要重拾孝道文化

早在远古时期，"尊高年""亲祖之恩"的思想就已产生。到了春秋时期，这种思想发展成为儒家文化思想的核心，舜以"孝"治天下；周公制六礼，提倡尊敬老人；孔子提倡的"老者安之""老有所终"等，均体现了我国悠久的尊老养老传统。居家养老不仅具有浓厚的社会舆论与社会心理基础，而且受到法律的肯定。根据全国老龄科学研究中心的调研数据，中国的孝道文化不容乐观（见表 5－6）。

表 5 - 6　老年人是否担心子女不孝的城乡对比

单位：%

选项		均值	60～64 岁	65～69 岁	70～74 岁	75～79 岁	80 岁以上
城市	毫不担心	47.53	48.15	46.78	45.28	49.42	48.70
	不太担心	24.70	23.09	24.75	28.30	23.06	25.29
	一般	8.77	9.46	8.47	8.92	8.58	7.38
	比较担心	9.85	10.63	7.52	7.33	9.14	9.99
	非常担心	7.36	6.38	7.52	8.31	8.19	7.37
农村	毫不担心	24.13	21.78	24.09	24.58	25.61	28.33
	不太担心	29.69	29.33	29.13	30.72	30.77	29.01
	一般	13.02	13.74	13.44	12.51	11.05	13.22
	比较担心	17.29	19.29	18.44	15.61	15.39	14.32
	非常担心	14.38	14.57	13.01	15.26	16.25	13.11

资料来源：全国老龄科学研究中心 2010 年中国城乡老年人口状况追踪调查数据。

事实上，中国数千年的传统孝道文化有所滑坡，居家养老服务正遭遇严重挑战。从表 5 - 6 数据看，城市与农村相比，城市毫不担心子女是否孝顺的比例远高于农村，农村的中青年男女大量外出务工，如何安抚农村老年人的生活是一个社会问题。

早在 20 世纪 90 年代，新加坡中央公积金局胡伟民在亚欧社会保障理论研讨会上就向中国建议："中国社会保险历史负担重，掉头困难，可否考虑现有退休人员由政府承担一部分费用，不足部分由其子女承担起来，发扬中华民族的传统。"① 胡伟民的建议是向中国推荐新加坡模式，同时符合中国这样一个有着数千年优良传统国家的基本国情。

新加坡政府通过政府引导、立法及经济援助等手段，大力推行居家养老保障，取得了成功的经验。新加坡政府推行的以强制储蓄为原则的中央公积金制度为该国老年人的生活提供了一定的经济保障。在政府的支持下，政府一直提倡和鼓励的居家养老模式，使新加坡老人与孩子共住的比例达到了80%，其中90%的老人对居家养老方式持满意态度。新加坡成功

① 林毓铭：《充分认识养老保险个人账户从空账向实账转化的长期性》，《市场与人口分析》2004 年第 3 期。

的中央公积金计划涉及一家三代人，鼓励全家人守望相助、互相支持，进一步增加了家庭的凝聚力，新加坡的主要做法如下。①政府的治国理念之一是以"孝道"作为伦理道德的起点。大力培养孝道文化，把儒家的"忠孝仁爱礼义廉耻"视为儒学思想的核心。②为了保持三代同堂的家庭结构，1995 年 11 月新加坡颁布的《赡养父母法》成为世界上第一个将"赡养父母"立法的国家。其法律规定："凡拒绝赡养或资助贫困的年迈父母者，其父母可以向法院起诉，如发现被告子女确实未遵守《赡养父母法》，法院将判决对其罚款 1 万新加坡元或判处一年有期徒刑。"① 1996 年 6 月根据该法新加坡又设立了赡养父母仲裁法庭，仲裁庭由律师、社会工作者和公民组成，地方法官则担任主审，若调解不成再由仲裁法庭开庭审理并进行裁决。建屋局对与老人同住的组屋申请者提供便利和优惠，在分配政府组屋时，对三代同堂的家庭给予价格上的优惠和优先安排。③新加坡政府自 1993 以来推出 12 个"公积金填补计划"，其中有 4 个是专门的"敬老保健金计划"，每次计划政府都拨款 5000 多万新加坡元，受惠人数达 17 万～18 万人。每次各人只要自行在户头里存入 20～50 元，就可获得政府 100～350 元补充金额。在每次执行填补之前，政府都通过多方呼吁孩子和其他家庭成员为家中没有能力的老人填补户头，以使他们能享有政府的填补金额。

（二）居家养老面临的问题

以澳大利亚为例，社区的老年人长期照顾计划，可以为那些没有子女照顾或是不愿意让子女照顾的老年人提供长期照顾服务，其资金主要来自政府税收，老人只要出其中很少一部分钱，以保障较为体面的养老生活。我国政府也开始有计划地投入资金融入居家养老的社区照料中，但资金极为有限。海通证券股份有限公司通过调研指出：对居家养老、机构养老、社区养老的盈利能力进行估算，居家养老的净利率为 15%，高端机构养老净利率为 1%，中低端机构养老净利率为 - 47%，日间托老净利率为 - 99%，从盈利能力、可复制性、市场空间等方面来看，居家养老均优于结

---

① 江宜航：《新加坡立法应对养老挑战 鼓励老有作为》，《中国经济时报》2013 年 5 月 13 日。

构养老和社区养老。适合中国城乡的《中华人民共和国老年人权益保障法》明确规定子女对老年人的赡养是义不容辞的责任，指出我国老年人养老主要依靠家庭，通过权益保护立法使居家养老模式法律化。农村社会养老保险已经发展到一定规模，但个人养老保险能力明显不足，对居家养老的依赖性远远大于城市。"有不健康老年人的农村家庭中，劳动分工的比较优势丧失，这种分工—交换均衡被打破，他们的养老，只能依靠家庭内部的赡养与外部脆弱的医疗救助与养老救助来解决，无法实现家庭效用的最大化。"[1]

居家养老面临的最主要问题是 2010~2020 年老年人口快速增长，2023年前后进入中度老龄化社会（老年人口比重超过 20%），到 2035 年前后进入重度老龄化社会（老年人口比例超过 30%），然后高位运行。同时，从 2010 年开始，中青年人口比例迅速下降，将由 2011 年 69.9% 降到 2050 年的 50.2%。少儿人口比例一直在 12%~16% 低水平徘徊，最低值将出现在 2044 年，约 12.43%（见图 5-8）。

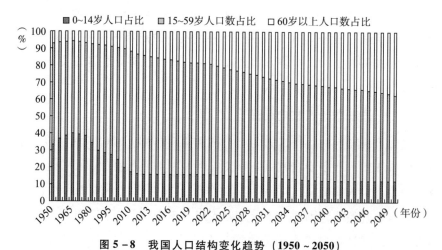

图 5-8 我国人口结构变化趋势（1950~2050）

未来 30 年，我国人口老龄化态势将日益严峻。至 2050 年，60 岁以上老年人口将达到约 4.7 亿人，比 2010 年增长 2.69 倍，占总人口比由 13.32% 上升到 37.2%；65 岁以上老年人口达到 3.6 亿人，比 2010 年增长

---

① 林毓铭：《农村养老保险的理念与制度安排》，《农村经济》2006 年第 2 期。

3.04 倍，占比由 8.9% 上升到 27.9%（见图 5 – 9）。分城乡看，随着城市化进程的加快、农村人口向城镇转移，在城镇人口迅速增长的同时，老年人口增长速度加快。到 2026 年，城镇老年人口超过农村老年人口，到 2050 年，有近 60% 的老年人口居住在城镇。

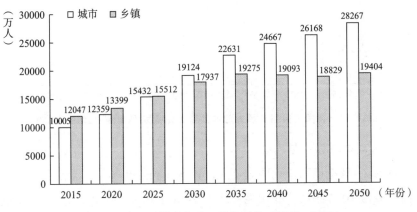

图 5 – 9 我国城镇老年人口趋势对比（2015～2050）

我国对居家养老服务人员的需求速度发展很快，未来中国城镇和农村居家养老服务业从业人员需求量将由 2015 年的 691.9 万人、1257.2 万人分别增长到 2050 年的 1954.6 万人、2024.8 万人（见图 5 – 10）。大力发展社区居家养老服务，可以提供一些就业岗位，缓解就业压力。为保证居家养老服务的质量，在养老服务人数快速增长的同时，还需要加强社会工作专业人才培训，提升整个养老服务行业的服务水平，保证居家养老服务质量和从业人员的稳定性。

在中国人口老龄化形势日益严峻的背景下，2018 年，新修订的《中华人民共和国老年人权益保障法》颁布，明确规定了"国家建立和完善以居家为基础、社区为依托、机构为支撑的社会养老服务体系"。同年，中共十八大明确提出了"积极应对人口老龄化，大力发展老龄服务事业和产业"的要求。因此，从长期来看，老龄服务体系的发展最终要走社会化、产业化和市场化的道路。居家养老在我国养老服务体系中处于"基础"地位，是既符合传统习惯又适应现实国情的主要养老方式，以下问题需要高度重视，并采取切实措施加以应对。

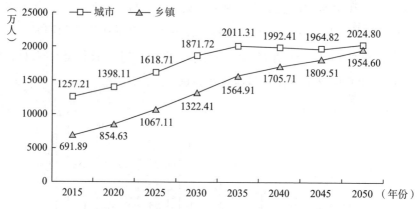

图 5 - 10　我国城镇居家养老服务从业人员需求量预测（2015～2050）

1. 人口老龄化形势严峻

进入 21 世纪以来，我国老年人口数量增长逐步加快，老龄化程度越来越高。截至 2013 年底，我国老年人口数量达到 20243 万人，60 岁及以上人口占总人口的 14.9%，根据人口学家爱德华·罗塞特对老龄化的划分，我国进入了老年中强度时期。

同时，高龄老年人口数量逐年平稳增长，高龄化程度逐年稳步上升。从 80 岁及以上高龄老年人口数的变动情况来看，2000 年末我国高龄老年人口数为 1199 万人，2013 年末增加到 2373 万人，其间共增加 1174 万人，平均每年增加 90.31 万人，基本处于平稳发展之中。从 80 岁及以上高龄人口占总人口的比例来看，2000 年末该比例为 0.96%，2013 年末上升到 1.75%，其间共增加 0.79 个百分点，呈现人口逐渐高龄化的趋势。

2. 老年抚养系数提高，人口预期寿命延长

在我国老年人口数量增长逐步加速的同时，劳动年龄人口也进入负增长的历史拐点，从 2011 年的峰值 9.40 亿人下降到 2012 年的 9.39 亿人和 2013 年的 9.36 亿人。从老年抚养系数来看，2000 年末老年抚养比为 9.9%，2013 年末上升到 14.31%，共增加了 4.41 个百分点。从平均预期寿命来看，根据 2010 年第六次全国人口普查公报，我国人口平均预期寿命达到 74.83 岁，比 2000 年的 71.40 岁提高 3.43 岁。其中，男性为 72.38 岁，比 2000 年提高 2.75 岁；女性为 77.37 岁，比 2000 年提高 4.04 岁。

3. 老年失能期延长

随着人均寿命的持续延长，老年人发生伤残的风险也在逐步增大，伤残期同步延长。我国男性平均伤残期已增加近 1.5 年，女性伤残期则超过 1 年。[①] 比较第一次和第二次全国残疾人抽样调查数据发现：60 岁以上各年龄组的比例均比第一次抽样结果有大幅度上升，年龄组越大，升幅越大。《中国老龄事业发展报告 2013》显示：全国失能半失能老年人从 2012 年的 3600 万人增长到 2013 年的 3750 万人，占总体老年人口的 18.5%。全国老龄工作委员会办公室 9 日在北京发布《第四次中国城乡老年人生活状况抽样调查》显示，2015 年，中国失能半失能老年人已达 4063 万人，随着寿命的持续延长，失能期也在同步延长。或者说，我国老年人的预期寿命和生活自理预期寿命都有所增长，但是生活自理预期寿命在余命中的比重反而下降。失能老年人总量的迅速增长导致养老服务需求急剧增加。

4. 家庭规模下降和家庭结构变迁冲击家庭养老照料功能

我国家庭结构越来越趋于小型化，三代同堂家庭甚至随着第三代进入小学后又迅速让带孩子的老人与第二代分离而独立生活，微信文化负面桥段的大量传播，致使越来越多的老年人似乎认清了独生子女的劣根性，大有独立生活的社会认知。从家庭规模看，我国家庭规模已经从中华人民共和国成立初期的平均 4.33 人/户，下降到 2012 年的平均 3.02 人/户，家庭户规模减小了近 30%，并且这种趋势仍在延续。北京、上海等大城市家庭小型化的现象更为突出，不婚一族大量增加，丁克家庭大量增加，一人户和两人户之家分别为 50.97% 和 59.65%（根据《2013 中国统计年鉴》中的北京、上海按家庭户规模分的户数计算得到），比重超过一半。家庭规模的缩小给老年人护理带来严重问题，"四二一""四二二"家庭结构导致子女护理老人完全力不从心。居于家庭核心位置的中青年成为上有老、下有小的夹心层，经济压力和工作压力增加。除核心家庭外，其他非核心化的小家庭模式（如空巢家庭、丁克家庭、单身家庭、单亲家庭等）比重大幅增加。

5. 女性角色的转变使老年家庭照料更为趋紧

近年来，妇女社会地位的变化已经减弱了她们作为老年家庭成员无偿

---

① 肖友平、任小红：《中国实行长期护理的意义》，《现代护理》2017 年第 34 期。

照顾者的传统作用。数据表明，我国女性的劳动参与率显著高于其他国家。在1980年、1995年和2000年，女性劳动参与率分别高出世界平均水平18.1个百分点、20.3个百分点和19.3个百分点。当中国女性就业率日益提高之际，家庭照顾的依赖不再完全通过女性来提供，从而产生家庭照顾不足的问题，这也导致家庭的传统照料模式已越来越难以发挥作用。居家养老是适应人口老龄化和女性角色的转变，在家庭养老基础上发展起来的善用社会资源的养老模式。

6. 居家养老服务仍是未来社会发展的第一需求

经过终生奋斗，城乡大部分老年人拥有自己的住房，居住方式选择基本一致，大部分老年人更愿意独立居住或与子女共同居住在环境熟悉"相隔一杯茶"的社区，居家养老的意愿始终占据主流。根据2010年我国城乡老年人口状况追踪调查报告（以下简称2010年城乡老年人调查报告）：城镇老年人愿意住养老机构的比例从2000年的18.6%降到2010年的11.3%，农村老年人则从14.4%下降到12.5%。根据全国老龄办2014年发布的《十城市万名老年人居家养老状况调查报告》（以下简称2014年城市老年人调查报告）可知，89.1%的老人认为有必要建立居家养老服务中心。因此，我国居家养老是既符合几千年传统习惯又适应现实国情的主要养老方式。

老年人对不同的服务项目的需求呈现较大差别，以上门家政服务、上门护理、上门看病和精神慰藉四个服务项目为例，根据2010年城乡老年人口调查报告可知，在上门护理服务方面，城镇和农村的需求比例是22.8%和47.7%；在上门看病服务方面，城镇和农村的需求比例是31.8%和52.7%。

在精神慰藉需求方面，2010年我国城乡老年人口调查报告中未直接公布老人对精神慰藉服务的需求，基于数据的可得性，且考虑到常感到孤独感的老人是具有精神慰藉需求的主要老年群体，所以本研究将报告中公布的常感到孤独的老年比例等同于精神慰藉需求比例，城镇和农村分别是16.5%和28.6%。

在上门家政服务方面，根据2014年城市老年人居家养老状况调查报告可知，城市老人的自报需求比例为33.3%，而对于农村来说，根据2010年我国城乡老年人口状况追踪调查报告可知，10年来，农村上门做家务服务需求增长1倍，推算出需求比例为24%。

四 优化社区养老经办管理与服务升级为大势所趋

美国是一个崇尚个人奋斗的国家,尽管如此,对老年人的关照还是比较人性化的,先后出台了关于社区养老的一系列法律法规:包括《老年法》《老年人志愿工作方案》《老年人营养方案》《多目标老人中心方案》《老年人社区服务就业法》《老年人个人健康教育和培训方案》等,从法律上确定了老年救助、住宅、安养机构、医疗、再就业等养老服务的内容,为老人构建了一张社会安全网,使得老年人在经济收入、保健、医疗、居住、就业、学习等各个方面都有所保障(见图5-11)。

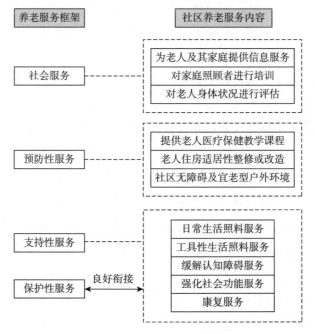

图5-11 美国城市社区养老服务

"根据科尔曼的社会资本理论,在传统社会结构中,社会资本主要是由家庭和由家庭派生出来的其他社会结构,如邻里社区等原始性社会组织所提供的养老储蓄银行等。它具有社会保险和社会支持功能,而且是人力资本和物力资本所无法代替的。"① 居家养老是中国养老的主要形式,中国

---

① 田凯:《科尔曼的社会资本理论及其局限》,《社会科学研究》2001年第1期。

未来数以亿计的老年人大量的还是要依靠家庭养老，养老院、托老所或是敬老院之类的社会养老机构比重偏低，只是对居家养老的补充，社区需要建立类似家庭养老的社区关怀机构。因为老年人的基本需要：一是养老基金；二是生活照料；三是亲情融入。后两者需要相关的社区社会福利服务来加以保障。所以我们在着实做好提供养老基金保障的同时，更要注重社区老年福利服务的发展需要。

据 2015 年我国民政部资料，"全国各类养老服务机构和设施 11.6 万个，比上年增长 23.4%，其中：注册登记的养老服务机构 2.8 万个，社区养老服务机构和设施 2.6 万个，互助型养老设施 6.2 万个；各类养老床位 672.7 万张，比上年增长 16.4%（每千名老年人拥有养老床位 30.3 张，比上年增长 11.4%），其中社区留宿和日间照料床位 298.1 万张"①。我国老年人均床位数严重不足，尤其是公有机构的床位数严重不足，甚至成为稀缺资源。社区养老要求社区为老年人承担部分原来由家庭提供的关心和照料，这将有利于社区成员发扬互助共济精神，鼓励和促进居家的有一定时间和精力及爱心的老年人积极参与社区建设与志愿活动，建立服务时间储蓄银行，以图将来得到社会回报，这样更能满足老年人的情感回归。由政府、社会、企业和个人结合共同发展老年社区服务，既可以疏缓和减轻中年人养老的压力，而且具有节省人力、物力的优点，使社区老年人不脱离原来的生活环境就可以得到社会较为周全的服务，并保持与家人和邻里的沟通与联系，不致产生心理孤独感与社会分离感，有利于老年人精神生活品质的提升。

由于人均寿命的持续延长，可以推广下一代年轻老人照顾上一代老人的家庭照顾模式（时间储蓄型养老服务）。Seyfang Gill 通过多年对英国多家时间银行的调查研究，认为时间银行将有助于可持续性社区的发展，他的主要的观点是时间银行储蓄是一种以多方面互惠为价值导向的创新，并且起到了社区融合和消除社区排斥的作用，社会融合的实现主要通过在参与者通过时间银行在政治性、经济性以及社会性公民身份的获取和付出服务及获得回报带来的社区认同。例如，广州市越秀区养老储蓄服务自 2009

---

① 参见民政部《2015 年社会服务发展统计公报》。

年运作至今，养老储蓄工时制涉及越秀区近十条街道，以"储蓄服务，幸福你我"为理念，政府牵头、机构参与、群众投入，以孤寡、精神病、工伤、高龄、独居、重病、特困、双老户等12类人群为服务对象，将其全部纳入养老服务储蓄银行的范畴，动用社区低龄老人的劳动力资源所提供的储蓄服务，在一定程度上缓解了老年服务供给的劳动力供给压力，促进了低龄退休人员（现中国平均内退年龄仅有54周岁，这是相当富足的劳动力资源，现代老年人70周岁之前的身体状况无什么大碍，可以提供十几年的服务储蓄）对居家高龄老人、空巢孤独高龄老人和失能半失能老人实施结对帮扶、邻里守望、安全巡视等提供公益性服务，极大促进了社区建设的和谐氛围。面对我国农村妇女、老人、小孩的人口生存格局，也可发展农村社区家庭寄养、家庭助理等多种家庭照顾形式的农村社区服务，在农村社区还可为老年人兴建尽可能方便的老人服务工作站和救助设施，发展农村时间储蓄型养老服务，对农村老年人的居家养老也是一个有益的补充和保障。

随着农村大量劳动力外出务工和城市大量独生子女的出国或是移居其他国内城市，或是失独家庭的大量存在，城乡空巢家庭的比例和数量有迅速增多的趋势。因子女出国就业的一些空巢家庭，或是因子女在国内打拼并已成就一番事业身居外地的空巢家庭，其子女往往被认为很有出息，他们一般能给老人提供比较丰富的物质生活，但不能给老人提供必要的精神慰藉与生活照料，这些老人事实上过着孤凄的生活。我国2010年农村与城镇65岁以上老人占总人口的比例分别为10.1%与6.7%。在"中死亡率和中生育率预测方案"下，如果假定2010年普查得到的农村向城镇迁移人口绝大部分是年轻人的年龄结构分布不变，到2050年农村65岁以上老人占总人口比例高达46.4%，相当于城镇的2.1倍，其中农村空巢老人占比为26.1%，是城镇空巢老人的9倍[①]。

在社区伦理思想的推动和约束下，把社区居民的劳动力互助潜能尽可能挖掘出来，最大限度地加以利用，不失为缓解社区服务劳动力供需矛盾

---

① 吴斌：《联合国预计中国人口老龄化2035年将超美国》，http://news.sina.com.cn/c/nd/2016－07－06/doc-ifxtsatm1465414.shtml。

的一条有效途径。随着城镇化的发展，农村务工农民涌入城市的比例已非
常高，大量农村青壮年劳动力进入城市务工，乡村空巢家庭老人的生活需
求可能将大大超过农村社区的承受力，仅靠挖掘乡村内部的互助潜力不可
能完全解决社区服务劳动力供需之间的矛盾，因此，努力解决进城务工农
民市民化待遇的问题，为他们提供社会保障性住房，转移一部分农村老人
到城市养老是不容忽视的社会问题。

社区养老是城市空巢家庭弥补生活照料和精神慰藉资源匮乏的重要途
径，养老院、福利院等对无家可归、无依无靠、无生活来源的孤寡老人进
行收养，有条件的自费收养由其单位或亲属负担费用的老人等；老年大
学、老年活动中心、老年活动站等为老年人提供文化娱乐性服务，满足他
们的精神需要。老年人康复中心、托老所、老年医院、医疗护理养老院等
为老年人提供生活和健康方面的服务。由这些社会机构提供的养老服务，
成为城市空巢老人获取养老资源的重要途径。

政府购买社会服务涵盖四大领域，即社区民生服务、行业性服务、社
会公益服务和城市基础事务。政府购买服务包括两部分：①街镇级家庭综
合服务项目；②专项社工服务项目，以广州市为例，政府购买专项社工服
务包括以下内容（见表5-7）。

表5-7　广州市民政局专项社工服务项目财政资金来源（2012～2014）

单位：万元

序号	专项服务名称	2012年			2013年			2014年		
		市财政	区财政	其他	市财政	区财政	其他	市财政	区财政	其他
1	长者个案社会工作服务	60	60	—	—	—	—	—	—	—
2	空巢老人介入服务	70	—	—	70	—	—	70	—	—
3	精神康复及家属服务	50	—	—	50	—	—	50	—	—
4	社会工作督导培训	100	—	—	100	—	—	100	—	—
5	司法社会工作服务	80	80	—	80	80	—	80	80	—
6	青少年社会工作服务	200	200	200	200	200	200	200	200	200
7	移居人士服务	50	—	—	50	—	—	50	—	—
8	社工义工联动对接服务	60	—	—	60	—	—	60	—	—
9	农村基层政权社工服务	130	—	—	130	—	—	130	—	—

续表

序号	专项服务名称	2012 年			2013 年			2014 年		
		市财政	区财政	其他	市财政	区财政	其他	市财政	区财政	其他
10	特大镇外来人员社会工作服务	80	120	—	80	120	—	80	120	—
11	农村社会工作服务	80	20	—	80	20	—	80	20	—
12	婚姻及家庭社会工作服务	50	50	—	50	50	—	50	50	—
13	医务社会工作服务	—	—	—	60	—	—	60	—	—
14	企业社会工作	—	—	—	—	—	—	120	—	—
15	失独家庭社会工作	—	—	—	—	—	—	40	40	—
16	合计	1010	530	200	1010	470	200	1170	510	200

注：2012 年专项社工服务项目预算收入为 1400.00 万元，实际支出 876.20 万元，年终结余金额 523.80 万元，转入 2013 年初结转资金 133.50 万元。因此，实际预算收入约为 1010 万元（1400.00 – 523.80 + 133.50）。

资料来源：广州市民政局。其中，社工服务中，1、2、3、15 项均为老年服务专项。其他项目同样可以为老年人服务。

社区提供的老年人服务在很大程度上弥补了城市空巢居家养老资源不足的问题，从我国已实施的项目看，社区提供的老年人服务的类型主要包括：一是老年人包户服务，对象以空巢老人（尤其是独居空巢老人）及生活上有困难的老年人为主，由居委会与参加服务的单位和个人签订包户协议，确定服务人员、服务项目、服务时间、服务经费、服务要求等；二是社区为老年人提供收养和寄托服务，由街道和居委会兴办的老年公寓（小型敬老院、小型福利院）和托老所承担；三是老人文化生活服务；四是老年人庇护服务，包括法律庇护、生活庇护、护理庇护；五是老年人生活综合服务，主要包括老年人生活服务和老年人婚姻介绍等。现任北京师范大学中国公益研究院院长王振耀指出，今后我国养老服务业将出现五大转型：一是从家庭保姆照料到专业护理员照料的转型。二是从以家庭和个人的赡养照料为主到以社会制度性保障为主的转型。三是从保障老年人衣食住行基本生活到提供康复照料、情感护理等服务保障的转型。四是从传统的经验性管理到标准化管理的转型。五是从以政府为主办养老院、敬老院到公办与民营同步发展模式的转型。由此可见，伴随着社区老年人服务的日益完善和发展，其具有的福利性、服务性、群众性、互助性和地域性等特点，将使其在城市空巢居家养老中发挥着更加重要的作用。目前养老院"吃不饱"和亏损的原因主要是硬件设施不健全、护理不到位、伙食差等制约了养老院的吸纳率，加大政府的支持力度，在土地供给、水电气暖、通信、有线电视、床位补贴等方面，享受减免政策和支持政策，方能有效地促进城乡养老院的发展。

例如，广东省惠州市作为国家新型城镇化综合试点城市，在《惠州市新型城镇化规划（2015—2020年）》中提出："按照就近就便、小型多样、功能配套的要求，建设和改造一批托老所、日间照料服务中心、星光老年之家、老人活动中心等社区养老服务设施，为老年人提供全托、日托、临托等多种形式的照料服务。"充分利用社区现有各种社会资源，将闲置的托儿所、幼儿园、中小学、酒店、招待所、废旧厂房等改造成社区养老服务场所。统筹发展机构养老服务。通过改扩建、购买、新建等方式，改善和加强养老服务机构设施建设。积极推进社区养老机构运营管理机制改革与完善，探索多元化、社会化、市场化的投资建设和管理模式。创新深莞惠养老服务合作方式，积极推进城市养老服务配套政策的对接。将社会养老服务机构设施纳入市政基础设施、公共服务设施、土地使用及"三旧"改造等规划中，提供必要的养老服务机构建设用地、养老服务用房及场所。

据报道，海南普亲老龄产业发展有限公司在筹建的海口市白龙北养护中心的遭遇，提供了一个反面教材：金景·帝豪小区居民对这一养护中心极力反对，其理由一是占用公有资源，侵犯业主权益；二是产生医疗垃圾、污染空气及丧葬等扰民。小区居民强烈反对养老院进社区这一案例说明，受制于极端利己主义的"邻避效应"，养老机构进社区并非易事。

五　养老产业的培育任重道远

提出新自由主义社会保障理论的哈耶克指出，在受到国家垄断明显影响的养老和健康保障领域，只要是国家尚未全部控制的地方，就有各种新方法自发产生且迅速发展，多种多样的实验都会进行，这些举措肯定会找到解决当前一些问题的新方法。由国家单一控制的社会保障制度会对个人责任意识的发展带来不利影响。中国养老产业确实出现了迅速发展而又有些无序的状态，在市场经济条件下，产业化指某种产业以行业需求为导向、以实现效益为目标，依靠专业服务和质量管理，形成的系列化和品牌化的经营方式和组织形式。前文提出的九大养老产业市场，需要从国家层面、社会层面、市场层面全面规划养老保险产业化发展格局。从表面上看，养老产业化普遍被社会看好，但要真正形成产业化市场，构建系列化的产业布局与经营规模，使养老产业最终形成社会效益与经济效益相统一的朝阳产业，还存在极大的发展困境与现实压力。

第一，人口老龄化严重是中国的必然态势，社会普遍看好养老产业这块大蛋糕，与其他产业一样，养老保险产业化同样要经过产业导入阶段、产业化发展阶段、产业化稳定阶段和产业化动荡阶段四个阶段。目前我国还在慢步进入第一个阶段，产业导入之所以缓慢，是因为国家宏观经济的产业化发展方向还没有真正转移到养老产业发展的转道上来，全社会并没真正做好养老产业经营的战略思路和战略决策，理论研究热，养老概念被炒作，实践发展却是短板，各级财政的投入还没有形成规模，社会人、财、物的投入远远形不成产业驱动力。

第二，养老保险更多的是社会属性，而不是经济属性，我国大量的老年人群还是属于经济实力相对贫弱的人群，他们的消费能力有限，针对这一群体，经营方式可以多样化，但并非在多样化的格局下均能实现以效益为目标的产业化经营模式。某些发展方向更多的是注重社会效益而不是经济效益，如老年教育与老年护理市场。城市贫弱人群尚需要一定的公益性资助，而不是在这一人群上形成产业经济效益。

第三，全国目前已有一些企业进入了养老市场，在养老护理、养老消费、养老保健、养老地产等方面捷足先登，设计了一些养老产品与经营模式，或多或少存在动机不纯的问题，如养老保健品的生产良莠不齐，养老护理方面质量低下，养老地产发展的服务定位不是以养老需求为导向而是更多地着眼于地产经营的利润目标。

第四，尽管政府部门出台了一些发展养老保险产业的政策文件，但产业化是宏观经济与微观经济的一个集合体，国家具体的宏观政策并不明确，对养老产业的具体运作方式、运作目标、潜在市场、服务品质并没有具体的详细指导，一些企业进入养老市场，如果运作方式、运作目标、潜在市场或是服务品质存在问题，就可能难以实现企业的可持续发展。例如，医养结合模式，一些医院开办了养老院，就有可能存在普遍的供需关系脱节、入住率不高、高质量服务收费项目上不去而盈利困难的问题。

第五，养老产业要发展目标人群，上述九大养老产业市场发展方向的目标人群如何定位，也要遵循确定养老主导产业、实行养老产业区域布局、依靠龙头企业带动的产业化发展方向，养老产业不是虚拟产业而是实体产业，未来的市场竞争是必然事件，资金、技术、人才及企业产业发展政策是否融合，需要在发展中摸索、在摸索中成长，要充分考虑发展初期的困境而不是急功近利，目标人群的分类比较复杂，也分为不同的消费人群，不同地区的产业区域布局也不一致，如有些地区适宜建设养老产业候鸟基地，有的地区适宜建设医疗旅游基地。

第六，养老产业的发展核心是养老服务，而企业经营最核心的是细节，"细节决定成败"同样是养老产业发展的最核心问题。例如，日本老年护理分类照料，其精细化程度无可非议。精细化的服务体系才能留住服务人群尤其是高端人群和城市活力老年人群，养老服务企业要详细进行服务细节的定位与相关服务程序的优化。运营管理精确定位是养老企业家必备的职业素质，在提高效率、控制成本和增值功能上下功夫，练好内功，优化细节，才能留住客户，培育市场。

目前养老模式越来越多元化，以候鸟式养老为例，市场潜力巨大，如何培植候鸟式养老产业化市场，不妨结合相关调查与体验作以下分析。

冬天到南方猫冬，夏天到海边避暑，这是很多老年人的凤愿，在全国一些地区已经形成了定式。候鸟式养老是至今较为流行的一种特殊的养老生活方式，即随着全国不同地区气候变换选择不同的地域环境养老，既是一种新型的养老方式，也是一种医养结合的方式，候鸟式养老越来越受到老年人的关注，并逐渐成为一种商机。这种候鸟式养老的方式近年来更是日益受欢迎。相关数据显示，近几年仅在海南三亚、广西北海，全国各地每年前往过冬的老人就已达到上百万人。

2016年春节期间，本研究课题组抽出两天假期前往广西北海调研，入住广西北海方亚别墅酒店，其时这家酒店已住满了来自上海、四川、重庆的候鸟老人，以及春节期间来探亲的家属，酒店空隙处停满了探亲家属从外地开来的小汽车。酒店老板告诉我们，在整个北海市，类似的小酒店有上百家，每年11月至次年3月，是候鸟老人入住高峰期，有来自上海、重庆、四川、山东等省区市的老年人，入住时间1~3个月不等的居多，有的入住时间长达5个月。一般的价格是：入住1个月，包吃包住1800元；入住2个月，每月包吃包住1700元；入住3个月，每月包吃包住1600元。退休金收入2000元以上的健康老年人可以承受。条件好的酒店也有1个月包吃包住2000元的。伙食标准早餐有馒头、鸡蛋等，中晚餐三菜一汤。老人也可以自行买菜加餐，食堂负责加工，收取小额加工费。酒店经营者告诉我们，这些退休老人非常节约，不抢食，不浪费，便于伙食管理，但只为老年人服务，酒店的利润率很低，如果有高端老年人居住，提高伙食标准，改善居住条件，也许可以提高酒店的利润率。

利用候鸟式养老也是医养结合的一种较好模式，摆脱原有的居住环境，有利于某些疾病的康复和治疗。我们拜访了一位来自江西南昌的80多岁退休老人，她患有较严重的心脏病，在北海百吉酒店入住了6年，2015年下半年，老人的女儿为她在北海买了一套一居室的住房，老人搬出了百吉酒店，单独居住。2016年春节，百吉酒店的店主怕老太太一个人过年太孤独，又把老太太接回百吉酒店过年，免费吃住，直到春节结束。

调研中得知，在有的别墅酒店，老人也可以自行买菜做饭。位于北海市中心的一家酒店，接待外来老人居住养老，一室一厅月租金只要600~700元，自己可以做饭，我们询问了一位不到60岁的退休的东北妇女，她告诉我们，她患有多种慢性病，退休工资只有1000多元，北海是心脑血管、高血压病人宜居的城市，到北海养老，选择在市中心小区居住，600元的月租，比在银滩别墅居住价格便宜，自己做饭，用药可以报销大部分，退休金可以支付全部费用还略有剩余，也省下了在东北过冬昂贵的暖气费。

在方亚别墅酒店，我们遇到了十几个来自上海的老年人，他们是邻居或同事，近几年差不多每年都在方亚别墅酒店住上1个月，每天上午自由支配时间，基本上在海滩上游玩，每天午休后集中打牌，晚上再玩牌两个小时，非常有规律的生活，自娱自乐，身心健康。其中一位65岁的老人告诉我们，在他们这一批人，最大的 70 多岁，最小的刚退休，有的是第二代未成家，有的是第三代已进了小学，加上身体健康，这批老人不需要在家带孩子，有时间出行，当下属于自由自在的美好时光。

北海市以天然的养生基地为经营策略，以患有心脑血管、高血压等高发病人群最适宜生活城市为营销品牌，养老地产发展迅速，2016 年房价每平方米 5000 元左右，与三亚相比有明显的价格优势，老年房产部分拉动了北海市经济的发展。旅游业也因为子女到北海探访老年父母增加了不少收入。在大年三十到农历初七，如方亚别墅酒店每天的普通房价涨到 300 多元，平时接待散客仅 100 多元。春节期间，酒店院内停满了各地开来的探访车。

其间我们拜访了北海自强养老服务有限公司和北海市保民候鸟养老服务有限公司，他们规划打造北海养老星岛湖休闲乐园，将养老、展览、设施农业三者结合起来，打造多功能优势互补的产业化平台，利用北海夏无酷热湿闷、冬无冰雪严寒，濒大海、滩缓平、浪轻风柔等大自然优势，吸引外地外省各阶层、各年龄群、各民族人群到北海旅游、居住养老、展销、采购、论道、康复、避暑及越冬等。负责人坦诚地告诉我们，到北海"候鸟式养老"的老人感到不足之处是：①饮食口味不习惯、选择性不多；②缺少乡音休闲场所；③缺乏保健、康复、医疗服务；④儿女和亲友探访相聚不方便；⑤长久远离儿女亲友，老人会感到孤独。由此看来，政府和各养老服务公司还要在完善城市基础设施、优化社会人文环境、提高养老服务水平等各个方面下功夫，利用北海良好的地理优势、生态优势、价格优势、气候优势，发展绿色旅游与绿色农业，养老产业定能兴旺发达。

在我国，候鸟式养老方兴未艾，江西的井冈山和宜春、海南的三亚、广西的北海、昆明的五华山等地，已相继建立了一批养老基地，条件正逐渐成熟。据报载："天津市和海南、江苏、辽宁、黑龙江、浙江、湖北、江西等地老年协会合作建立了 19 个异地养老基地，极大地方便了老人到异地养老。2016 年，有关部门将重点和京冀养老协会开展合作，在京津冀范围内三地合建候鸟式异地养老基地。这些基地将依托当地优美的自然环境、一流的服务、合理的收费成为本市老人异地养老的新去处。除此以外，有关部门还正在谋划'一带一路'异地养老基地，将和沿途各地民政部门合作兴建养老基地，为老人们异地养老提供更多选择。"①

　　在我国大中城市尤其是大城市，养老资源极度缺乏，生态环境差、养老费用昂贵，让一些已从家庭琐事中释放出来的老年人到异地养老，有助于他们的身心健康，有助于异地经济的发展。候鸟式养老，政府推动是关键，需要多个部门的合作，需要本地政府与异地政府的合作，需要民政部门、人力资源和社会保障部门、卫生部门共同协商统筹规划，需要民间相关企业的共同参与。英国的吉登斯提出过社会投资国家的概念，这个概念适用于推行积极福利政策的社会。吉登斯指出，在社会投资国家中，作为积极福利的开支不再完全由政府来创造和分配，而是由政府和其他各种机构包括企业之间共同合作来提供；个人与政府之间的关系发生了转变，自主与自我发展将成为重中之重；自上而下分配福利资金的做法应当让位于更加地方化的分配体制，福利供给的重组应当与积极发展公民社会结合起来；社会保障观念要发生积极的变化。如果没有政府的参与，仅靠如私营机构经营异地养老保险事业盈利太低，候鸟式养老季节性倾向太强，客户青黄不接使这些公司经营困难。

　　根据三亚市政府提供的数据，每年有 40 万~50 万名退休人员来到三亚市，约一半人来自东北三省。在这些前来享受阳光的退休者中，1/3 的人月收入在 2000~3000 元，相当于普通工人的水平。1/4 的人收入只有 1000~2000 元。大多数人到这里生活半年，再回东北去过夏天。2016 年 2 月 25~29 日，黑龙江省副省长孙永波率 100 人的宣传推介团到广东省举办候鸟式养老宣传推介活动，广东省民政厅社会组织管理局对口组织广东省相关企业参加推介会。

　　根据产业化的相关要求，候鸟式养老可以作为产业化加以发展布局，是因为候鸟式养老已成为社会共识，并已经达到社会认可的规模和程度，不少私人资本参与其中，并不乏一些比较成熟的企业，从量的积累慢慢实现质变。北海市有着天然的养老条件，养老基地初具规模，但家族作坊式的养老盈利能力太低，相关的基础设施配套较差，交通不太便利。政府积极参与，市场广泛动员与组织，加大社会资本投入，这是候鸟式养老模式发展的关键所在。

---

① 陈忠权：《天津在全国建立候鸟式养老基地 19 家》，《天津日报》2015 年 12 月 29 日。

第六章

医疗保险经办管理与服务

基本医疗保险制度作为社会保险体系中重要的组成部分，是由政府制定、用人单位和参保职工共同参与的一种社会保险。基本医疗保险按照用人单位和职工的承受能力来确定参保者的基本医疗保障水平，具有广泛性、共济性、强制性的特点。基本医疗保险实行个人账户与社会统筹账户相结合，能够保障广大参保人员的基本医疗需求，主要用于支付一般的门诊、急诊、慢性病、住院费用。有效使用医疗费用、做好费用控制与搞好费用核算与管理，是办好医疗保险经办管理、提供优质服务的重要内容。

第一节　医疗保险对象和医保服务从职工
医保向全民医保延伸

在"医改基本上不成功"之论后，《国务院关于开展城镇居民基本医疗保险试点的指导意见》在基本医疗保险方面的一个重大变革是从在职职工扩大至城镇居民，2010 年这一工作在全国全面推开，逐步扩大到覆盖全体城镇非从业居民，加之新农合保险制度的建立，构建了制度内城乡全覆盖的医疗保险体系，构成了纵向保障和横向保障相交叉的社会医疗保障体系。纵向保障主要指基本医疗保险根据人群身份不同，分为四个部分：城镇职工基本医疗保险制度、城镇居民基本医疗保险制度、未成年人基本医疗保险制度和农村居民基本保险制度。横向保障主要分为四个部分，包括基本医疗保险制度、大额医疗费用的补充保险制度、社会的医疗救助制度、大病医疗保险制度。制度整合过程中从 2013 年起逐步统一城乡居民医疗保险制度，健全全民医疗保险体系。例如，广州市 2015 年 1 月 1 日起施行《广州市城乡居民社会医疗保险试行办法》，实现了城乡居民医疗保险制度的整合。

2016 年末，全国参加城镇基本医疗保险人数为 74392 万，比上年末增加 7810 万。其中，参加职工基本医疗保险人数为 29532 万，比上年末增加 638 万；参加城镇居民基本医疗保险人数为 44860 万，比上年末增加 7171 万。在参加职工基本医疗保险人数中，参保职工 21720 万，参保退休人员 7812 万，分别比上年末增加 358 万和 280 万。2016 年末参加城镇基本医疗保险的农民工人数为 4825 万，比上年末减少 340 万。[①]

2016 年全年城镇基本医疗保险基金总收入 13084 亿元，支出 10767 亿元，分别比上年增长 16.9% 和 15.6%。年末城镇基本医疗保险统筹基金累计结存 9765 亿元（含城镇居民基本医疗保险基金累计结存 1993 亿元），个人账户积累 5200 亿元。[②] 中国医疗保险由城市在职职工向全民医保延伸，同样要预防人口老龄化与高龄化、慢性病普遍化、大病谱系复杂化对医疗保险基金带来的支付风险。在医疗保险改革取得成效的同时，存在制度不完善、整体待遇水平不高和待遇倒挂、服务能力不足等问题，群众的医疗保险需求与医疗保险发展不足的矛盾仍将长期存在。

全国各地政府的网上经办业务系统已发展成包括社会保险、医疗保险、劳动就业、劳动鉴定、职业技能培训与鉴定等多方面服务的综合性对外服务平台，提供了办事导航、表格下载、咨询解答、在线申请、网上办理、状态查询、结果公布等"一条龙"服务。坚持"情系民生，服务社会"的宗旨，广州市劳动保障信息中心向广大市民提供了高效优质的服务，逐步形成了以医疗保险、社保、劳动为核心的劳动和社会保障业务应用平台，社会保险经办机构提供了办事导航、表格下载、咨询解答、在线申请、网上办理、状态查询、结果公布等"一条龙"优质服务。

---

① 参见《2016 年度人力资源和社会保障事业发展统计公报》。
② 参见《2016 年度人力资源和社会保障事业发展统计公报》。

2014 年，应广州市劳动保障信息中心的委托，本研究课题组对广州市劳动保障信息服务进行了访谈与问卷调查。现场调查共发放医疗保险、社保、劳动方面的问卷 2400 份，回收问卷 1271 份，其中医保中心回收问卷 415 份，有效问卷 327 份；网络调查共回收医疗保险、社保、劳动的问卷共 86329 份。本研究分别对上述问卷作了相关分析、因子分析、多元回归分析、主成分分析。按需求率从高至低排序，需要改善的服务模式依次为网上服务大厅、经办柜台、自助查询终端、12333 电话服务热线和手机 Web 终端，人们不选用非柜台业务的原因则主要是不了解其他服务模式及缺乏所需业务功能如何使用。因此，在创新服务模式业务内容的同时，仍需加强对非柜台服务模式的宣传力度，提高网上经办现有功能的使用频率、丰富网上经办应用业务是优化网上业务经办大厅经办服务的重要途径。进一步方便公众对医疗保险经办等业务的了解和使用，从而实现公共服务以人为本、均等共享的基本理念。让更多的参保者通过多元化的经办社会服务，保障自己的医疗保险权益。参保人了解医疗保险信息的途径见图 6 – 1。

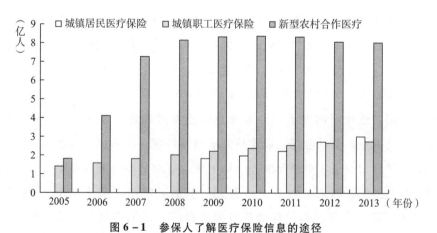

图 6 – 1　参保人了解医疗保险信息的途径

社会保险医疗经办业务机构负责具体的医疗保险基金的使用、发放，建立和管理社会医疗保险的个人账户及对受保人群的服务工作等。广州市社会保险机构设立了 24 小时服务电话与政府网站，颁布了各种政策法规、办事制度等。参保者有权利通过各种路径（如通过民意调查、公共论坛、热线电话等）对管理者提出质询，社会保险医保经办机构的回应率意味着参保人的医疗保险需求能否得到满足并符合他们的合法期待。

拓宽有效的参与机制，允许公民参与医疗保险政策、计划、项目等的规划与实施，如举行咨询会议、听证会、电子邮箱等回应参保者的各种质询，强化对质询结果的控制反馈机制以确保达成社会预期。

第二节　医疗保险制度模式的框架设计

从医疗保险改革全国各代表性的医疗保险模式看，共同暴露出医疗费用难以控制、医疗服务与医药管理混乱等一些深层次的矛盾与问题。根据《国务院关于建立城镇职工基本医疗保险制度的决定》所界定的低水平、广覆盖、双方负担、统账结合的基本原则，借鉴国外医疗保险制度改革的经验教训，实行基本医疗保险制度、现代医院卫生体制和药品流通体制同步改革是关键。新医改已经历了十多年，中国医疗保险制度改革要向多元协调的混合型模式转型，建立医疗基金来源多渠道、支付方式科学化、管理办法决策化的医疗保险运行机制。深化公立医院公益性改革、推进分级诊疗建设、推动药品价格透明化。

1998 年《国务院关于建立城镇职工基本医疗保险制度的决定》提出：城镇职工基本医疗封顶线上的保障可以通过商业保险等途径解决。2000 年《国务院关于印发完善城镇职工社会保险体系试点方案的通知》明确要求建立多层次医疗保险体系，这为商业健康保险提供了巨大的发展空间。2014 年 10 月 27 日，国务院办公厅印发《国务院办公厅关于加快发展商业健康保险的若干意见》（国办发〔2014〕50 号），指出："使商业健康保险在深化医药卫生体制改革、发展健康服务业、促进经济提质增效升级中发挥'生力军'作用。"以商业健康保险满足人民群众非基本医疗卫生服务需求。中共十八届中央委员会第五次全体会议公报强调，"十三五"期间全面实施城乡居民大病保险制度。建立多层次的医疗保险体系，指建立基本医疗保险、企业补充医疗保险、商业性健康医疗保险、大额医疗费用互助保险、公务员医疗保险、城乡居民大病保险和社会医疗救助基金的基础框架。多层次医疗保险体系见图 6－2。

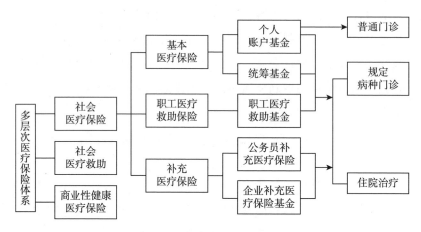

图 6-2　多层次医疗保险体系

《中华人民共和国国民经济和社会发展第十三个五年规划纲要》提出：整合城乡居民医保政策和经办管理，鼓励发展补充医疗保险和商业健康保险，鼓励商业保险机构参与医保经办。商业性医疗保险可以设计不同的保险品种，如健康保险、医疗费用保险、住院医疗保险、与政府基本医疗保险合作的大病医疗保险，后一险种的开设，解决了社会医疗保险统筹基金封顶难的问题。商业组织的医疗保险，尤其开展团体医疗保险，可以减少逆向选择问题，降低风险分类成本。

中国抗癌协会秘书长王瑛在 2015 年首都国际癌症论坛上公布，据 2012 年癌症有关报告显示，我国每年新发癌症病例约 337 万例，死亡约 211 万人。癌症已成为我国死亡第一大原因，死亡人数占全球癌症死亡人数的 1/4。食品不安全、空气污染、装修污染、作息不规律、工作压力大、饮食不健康，是种种重病高发率的重要原因。"因病致贫、因病返贫"也一直是城乡居民所面临的一个灾难性的问题。2012 年 8 月 30 日，国家发改委、卫生部、财政部、人力资源和社会保障部、民政部、保监会六部委《关于开展城乡居民大病保险工作的指导意见》，明确针对城镇居民医保、新农合参保（合）人大病负担重的问题，要求"以力争避免城乡居民发生家庭灾难性医疗支出为目标，合理确定大病保险补偿政策，实际支付比例不低于 50%；按医疗费用高低分段制定支付比例，原则上医疗费用越高支付比例越高。随着筹资、管理和保障水平的不断提高，逐步提高大病报销比例，最大限度地减轻个人医疗费用负担"。① 大病保险的功能是对城乡居民因患大病发生的高额医疗费用给予部分报销的保险制度，它可以使普通居民不会再因为大病陷入经济困境。各地政府通过购买大病保险服务的方式，引入商业保险机构的专业化运作，在大病保险的运行效率、服务质量、基金风险防控上取得一定成效。中国的近邻日本，无职业的家庭妇女可以享受健康医疗，生病后国家报销70%的医药费，这笔开支源于商品的消费税。

大病保险要求从城镇居民医保基金、新农合基金中或是城乡居民医疗保险基金中划出一定比例或额度的基金作为大病保险资金，利用商业保险机构的专业优势，支持商业保险机构承办大病保险，利用市场优势，提高大病保险的运行效率、服务水平和质量。

以广州市为例，大病保险实行"政府主导，商业保险机构承办"的运营方式。政府主导主要体现在统一招标、确定筹资金额两方面。原广州市医疗保险服务管理局依据国家采购法，委托广州公共资源交易中心，政府统一公开的招标方式，进行项目采购，选定中国人寿保险股份有限公司（以下简称中国人寿）作为承保企业，确定每三年为一承保期。中国人寿遵循"收支平衡、保本微利、自负盈亏"的原则，利用业务、财务、信息技术等经营优势，承办广州市大病保险业务，单独建账、核算，并按照采购合同协议按时足额支付相关医疗费用，承担开展大病保险业务相关费用。

社会医疗救助基金可以分为财政预算救助基金和临时救助基金，为保障城镇居民中享受最低生活保障待遇人员的基本医疗而设立，医疗救助基金定位用于特定的收入群体和特定的服务类型，并以一定的救助方式进行分配。医疗临时救助基金按照国家应急管理条例的分类，因自然灾害、事故灾难、公共卫生、社会安全等公共突发事件需要开展属于疾病应急救助范围的，按照有关规定实施临时医疗救助。

因20世纪实施"优胜劣汰、竞争上岗"的体制改革，发生的医疗补贴基金数量巨大，以广州市为例，截至2013年底，符合政府资助条件的市

---

① 参见《关于开展城乡居民大病保险工作的指导意见》（发改社会〔2012〕2605号）。

属企业社会医疗保险申报人员享受政府资助金参加广州市城镇职工基本医疗保险人数累计达到 8.57 万人，政府资助金额累计达到 15.45 亿元。

原卫生部信息统计中心有数据表明：人一生罹患重大疾病的概率高达 72%。参照国外商业健康保险市场的规模，中国商业医疗保险有了一定的发展。从 1998 年开始，几乎所有保险公司都陆续建立了"健康保险部"，全面参加医疗保险改革的各项配套服务，进行多种形式的职工补充医疗保险险种的开发，积极探索与医疗服务提供者的多方面的合作。商业保险机构具有医疗风险管控、服务网络、精算定价、成本控制等优势，政府将经办服务的责任通过合同形式交给商业保证机构，可以有效降低运营成本、提高服务质量、防范基金风险，以克服政府失灵。中国健康保险承保范围已在全国数以百个大中城市展开，不少保险公司开始向与社会保险全面衔接的业务领域展业，推出了多种形式的保险产品，如中国人寿的生命绿荫疾病保险、泰康人寿保险股份有限公司（以下简称泰康人寿）的个人住院医疗保险、新华人寿保险股份有限公司（以下简称新华人寿）的健乐增额终身重大疾病保险、中国平安保险（集团）股份有限公司（以下简称平安保险）的终身重大疾病保险、中国太平洋保险（集团）股份有限公司（以下简称太平洋保险）的附加终身住院补贴医疗保险等。健康保险发展至今，为了大力发展与基本医疗保险相结合的健康保险，保险公司需要开发药品不良反应保险、失能收入损失保险、医疗责任保险、医疗意外保险等品种，分担基本医疗保险覆盖面。

传统的健康保险指保险公司通过疾病保险、医疗保险、失能收入损失保险和护理保险等方式对因健康原因导致的损失给付保险金的保险。随着人们生命意识的提高，健康保险业务正从原有的附加险的地位逐渐向主业险转化；承保人群从无社会保险居民向有社会保险的在职人群拓展；推出的健康保险产品从以中长期的疾病定额补偿类健康产品为主向多元化尤其是各类短期的综合性的团体、个人医疗费用保险、津贴性保险转化；提供服务从被动卖固定价格的产品向量体裁衣地帮助客户制订适应其特定需要的员工医疗福利计划转化；从只注重费用报销向注重服务质量、延伸服务范围和内容转化。商业健康保险的疾病保险、医疗费用保险、收入保障保险三大系列业务已经形成。在推进城乡居民大病保险的过程中，如广东省湛江市积极进行改革探索，引入了商业保险公司经办大额医保并参与部分经办管理服务工作，形成了"政府主导、专业化运作、合署办公、便捷服务"的"湛江模式"，得到了党中央、国务院及其他国家有关部门的充分肯定。

作为与基本医疗保险衔接互补的医疗保险体系之一的健康保险，从其保险密度与保险深度看，其发展规模正在逐年扩大，2016 年保费收入增长较快，对社会基本医疗保险改革的支持力度也在增强（见表 6 - 1）。

表 6 - 1　2001 ~ 2016 年健康保险保费收入

单位：亿元

年份	2001	2002	2003	2004	2005	2006	2007	2008	2009	2010	2011	2012	2013	2014	2015	2016
保费	65	62	122	242	271	377	382	585	574	677	692	863	1124	1587	2410	5000

资料来源：根据保监会历年资料整理而得。

整体而言，到 2016 年，我国健康保险保费占总保费收入的 8% 左右，人均健康保险费 116 美元，健康保险人口覆盖率不到 1%，健康险只占医疗费用的 3.5%。从保险企业开展健康保险的经营效益看，主要问题是社会诚信度不够。一些客户"小病大看"，甚至"没病装病"。保险公司核实成本过高。因此，健康险产品为了应付高额的赔付，纷纷提高价格，事实上又影响了健康险的发展。主要问题如下。

第一，《国务院办公厅关于加快发展商业健康保险的若干意见》所阐述的重要意义非常明确，但健康保险在功能、经营范围、政策待遇、法律规定、如何创新医疗卫生治理体制方面等有待确定，理顺体制将加快健康保险体系的整体建设和引导商业健康保险的顺利发展。

第二，目前为商业保险提供医疗服务的市场竞争环境还没有真正形成，医疗价格、医疗服务质量和医保主体之间相关信息不对称，医生与患者联盟的利益链尚无法突破，监管缺乏有效手段，医疗资源配置不合理，"以药养医"体制不利于健康保险的发展，直接影响了商业健康保险费用利用效益的最大化，造成了包括道德风险在内健康保险经营风险的发生，保险公司往往成为受损一方。据资料显示，如专业健康保险公司的中国人民健康保险股份有限公司（以下简称人保健康公司），只有 2009 年和 2010

年小幅赢利，其他年份亏损，其中 2015 年亏损 1 亿元以上；平安健康保险股份有限公司（以下简称平安健康公司），年年亏损，其中 2015 年亏损 1 亿元以上。

第三，大病保险有政府购买的成分，要有激励机制，让商业保险公司保本微利，激发服务的积极性。对于大病保险的经办，国家及省级层面目前并没有出台意见或是通知等形式对经办机构进行指导，也没有对经办中的商业机构和政府职责进行具体的分工，没有对政府购买大病保险服务的招标，没有对合同的签订、执行与评估进行具体的行政规定，政府和商业机构权责划分不清，一些商业健康保险业务应享受的政策优惠不明确，如收入保障保险可以免征营业税，投保单位、某些个人投保商业健康保险，保费可在税前列支，免交个人收入所得税等，这些政策不明确，影响了保险企业与投保者个人的积极性。另外健康险供给结构与需求结构不匹配、长短险结构匹配不合理、服务链条过长，风险管理难度较大，影响了商业保险公司的盈利水平。

第四，健康保险管理难度大，风险系数大且效益不高，80% 以上公司的赔付率超过 80%，有的公司超过 100% 更高，发展健康保险仅为权宜之计，保险产品系列化与保险服务体系化还无法适应商业保险健康发展的需要。《国务院办公厅关于加快发展商业健康保险的若干意见》提出的推进健康保险同医疗服务、健康管理与促进等相关产业融合发展是大思路、大平台，通过相关产业链收益弥补大病保险等业务的可能亏损是大文章。

要开拓我国健康保险业务，支持基本医疗保险改革，应该采取相应措施应对上述问题：①促进健康保险发展进程中的税收优惠政策尽快落实，促进与健康保险相关的医药品流通市场、现代医院管理及医疗保险三项制度改革不同步等深层次矛盾问题的解决；②促进健康保险与基本医疗保险的协同发展，要寻求基本医疗保险与健康保险协同发展的思路，发展健康保险产业链，让商业保险公司参与城乡居民医疗保险和城镇职工医疗保险，引入第三方医疗机构，通过市场的力量来解决基本医疗保险的技术支持问题；③促进健康产业科技与产业体系，必须加大政府购买服务力度，实行作业外包，鼓励有资质的商业保险机构参与各级政府医疗保险经办服务与经办管理，发展高端客户，提升医疗保险的管理效率和服务质量。政府在基本医疗与商业医疗保险的结合上，有以下两种模式可以借鉴。

（一）美国预付制医疗模式

美国的医疗管理实行预付制，就是商业保险与政府基本医疗保险相结合的一种范式。采用按人头付费的方式，即根据医院所服务人数的多少和历年来人均医药费水平、约定提供的服务内容，由医院和保险公司预先签约，保险公司预付其相应的医疗保险费，如果医院在维持合约后仍有剩余，则剩余归己；若超支，则由医院自己负担。预付制可以有效地降低医疗成本。这一措施对于降低医疗成本有较好的效果，预防治疗积极性大大提高，虽然医院出于成本考虑可能降低医疗等级与服务质量，但可以通过开放有效的患者投诉渠道，加强对医院及医生的监督以弥补。超支部分由医院自行承担，或者设立专门的风险调整基金，通过专门程序申请额外补偿，增加了医院对医疗风险的承担责任，从而促使医疗机构衍生控制医疗成本的内在动力。

（二）英国竞争型医疗模式

竞争型医疗模式也是国家与私营保险相结合的一种模式。调节性竞争指国家只在医疗服务的供给方面引进竞争机制，而医疗基金的筹集仍然以国家财政支持为主。英国是实行调节性竞争政策的典型国家，1991年英国实施调节性竞争政策，改变了原有的公共医疗综合模式，在服务部下属的所有医院中展开竞争，但无法持续经营的医院，不能自行宣布倒闭，而必须通过国家行政程序批准。此外，改革还将服务部的医疗服务供给与购买功能分开。1991年第一阶段的改革规定由基础保健医生代替服务部为患者购买医疗服务。与旧体制不同，基础保健医生可以自由决定购买哪家医院的医疗服务，并且可以在不影响医院正常营运的情况下任意将医疗服务协议从一家医院转到另一家医院。结果各家医院争相取得患者的医疗服务协议，甚至出现了持有服务协议的患者在医院就诊时可以得到优先服务的现象。保健医生的个人行为使第一阶段的改革没有取得预想的效果，而且由基础保健医生购买服务协议的制度也因此被废除。1997年对第一阶段的改革政策进行了改良，将服务协议的购买权交给基础保健组织，成员包括基础保健医生、社区护士及其他相关团体的代表。这一做法避免了基础保健医生个人行为的盲目性和道德风险的产生，规范了医疗服务的购买市场。

英国、美国模式对我国医改的主要启示包括以下几点。

第一，应明确和强化政府对基本医疗服务的责任，目前的医药分离改革与取消药品流通中15%的价格加成，更要体现政府财政对医疗保险改革的关切，保障药品质量供给，做好分级诊疗工作，健全和完善政府主导的基本医疗服务的提供系统与投入保障机制。例如，英国的改革实践中，国家通过公立的基础保健组织促使医院为争取患者而展开竞争，既激发了医院提供服务的积极性，也加强了对医疗市场的监督管理。

第二，由于缺乏足够强大的道德监督机制、价格监督机制与公平保障机制，如果医院过分市场化和商业化后，信息不对称的现象不能改变，患者与医院之间依然是不平等的关系，无法保障患者及其家属的知情权和正当权益，只有引入社会力量办医，引入市场竞争机制和公司治理模式竞争，建立药品购销信用管理体制，才能弥补由监督机制缺乏带来的缺憾。

第三，补偿机制不合理，是我国医药费用支出居高不下的原因之一，由此造成医疗市场失灵。解决市场失灵的根本出路就在于让医院不再经营药品，要么提高政府财政补贴，要么提高医生技术劳务所得。改变"以药养医"的局面，才能堵住"大处方"，解决"看病贵"的问题。只有业务水平高、服务质量好的医院，才能占有市场。打破医院对药品经营的垄断，药品流通领域才可以实现自由竞争，药价才能降下来。第十八届中央委员会第五次全体会议提出的"深化医药卫生体制改革，理顺药品价格，实行医疗、医保、医药联动，建立覆盖城乡的基本医疗卫生制度和现代医院管理制度"是建设健康中国的核心内容。

第四，近几年，社会统筹账户的报销比例有了很大的提高，已难以再有大的突破，参保人进入社会统筹账户之后要负担一定比例的医疗费用等类似基本医疗的具体环节可参照国际社会的做法，让商业保险参与其中，加强大病医疗保险与医疗救助体系的衔接，使基本医疗保险改革顺利向前发展。随着居民收入的增加，会有更多人通过保险方式获得医疗保障，第三方支付力量的提高，将彻底改变医院改革和发展的生态环境。

第三节　控制医疗费用过快增长的防范机制

1990～2010 年，中国 GDP 年均增长率达到了令人敬畏的 10.5%，2011 年之后，经济增速减慢，国民健康保险覆盖面依旧迅速扩大，财政补贴大量增加，导致医疗费用的增长超过了 GDP 的增长。医疗费用快速增长成为世界各国医疗保险改革的制约性因素和共有的社会现象。老龄化态势下老年人口医疗服务潜在需求的加速释放、居民收入增长、医疗技术的不断进步、人口结构变化、旧有的药品流通体制和疾病谱系的变化等因素均会影响医疗费用的增长，而随着人口老龄化、高龄化进程的加速，人口结构因素对医疗费用的影响将增大。人力资源和社会保障部官方网站 2016 年 2 月 26 日发布消息称："在医疗费用快速增长的背景下，医保基金与养老保险基金一样，也面临越来越大的支付压力，支出增幅高于收入增幅，甚至有相当一部分省份出现了当期收不抵支的状况，基金'穿底'风险日益凸显。"①

一　医疗费用上升态势分析

医疗费用上升态势明显，根据卫生和计划生育委员会（以下简称卫计委）的统计，五年新医改，各级政府投入卫生总费用从 2008 年的 14535.4 亿元上升到 2012 年的 27826.84 亿元，增加了 13291.44 亿元，上涨了 91.44%。2015 年我国卫生总费用超过 4 万亿元。由于医疗费用入不敷出，计算认为，全国退休职工共 7200 万人，每人每年缴 2160 元（每人每月 180 元），一年也只有约 1500 亿元，仅相当于 2015 年医疗卫生费用的 3.9%，解决不了问题，反丧失了民心。医疗基金的紧缺是大趋势，加强内部控制、强化成本管理、实行收支平衡是大事件。

（一）复杂的流通体制造成药价虚高

知名经济学家宋清辉指出，中国人口老龄化和医疗费用快速上涨，已成为医保基金筹资增幅难以满足医疗费用迅速增长需求的重要因素，若不

---

① 《部分省份医保基金当期收不抵支》，《京华时报》2016 年 2 月 27 日。

能在短时期内有所改变，中国的医保基金体系或将进入一个风险期。各国医疗费用持续快速增长的原因，可归结为四个方面：一是国民健康保险覆盖面和国民医疗补贴范围及数额的迅速扩大；二是人口老龄化向深度化方向发展，老年人口比重增加过快，慢性病大量增加；三是医疗新技术日新月异的变化及疾病谱的变化；四是道德风险造成的过度医疗服务，加上加价率的过度泛滥，成为医药企业规避价格管制、抬高药价的工具。

医药行业本是技术高度密集型的高科技行业，国外新药研发有一个非常严格的科学程序，研发周期长、投入基金多、风险大，对新药有优惠政策，允许企业将新药技术按一定比例计入成本。我国药品实行顺加作价15%的做法，在定价方法中，未考虑技术附加值，流通环节越多，药品价格越高，最后出现疯狂的药价虚高现象。药品定价办法虽然对新药的利润率从宽，但只含物质成本，不含技术成本，新药审批加单独定价政策"孕育"了一批又一批高价药品。2004 年中国注册的 10009 种新药全部是仿制药，却高出原来产品价格的数十倍。

药品生产企业为了占领药品市场，广泛使用回扣营销与药品代理策略，这样使得这些企业很难在短时间内回收基金而继续投资开发其他新药，企业研发新药受到制约。一些药品生产企业为了生存或牟取暴利，虚报成本，以保证产品推销过程中的各项费用支出和足够大的折扣、回扣空间。以物价部门现有的管理能力和管理手段很难核实以去除这些水分。这样一来，药品价格管理基础的出厂价就无法得到很好的控制。源头虚高定价产生的高额利润是流通领域中高额回扣、折扣的主要经济来源。医药公司可以挤压药厂，以远低于规定出厂价的价格购得药品，因而同样可以获得高额商业利润。在扣除正常经营成本和各种税费后，医药公司还可以把一部分从药厂转移过来的利润，再以折扣、让利的方式向医院和药品零售企业推销药品。药品价格越高，药品销售量越多。

平衡点产量：$x_0 = \dfrac{F}{p(1-i\%)(1-j\%)-c_v}$

$i\%$——税率，p——产品单价，x_0——平衡点产量，F——固定费用，c_v——单位产品中变动费用，j——回扣率，上式中的 $p(1-i\%)(1-j\%)-c_v$ 表示企业每出售一件产品能得到的净收益（边际收益或边际贡献），由于回扣的影响, 药品生产企业不得不将平衡点产量右移, 扩大药品生产规模, 以保证药品生产的利润 (见图 6 - 3)。

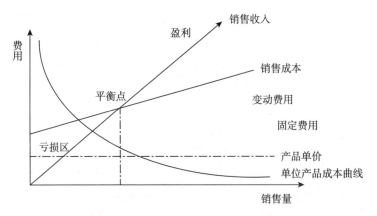

图 6 - 3 药品企业利润盈亏平衡点

顺加作价办法实行 "高进高出, 低进低出" 的政策, 这种办法不仅不能改变医院原已存在的 "多卖药, 卖贵药" 的利益取向, 甚至会刺激医院大量使用高价药。实行顺加作价办法, 医院之间、社会零售药店之间以及医院和药店之间, 由于进药的时间或渠道不同, 购进的同一药品会出现不同进价, 最终使药品零售价格产生混乱 (如图 6 - 4)。大力减少流通环节, 实行订单制是未来改革的重要取向。

普华永道 (Price Waterhouse Coopers) 在 2012 年的一份报告中指出:"制药企业仍在向能够提高药品销量的医生派发回扣, 药品采购完成后, 医生会超出病人需求多开处方。只有通过持续不断的监控以及落实有关贿赂的法律, 此类做法才有可能被根除。"[①]

围绕世界卫生组织早年提出的 "人人享有卫生保健" 的目标, 世界各国在采取与自己国情相适应的医疗保险模式的基础上, 一方面保证国民有一个基本合理的保健医疗; 另一方面通过控制医疗费用的上涨合理分配卫生资源, 提高资源的利用效率。国外为了控制医疗费用的不合理增长, 通常采用宏观与微观控制的办法, 制定相应配套政策与措施控制医疗费用的上涨。医疗费用快速增长, 成为世界各国医疗保险改革共有的现象与改革

_____

① 〔英〕安德鲁·杰克:《中国医药市场的灰色地带》,《金融时报》2013 年 7 月 12 日。

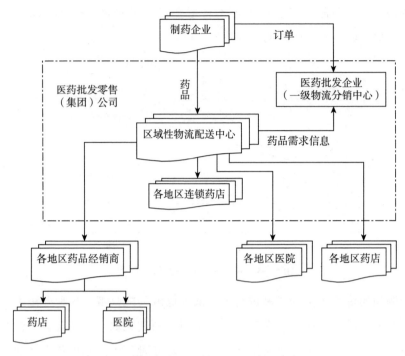

图 6 - 4 网络化跨区域医药批发、连锁零售集团模式

的制约性因素，经济发展速度加快与国民健康保险覆盖面迅速扩大的同时，医疗的财政补贴大量增加与道德风险的增加，导致医疗费用的增长大大超过了 GDP 的增长。在医疗保险中，由于医疗消费具有即时性、难预测性、道德风险大的特点，建立科学的费用支付方法与宏观控制是当务之急。根据《2013 年我国卫生和计划生育事业发展统计公报》，2013 年全国医疗卫生机构总诊疗人次达 73.1 亿人次，比上年增加 4.2 亿人次（增长 6.1%）。2013 年居民到医疗卫生机构平均就诊 5.4 次。2013 年医院门诊病人和住院费用见表 6 - 2。

表 6 - 2 医院病人门诊和住院费用

医院分类	普通医院		公立医院		三级医院		二级医院	
年份	2013	2012	2013	2012	2013	2012	2013	2012
次均门诊费用（元）	206.4	192.5	207.9	193.4	256.7	242.1	166.2	157.4
上涨（当年价格,%）	7.2	7.1	7.5	7.3	6.0	4.4	5.6	6.6

续表

医院分类	普通医院		公立医院		三级医院		二级医院	
年份	2013	2012	2013	2012	2013	2012	2013	2012
上涨（可比价格,%）	4.5	4.4	4.8	4.6	3.3	1.8	2.9	3.9
人均住院费用（元）	7442.3	6980.4	7858.9	7325.1	11722.4	11186.8	4968.3	4729.4
上涨（当年价格,%）	6.6	5.3	7.3	6.0	4.8	2.3	5.1	3.6
上涨（可比价格,%）	3.9	2.6	4.6	3.3	2.1	-0.3	2.4	1.0
日均住院费用（元）	756.2	697.6	782.7	716.8	1061.1	979.1	552.7	519.5
上涨（当年价格,%）	8.4	8.4	9.2	8.9	8.4	7.4	6.4	6.2
上涨（可比价格,%）	5.7	5.6	6.4	6.2	5.5	4.6	3.7	3.5

注：绝对数按当年价格计算；次均门诊费用指门诊病人次均医药费用，人均住院费用指住院病人人均医药费用，日均住院费用指住院病人日均医药费用。

资料来源：《2013 年我国卫生和计划生育事业发展统计公报》。

从表 6-2 可以看出，2013 年与 2012 年相比，三项指标有不同幅度的上涨，纵观我国医疗费用使用情况，事实上各项费用上涨是一个长期趋势。2014 年，我国城镇职工医保、城镇居民医保和新农合政策范围内住院医疗费用报销比例，分别为 80%、70% 和 75% 左右。报销比例的提高，会加剧医疗费用的支出，更要注意费用的节约。中国社会科学院发布的《"十三五"中国社会保障发展思路与政策建议》显示，全国多数地区的职工医保基金将在 2020 年前后出现基金缺口。《中国医疗卫生事业发展报告 2014》发布的预测显示，2017 年城镇职工基本医疗保险基金将出现当期收不抵支的现象，与养老保险基金积累一致，医疗积累基金同时也表现出严重的东部与中西部地区差异。不断提升报销比例是民意所向，但报销比例需要适度控制，一旦形成刚性上扬趋势，就难以下调。

（二）医疗福利导致效率损失

一般而言，人们对生命的珍惜与对医疗消费的消费者剩余指数偏高加之医疗费用价格下降，会导致对医疗服务的需求上升，政府近年来较大幅度地提高报销标准与增加医疗补助，也会增加人们对医疗服务的需求，患者在付出医疗费之后，冀望得到高效的医疗服务，如进入社会统筹医疗账户的患者，需要自付一定比例的医疗费用，或者在商业性医疗保险中，要求参保者支付相同的保险费率。对此，我们可以对医疗价格与医疗消费之间的关系进行分析（见图 6 - 5）。

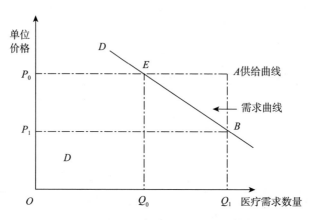

图 6 - 5   医疗福利支出产生的效率损失

按照帕森斯理论，病人—医生的关系是社会文化中特有的一个组成部分。在图 6 - 5 中，纵轴与横轴分别表示医疗服务单位价格和医疗需求数量，未得到政府医疗补助时，医院按医疗服务的边际成本 P_0 定价，P_0 与需求曲线 DB 交于 E 点，人们对医疗服务的需求量为 OQ_0。实施政府医疗福利补助之后，人们可以得到（$P_0 - P_1$）的价格实惠，个人所需支付的价格为 P_1，于是人们对医疗服务的需求量增加到 OQ_1。如果医疗服务的边际成本不变，人们对医疗服务的需求量增加会产生效率损失，增加对医疗服务的需求后获得的收效为 Q_0Q_1EB，追加的供给成本为 Q_0Q_1EA，三角形 EAB 就是效率损失。

在图 6 - 6 中，在没有保险的情况下，假定提供医疗服务的边际成本为 P_0，对医疗服务的市场供求曲线为 D_m，供给曲线 S_m 是经过 P_0 点的一条水平线，均衡在供给曲线与需求曲线的交点达到，均衡价格与均衡服务分别为 P_0 和 M_0，市场上的总支出是单位价格与单位医疗服务的总乘积即 OP_0 乘以 OM_0 即矩形 P_0OM_0a。现假定所有参加医疗保险的人在进入社会统筹账户之后自付比例为 10% 或参加商业医疗保险的保险费率为 10%，相当于患者的医疗费用价格下降了 90%，这时患者的医疗价格不再是 P_0，而是 $0.1P_0$，在这个价格下，需求量增加到 M_1。在新的均衡点，患者对每单位的医疗服务支付为 $0.1P_0$，提供医疗服务的边际成本仍为 P_0，差额为 $0.9P_0$，由社会统筹账户支付或保险公司支付，总支出为 OP_0 乘以 OM_1 即

矩形 P_0OM_1b。由此，引入保险的结果是医疗费支出从 P_0OM_0a 上升到 P_0 OM_1b，增加了 aM_0M_1b 的支出。显然，不让患者承担医疗服务的全部边际成本的制度，会导致医疗需求量和总支出的增加。

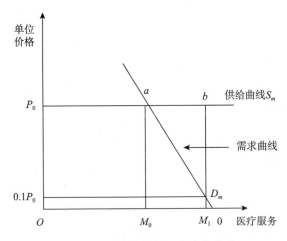

图 6-6　医疗价格与医疗消费关系

(三) 过度医疗服务引起费用增长

服务付费方式下的医疗保险给付意味着患者一般只需承担医疗成本的一部分，在不需要特别关注成本的情况下，患者会倾向于更多的医疗服务，或者愿意接受医生所推荐的医疗，一方面满足了医生换取更多收入的机会；另一方面可能产生过度医疗问题，即患者接受成本超过其期望收益的医疗成本时，过度医疗服务就产生了。[①] 在我国，众多医院的过度检查、过度服务引发了居民医疗费用的过度使用。财政部原部长楼继伟在 2016 年第 1 期《求是》杂志发表文章称要深化社保制度改革，改革医疗保险制度，建立合理分担、可持续的医保筹资机制，研究实行职工医保退休人员缴费政策。离退休人员医疗费用支出是在职人员的 4 倍，过度医疗可能更为突出，大量医保基金没有转化为患者的福利和医生的收入，节支比增收重要，退休人员缴费会引发更多的社会争议。

在合理的假设下，随着额外医疗的增加，病人的边际收益减少，而提

---

① Harrington, S. E., Niehaus, G. R.:《风险管理与保险》，陈秉正、王珺、周伏平译，清华大学出版社，2004，第 310 页。

供医疗的边际成本将增加。医疗的最优数量为 Q^*，在这一点上边际成本等于边际收益。在达到 Q^* 之前，每增加 1 单位医疗服务的边际收益都会超过边际成本；越过这一点之后，边际成本则超过了边际收益。因为病人只需要承担额外医疗的部分成本（如共保金额的百分比），病人的边际成本将少于提供额外医疗的总成本。结果，医疗服务提供者将继续提供医疗服务，直到病人的边际收入等于其边际成本。也就是说，在提供保险的情况下，医疗服务者将提供 Q^I 单位的医疗服务。Q^I 和 Q^* 之间的差就是过度医疗服务，见图 6 - 7。

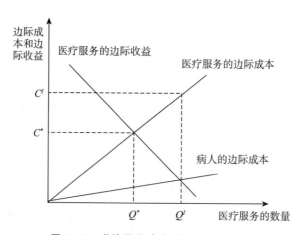

图 6 - 7 道德风险造成的过度医疗服务

（四）保险成本、医疗质量与覆盖范围导致费用上升

医疗保险全面覆盖，在其他条件不变的情况下，让更多的人参加医疗保险，将导致更多的服务，形成更高的医疗成本。而努力降低参保人员的医疗服务会造成医疗质量的下降。我们的目标是减少过度医疗服务，降低医疗费用。图 6 - 7 显示了这些要素间的权衡，即最优的人均健康水平与人均保健支出之间的关系。图 6 - 8 中字符显示在医疗服务体系充分有效的情况下，每一支出水平可以实现的健康水平。人们承担的费用越多，可实现的最优平均健康水平越高，但提高的速度可能是递减的。

不同群体的人处于不同的位置，假设 I_1 点代表要参加医疗费用保险的人所在的位置，该点位于可以实现的健康——支出曲线之下，这一事实表明，医疗体系存在浪费。原则上说，要么保持支出水平不变而提高健康水

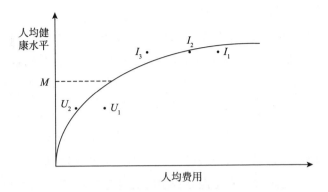

图 6 - 8　人均可实现的最优健康水平与人均支出

平，要么可以保持健康水平不变而减少支出水平，I_2 点与 I_1 点具有同样的健康水平，但前者的成本更低。我们应当提供既削减成本又不损害健康水平的改革，削减医疗费用可能导致服务质量的下降。例如，从 I_1 到 I_3，这种支出的减少及质量的降低的确减少了过度的医疗服务。

　　假设 U_1 点代表目前正在工作但没有参加保险的人所处的位置，点 U_1 可能会落到给定支出时能够获得的最优健康水平之下。U_2 比 U_1 的情况更好，点 U_2 以更低的成本提供了与 U_1 同样的健康水平。假设任何群体的最低健康水平不应当低于 M，可以通过为所有的人提供健康保险的方式来部分地达到这一最低的健康水平。由于存在道德风险，扩展保险范围会增加过度的医疗服务，只有未保险者的费用增加时，他们才可能达到最低的健康水平，这就产生了由谁来承担增加的成本的问题。

二　实行"三医联动"，从保险制度层面控制医疗费用过快增长

　　中国社会保险学会医疗保险分会会长韩凤曾指出："现行的医疗保险制度主要通过六方面措施控制医疗费用增长：一是加强统筹基金与个人账户管理，统筹基金由医疗保险经办机构统一管理，用于支付住院或大病医疗费用，个人账户由个人管理，主要支付门诊和小病费用，体现参保患者的知情权并起到自我控制费用的作用；二是规定基金支付范围，劳动与社会保障部会同有关部门制定了国家基本医疗保险药品目录，诊疗项目、医疗服务设施范围和标准作为基本医疗保障基金支付范围，只有纳入目录的

药品、诊疗项目和服务设施才能由基金支付；三是指定服务机构，由医疗保险经办机构选择能提供优质服务的医院、零售药店为定点单位，并进行严格审核、挂牌，实行双方签订定点服务协议的办法，明确各自的责任、权利和义务；四是选择有效的结算方法，具体包括按项目付费、定额付费、按病种付费以及总额预付；五是做好基金预、决算，通过分析上年数据作出本年度医疗费用支出预算，并按日、月、季、年为时间单位，对照预算进行评估，分析符合与不符合预算的原因，并制定预警线，从宏观控制医疗保险基金的风险；六是医疗费用的监督与稽核。"① 从医疗保险制度层面控制医疗费用增长，还需要许多相应的配套手段，以便多层次推进达到控制目标。

中共十八届五中全会提出推进"健康中国"建设，深化医药卫生体制改革，理顺药品价格，实行医疗、医保、医药联动，建立覆盖城乡的基本医疗卫生制度和现代医院管理制度。"三医联动"提出多年，但进展不大，关键在于多元的利益体制与机制未能触动，政府药品采购未能取得成果，社会评估偏低，药品产供销各环节处于非正常经营的利益陷阱中难以自拔，财政不能给于医院更多的财政补贴以摆脱"以药养医"体制，医保体系的许多体制还需要进一步理顺。《国务院办公厅关于印发深化医药卫生体制改革 2017 年重点工作任务的通知》中重提"深化医疗、医保、医药联动改革"，取消药品价格加成制度，实行医药分离。这些重大政策的出台，需要一系列的政策矩阵进行配套改革，否则将一事无成。

三 利用财政手段控制医疗费的供给量

随着医学技术的革新和医疗需求的增加，高精尖医疗器械和高档次药品、进口药品与医疗材料被广泛使用，思想观念与医疗行为人为地提高了医疗费用支出，滥用抗生素谋财害命并导致医保基金流失严重，重复检查和过度检查是我国医院的一道"风景线"，这严重浪费了医疗资源。

在公益性医院管理中，通常合理的做法应该是由政府负担医疗服务的

---

① 韩凤：《我国医疗保险的发展及其对医院管理的影响》，医院改革与发展政策研讨会暨清华大学首届现代医院高级工商管理研修项目启动仪式上的发言，2003 年 12 月 13 日。

固定成本，以体现公益性质，而对使用者按照边际成本来收费，这可以使每项医疗服务的使用量达到最有利社会整体利益的帕累托水平。根据财政预算，应按一定比例的财政基金更新医疗设备及引进新的医疗科技，同时严格控制医疗设备及不合规医疗方式的费用增长。例如，新加坡政府要求医院只引进已被证明成本低效果好的新设备。在实行全国财政统筹的国家中，通过建立白色市场加以调节，人们在白色市场中，寻求自己的医疗服务，或是由商业性人身保险加以补充。而在一些不由政府财政统筹的国家中，对新医疗设备和技术的引进亦由政府统一监管。在财政投入不足的情况下，我国一些医院对医疗器械采取了放任自流的做法，由医务人员自行集资购买医疗设备，为了寻求这些固定成本的收回与盈利，不惜手段扩大医疗设备的各种检查范围，加重了老百姓的负担，市场化速度太快会导致医疗费用的失控。在我国 100 万~200 万人口的城市的医院拥有 20 台以上 CT 是较普遍的，仅此一项浪费就多达 50 亿~60 亿元；按国际标准，由于大处方，我国卫生总费用 12%~37% 被浪费掉了。

中国医疗卫生体制失灵的主要症状表现为：医疗服务缺乏公平与公正性、政府基金使用效率低下。另据监察部、人事部披露，"全国党政部门有 200 万名各级干部长期请病假，其中有 40 万名干部长期占据了干部病房、干部招待所、度假村，一年开支约为 500 亿元"。① 如何利用有效的财政手段与组织手段控制领导干部滥用医疗经费，同时是反腐斗争中的一个重大问题。《三级综合医院评审标准实施细则（2012 年版）》适用于公立三级综合医院，共七章 69 节 357 条标准与监测指标，三甲医院的评定标准需要大量的医疗设备，新设备的引进仍要通过客观评价标准立项，否则也不能列入医院成本项目，固定成本部分应该通过国家财政对医疗卫生部门的拨款来解决。确实应该增加财政投入，同时医疗机构对所提供的医疗服务收入应该增加，减少药品收入比重，应该按照其边际成本向患者和医疗保险机构来收费以补偿服务的可变成本，而不能随意定价，谋取超额利润。中国卫生总费用逐年增长，但占 GDP 的比重却表现出较大的波动，

---

① 周凯：《监察部、人事部披露：全国有 200 万名各级干部长期请病假》，《中国青年报》2006 年 9 月 19 日。

2014 年仅占 GDP 的 5.5%（见图 6 – 9）。

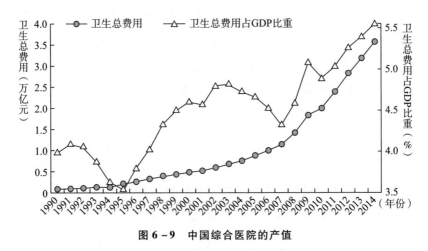

图 6 – 9　中国综合医院的产值

四　利用需求政策和健康管理控制医疗费用的增长

现代医疗技术的迅猛发展和生活质量的大幅度提高，人类现在比任何时候都更珍惜生命，希望健康、长寿。推行分级医疗之所以困难，是患者愿意追逐更高档次的医疗服务，社区医疗条件差，人们害怕失去医疗机会，因此，患者对医疗保健的需求则是刚性的，医疗服务需求弹性小，这种需求无法代替。尽管许多医疗需求是被动的，但在不少情况下仍表现出一定的价格弹性和收入弹性，这种特殊的消费，消费者意愿指数更高。一般而言，被保险人的医疗需求随着医疗补偿水平的升高而增大，随着报销水平的提高而导致消费膨胀，甚至引发过度消费需求，需求政策强调医疗保险的享受者要分担一定数额的医疗费用，适度抑制消费刚性。2017 年，国务院办公厅《深化医药卫生体制改革 2017 年重点任务》要求，以需求为导向做实家庭医生服务，重点人群签约服务覆盖率达到 60% 以上。

新加坡的医疗保险制度较具特色，早年就实行医疗公积金制度与家庭统筹制度，建立大病保险，鼓励医院、医生之间的竞争；日本从 1999 年开始，政府管理的健康保健制度中被保险者自己负担的医疗费用部分从 10% 提高到 20%；德国从 2000 年开始，为患者住院的康复措施所支出的费用，在德国西部由每天 25 马克减为 17 马克，在德国东部由 20 马克减为 14 马克。韩国规定了个人负担的高额比例,即门诊报销 40%,住院报销 55%,然而适得其反,韩国成为世界上医疗费用上涨最快的国家之一。

健康管理指对个人或人群的健康危险因素进行全面管理的过程。其宗旨是调动个人及集体的积极性,有效地利用有限的资源来达到最大的健康效果。中国医科大学黄建始认为,北京市因生活方式导致的慢性病患者有300 万人。根据测算,如果通过健康管理,按人均每月医疗费用降低 50 元的标准计算,每月节省的药费可达 1.5 亿元。美国健康管理策略主要有 6 种方式:生活方式管理、需求管理、疾病管理、残疾管理、灾难性病伤管理、综合人群健康管理。"健康人民"计划已经进入第 2 个 10 年,叫作"健康人民 2010"。该计划包括 2 个主要目标、28 个重点领域和 467 项健康指标。2 个主要目标是:①提高健康生活质量,延长健康寿命;②消除健康差距。在 467 项健康指标中,有 10 项是重点健康指标,其包括:①运动;②超重及肥胖;③烟草使用;④药物滥用;⑤负责任的性行为;⑥精神健康;⑦伤害与暴力;⑧环境质量;⑨计划免疫;⑩医疗保健覆盖率。

为了避免重复检查,加拿大维多利亚医院医疗信息整合中心(Royal Jubilee Hospital)的做法是:患者在任何医院的 X 光、超声波、心电图、生化指标等全部由计算机管理,发送到维多利亚医院医疗信息整合中心医疗信息中心保管,中心检验其通用性,如 X 光片,图像标准不一致,由医疗信息中心整合,达成一致标准。这些样本可再发送到转治医院,转治医院不再作重复检查(之前已统一检查标准),保证各医院信息共享,减少重复检查费用。

五 通过总额预算等结算办法控制医疗费用上涨

20 世纪 70 年代以来,为了遏制医疗费用增长太快的势头,欧洲国家医疗改革实施总额预算制,提出由劳工代表、企业代表、政府代表、保险公司代表和医院代表谈判协商,规定总额预算绝对额,让医院和医生进行自我控制,超支部分自己负责。一些国家采取了医疗单位预算方式来控制医疗费用的增长,如比利时、荷兰、西班牙等国家,均取得了较理想的效果。我国疾病住院按发生各项费用总和在出院时结算总费用的模式已执行多年,在"总额付费制"下,已加入了社会基本医疗保险的住院病人,在出院结算费用时，医院按基本医疗保险报销比例对其发生的费用自动进行分割。世界卫生组织驻中国首席代表贝汉卫博士指出：中国的公立医院要通过病人付费拿到医务人员工资的 50%～90%，导致医院增加临床服务量，而提供的预防和基本服务不足。同时导致不必要的过度开药和诊断服务，而且难以实施成本控制。来自宏观经济控制的信息是财政部等七个部门，要求全面推开公立医院综合改革，全部取消药品加成（中药饮片除外），2017 年全国公立医院医疗费用平均增长幅度控制在 10% 以下。医院可能出现大面积的亏损，医务人员收入大幅度下降，财政补贴不可或缺。

合理的结算办法直接作用于医疗费用的有效控制，同时可有效节约管理成本与简化经办手续。如荷兰、英国实行的按人头支付的办法，节约归己超支自付；美国的诊断相关性系统（Diagnosis Related Groups，DRGs）按病种分类体系，激励医院从经济上以低于固定价格的费用提供服务，保留固定价格与实际成本的差额，减少医院的诱导性消费与盲目检查，控制医疗费用；法国的"总额预算、层层承包"，由国家医疗质量监察中心监督医疗质量，既有效控制医疗费用的不合理增长，又要保证医疗效率；芬兰、瑞典等国的工资制支付方式，按医务人员所提供的服务支付医务人员工资，控制了医院的总成本和人员开支，保障了医务人员的收入；以资源为基础的相对价值标准制（Resource Based Relative Value Scale，RBRVs），根据医疗服务中投入的各类资源成本，计算医生服务或技术的相对价值或权数，应用一个转换因子把这些相对价值转化成收费价格，减少了不必要的外科手术。

$$RBRVs = TW + RPC + AST$$

式中，TW 为医务人员劳动总投入；RPC 为不同专科的相对医疗成本指数；AST 为以普通外科为标准的专科培训机会成本相对分摊指数。

上述各种结算方式各有利弊，我国各级人力资源和社会保障部门与财政部门应在"以收定支、收支平衡、略有节余"、"刚性"及"三低"的原则下，综合考虑医疗机构的利益导向与单位和个人医疗保险基金的承受能力，建立各种医疗费用结算方式的绩效评价指标体系，剔除不合理的管理成本开支，如引入"药房托管"制度，节约管理成本，确定合理的医疗费用年度增长系数，对于低于年度增长系数的定点医院给予奖励，高于年度增长系数的定点医院要自负一定比例。总额预付结算、服务项目结算、服务单元结算等方式及其综合方式，均为中国城镇医疗保险改革提供了一定的经验参考。

我国各地对需方的控制力度正在加大，自付比例处于逐渐调高的趋势，起付线的设定普遍采用了根据医院级别和住院次数分段设计的方式，个人账户主要用于支付门诊费用。支付方式在从后预付制向预付制发展，即由事后计算支付额向预先确定支付数额发展。结算方式与标准，正在随着医疗服务价格指数、GDP 等变化而调整，经办机构的监控重点逐步转向防止医疗服务提供不足和费用支出向参保人员负担转移。

实现医疗保险基金收支平衡，增收节支是关键，医疗保险改革、医药体制改革都影响着医疗基金的收支平衡。医疗保险支付是医疗保险的一个重要环节，将医疗保险的参与者与医疗服务的提供者连接起来，成为两者发生经济关系的纽带。从 2017 年 7 月 1 日起，切断以药养医体制，实行零加成政策，医疗保险基金的收支平衡，需要更多的财政补助与提高医疗服务收费来弥补。

六 建立成本效果和质量效果评价办法

基本医疗保险既要保证基本医疗技术，更要考虑其经济成本核算，在选择基本医疗保险处方用药和诊疗项目的具体方法上，在借鉴国际流行的经济学评价办法，综合考虑和比较药品或诊疗技术的成本效果。例如，选择什么药品作为基本医疗的处方用药，门诊慢性病、门诊特殊病种待遇统筹支付改革，均要综合考虑药品的性价比、治疗的时间因素及患者的劳务成本，作出经济判断之后，选择最合适的药品，而不是仅简单考虑药品的价格问题。"以药养医"体制取消后，定点药店卖药，要保障药品质量。

质量评价侧重于研究卫生保健服务系统：第一种方法是结构法，研究的是提供医疗服务的环境，包括设备、人员和组织结构，如果环境的结构特征是优良的，那么在此环境中的医疗实践、过程及结果也将是优良的。第二种方法是过程法，侧重于研究为病人提供了什么样的医治，最常用的手段是运用调查表或治疗方案，来检查为某个特殊病人应该采取什么样的治疗方案，将医生提供的实际治疗与调查表进行比较，把偏差和能接受的标准进行比较，如果以正确的程序执行了正确的事情，那么就是为病人提供了质量合格的医疗服务。第三种方法是结果法，一是测量一般健康状况的方法，如用治疗方案来衡量对糖尿病、高血压、心血管或癌症病人的作用效果，并显示它在监测治疗疾病过程中的适用性；二是特异疾病衡量法，运用死亡率或存活率指标来调查某种疾病，如检查接受了外科手术治疗、化学、放射和混合治疗的乳腺癌病人的五年存活率。上述三种质量评价方法各侧重于医疗服务的不同方面，也依赖于质量的不同指标，有各自的优缺点，但三者之间也有交叉，将三者综合起来评价医疗质量，方法更为有效。质量的好坏事实上也是成本问题，质量优秀可以节约成本，质量不佳显然是浪费了医疗资源。

从我国医疗卫生体制看，目前我国管理医疗卫生的部门太多导致过滥，都在管理医疗卫生中的一部分工作，各自为政，缺乏统一协调，难以确定总体发展的目标，全面推进卫生改革。各部门职能分散，多头管理，降低了行政管理效率，同时，可问责性差、反应性差，导致居民的普遍抱怨和不满，卫生与经济发展的不协调，也影响了和谐社会的构建。

七　选择按病种付费的结算办法和定额预付费制度

按病种付费是根据每一种疾病或病程所需全部服务进行事先定价后，按此标准支付给医疗服务的提供者。美国的预付制和德国的按点数收费，都属于按病种付费的方式。我国一些地区试点医保门特门慢待遇定点零售药店统筹支付方式时，就准备按病种付费的结算方式。随着医疗技术方案的多样化，医院体现的诊断手段与各自表现的费用差别也越来越大，医疗保险亟须通过科学技术的分析来测算每一病种的标准化治疗、标准化诊断与标准化用药，在众多的治疗方案中，应选择适当、相对成本较低而收效较大的方案，并作为医疗保险机构费用偿付的依据，摒弃医疗机构"服务收费"方式，避免提供过度的医疗消费。

"住院病人疾病诊断相关组—预付款制度（Diagnosis Related Groups-Prospective Payment System，DRGs-PPS），是专门用于医疗保险预付款制度的分类编码标准，也是目前世界公认的较为先进的医疗费用支付方式，用这种定额预付的方式代替按服务项目收费的事后补偿方式，涉及病人、医院、医生、保险商乃至医药产业等众多利益相关者，将会影响到医疗服务提供、医疗价格、医疗保险等方面，必将引发医疗卫生及其保障系统中多个领域的变革。它根据病人的年龄、性别、住院天数、临床诊断、病症、手术、疾病严重程度、合并症与并发症及转归等因素把病人分入 500～600 个诊断相关组，分组确定需要的医疗费用。大致运作模式是：先测算出全市各医院治疗某种疾病的收费情况，算出一个平均值，再考虑患者的年龄、疾病严重程度、有无并发症等情况，将情况类似的患者分成一个诊断相关组，不同的组各对应平均值换算出一个系数，制定出一个合理的收费定额"。① 实施 DRGs-PPS 后，社会保险和商业保险的支付模式，将由目前的按项目付费转变为按照出院病人所属的 DRGs 费用付费，医院在提供医疗服务前即可预知治疗某一病人的医疗费用最高限额，医院自负盈亏。DRGs-PPS 意在解决迫在眉睫的"看病贵"难题。DRGs-PPS 的最大受益者，将是整个社会医疗保障体系和提供商业医疗保险的保险公司。

实行 DRGs-PPS 制度后，一方面可以遏制过度医疗，减少社会基本医疗保险的整体支出；另一方面可以使保险公司知晓已纳入 DRGs 的疾病住院费用，利于预知赔付率和测算相关产品的费率，有助于降低保险公司的赔付率。莱特指出，DRGs 方案已明显地成为政府节制医疗费用的主要手段。但是，DRGs-PPS 可能使医院在诊断过程中，将病人划入费用高的分组，导致治疗费用攀升，同时部分医院可能会因收入减少取消某些开销大而社会又确实需要的临床服务项目。

第四节　医疗保险经办管理的组织与服务措施

围绕世界卫生组织"人人享有卫生保健"的目标，世界各国在采取与自身国情相适应的医疗保险模式的基础上，一方面保证人民有一个基本合理的保健医疗；另一方面通过控制医疗费用的上涨，合理分配卫生资源，

---

① 孙牧虹、沃林斯基：《健康社会学》，社会科学文献出版社，1999。

提高医疗资源的利用效率。在医疗保险中，医疗消费具有即时性、难预测性、道德风险大的特点，在医疗保险经办管理中，完善组织与服务措施中的经办管理，加强宏观控制是当务之急。

一　分割部分累计结存统筹基金用于疾病预防

按照国际医学人士预测，21 世纪老年人的疾病谱系将发生重大变化，表现为慢性非传染性疾病大量增加，并以高血压、冠心病、慢性支气管炎、关节炎为主，其中的许多慢性病与抽烟、酗酒、高盐、高糖、不合理的营养饮食及日益恶化的生态环境有关。慢性病病种包括高血压病、冠心病、糖尿病、类风湿性关节炎、帕金森病、系统性红斑狼疮、精神分裂症、慢性心力衰竭（心功能 Ⅲ 级以上）、心脏瓣膜替换手术后抗凝治疗、癫痫、慢性活动性肝炎（乙型）、肝硬化（失代偿期）、慢性肾小球肾炎、慢性肾功能不全（非透析）、慢性阻塞性肺疾病、阿尔茨海默病以及情感性精神病（狂躁发作、抑郁发作及双相障碍）。

门诊特定项目指在门急诊就医，医疗费用较高，经有关部门指定的一些特殊项目。门诊特定项目包括急诊留观、恶性肿瘤化疗、恶性肿瘤放疗、尿毒症血透、尿毒症腹透、慢性再生障碍性贫血治疗、肾脏移植术后抗排异治疗、肝脏移植术后抗排异治疗、血友病治疗、重型 β 地中海贫血治疗、慢性丙型肝炎治疗及家庭病床。

根据"健康中国"的愿景，为了促进参保者增强自我保健意识、提高健康水平，坚持"早发现、早预防、早治疗"的方针，可适当划分部分统筹账户基金用于参保职工的疾病预防，进行必要的定期检查，降低慢性病的发病率与发病程度，提高离退休人员的生命质量，保健预防有利于节约医疗保险资源，最终减轻个人及其家庭的医疗费用负担。从我国 2014 年末城镇基本医疗统筹基金累计结存 6732 亿元（含城镇居民基本医疗保险基金累计结存 1195 亿元）来看，完全有能力从统筹基金中支出一部分用于疾病预防。普及全民健康知识与加强预防意识，可以借鉴英国的基本医疗体系：英国医生对每户人家的健康状况了如指掌，加上由政府组织的各种体检，随时可以把许多疾病消灭于萌芽当中，使真正去大医院看大病的人减少了许多。因此，从整个社会的角度看极大提高了效率。加强保健预防，力图使我国改变重治疗轻预防的状况。

二 取消药品加成，实行产、供、销一体化的管理体制

2013年，中国卫生总费用占GDP的比例为5.4%，卫生总费用中政府卫生支出占55.8%，个人占44.2%。政府补贴收入比例多年来处于7.5%左右（见图6-10），综合医院药品销售收入占医院收入的43%左右，也有报道，一些药品收入占医院总收入的比例为80%以上。

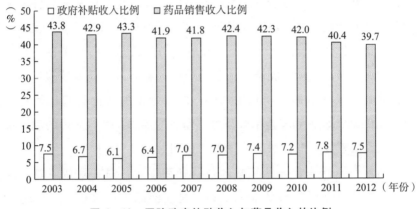

图6-10 医院政府补贴收入与药品收入的比例

公益医院得以运转长期依靠"以药养医"体制，药价虚高是一个系统问题，从药厂虚报成本价、新药审批、物价部门定价、各级代理商的层层加价、医生开药方拿提成，这整套系统每个环节都注入了不正常的利润。"药价虚高、回扣泛滥、药品价格离奇离谱成为全社会最为深恶痛绝的问题，这一问题愈演愈烈，持续数年挑战社会神经的底线。"

在医改问题上，政府既缺位又越位，是产生药价虚高（如葡醛酸钠注射液价格虚高9137%）与腐败的重要原因。2005年国务院发展研究中心一份研究报告作出了"中国医改基本不成功"结论，政府过早让医院自立于市场，而未投入足够的基金，市场机制需要控制价格，价格偏偏由政府部门来控制，在顺价加成15%和零差率政策下，有回扣小的药品、回扣大的药品，国外药品价格高、利润率高，大量占据国内药品市场，大量安全有效、价格低廉的低利润经典老药逐渐被赶出医院市场，经政府药品采购后的药品很快就从市场上消失。政府的失败最终使得市场机制没有建立起

来，竞争机制也没有形成。在药品、医疗器械生产经营企业商业贿赂案件中，监督管理系统工作人员利用职权参与或干预企业经营、谋取非法利益，特别是利用行政审批权、行政执法权贪赃枉法和索贿受贿，根源在于利益链诱惑下的体制腐败。

市场经济国家要求在生产环节严格监管，药政管理部门对新建药厂和仿制药及研发新药，因可以单独定价，要对企业生产环境、设备条件、工艺要求、人员素质等进行严格审批，核发生产经营许可证，以保证药品质量。在流通环节上，对流通渠道及经营批发、零售企业的从业条件和从业人员均有明确规定，并调动商业保险等监控手段进行制约平衡。我国实行产、供、销一体化的管理体制，减少流转环节，甚至实行订单制，可以有效地节约医疗费用。国家要建立完善的药价监管体系和药事管理体系，从成本核算到流通环节的各项费用消耗、医院赚取的药价利润都能进行监测，对顺价加成15%和零差率政策进行彻底的反思。利益集团的利益链不斩除，就无法建立"三医联动"的健康机制。

药品集中招标采购导致行政越位，管制强化，国务院新一轮医改要求，全面推进公立医院药品集中采购，建立药品出厂价格信息可追溯机制，推行从生产到流通和从流通到医疗机构各开一次发票的"两票制"，使中间环节加价透明化。从2017年7月1日起，实行零加成政策，彻底切断医药利益链，严格控制明扣和暗扣之风，从而促进政府药品集中采购体制进行彻底的改革。

三 多管齐下实行多元化费用监管

许多国家长期实行医疗过程的剖析制度，对处方用药的种类和数量尤其是抗生素的数量进行限制，严格审查大处方。例如，美国采用预先审核制，查看病人是否需要住院或做大检查，这种管理可降低10%的费用，但增加了5%的管理费用，美国的药品价格由医疗保险机构管理和控制，而不是政府。许多国家还实行了药品服务和卫生服务的分业管理，如药房托管政策等，对药品和医疗设备定价在一定程度上受保险组织的干预。有些国家规定了住院用药与非住院用药、处方用药与非处方用药、可用药与不可用药、药品价格与代用药品的详细目录，制定了药品及代用品的允许与非允许生产项目表，限制医生出售药品提到的好处费。还有些国家通过关闭一些医院或减少医务人员，控制医学院招生人数（医生短缺造成一般病情候诊时间可能特别长），用价格较低的家庭护理和预防保健代替传统的住院治疗，以此降低医疗费用。在人头费支付制度下，管理式医疗组织希望以最低的成本为病人提供服务。当医学上许可时，他们将会让病人更多地利用门诊服务，而更少地利用住院服务，以及利用家庭医疗服务或家庭病床服务。管理式医疗组织提供了降低全程医疗服务成本的激励机制，鼓励提供者用低成本的方法向病人提供服务，降低医疗服务的成本。

加强医疗费用监管是我国一大突出问题，孤寡老人的医疗费实行实报实销，是政府的一种扶助政策，但有时成为犯罪分子骗保的一种手段，北京朝阳区检察院查获孤寡老人亲属先后 8 次拿着假票据，与退休医生共同诈骗，从社保中心领取了 27 万余元的医保报销款。一些医院制造假病历、假住院骗取医保费用的问题也屡见不鲜，一方面可能是结算制度不合理导致的利益补偿驱动；另一方面是一些医院可能有意而为之，他们采取挂床骗保、冒名报销、医保卡滥用等手段蚕食医保基金。据报道，2013 年，长沙就有 18 家医院因存在"挂床住院"，为假病人办理虚假住院手续，套取医保基金等违规行为被查处，这些骗保医院以"优惠""倒贴"等方式诱导病人住院骗保，医院倒贴 200 元钱请人住院，然后拿着虚假住院结算单到医保部门报销，套取医保基金。新农合也是近些年诈骗刑事高发区，既有参合农民报假账骗取补偿金，也有农合经办机构虚报、瞒报、截留、藏匿基金，还有定点医院物色一些参保农民伪造假住院证明、延长住院时间套取基金。控制假票据、查处假住院的各种骗保行为，完善结算体系，亟须建立多元监管体系，防止此类事件的发生。

"医保卡兑换现金"成就了一条灰色产业链。医疗保险改革、医药体制改革与医院体制改革三大改革必须同步进行，"三医联动"不可偏颇，围绕医疗基金收支平衡这一命题，医疗保险制度运行中要进一步降低改革成本与制度成本，完善各项管理规章；医药体制改革需要从反对腐败与大力减少流通环节入手，通过结构性改革维系医务人员的收入，切实采取措施铲除权力寻租、处方创收的毒瘤，优化医疗保险的外围空间，以药品出厂价格信息可追溯机制，还老百姓一个明明白白的医疗消费。

四 实施定点医院仲裁制

埃伦里希和克劳斯认为，在美国没有单一、统一和带有相同目标的卫生保健政策，现有的政策是众多特殊利益集团及其说客们多年来争取到的各种各样的对己有利的权利和许诺的大杂烩。由于卫生保健政策的随意性，美国健康保险中采用预先审核制，可以节约 10% 的医疗费用。医院、患者、社会保险机构三方严格按照仲裁条款或仲裁协议，行使各自的权利、义务和责任，仲裁制的实施对于控制医疗费用的非理性支出具有积极的意义与价值，减少了政策的随意性。

在我国，公民、法人和其他组织之间发生的合同纠纷和其他财产权益纠纷，可以仲裁。在社会保险定点医院，为节约有限的医疗资源，医疗保险机构与定点医院之间具有双方的权利与义务关系，在医疗过程中，上述套取医保基金等违规行为和新农合基金被套用这种社会乱象，必须建立医疗机构信息共享平台，实现住院票证网络查询和住院时间、地点等信息查询共享，并将医保卡（兑取现金现象严重）、农合卡使用情况记入个人诚信档案记录，加大道德缺失的惩罚成本，并直接与报销额度挂钩。监管医保基金的使用，必须由专业人员进行，对医院医疗行为和医疗过程进行监管，不能简单地以控制住院人数、住院率、次均住院费用为监管手段，还要对病人的入院审查、诊疗过程、药品使用、设备检查、出院报销项目审查等各个环节进行严格监管，对有争议的进行仲裁。

监管也需"抓大放小"，加强预防的措施是对于大宗医疗费用支出较大的病例，应由社会保险机构组织医学专业技术小组，对器质性病变或是大额医疗费用进行准确的医疗界定，对患者在定点医院就医或是否需要转院诊治，是否需要使用彩色 B 超、动态心电图、CT（Computed Tomography）、ECT（Emission Computed Tomography）、核磁共振、射频治疗、血液流变分析等高新医疗设备，对用药种类和数量、以器质性病变和费用结合的大病界定等引起的争议，根据出台的用药目录和医疗诊治规范，进行严格的剖析和仲裁，做到因病施治、合理检查、理性用药，使之成为调节医疗资源流量的重要手段。

五 选择可持续发展的医疗保险基金筹资模式

按照国际卫生组织的医学经验和对人口生命表进行观察，从 55 岁左右开始，大病住院概率最高，个人一生中绝大部分的住院医疗费用发生在 55 岁以后，出现明显的亚健康拐点。2030 年我国 60 岁以上的人口将达到 22%，55 岁以上人口比例则更高，人口高龄化现象会越来越明显，将促使医疗需求呈井喷式释放。据专家分析，我国大约 90% 的死亡者属于非传染性疾病，也就是慢性病（Murray and Loprz，1996）[1]。富克斯（Fuchs）和科恩（Koen）针对日益扩大的老年人群体对保健救助系统的影响时指出三种影响：第一，将会出现专门治疗老年病学家的极度短缺现象；第二，如动脉硬化、心脏病、关节炎等疾病容易侵袭老年人，将导致更多以增加保养为主的费用支出；第三，老年人的医疗开支要比其他任何年龄群体高得多，老年人的医疗保健费用在今后 15 年内将增加 20 倍，衰老过程成为严重的社会问题[2]。

对于我国人口老龄化加速发展的现状而言，医疗费用支出将更加高昂。目前各地政府对城乡居民医疗的财政补助在逐年上升，报销比例也节节攀高，如从 2017 年 6 月 1 日起，广州市城乡居民大病保险支付比例年度最高支付额从 12 万元提高至 40 万元；从 2018 年起，广州市城乡居民医保个人标准为每人 199 元，各级政府资助标准均为每人 478 元，其缴付比例为 1∶2.40，政府对城乡居民医疗费用的供养成本非常高，其制度刚性，将给未来中国社会造成巨大的经济压力和社会压力。

2015 年我国职工基本医疗保险情况为："参保职工 21362 万人，参保退休人员 7531 万人"[3]，比例为 2.837∶1。我国绝大多数退休的老年人口在新医疗制度之前基本上没有医疗基金积累，为此财政部原部长楼继伟提出："要深化社保制度改革，改革医疗保险制度，建立合理分担、可持续的医保筹资机制，研究实行职工医保退休人员缴费政策，建立与筹资水平

---

① 邓大松、林毓铭著《社会保障理论与实践发展研究》，人民出版社，2007。
② 〔美〕F. D. 沃林斯基著、孙牧虹等译：《健康社会学》，社会科学文献出版社，1999 年。
③ 参见《2015 年度人力资源和社会保障事业发展统计公报》。

相适应的医保待遇调整机制。"① 如果采取类似养老保险的混账管理模式，依靠在职职工医疗基金的积累来实行代际转借具有相当的风险与压力，仅依靠现收现付的社会医疗保险统筹基金难以渡过人口老龄化高峰期。在考虑医疗保险改革的筹资模式问题时，也应选择部分积累制筹资模式。2015年末，我国城镇基本医疗保险统筹基金累计结存 8114 亿元（含城镇居民基本医疗保险基金累计结存 1546 亿元），个人账户积累 4429 亿元；2015年末参加城镇基本医疗保险的农民工人数为 5166 万，参保城镇职工 21362万，比例为 1∶4.14，农民工是一个年轻的群体，发生医疗问题的概率较低，为城镇职工基本医疗保险基金积累做出了贡献。

六 建立社区公共卫生及技术平台，提高服务效率

较长时期以来，我国不太重视社区医疗卫生水平的提高，表现为社区卫生服务资源短缺、服务能力不足、难以满足群众基本卫生服务需要等问题，70% ~80% 的病人，首先应该在社区解决，实行首诊制和分级医疗，但社区医疗水平低，老百姓对社区医院不信任，造成大医院人满为患，"看病难"由此而起，浪费了患者大量的时间和精力。

我国必须进一步深化医疗卫生体制改革，大力发展城市和农村社区卫生服务，解决城乡社区缺医少药的问题，努力为居民提供安全、便捷、经济的公共卫生和基本医疗服务。随着慢性病、特殊病种的待遇定点零售药店统筹支付改革，更需要全面强化社区卫生服务，提高医疗服务的可及性，实现预防为主和早期干预，提高投入绩效，努力解决 80% 的患者首诊制的问题。

从 2017 年 7 月 1 日起实行零加成政策，并在求对药品进行价格追溯，需要提高财政补助与医疗服务费补偿药品零加成带来的损失，补偿机制的建立可以通过对服务定价进行有偿购买来实现，有偿购买就是对社区卫生服务实行"公共卫生由政府购买、基本医疗由医保购买、延伸服务由社会和个人购买"的补偿机制。北京医改中传闻取消了挂号费、诊疗费，增加了药事服务费，有患者医改前"一次挂号费 + 诊疗费 + 一盒药"共花费

① 楼继伟：《中国经济最大潜力在于改革》，《求是》2016 年第 1 期。

27.98 元，医改后"一次药事服务费 + 同样一盒药"共花费 69.99 元（其中一次药事服务费 50 元），同一种药、同等量药，医改后比医改前多花费 42 元，老百姓的医疗负担反而增加了不少，从药品大包装改为小包装，迫使患者多次往返医院支付药事管理费，类似案例显然不是医改的目的。

从消极的治疗服务转向积极的医疗保健，可以节省大量的医疗费用，对于一些公共产品和准公共卫生产品，如预防保健服务、健康教育服务等，通过增加政府购买服务项目，即根据社区卫生服务机构提供的项目数量、质量和项目的相关成本核定政府财政补助额度，通过招投标优化社区保健服务。基本医疗由医保购买制修订完善城镇职工基本医疗保险定点管理办法与医疗费用结算办法，原有的管理办法和结算办法在新一轮医改后将会有重大的变革，推进以病种付费为主的多元复合型医保支付方式改革，要求将参保人员享有的基本医疗卫生服务及针对不同年龄或性别的特定医疗保健服务，如妇女保健、儿童计划免疫、老年保健等符合规定的社区卫生医疗服务项目纳入医疗保险支付范围。延伸社区服务中由社会和个人购买社区卫生服务机构在向社区内特定的服务对象（如低保人员、残疾人员）提供优惠或免费的卫生服务中所产生的费用，由民政、残疾人联合会等社会职能部门进行有偿购买，实现延伸服务的社会购买，减少社区医院的趋利化倾向。

运用 IT 技术，减少医疗成本，将各医院的保健纳入互联网，利用信息系统管理医院和医生及网上医疗服务：一是通过电子交流方式减少财务交易成本，降低行政费用；二是使用网络记载病人的资料，所有的 X 光检查、CT 等都是数字化的，通过进入网站，调阅患者资料，大大降低病例的管理成本；三是采用电子订货，用 IT 技术与库存管理决策技术使得订购和处理账单的开支大大减少，降低医院药品与器材的库存。

七　做好医疗保险关系转移接续的经办管理

医疗保险关系转移接续指参保人在跨统筹地区流动就业时，把原就业地的社会医疗保险缴费年限及个人账户转到新的就业地，以便在不同统筹地区的医疗保险年限能够累计计算。例如，若转移的社会医疗保险缴费年限满足连续参保年限的接续，则参保人两地医疗保险缴费年限可合并连续计算，医疗保险关系转移的内容包含社会医疗保险缴费年限清单及个人账户余额。

（一）广州市跨统筹区流动就业人员医疗保险关系转出管理

2010 年 7 月 1 日，人力资源和社会保障部出台了《流动就业人员基本医疗保障关系转移接续暂行办法》。此办法中规定流动就业人员社会医疗保险可跨省转移接续。以广州市为例，跨统筹区流动就业指在广州市行政区以外的全国各统筹区就业。原参加广州市社会医疗保险的参保人，因工作调动、回乡就业（或生活）等符合政策规定的原因离开广州市医疗保险统筹区并参加新工作地或户籍所在地社会医疗保险，且已办理养老保险关系转出手续的，可办理广州市社会医疗保险关系转出手续；有个人医疗账户余额的，可同时办理余额、返回户籍所在地流动就业人员医疗保险关系转出额转移划拨手续，办理程序见图 6 - 11。

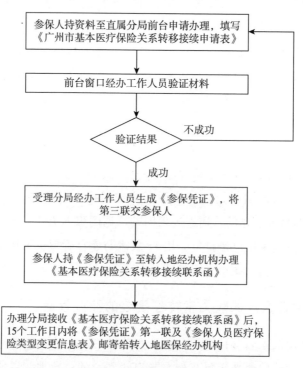

图 6 - 11　回户籍所在地医疗保险关系转移流程

（二）广州市返回户籍所在地流动就业人员办理转出医疗保险关系管理

离开广州市统筹区回户籍所在地就业（或生活），暂无接收单位的原广州市社会医疗保险参保人，在办理养老保险关系转出手续后，可以办理医疗保险关系转出手续，办理程序详见图6–12。

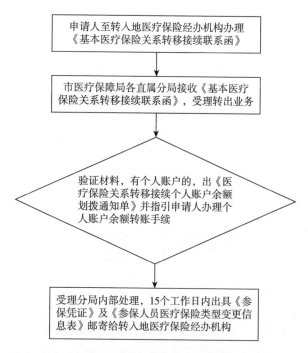

图6–12 跨统筹区流动人员办理医疗保险关系转移流程

（三）广州市流动就业人员办理转入医疗保险关系管理

原参加广州市统筹区外社会医疗保险的参保人在广州市统筹区内就业，或者具有广州市户籍的原参加广州市统筹区外社会医疗保险的参保人回广州市统筹区工作、生活的，按政策规定参加广州市社会医疗保险后，可办理原异地社会医疗保险关系的转入手续；有个人医疗账户余额的，可同时办理余额转移划拨手续，办理程序见图6–13。

2009年12月31日，人力资源和社会保障部公布了《流动就业人员基本医疗保障关系转移接续办法》，规定从2010年7月1日起，流动人员跨省就业时可以转移自己的医保关系，个人账户可以跟随转移划转。基本医疗关系转移接续系统软件可以对转入、转出人员进行详细记录，对于本地转入或转出人员进行自动编号、自动填写省份简称、统筹地、年份及经办机构信息，自动调用 Word、Excel 打印相关表格。这大大提高了医疗保险经办机构工作人员工作效率，方便其日后查档。

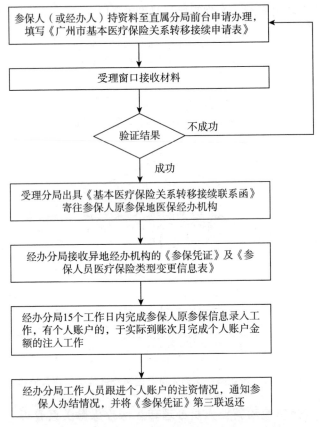

图 6－13　流动就业人员医疗保险关系转入流程

由于体制管理滞后的原因，事实上流动就业人员医疗保险关系的转移接续并不顺畅：一是统筹基金不能随之转移；二是参保者的缴费年限不能累计计算。为此需要加强立法，进一步出台相关实施细则，明确缴费年限的计算及统筹基金转移等办法，协调好流入地与流出地之间各方的利益关系，给转入地一定的经济补偿，并逐步提高医疗保险的统筹层次，整合医疗保险制度框架和管理机构，加强信息网络建设，使医疗保险的转移接续真正方便参保人。

第五节　公益性医院财政可持续与经办管理

公益医院的主要任务是为社会提供预防、保健、治疗、康复等优质的医疗卫生服务。公益医院不以盈利为目的，具有一定程度的社会福利的性质。卫生事业财务经办管理的主要任务是促进卫生事业科学合理地筹集基金、合理分配与使用基金，提高有限的卫生资源的使用效率，促进医疗保险改革，最大限度地满足人民群众日益增长的对医疗卫生事业发展的要求。

一　卫生事业投入与卫生事业补偿机制

《中共中央国务院关于卫生改革与发展的决定》（中发〔1997〕3 号）指出：到 2000 年，初步建立起具有中国特色的包括卫生服务、医疗保障、卫生执法监督的卫生体系，基本实现人人享有初级卫生保健，国民健康水平进一步提高。到 2010 年，在全国建立起适应社会主义市场经济体制和人民健康需求的、比较完善的卫生体系，国民健康的主要指标在经济较发达地区达到或接近世界中等发达国家的平均水平，在欠发达地区达到发展中国家的先进水平。

新一轮医改从 2009 年起步，"看病难，看病贵"的矛盾有所缓解，城乡居民对医疗保险与医疗卫生服务的满意度有所提升。依据《中国医改发展报告（2009—2014）》，相关内容见表 6 - 3。

表 6 - 3　新医改发展变化指标

单位：%

相关指标	2009 年	2013 年	2013 年较 2009 年增加或减少（个百分点）
个人卫生支出	40. 4	33. 9	- 6. 5
政府预算	24. 7	30. 1	5. 4
社会卫生支出	34. 9	36. 0	1. 1
参合农民住院自费比例	73. 4	43. 4	- 30. 0
城镇职工住院实际报销比例	—	73. 2	—

续表

相关指标	2009 年	2013 年	2013 年较 2009 年增加或减少（个百分点）
新农合住院实际报销比例	—	56.6	—
城镇居民住院实际报销比例	—	56.72	—

资料来源：根据《中国医改发展报告（2009—2014）》资料整理。

中国公共卫生与满足人民群众的健康需求仍有不小差距，与发达国家甚至一些发展中国家相比还有较大的差距，卫生事业投入经费严重不足，农村社会、经济、自然与环境的整体协调与平衡发展格局没有得到高度重视，政府一度允许医院从药费里面提取 15% 的差额价，此前多个流通环节中也同样可以加价 15%，滋生了"以药养医"体制（见图 6 - 14）。

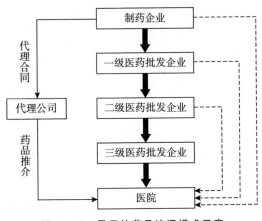

图 6 - 14　最早的药品流通模式示意

长期以来，由于医院的财政补贴严重不足，特别是"医药不分业"的陈旧医疗体制弊端，使得我国医院 54.7% 的收入来自"卖药"。这也是我国民众医药费用支出居高不下的原因，因为补偿机制不合理，造成我国的医疗市场失灵。要解决"以药养医"的体制问题，需要大力增加财政投入，支持卫生事业的发展，确保卫生事业总体增幅水平高于一般财政性支出增幅水平，确保卫生防疫、妇幼保健必要的经费足额到位，实现政府公开采购，降低采购成本、节约财政开支。我国的医院应该逐渐分成"营利性"和"非营利性"两类。我国药品集中采购工作起步于 20 世纪 90 年代，先后经历了医院分散采购、依托营利性第三方中介机构开展以地市为单位的药品集中采购，到建立政府主导的非营利性省级平台以省区市为单位的药品集中采购，再到新医改以来逐步建立基层基本药物采购新机制等不同发展阶段。

国家只负担非营利性医院的财政补贴，非营利性医院或公益医院主要承担国民的基本医疗保障功能。国家鼓励大办民营医院，这些营利性医院都要走向市场，满足患者医疗高消费需求，让民营医院在竞争中求生存。同时，积极推进"医药分业"，在最终消费环节打破医院系统对医药销售的自然垄断，降低药品价格，同时解决对非营利性医院财政补贴不足的问题，非处方药品的市场定价可以推进营利性医院的市场化进程。

民间资本要求开放医疗市场的呼声越来越高，国家可以在制定出严格的准入制度的前提下，进一步采取鼓励社会资本投入的政策，打开社会资本准入的大门，引导社会力量参与发展医疗卫生事业，发展多种所有制形式的医疗机构，将营利性医疗机构让位于民间资本投放。在宏观层面上形成公立医院、民营医院、私立医院、股份制医院等多种所有制的医院并存的公平、竞争有序的医疗服务格局，也是对医疗机构进行补偿、多渠道筹集基金创办卫生事业的有益探索。同时，非营利性医疗机构真正实现保障人民基础医疗需要的功能，与营利性医院相互接替和补充，有利于更快地增强我国医疗卫生事业的综合能力，在保障群众基本医疗服务的同时，满足群众多层次、多样化的需求。

二　强化公益医院现代管理理念，加强财务经营管理

（一）预算管理方式改革与预算的编制和执行

改革医疗体制预算管理是大多数国家的做法。例如，智利在国家医疗系统实施了新的公共行政管理办法，即在国家医疗系统各个机构之间严格划分职责范围，代替以往从财政预算中整块下拨经费的做法，新管理办法对具体的服务项目商定具体的预选方案，实现从投入管理向产出管理的转变。其程序为一开始就分析消费者的需求，继而探讨如何才能满足这些需求，最后决定需要投入的财力和物力，这样将财政预算与具体项目规定在双方都受约束的协议中。

在我国，改革预算管理方式，重点是实行区域卫生规划，灵活运用各种经济手段，合理调整和配置卫生资源，重点向防疫保健、社区卫生服务、支持新农合制度、建立突发型医疗防疫机制倾斜，促进卫生资源的优化配置与有效利用。积极探索对大中型医院以专项经费为主、对小型医院以定额补助为主的财政补助方式，对医疗机构收支实行"总量控制，结构调整"，推行医药分开管理和分开核算办法，改变"以药养医"体制。

卫生事业单位预算是单位进行财务经办管理、财务分析与财务监督的重要依据，编制年度收支预算，要服从于医疗体制改革、医疗保险制度改革和医药流通体制改革的需要。在上年度收支基础上，以会计、统计与业务资料为依据，运用各项事业基数和收费标准及定额进行具体核算，综合考虑相关因素的影响，核定业务增长指标与社会效益指标，科学合理地确定年度各项收支预算。

（二）明晰医疗机构产权关系与提高经营效益

在产权不变的情况下，实行所有权和经营权相分离。公立医院采用公司化治理，通过委托代理将所有权和经营权分离是一个世界性趋势。从产权制度改革入手，公立医院现在不可能全部出让产权，但可以先出让一部分产权，还可以采取增资扩股、投资新建的方式，医院改革将会从单纯的存量改革向存量和增量并行改革的方向发展。由市场配置卫生资源、供给侧改革和政府主导将共同推动中国卫生事业的进一步发展。政府将加大指导，特别是强调由现代企业制度和法人治理结构来治理医院，进一步明晰产权关系。

引进多种股份合作制、实行股权多元化等现代经营管理模式，坚持多种筹资形式，实施医疗卫生事业整体调整和产权制度相结合，围绕"低水平、广覆盖、可持续、严管理"的社会保险制度体系的要求，从医疗保险、医药生产和流通、定价、准入等多个环节入手。积极稳妥地推进公立医疗机构的改革，积极建立一个与社会主义市场经济体制和公共财政政策相适应的医疗服务和经营管理新体制，增强公立医院的活力和竞争能力，并切实保障和提高人民群众的健康水平。从加强股份制改制的财务经办管理与资产管理的角度：一是要做好国有资产的评估工作，明晰股份制医院的产权关系，准确依法登记股份制改制中的国有资产，确保国有资产的增值；二是明晰国有股、集体股、个人股、法人股等股权分配关系，保证国有股份占有较大的比例；三是规范成本列支范围和会计核算办法，根据收支净结余的大小动态核定股权分配系数，合理确定红利分配份额。

（三）医药分开核算与节约医疗成本

据统计，我国医药企业的平均利润率只有9%，与国际惯例的20%相去甚远。医药销售过程中的许多利润，都流向了医院系统。"药价虚高"带来了"医院灰色收入"问题，"三医联动"改革必须切断医生与药品销售活动之间的直接利益联系，实施医药分业管理，否则腐败问题就难以解决。配合建立医药专营制度，逐步实行医药经营分离，以消除医生乱开药方的原动力。模拟国外白色市场的做法，建立医院出方、药店售药、参保人直接购药的制度。例如，厦门市公立医院改革，从2015年7月15日起，厦门市公立医院取消耗材加价，平移调整部分手术类价格；同时，降低部分大型医疗设备检查价格；相应调整诊察费价格，形成5个级别的诊察费分级诊疗价格。

坚持药品采购公开招标制度，要求大力规范政府招标行为，消除医疗机构与医药工商企业之间不公正的购销关系，矫正不正之风和腐败行为，进一步理顺医药产业的结构性矛盾与产品的低水平重复，减少招标过程中的过高收费现象。同时推行各方代表参与的价格听证会制度，打破行业垄断，引入竞争机制，促使药品生产企业不断提高企业管理水平，对医院药品价格实行公开亮牌，增强医院市场竞争意识，保护患者的公共利益。《国务院办公厅关于完善公立医院药品集中采购工作的指导意见》要求2015年全面启动新一轮公立医院药品集中采购工作。鼓励各地结合医改进展和工作实际，积极探索药品集中采购的多种形式，综合施策，促进医疗、医保、医药三医联动，实现药品集中采购政策效益最大化，保障药品质量安全和供应安全，降低药品虚高价格，切实维护人民群众健康权益。

三 医院预算管理与会计核算

医院是直接服务于民的窗口行业，公立医院属于社会公共部门，具有公益性。医院财务经办管理要服从于三项制度改革的需要，努力调整收支结构，降低药品收入在医院总收入中的比重，控制医疗费用的非正常增长幅度，加强预算管理、成本管理、会计核算和会计监督，充分发挥会计管理在医院的重要决策作用。

（一）医院预算管理的编制

1. 收入预算的编制

收入预算的编制一般参考以前年度预算执行情况，根据预算年度的增减因素进行编制。其中，申请财政补助款按照财政拨款或部门核定的定额或定期补助标准编制。

（1）财政补助收入的测算

财政补助收入是医院从财政部门取得的各类事业经费，其公式为：

$$财政补助收入预算 = 基本数字 \times 定额补助标准$$

式中，基本数字为反映医院的发展规模、业务工作量和人员配备等基本情况的数据，如全年平均病床位数；定额补助标准为财政部门核定的补助标准。

（2）上级补助收入的测算

上级补助收入指医院从主管部门和上级单位取得的非财政补助收入，要根据上级主管部门的有关规定和具体要求进行测算。

（3）医院收入的测算

医院收入的测算指医院开展专业业务工作所取得的收入，医院的收入包括门诊收入、住院收入、制剂收入和其他收入等。

门诊收入包括挂号费、中药费、西药费、手术费、化验费、检查费、治疗费、放射费、输血费、输氧费等收入。门诊收入一般按基本数字和收费水平测算，其计算公式为：

$$门诊收入预算 = 全年计划门诊人次数 \times 每一门诊人次平均收费数$$

住院收入包括住院费、中药费、西药费、手术费、检查费、化验费、治疗费、放射费、输血费、输氧费、接生费等收入，其计算公式为：

$$住院收入预算 = 全年计划病床使用日数 \times 每张病床日平均收费数$$

制剂收入是指医院根据医疗、科研等需要，为补充药品市场供应不足及对某些药品的特殊需要，自制加工药品制剂和卫生材料所取得的收入。制剂收入一般根据年度安排的制剂任务和用工、用料、费用等消耗情况进行测算。

其他收入一般包括赔偿收入、救护车收入等。其他收入一般根据上年或其他年度资料，结合预算年度有关因素估算而得。

经营收入是指从事专业业务活动之外开展非独立核算经营活动取得的收入，如医院的招待所收入、小卖部收入等。

2. 支出预算的编制

（1）事业支出预算的编制

事业支出预算指医院开展专业活动而发生的支出，包括工资、补助工资、职工福利费、社会保险费、公务费、业务费、设备购置费、其他费用等。

$$工资预算 = 职工人数 \times 人均年工资标准$$

$$补助工资预算 = \sum 享受补助职工人数 \times 各种补助或补贴标准$$

（2）经营支出预算的编制

经营支出预算指医院在专业活动及其辅助活动之外开展非独立核算经营活动发生的支出，如医院招待所、小卖部等发生的商品购进费、材料费、水电费、租赁费等。经营支出预算一般根据经营业务计划、市场情况及其他有关因素综合分析测算，应缴税金要根据计税依据和税率测算。

（3）对附属单位补助支出预算的编制

附属单位补助支出预算指医院用财政补助收入之外的收入对附属单位采取的有关管理办法，如定额补助、定项补助或其他补助规定等进行测算。

3. 预算管理办法改革和财务经办管理体制

国家对现代医院实施"核定收支、定额或定项补助、超支不补、结余留用"的预算管理办法。核定收支是要将医院全部收入——包括财政补贴收入和各项非财政收入与支出——统一编制预算，报经卫生行政主管部门和财政部门审核；定额或定项补助要根据医院收支情况，按照一定的标准确定补贴数额或确定对某项支出项目进行补贴；超支不补、结余留用，主要是为了调动医院经营发展和理财的积极性，要求医院必须严格按年初预算执行，自求预算平衡，超支不再追加预算拨款，结余归己。新的预算管理办法要求按照实事求是的原则，对医院采取零基预算的管理模式，重新测算医院补助项目和定额，综合平衡医院经营收入能力，最后确定医院年度经常性补助和专项经费补助的制度。

医院实施统一领导、分级管理的财务经办管理体制，也可以组成医疗集团，形成全力，符合条件的医院建立总会计师制度，医院的全部财务活动在院长和总会计师的领导下进行，由医院财务部门统一管理。要求在严格执行国家统一的财务会计法律制度和有关的会计政策的前提下，加强医院内部财务经办管理和会计核算的具体规章制度的制定，执行统一的收支标准，编制统一的财务收支计划，规范医院的财务行为。除了独立核算经费，医院的基金也要统筹安排使用，防止财权分散和基金流失。

4. 进一步规范会计制度

第一，每年按年末应收医疗费款项和医院在院病人医药费科目余额之和的3%～5%计提坏账准备金，对于确实无法收回的医疗应收款在财务分录中作为坏账处理，报经主管部门批准后在坏账准备金中冲销。执行这一制度要求医院在保证治病救人的前提下，尽力减少欠费率。

第二，医院撤并时，要在卫生主管部门的监督下，按照医院清偿债权和债务顺序及资产管理办法，由各级政府授权主管部门组成债权债务清算机构，对医院的现行财产、债权和债务进行全面的清理和作价处理，做好固定资产的移交、划转、撤并和各项管理工作。

第三，医院的净资产是医院流动资产减去全部负债后的余额，包括一般基金、专项基金、调节基金和待分配结余基金，以及年终按收支结余基金的一定比例提取的职工福利基金。

医院业务收支结余基金＝财政补贴收入中经常性补贴收入＋上级补贴收入＋

医疗收入＋药品收入＋其他收入－医疗支出－

药品支出－其他支出

医院所有的工资性成本、医疗性成本、管理成本全部列入相应的支出科目，使医院结余分配基金更具真实性，便于对医院经济效益指标进行考核。

结余分配顺序是支付药品超收款后，收支结余为负数的部分由调节基金弥补，不得进行其他分配；收支结余基金为正数的按一定比例提取职工福利基金，其余额转入调节基金。

第四，为了降低和控制医疗费用成本，减轻患者负担，对医院总收入和药品收入实行"核定收入、超收上缴"的管理办法，超出部分的收入上缴卫生主管部门，建立医疗卫生事业基金。

（二）以成本核算为中心的医院两级核算

医院体制改革是一项综合治理工程，至少包括医疗体制改革、医疗保险制度改革和医药流通体制改革的"三医联动"作支撑。实行医药分离和分开核算，标志着以成本核算为中心的医院两级核算进入实效化的阶段。医院内部各科室均采用了"以收减支、结余分成"的核算办法，进行成本项目分解，建立了综合目标管理责任制，设立了设备占有、运行成本和维修费用三个医疗设备核算管理的基本指标；对卫生材料实行购入价与内部控制价的差异核算。成本核算应做到审核费用、控制差异、防止损失、分清主次、区别对待。

医疗成本是医院在为社会提供医疗保健服务过程中发生的费用，包括医护人员工资、业务费、卫生材料费、医疗设备等。加强对可控成本的控制，一是强化成本观念，从单纯的成本核算向成本控制转变，对发展成本加强事先和事中的审核与把关，确定合理的成本开支；二是努力降低费用开支，包括银行贷款规模和贷款期限、人头经费、管理费用、设备折旧等，应按项目费用归集；三是实施定额管理，对医院内部控制的各个环节，进行分解和量化考核，制定合理的定额标准和利益分配；四是强化分期核算，年度计划要细分，实行定额和计划双向控制，确保年度计划的完成；五是强化责任观念，医院管理要遵从成本计算的一般程序，树立强烈的服务意识与责任意识，既要提高经济效益，也要兼顾社会效益，服从于三项制度改革这个核心。在完善两级核算过程中，对内加强成本管理与成本核算，对外培养良好的医德医风，提升医院的社会形象与公众的认同感。

（三）医院内部会计控制与财务监督

医院内部财务控制属于自行检查、制约和调整内部业务活动的自律系统，贯穿于医院经营活动的全过程，内部会计控制主要包括：规范医院内部的财务行为，保证会计资料的真实性与完整性；堵塞财务漏洞，消除风险隐患，防止并及时发现错误，保护医院财务资产的完全与完整；确保国家有关法律法规和单位内部财务控制制度的贯彻执行。

内部财务控制包括会计系统控制、预算控制、财产保全控制、风险控制、内部报告控制等。医院内部会计控制，一是重点加强对医院基金的控制，盘活用好流动基金，提高基金使用效益。二是强化对费用的控制，费用是计算成本的基础，医院费用在成本中占有很大的比重，要建立科室费用台账制度，实施小额费用包干制度，尽量节约不必要的费用开支；对大额负担费用，要建立集体协商的科学机制，实施财务统一管理。三是加强对医院基建投资的管理与大型医疗设备购置的管理，进行投资风险评估，减少投资决策失误；对大型医疗设备的采购，要有一整套的关于科技水平、市场供求信息、价格行情、适用程度等评估，谨防引进洋垃圾。四是完善内部资产管理与资产核算，建立稳定的资产折旧、更新与报废制度，做好财产清查工作，保证账实相符。

医院财务监督包括预算监督、收入监督、支出监督及其他方面的监督。预算监督主要是检查预算编制是否按照财政部门或主管部门的要求执行预算、进度是否一致，预算、决算编报是否数字准确、账表相符。收入监督主要是检查医院各项收入是否按照规定的范围和标准收取，有无擅自扩大收费范围、提高收费标准；对于应缴预算收入，是否及时足额上缴，有无拖欠挪用或截留。支出监督主要指有无随意扩大开支范围、提高开支标准。其他方面的监督主要是检查现金管理是否按银行规定执行，有无随意借支、非法挪用及非法套用现金等。

第六节　生育保险经办管理与服务

女性生育不仅是家庭行为，更是社会行为。生育保险通过国家立法，对怀孕、分娩女职工给予生活保障和物质帮助，其宗旨在于通过向职业妇女提供生育津贴、医疗服务和产假，帮助她们恢复劳动能力，重返工作岗位。现金补助主要指给予生育妇女的生育津贴，实物供给主要指提供必要的医疗保健、医疗服务以及孕妇、婴儿需要的生活用品等。提供的范围、条件和标准主要根据本国的经济实力确定。"十三五"规划要求将生育保险归并到医疗保险项目中，按照大险带小险的设计，生育保险与医疗保险统一管理。也有的城市如福州市将工伤保险与生育保险统一归口管理。放开单独两孩政策后，生育保险的服务面将进一步扩大。

在我国，生育保险的范围比较狭窄，仅局限在达到了法定结婚年龄、正式登记结婚，并符合国家计划生育规定的城镇女职工。农村妇女、城镇失业妇女、无业妇女、女性个体户等仍无法被纳入生育保险的覆盖范围。受传统体制的城乡分治政策影响，占生育妇女80%以上的农村妇女劳动者还未被纳入生育保险的覆盖范围。在五大险种中，医疗保险是覆盖面最广的险种，而生育保险的覆盖面比较有限，两险种合并捆绑实施后，会将原来的两个险种放在一块征缴基金，生育保险征缴面扩大，经过试点后，2018年在全国全面推开捆绑的医疗保险。

一 生育保险待遇核定管理与基本环节

人社部2012年职工《生育保险办法》（征求意见稿）规定：社会保险经办机构具体承办生育保险事务；社会保险经办机构的人员经费和经办生育保险发生的基本运行费用、管理费用，由同级财政按照国家规定予以保障；社会保险经办机构应当根据参加生育保险人员生育和计划生育医疗服务需求，与医疗服务机构签订生育保险服务协议，明确双方的权利、义务和责任，并按照协议进行监督、管理。

以北京市为例，2017年生育津贴报销经办流程如下。

（1）递交资料：①《申领生育津贴人员信息登记表》一份；②《生育服务证》原件及复印件，或居住地街道计生办开具的《外地来京人员生育服务联系单（生育保险专用)》原件；③《医学诊断证明书》原件及复印件（明确注明怀孕周数）；④《出生医学证明》原件及复印件；⑤《结婚证》原件及复印件。

（2）生育津贴报销经办流程：①产后3个月内把材料①~⑤交女方单位人力资源部门；②填写《北京市申领生育津贴人员信息登记表》并由单位盖章；③个人执此表到爱人单位盖章并双方本人签字，返还女方单位；

④女方单位每月 5 ~ 25 日报社保局申报，资金到公司账后发给本人（见图 6 - 15）。

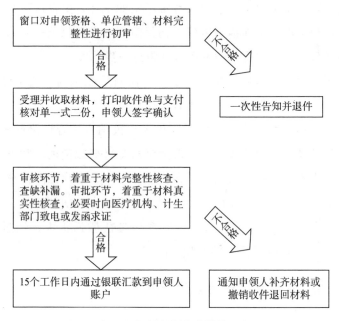

图 6 - 15　北京市生育津贴报销经办流程

二　生育保险医疗费用结算管理

1. 医疗费用支付条件

生育保险参保人员应当同时具备下列条件。

第一，用人单位为职工参加生育保险缴费累计满 1 年以上，同时继续为其缴费的。

第二，符合国家和省、市人口与计划生育规定。但在当年转业、复员、退伍的人员及当年的机关事业单位转制为企业或机关事业单位调入企业的人员，已按规定及时参加生育保险者，不受累计满 1 年的限定。生育保险待遇申办期限为女职工分娩或终止妊娠后 1 年内。逾期申办的，社会保险经办机构不予受理。由用人单位按生育保险规定支付职工的生育保险待遇。

2. 医疗费用支付范围

生育保险医疗费用包括生育医疗费和计划生育手术费用，内容如下。

第一，生育医疗费。生育医疗费包括女职工因怀孕、生育、流产发生的医疗检查费、接生费、手术费、住院费、药费及生育出院后产假期内因生育引起疾病的医疗费。

第二，计划生育手术费用。计划生育手术费用包括放置宫内节育器、取出宫内节育器、人工流产术（负压吸宫）、人工流产术（钳刮术）、中期妊娠引产术、输卵管结扎术、输精管结扎术、输卵管复通术、输精管复通术等手术费用。

3. 医疗费用支付标准

第一，生育医疗费。参保人凭《就医凭证》在生育保险定点医疗机构就医，符合本市生育保险药品目录、诊疗目录和医疗服务设施目录范围的相关医疗费，由生育保险基金按项目支付。零星报销按医院等级、产式、术式及病种的定额标准和项目标准进行结算支付。

第二，计划生育手术费用。计划生育手术费用按定额标准和项目标准进行结算。低于定额标准的，按实际费用进行结算支付；达到定额标准的，按定额标准结算支付。采取零星报销的方式支付。

参保人发生的医疗费用主要在定点医疗机构及时结算支付，少部分通过零星报销的方式支付。女职工生育保险基金支付项目及标准如下。①正常产假期间的生育津贴。由社会保险机构，按女职工所在单位上年度职工月平均工资标准，支付给女职工所在单位，单位再按生育女职工产假前月工资标准支付给本人。剩余部分留给企业，不足的由企业补齐。②分娩前的检查费、接生费、手术费、住院费、治疗费和医疗费，由社会保险机构支付给每个生育女职工。其中产前检查费100元，正常接生费300元（难产、双胞胎接生费500元，剖腹产接生手术费800元）。超出上述标准的医疗费及药费，由单位报销。

4. 医疗费用支付方式

医疗费用支付包括直接记账和零星报销两种方式。

第一，直接记账。参保人凭《就医凭证》在生育医疗期内到生育保险定点医疗机构每次就诊费用，属生育保险基金支付范围内的由定点医院机构按项目给予直接记账，自费项目费用由参保人支付。

第二，零星报销。参保人因各种客观原因全额垫付的属生育保险政策规定范围的医疗费用，在医疗终结后 1 年内由单位经办人提交有关资料后向医保经办机构申请零星报销，经审核后生成《支付表》，通过系统传输至市基金中心，由市基金中心进行费用拨付。

5. 就医确认管理

就医确认指参保人员向医保经办机构申请选择就医的生育保险定点医疗机构（含异地计生手术）并得到确认的过程。以下情况需办理《就医凭证》：一是对参加生育保险累计缴费满 1 年以上且符合国家和省人口与计划生育规定的参保人，在人工流产、引产手术前和怀孕满 16 周后，需享受产检、分娩等生育保险待遇；二是参加生育保险累计缴费满 1 年以上，参保人按计划分娩后，在境内异地分娩休产假期间或在工作单位异地分支机构所在地需施行计划生育手术的。

参保人在同一行政区域内产检分娩的只可选择同一定点医疗机构，就医医院确定后，原则上不予更改。参保人遗失《就医凭证》，必须到医保经办机构办理报失手续，并按新领证办法补领。

三 生育观念催生了庞大的生育保险支出

审核结算指医疗保险经办机构审核支付参保人在定点医疗机构发生的、应由生育保险基金支付的各类医疗费用，由定点医疗机构向医疗保险经办机构申报。定点医疗机构申报医疗费用按"月度结算，年度清算"的办法进行结算，按医院等级、产式、术式及病种的定额标准进行结算，年度平均费用清算以社保年度为周期。

错误观念的潜意识，对社会保障经济的影响也是巨大的，如中国剖宫产比例世界第一（约 55%），欧美国家剖宫产比例在 10%～15%，最低控制在 3%，我国一些大城市的剖宫产比例已高达 50%～60%，剖宫产似乎日益流行。怕痛、追赶流行、错误认为剖宫产更好、赶在 9 月 1 日前生的小孩年满 6 周岁以便小学一年级入学而择日生产等都是催热剖宫产的因素。中国剖宫产比例之高有医生追求利益的不良诱导，有家庭成员不良生育观念的影响，医生过度宣扬阴式分娩的众多不好是主因，其目的还是获得更多的收益。而在欧美国家看来，如果非医学原因选择剖宫产，那女性的形象就会大打折扣，性格弱点和医学知识、人文知识的盲点就会被放大。以广州市企业职工生育保险医疗服务定额结算为设定标准，推算全国企业职工生育保险医疗费用，这将是一个庞大数字（见表 6-4）。

表 6-4　广州市企业职工生育保险医疗服务定额结算标准

单位：元

结算项目		一级医院			二级医院			三级医院		
		合计	其中		合计	其中		合计	其中	
			住院	产前检查		住院	产前检查		住院	产前检查
阴式分娩		2800	2150	650	3200	2480	720	3600	2760	840
剖宫产		4100	3450	650	4500	3780	720	5400	4560	840
严重高危分娩		—	—	—	5700	4300	1400	6800	5200	1600
妊娠 3 个月以上引产		1300	含术前检查费用		1400	含术前检查费用		1500	含术前检查费用	
妊娠 3 个月以下人工流产	门诊	220			250			300		
	住院	630			700			800		

注：表中产妇的定额结算标准已包含自妊娠 16 周至分娩前的产检、产后上门访视两次及产后 42 天回院检查的费用；"严重高危妊娠"指《广州市高危妊娠管理办法》中的严重高危妊娠情况。

北京市生育保险费用报销分三部分：门诊费、住院生产费和生育津贴。产前检查（门诊费）报 1400 元，住院生产费用医院会自动在结账的时候划走报销费用部分。正常生产：一级医院 1700 元，二级医院 1800 元，三级医院 1900 元。剖宫产：一级医院 3500 元，二级医院 3700 元，三级医院 3800 元。生育津贴＝本人生育当月的缴费工资基数/30 天×产假天数晚育津贴（可由女方或男方享受）。广州市和北京市住院生育费相差较大。

2014 年全国生育保险参保人数 17039 万人，全年共有 613 万人次享受了生育保险待遇，生育行为分别在一级医院、二级医院、三级医院发生，按照中国城市剖宫产 55% 的比例和欧美国家城市剖宫产 13% 的比例，可以简单推算我国生育保险多付出的经济成本。按照中国城市剖宫产 55% 的比例，我们假定 2014 年全国 613 万人中的一级医院、二级医院、三级医院生育的人数比为 1：2：3，则生育人数分别为约 1021600 人、2023400 人、3065000 人。取广州市和北京市剖宫产分别在一级医院、二级医院、三级医院住院生育报销费用的平均数，按照中国城市剖宫产 55% 的比例和欧美国家城市剖宫产 13% 的比例分别推算发生的费用。

按照中国剖宫产 55% 的比例：

$$55\% \times [(1021600 \times 3475) + (2023400 \times 3740) + (3065000 \times 4180)] = 13161101800$$

$$(6-1)$$

$$13\% \times [(1021600 \times 3475) + (2023400 \times 3740) + (3065000 \times 4180)] = 3110805880$$

$$(6-2)$$

按照欧美城市剖宫产 13% 的比例，全国生育费用可节约：公式（6 - 1） - 公式（6 - 2） = 10050295920（万元）。

实施两孩政策之后，如果不能有效地控制高比例的剖宫产，生育医疗保险的费用将无谓地再创新高。

据原中国计生委资料，中国每年至少 1300 万人人工流产，其中已婚女性占 35%，位居世界第一，西方国家不允许堕胎，在参保女性中，我国医疗保险成本的人工流产费用又是多少是难以计算的。从 2015 年 10 月 1 日起，国务院将生育保险费率从不超过 1% 降到不超过 0.5%，更需要改革生育观念，节约生育保险基金。

查阅广东省 2015 年公布的数据：2015 年广东省参保生育人数为 32.7 万，其中顺产人数为 17.04 万，占生育人数的 52.1%。2015 年，广东省参保女职工人均生育待遇为 12078 元，2010 年，全省参保女职工人均生育待遇仅 6025 元，5 年时间内涨了一倍多。不正确的生育观念与医生的诱导事实带来了健康危机，相关统计结果显示，如果产妇选择剖宫产，其面临的从血栓、感染到麻醉剂并发症在内的死亡风险要比选择自然分娩高出 3.6 倍。[1] 而且剖宫产产妇在孩子出生后面临的死亡风险也会比自然分娩高得多。据医学资料，专家直言，剖宫产的孩子后天容易引发触觉敏感、人际关系发展弱、敏感多疑等。[2] 剖宫产虽然能缓解产妇的一时之痛，但它对孩子带来的某些后遗症是会危害终生的，包括：①剖宫产的男宝宝免疫力

---

[1] 《剖腹产跟自然分娩相比　剖腹产死亡率高》，http://www.qpx.com/huaiyun/fenmian/fang-shi/35795.html。

[2] 《外国人是顺产的比较多，还是破腹产的比较多?》，https://wenda.so.com/q/138289-7105068229。

更低；②剖宫产令"湿肺症"宝宝增多；③剖宫产宝宝更容易患哮喘；④分娩时用的麻醉药可能危及胎儿的生命；⑤剖宫产宝宝容易患感统失调；⑥剖宫产宝宝易患小儿多动症；⑦影响母子感情；⑧剖宫产切口妊娠；⑨严重伤害子宫；⑩难看的疤痕。[①] 既然如此，我们为何不能破除旧习？更多的人选择"阴式分娩"，既节约生育费用与后续各种风险带来的医疗费用，降低企业生育保险的缴费率，又可以维系更多孩子与母亲的健康，延续人类文明。

---

① 高林：《比产痛更可怕　剖腹产 10 大后遗症》，http://blog. sina. com. cn/s/blog_a0a074-5101013qr8. html。

| 第七章 |

劳动与社会保障经办管理与服务

劳动与社会保障是指为分散劳动者的特殊风险而建立的社会保障制度，主要表现为工伤保险、生育保险和失业保险。[①] 生育保险作为小险种，"十三五"期间将纳入医疗保险的范畴。劳动与社会保障中的失业保险是一种社会常态，工伤保险较大程度地发生在农民工身上，前者在近两年经济下滑比较严重的情况下，结构性失业现象比较突出，后者在加强劳动保护等一些实际政策的效用下，情况有所好转。

第一节　失业风险加剧促使经办管理水平升级

中国已进入高风险社会形态，习近平总书记明确要求提高预测、预警、预防各类风险的能力，确保社会既充满活力又和谐有序。中国社会就业出现了一些不够稳定的格局，建立可持续发展的失业保险制度，除了失业保险制度本身强化管理与辐射功能之外，在经济与产业结构调整过程中，在扩大就业的前提下强化政府的失业调控功能，注重创新就业岗位，加强职能与技能培训，培养合乎现代化生产的高技能人才，优化再就业工程，建立统一城乡的劳动力市场，才能真正从失业保险制度与实施就业最大化战略的高度出发，保障失业保险制度的可持续发展。

---

① 杨翠迎主编《社会保障学》，复旦大学出版社，2014。

一　经济新常态下失业风险加剧

凯恩斯认为充分就业包含两种情况：第一种情况是不存在非自愿性失业；第二种情况是指社会就业量达到一种饱和状态。资本主义社会难以实现充分就业的根本原因，不是新古典学派所指出的供给不足，而是社会需求与新投资量的不足。英国经济学家约翰·梅纳德·凯恩斯（John Maynard Keynes，1883－1946）在1936年出版的《就业、利息和货币通论》一书中，把失业率等于自然失业率时的就业水平称为充分就业。自然失业率为摩擦性失业率及结构性失业率加总之和。[①]

自2008年美国金融危机爆发后，世界经济在整体收缩，目前国际贸易保护主义盛行的态势下更为明显，菲利普斯曲线也出现了新常态（2009年之后的菲利普斯曲线俨然一条低空贴近横轴的平行线），失业率的下降显然是美国经济增长的根本和核心，"新常态"的温和也主要指GDP增长相对于这个根本和核心来说的乏力。[②]中国经济新常态是调结构稳增长的经济，而不是总量经济（传统意义上的GDP）着眼于经济结构的对称态及在对称态基础上的可持续发展。社会发展方式转变与经济结构转型，经济运行不稳定压力持续发酵，2015年宏观经济数据持续低迷，2015年12月，制造业PMI为48.2，连续第十个月低于50.0荣枯线，预期为48.9，前值48.6，显示中国制造业运行继续放缓。经济新常态下，中国经济增长速度放缓、2017年GDP增长定位在6.5%左右，以制造业为主体经济的中国经济景气指数下降，经济不景气使相当一批中小企业处于凋零状态，加大了就业压力。政府在反腐的社会氛围中进一步紧缩开支，居民收入增幅不快，家庭负债指数上升、支出紧缩，由于国际社会的整体经济下滑，导致相关企业关停并转沿着产业链、资金链、合同链起连锁反应，企业风险的传导效应引发系统性风险，政府消费、企业消费与居民消费的颓势带来的是一些中小企业的破产和失业率升高紧随其后。

---

① 〔英〕约翰·梅纳德·凯恩斯：《就业、利息和货币通论》，宋韵声译，华夏出版社，2012。

② 戚自科：《美国经济中的菲利普斯曲线新常态》，《第一财经日报》2016年5月3日。

国内消费指数不断下降，百盛、玛莎百货、华堂、尚泰百货、万达百货、乐汇百货、乐购超市、沃尔玛超市、人人乐超市、新花都购物广场、麦当劳、加固陪你、金汉斯、佐丹奴、波司登等著名外资企业纷纷在中国陷入关闭潮，加剧了失业。随着第四次工业革命的到来，机器人抢夺工作岗位的威胁越来越大，以广东省为例，2014 年和 2015 年领取失业保险金的人数明显增加（见表 7 - 1），失业保险工作更需要提速。

表 7 - 1　2010 ~ 2015 年广东省领取失业保险金人数

单位：万人

年份	2010	2011	2012	2013	2014	2015
失业保险领取人数	20.8	19.6	19.8	18.9	28.1	42.4

资料来源：《广东省社会保险白皮书》，2015。

全球经济发生重大波动时，尤其是世界各国加强经济贸易保护的同时，美国特朗普总统的新贸易政策对中国企业的冲击不可小觑，中国以外需作为经济发展的引擎，很多企业因继续承受后金融危机时代的冲击波或是中国经济的持续下行而倒闭或破产不是个案，"去产能"和"去库存"需要地方政府加强处理预案，并担当起破产倒闭企业清算撤并的责任、在化解社会矛盾担当主要的社会责任、采取特殊手段维护经济和社会稳定的责任。"美国对失业金的领取时间有严格限定，可领取 12 至 26 周，视过往工作长短而定，做满一年可领 26 周。期满后若还是没找到工作，可向联邦政府申领 13 周的延长失业救济金。此外，去培训也可以申请失业金。如果美国人为找工作须上培训班半年，就可申请将失业金在 26 周的基础上，再延长 26 周"。① 我国的就业培训工作得到了财政就业专项基金的大力支持，开辟了一条培训加就业的通道。

新常态下的产业升级：一是产业结构要从低级状态向高级状态逐渐演进，逐渐改变三次产业的比例结构，在技术结构、产品附加值、劳动力就业结构、就业层次等都有所创新；二是产业优化升级将伴随着技术进步和

---

① 陈莎莎：《美国失业金延长法案未通过　失业者表示政府让人崩溃》，《国际金融报》2014年 2 月 18 日。

生产社会化程度的提高，淘汰衰退过剩产业，防止"不搞技术改造等死、搞了技术改造找死"的传统魔咒，实现主导产业的合理转换与产业升级换代，扶持和引导新兴战略产业的发展。

中国经济从高速增长转向中高速增长，从产业结构不合理转向优化结构，从要素投入驱动转向创新创业驱动，从隐含风险转向面临多种风险挑战。经济新常态下就业风险增加，保持适度的失业率是市场经济国家的正常现象，然而一旦超越失业警戒线，就预示着社会进入了非景气的经济状态，企业效益持续下降，失业者心理失衡，各种社会的不稳定因素可能因之而爆发，加大失业保险基金的支付压力，不利于社会的稳定，失业保险在应对体制外的综合风险有其不可忽视的维压器功能。

结构性失业实际上是劳动力供给结构与需求结构的失衡，实现产业转型的过程中，近年来服务业比重有所下降，就业风险将进一步加大，产业升级对就业的影响，除了因技术进步而产生的补偿效应和挤出效应外，更大的影响是造成结构性失业。产业升级使得劳动力的需求结构处在不断变化之中，要求劳动力供给结构也能随着需求结构的变动而进行调整，以适应产业发展的需要，支撑主导产业的发展。失业保险工作成为社会稳定的一个重要政策工具，引起失业更多的是社会行为而不是个人行为，一系列激进主义理论中，关键的基础概念是个体劳动者经历的一些问题在本质上是社会性的，这些问题在或大或小的程度上是由社会的不公平或是结构性失业和摩擦性失业与其他失业形态所导致的。建构主义强调社会经济、政治对个人影响的重要性。

美国公共健康的研究表明，失业会导致身体和心理健康的奴化，造成较多的心脏病、酗酒和自杀现象发生。希伦纳博士估计，连续 6 年的 1 个百分点失业率上升，将会导致 3.7 万人过早地死亡。[①] 企业裁员分为经济性裁员、结构性裁员和优化性裁员，根据企业的决策性行为又可分为主动裁员行为和被动裁员行为。世界性金融危机以来，世界经济与中国经济下行对失业保险带来的支付压力剧增，中国的失业保险政策覆盖范围也在不断扩大，外来务工人员在一些省区市也被纳入覆盖范围。中国以结构性失

---

① 高鸿业主编《高鸿业西方经济学》，中国人民大学出版社，2011。

业和摩擦性失业为主，20 世纪国企改革优化性裁员造就了国有企业买断工龄和下海的众多下岗职工，政府为这类人群重建社保关系付出了沉重的经济代价。人民网舆情监测室研究结果显示，2015 年中国劳资纠纷的热点事件数量为 12 件，占全国热点事件评比数量的 2.4%，平均热度 52.62%，平均舆论共识度 3.51，平均政府认同度 2.71，平均舆论生态指数 6.76，舆情压力指数 10.96。[①] 中国的劳资纠纷是导致劳资矛盾上升的导火线，给就业带来了负面影响。

二 失业保险经办管理中存在的制度缺陷

失业保险经办机构的主要职责包括：负责失业人员的登记、调查、统计；失业保险基金的管理；核定失业保险待遇；拨付失业人员职业培训、职业介绍补贴费用；为失业人员提供免费咨询服务等。总体而言，失业保险经办管理存在的问题包括以下几点。

1. 失业保险的覆盖面过窄

仅仅限于城镇企事业单位的职工，国家公务员、乡镇企业职工、自由职业者等群体未纳入失业保险覆盖范围。2011 年中国社会状况综合调查（CSS 2011）数据显示，18 ~ 60 岁的城镇失业者中参加失业保险的比例仅为 2.4%，说明仍有相当部分的失业人员得不到失业保险的救助。2014 年人力资源和社会保障部统计年报反映了农民工参与城镇社会保险的情况（见表 7 - 2）。

表 7 - 2 2014 年农民工社会保险参保人数及覆盖率

农民工总量（万人）	险种	参保人数（万人）	覆盖率（%）
27395	工伤保险	7362	26.87
	养老保险	5472	19.97
	医疗保险	5229	19.09
	失业保险	4071	14.86
	生育保险	—	—

注：根据 2014 年人力资源和社会保障部统计年报整理。

---

① 人民网舆情监测室：《2015 年互联网舆情分析报告》，2015 年 12 月 24 日。

2014 年全国农民工总量达到 27395 万人，农民工就业十分不稳定，失业保险在四大险种中，是农民工最期盼参与的险种。农民工也基本上没有纳入生育保险的覆盖范围。"十三五"规划将生育保险与医疗保险归并到一起，已参与城镇医疗保险的农民工的生育保险问题将纳入政策视野。

2. 统筹层次过低

在劳动力市场全球化的背景下，城乡统一的劳动力市场进一步开放，行政事业单位与企业间的人力资源流动将成为常态，失业保险机制需要进一步落地，而失业统筹程度不高，失业保险基金统筹层次仍在市县级统筹范围之内，存在分散风险能力低、调剂能力差等问题，对于资源枯竭性城市和产业结构专一的城市经济特别不利，容易造成低层次统筹基金的地方性缺口和阶段性缺口，制约了现代企业制度的建立与改革的深化。

3. 基金筹措渠道较为单一

在现实情况中，失业保险基金主要还是来源于失业保险费的征收，其基金筹措渠道单一，保值增值能力不强。地方政府每年拨付就业专项基金，与失业保险基金中的再就业基金扶助并没有形成有效的交集。在以往的送温暖工程中，失业保险基金往往被挪用。①

4. 促进再就业功能未能较好实现

目前部分地区的失业保险经办工作与促进再就业的工作分属不同管理部门，两者工作存在条块分割和断裂现象，未能形成良性互动格局，给失业人员再就业工作带来困难。一方面是无就业意愿人员在享受失业保险待遇的同时并不积极去找工作或是隐性就业，对这部分人员而言，失业保险金的促进再就业功能没有得到充分实现。另一方面是地方每年拨付大量的专项基金用于促进就业和再就业，政府耗费大量人力、物力提供的就业服务，如信息服务、职业培训、职业介绍等，并没有发挥积极的乘数效应。

5. 存在对非户籍劳动者的制度排斥

在对外来流动人员的非稳定性就业中，失业保险存在对非户籍劳动者的制度歧视，导致了福利差距和分配不公。由于没有建立与非正规就业相

① 纪韵:《失业保险基金收支平衡问题》,《中国人民大学学报》1999 年第 5 期，第 83 ~ 86 页。

适应的失业保险制度，导致非正规就业人员无法获得失业期间的物质帮助。失业保险基金的支出无法覆盖大量的非正规部门就业的失业人员，更难以覆盖大量处于短期失业状态的农民工。因此，我国目前失业保险制度的实际受益率远远低于登记失业人员的受益率。① 登记失业率远低于调查失业率，以登记失业作为依据，潜在的失业人群无法享受失业保险待遇。

6. 费率过高存在使用结构问题

在现实的失业保险基金运行情况中，失业保险费率往往高于实际需要。失业保险基金实行现收现付制度，但长期以来存在巨额的基金结余，根据人力资源和社会保障部历年统计年报整理资料，2000 年以后，失业保险基金使用率总体态势呈现下降趋势，失业保险收入远远高于支出。2014年，我国失业保险收入为 1379.8 亿元，支出仅为 614.7 亿元，其使用率仅为 44.5%，不到收入的一半，截至年底累计结余高达 4451.5 亿元。从 2000 年的累计结余 195.9 亿元，激增至 2014 年的 4451.5 亿元，15 年增长了 20 多倍，即使在 2008 年全球金融危机爆发、失业人数激增的恶劣形势下，我国失业保险基金仍保持着快速增长，2008 年和 2009 年两年净增了 545 亿元。2015 年 2 月国务院常务会议将失业保险费率从 3% 降为 2%，以及 2016 年 5 月 1 日起，进一步阶段性降低失业保险费率至 1% ~ 1.5% 的主要动因，即我国失业保险基金累计结余过多。

7. 失业基金流失

在以往的报道中，曾经有政府官员使用失业保险基金用于送温暖工程的问题，"有些地方政府把 70% 的失业保险基金用于送温暖工程"。② 在失业人员受益资格把关方面，失业保险经办机构及监督机构对失业保险金冒领、骗保等情况没有建立相应的行之有效的核查制度，对隐性就业缺乏有效的登记制度，失业保险经办机构与个人之间存在信息不对称和个人道德风险等问题，监督成本较高，容易造成登记失业人员中有相对一部分是自愿性失业，甚至有很大一部分已经隐性就业，但仍对其支付失业保险金，造成失业

---

① 张洪涛、空泾源、纪宁：《社会保险案例分析——制度改革》，中国人民大学出版社，2008。

② 纪韵：《失业保险基金收支平衡问题》，《中国人民大学学报》1999 年第 5 期，第 83 ~ 86 页。

保险基金的流失。如广东省佛山市禅城区 2011 年一共查处了 16 宗骗领失业保险金的案件，被查处的 16 人中，有些已经是个体工商户，有些甚至已经开了大公司仍旧照领失业保险金，共领失业保险金近 20 万元被追回。

就业信息服务和就业经办管理是提高就业率减少失业人员的关键，搭建统一的就业数据共享平台，不仅可以为社会保险活动的总体未来发展提供预测依据，为制定和调整相关社会管理政策提供准确有利的决策支持，而且有利于统筹管理部门对各相关业务部门的宏观管理、综合协调与服务。

第二节　失业保险经办流程管理

失业保险日常经办业务划分为失业保险参保单位管理、对参保人员管理、失业保险基金征缴管理、失业保险待遇的条件与资格审核、失业保险待遇发放与支付、失业保险财务管理、失业保险稽核监督管理、失业保险统计管理、失业保险业务档案管理等内容（见图 7 - 1）。

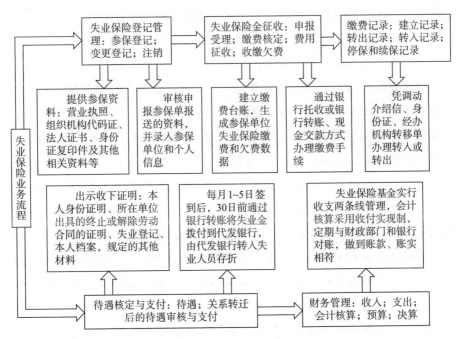

图 7 - 1　失业保险业务工作流程

注：该流程图根据卫东网公布的相关资料整理。

失业保险经办流程环节较为复杂，由于我国对什么是"失业"与国际社会的解释出入较大，登记失业率与调查失业率的数据相差甚远，下岗职工范畴的有限性（很长一段时间仅有国有企业的失业人员在前三年内称为下岗职工），什么叫待业与什么叫失业，长期在中国理论界模糊不清，事实上延误了中国改革进程。直至1993年，政府文件称谓中还是待业保险，如《国有企业职工待业保险规定》（国务院令第110号），致使城市中一些因就业不顺而造成的贫困问题没有很好地得到解决。

根据1999年《失业保险条例》的规定："失业保险条例所称城镇企业，是指国有企业、城镇集体企业、外商投资企业、城镇私营企业以及其他城镇企业。失业保险缴费责任由城镇企业和职工共同承担，包括城镇的国有企业、集体企业、外商投资企业、港澳台投资企业、私营企业等各类企业，并要求事业单位都必须参加失业保险并按规定缴纳失业保险费。职工包括所有与用人单位有劳动关系的个人，既包括正式职工，也包括临时工；既包括本地户口的职工，也包括外地户口的职工；既包括城镇职工，也包括农民工；既包括中国国籍的员工，也包括外国国籍的职工。"[1]

事业单位是否参与失业保险，在全国范围内并未统一，如武汉市辖区高校和个人需要缴纳失业保险费，而广州市辖区内高校2015年之前个人缴纳了养老保险费（单位没有缴纳养老保险费）而没有参加失业保险。2014年出台的《事业单位人事管理条例》（国务院令第652号），要求"事业单位及其工作人员依法参加社会保险，工作人员依法享受社会保险待遇"。随着行政事业单位改革与企业人才使用通道的贯通，失业保险覆盖范围将有所扩大：一是随着行政事业单位养老保险改革的推进，失业保险有可能覆盖行政事业单位；二是随着城镇化改革步伐的加速，为了消除劳资关系紧张的局面，签订劳动合同关系成为监督管理的常态，和城镇企业及事业单位形成劳动合同关系的进城务工农民将成批量增加，对进城务工农民的失业保险覆盖面将大幅度提升；三是从事非全日制、临时性、季节性、弹性劳务的灵活就业人员，是否该纳入失业保险的范畴，需要理顺失业与就业的边界，边界明晰才可确定是否该纳入失业保险的覆盖范畴。

---

① 参见《失业保险条例》（国务院令第258号）。

失业保险费率并非一成不变，省、自治区、直辖市人民政府报经国务院批准，可以根据当地实际情况对失业保险费率进行适当调整。费率调整应当考虑两个因素：一是基金支付的实际需要；二是单位和个人的承受能力。在失业保险基金出现支付困难并且单位和个人的缴费承受能力较强时，省、自治区、直辖市人民政府报经国务院批准，可以通过适当调高费率以增加基金收入；在失业保险基金出现结余较多而发放需求较少时，省、自治区、直辖市人民政府报经国务院批准，可以通过调低费率来解决基金沉淀、使用效率不高的问题。调整费率不仅与单位和个人的缴费密切相关，而且直接影响失业保险基金的支付能力，因此应当采取慎重的态度。2015 年 2 月，国务院常务会议确定将失业保险费率由 3% 统一降至 2%。让现存庞大的结存基金运转起来，调节结存基金使用结构，是要在促进就业与再就业中发挥乘数效应，避免在银行储蓄中持续贬值。

实施主动的失业治理政策，使失业结存基金的一部分积极用于促进就业与再就业：一是要加强职业技能培训，使劳动力的供给在总量上、结构上与质量上都符合劳动力市场的变化需求；二是要充分调节统一的城乡劳动力市场，实施积极的就业政策，优化再就业工程；三是要从宏观上保持经济的持续增长，以经济增长拉动就业提升，促进劳动密集型产业的发展与第三产业就业的扩张，大力降低失业率，缩减平均失业周期，失业保险制度的建立才具有可靠的客观基础与体制保证。

失业保险基金的财务制度，是指由国家有关部门制定的用以规范失业保险基金财务行为，保障失业保险基金的安全与完整的制度。失业保险基金财务制度的基本内容一般包括：确定失业保险基金财务制度的使用范围，规定失业保险基金财务管理的基本任务，规范失业保险基金的预算、筹集、支付、决算等行为，明确监督检查程序等。[①]

失业保险基金实行以支定收、现收现付，不需要过多积累，是因为各地方政府还有相当一部分财政基金用于就业专项，政府购买就业岗位是各地政府普遍采用的政策。鉴于失业保险基金是用于社会保障的专项基金，

---

① 赵浩、郭玮、王彬、徐华宇：《失业保险 317 问》，法律出版社，2006。

应有其相对独立性，因此要在财政部门统一开设的预算外基金专户中单独设列账户，由财政部门的社会保障机构对其实行专项管理，不与其他预算外基金混同，切实做到专款专用。实行失业保险基金收支两条线的管理，明确失业保险经办机构和财政部门在失业保险基金管理监督中的作用和责任，强化基金监督手段，对于保障基金的安全和完整，预防挪用滥用失业保险基金具有重要意义。2014年，企业职工基本养老保险基金扣除财政补助后，当期收不抵支省份22个，这在2011年为12个。[①] 部分地区用失业保险基金等保养老金发放。[②] 之前关于一些地方政府官员挪用失业保险基金用于送温暖工程的报道，近年来有所收敛。最高人民检察院《关于挪用失业保险基金和下岗职工基本生活保障资金的行为适用法律问题的批复》（2003年）明确指出："挪用失业保险基金和下岗职工基本生活保障资金属于挪用救济款物，情节严重的将追究刑事责任。"挪用失业保险基金用于养老金发放是否属于违法，值得法律思考。

失业保险行政争议处理主要依据1999年发布的《行政复议法》和2001年发布的《社会保险行政争议处理办法》。失业保险经办机构和劳动和社会保障行政部门的法制工作机构为本单位的失业保险行政争议处理机构，具体负责失业保险行政争议的处理工作。经办机构及劳动和社会保障行政部门分别采用复查和行政复议的方式处理失业保险行政争议。[③] 失业保险行政争议是社会保险行政争议的基本组成部分，是指负责失业保险业务的社会保险经办机构，在依照失业保险相关法律、法规及有关规定经办失业保险具体事务的过程中，与参加失业保险的用人单位及失业人员之间，因失业保险经办中的具体问题产生的具体纠纷。行政争议处理的内容是指依照失业保险法律、法规及有关规定参加失业保险的用人单位及失业人员个人，对经办机构就具体的失业保险行政行为不服，可以申请重新调查处理。

为解决失业保险经办机构和管理机构管理边界模糊的问题，必须优化

① 编写组：《党的十八届五中全会〈建议〉学习辅导百问》，党建读物出版社，2015。
② 郭晋晖：《22省养老金吃紧　部分地区用失业保险基金等保发放》，《第一财经日报》2015年11月18日。
③ 张伯生、叶欣梁、周晋：《工伤与失业保险：政策与实务》，北京大学出版社，2008。

机构设置，调整失业保险管理体制的内部分工，推行具体业务经办与管理分离，把日常管理和服务工作下沉到基层的失业保险经办机构，实行"管办分离"，提升失业保险经办管理效能，方便参保单位和失业人员办理相关业务。

失业保险经办部门与失业者之间存在信息不对称以及失业者的道德风险等问题，有可能对现有失业保险待遇审核制度的约束性和有效性形成影响。完善失业保险待遇审核的监管经办机制与社会保险经办机构的内部稽核制度是关键要素。

《失业保险条例》已将失业保险的受益面扩大到农民合同制工人，农民合同制工人连续工作满一年后失业的，由社会保险经办机构支付一次性生活补助，享受较低水平的失业待遇。但这种失业待遇水平仍与城镇户籍正规就业人员有较大差距，我国农民工等大量非正规就业人员并未被真正纳入失业保险制度，不利于社会稳定和促进再就业。为更好地发挥失业保险的功能，必须继续打破制度歧视，突破二元户籍的限制，尤其应在全国范围内将农民合同制工人等群体纳入失业保险的保障范围，并逐步提高其待遇水平，过渡到与城镇户籍失业人员待遇相同的保障水平。

2017年10月11日人力资源和社会保障部发布的《失业保险条例（修订草案征求意见稿）》提出：失业保险参保范围在地域和主体上进行"双拓展"，缴费率由现行3%的固定费率降为总费率不超过2%；失业人员可享受代缴基本养老保险费等七项待遇；农民工失业后也可以按月领取失业保险金。

第三节　工伤保险经办管理

在漫长的工业革命过程中，工伤事故层出不穷，工伤纠纷属于矛盾最为集中、处理难度最大、诉讼时间最长的劳动保险纠纷。判案从商业保险的过错举证责任发展到无过错责任原则，职业伤害从雇主赔偿发展到雇主责任保险直到政府举办社会工伤保险部分取代商业保险，从私法跨越到社会法，其中不乏进入法律诉讼的漫长程序。工伤问题是劳资矛盾中一个重要事项，正如西尔弗所说，"资本转移到哪里，劳工与资本之间的冲突很快就会到哪里"。① 新历史学派思想家主张制定社会立法，推行社会保险制度，建立工厂监督员制度和劳资纠纷仲裁制度，加强劳动保护，对贫穷者提供社会救济，同时推进一些经济领域的国家化，并改革财政制度。工伤保险法是典型的以生存权保障为理念并付诸生产实践的社会保障法，集中体现了对受害人生存权利与健康权利的保障，使之不会因劳动能力的丧失而被社会遗弃。

一 工伤事故与职业病伤害是安全生产的大敌

工伤事故是指人们在进行有目的的生产活动过程中，突然发生的违反人们意愿，并可能使有目的的活动发生暂时性中止或永久性终止，造成人员伤亡或（和）财产损失的意外事件，凡是引起人身伤害、导致生产中断或国家财产损失的所有事件统称为事故。2016 年 1 月全国安全生产工作会议披露，2016 年，我国发生安全事故 6 万起，死亡 4.1 万人。人力资源和社会保障部《2016 年度人力资源和社会保障事业发展统计公报》统计数据显示："全年认定（视同）工伤 104 万人，比上年减少 4 万人。全年评定伤残等级人数为 53.5 万人，比上年减少 0.7 万人。全年享受工伤保险待遇人数为 196 万人，比上年减少 6 万人。"② 按照《中华人民共和国职业病防治法》的规定："职业病是指企业、事业单位和个体经济组织的劳动者在职业活动中，因接触粉尘、放射性物质和其他有毒、有害物质等因素而引起的疾病。"③ 根据《职业病防治法》的这一规定，结合《工伤保险条例》中关于适用范围的有关规定，条例中规定的患职业病的，主要是指条例覆盖范围内的所有用人单位的劳动者在生产活动中，因接触粉尘、放射性物质和其他有毒、有害物质等因素而引起的疾病。

经济全球化背景下，加之近些年来经济持续下行，劳资关系更为紧张、劳资矛盾激烈冲突，甚至引发劳政冲突。中国已经成为世界工厂，缓和劳资关系紧张局面、应对突发事件是企业管理和社会管理的一个重要内

---

① 〔美〕贝弗里·J. 西尔弗：《劳工的力量——1870 年以来的工人运动与全球化》，张璐译，社会科学文献出版社，2012。
② 参见《2016 年度人力资源和社会保障事业发展统计公报》。
③ 参见 2011 年《中华人民共和国职业病防治法》。

容。受工业伤害和职业病伤害最大的人群是农民工，他们部分人长期从事有毒有害的生产劳动和重体力劳动。鲍里斯认为，缺乏工会组织和国家立法的维权机制，而仅靠消费者导向的策略无法消除血汗工厂现象。①

为了保护农民工的合法利益，有必要建立并实施企业与农民工的劳动合同制度、劳动争议调解制度、集体协商与集体合同谈判制度、社会保险制度。"明确企业家协会作为企业方代表在劳动关系协调工作中的地位、作用与职责，促进三方合作协调机制的形成和逐步完善。如在珠三角地区劳动用工量大、劳动争议多的'三来一补'企业推广集体合同制度，按照劳动法律法规的规定，集体合同的主要条款，着重在加班工时、工资、福利、社会保险、劳动安全卫生、劳动规章制度等容易引发劳动争议的方面，由农民工协商代表与企业方协商代表作出比较规范而全面的约定。在劳动关系调整中，除建立多种协调机制外，还要加强运用法律与行政的手段，加强对企业在执行劳动标准方面的监管，防止各种任意侵犯劳动者权益的行为发生。"②

在社会分层理论中，受地缘文化的影响，出门谋生的农村中青年农民工，其中不乏农村精英，沦为城市中的弱势群体或受损群体，遭遇来自城市各个方面不公正的社会排斥与劳动歧视，"农民工市民化待遇"的口号落实速度太慢。农民工工伤与职业伤害问题尤为突出，一个重要的方面是社会身份所带来的种种不平等与阶层偏见，正视农民工的生存权利、健康权利与劳动权益，建立农民工社会保障与社会保护机制，是摆在我们面前的一项重要任务。总体而言，我国各地建立的市民化工程取得了一定的成效，农民工的城市化待遇有所提高，但还需要加倍努力。

党的十七大报告重申："坚持安全发展，强化安全生产管理和监督，有效遏制重特大安全事故。"这是工伤事故受害最深的农民工群体的最大福音。对农民工的生命保障应该列入政府职业卫生服务和职业健康管理的工作重点，发生工伤事故得到工伤补偿只是被动措施，由于工伤保险牵涉一系列的劳动权益、协商谈判、法律诉讼、薪酬管理、后续事务等复杂的

---

① Boris, Eileen, 2003, Consumers of the World United in Sweatshop USA: The American Sweat-shop in Historical and Global Perspective, eds: by Bender, Daniel & Richard A. Greenwald. New York: Routledge.

② 林毓铭：《低工资徘徊、工业伤害与民工荒的综合思考》，《市场与人口分析》2005 年第 5 期。

问题，这些问题的解决与工伤保险制度的结合才能真正从根本上维护农民工的合法权益。2015年农民工总量27747万人，[①] 2015年末，全国参加工伤保险人数为21432万人，比上年末增加793万人。其中，参加工伤保险的农民工人数为7489万人，占比为34.94%。[②] 农民工2015年度参加工伤保险的比例仅为27%。据2012年12月24日"中国之声"《全国新闻联播》报道：在煤矿、危险化学品、烟花爆竹和建筑施工等高危行业中，农民工从业比重较大，同时他们也是事故死亡人数中较多的群体。工伤死亡人数中，农民工所占比重达到70%，高的超过了80%，新得职业病的人数，农民工所占比例高达90%，在个别行业甚至高达100%。

仍以广东省为例，2010年、2015年领取失业保险金人数为20.8万人和42.4万人（见表7-1），领取失业保险金人数增加了一倍，2010年、2015年工伤保险基金支出分别为20亿元和49亿元，工伤保险基金支出增加了一倍以上（见表7-3）。

表7-3　2010年至2015年广东省工伤保险基金支出

单位：亿元

年份	2010	2011	2012	2013	2014	2015
工伤保险基金支出	20	29	36	39	47	49

资料来源：《广东省社会保险白皮书（2015）》。

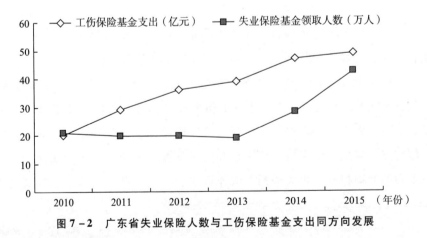

图7-2　广东省失业保险人数与工伤保险基金支出同方向发展

① 参见《国家统计局发布2015年农民工监测报告》。
② 参见《2015年度人力资源和社会保障事业发展统计公报》。

许多地方事故率高的建筑工地，农民工成为工伤保险"盲点"，主要原因是建筑工地用工主体复杂多样，劳务分包、层层承包转包，人员流动性大、劳动合同签订率低。2013 年 6 月 3 日，吉林宝源丰禽业公司液氨泄漏引发爆炸，一场大火夺去 120 人生命，77 人受伤，令人痛心疾首。发生火灾的吉林宝源丰禽业公司未依法缴纳包括工伤保险在内的各项社会保险，根据《工伤保险条例》，未参加工伤保险的用人单位职工发生工伤的，由该用人单位按照条例规定的工伤保险待遇项目和标准支付费用。超 6000 万元的死亡赔偿需企业自掏腰包，77 位伤者的救治费用对该民营企业来说，也是一个天文数字。[①]

工伤事故或职业病发生后，后续的治疗如何处理，有调查表明，农民工法律意识淡薄，对工伤事故发生后谁应当承担相应责任缺乏了解，形成了以下调研数据。农民工工伤保险意识不强，工伤保险覆盖率偏低，面临工伤事故和职业病之后的自我疗伤，实是一个悲剧（见表 7-4）。

表 7-4　部分城市农民工受伤或患职业病后如何处理

单位：%

城市	自己进行治疗	雇主负责治疗	自己和雇主共同负责	放弃治疗	合计
北京	55.9	25.3	14.1	4.7	100.0
深圳	52.5	28.7	17.2	1.6	100.0
苏州	39.6	40.9	15.6	3.9	100.0
成都	51.6	24.6	18.3	5.6	100.0
合计	49.8	30.1	16.1	4.0	100.0

资料来源：郑功成、黄黎若莲等：《中国农民工问题与社会保护》，人民出版社，2007。

二　工伤保险经办管理的本质与流程

工伤保险业务过程复杂，诉讼时间长而且解决途径多元，仍有较多的农民工处于无奈状态（见表 7-5）。

---

① 林毓铭：《社会保障与公共危机管理研究》，人民出版社，2016。

表 7 – 5　进城农民工权益受损时的解决途径

单位：%

	自己忍受	找亲友或同乡帮助	上网求助	媒体曝光	法律途径	与对方协商解决	向政府相关部门反映	工会	其他
2015 年	7.3	19.6	1.3	1.1	22.1	35.9	34.6	3.3	9.9
2016 年	6.2	21.6	1.2	1.8	27.2	36.8	30.1	3.5	8.6

资料来源：国家统计局 2016 年农民工监测统计报告。

规范和统一工伤保险经办业务规程，是工伤保险业务管理重要的基础性工作，对规范工伤保险业务经办行为，提高工作效率和服务质量，加快推进全国工伤保险信息系统建设具有重要意义。早在 2004 年，原劳动和社会保障部颁发了《工伤保险经办业务管理规程（试行）》，要求："各级劳动与社会保障行政部门及社会保险经办机构要集中开展具体经办人员的业务培训，培养和提高工作人员严格依据规程开展服务工作的意识。"《工伤保险经办规程》（人社部发〔2012〕11 号）要求："经办机构与符合条件的医疗（康复）机构与辅助器具配置机构签订服务协议；经办机构要按照国家规划，建立社会保险经办信息系统，与社会保险行政部门建立资源共享的信息网络，共享工伤职工参保、缴费、工伤认定、劳动能力鉴定、工伤待遇等情况的信息；经办机构应建立个人权益查询管理信息系统，通过专门窗口、自助终端电话、网站等方式为工伤保险参保职工提供缴费记录和待遇记录查询服务。"

工伤保险经办管理要求经办人员认真查阅工伤保险经办工作的相关资料，了解各地工伤保险注册参保、基金征缴、基金管理、基金支付各个经办环节，对工伤保险工作中存在的问题，现场进行分析、研究、指导。针对检查中发现的问题，抓整改、抓完善、抓提升，进一步明确工伤保险各经办工作环节的职责，并切实增强依法办事的意识，做执行政策规定的模范，坚决杜绝各类违规违纪问题发生。

我国《工伤保险条例》2004 年 1 月 1 日起正式施行，条例的目的是保障因工作遭受事故伤害或者患职业病的职工获得医疗救治和适时的经济补偿，促进工伤预防和职业康复，分散用工用人单位的风险；《国务院关于修改〈工伤保险条例〉的决定》在 2010 年 12 月 8 日国务院第 136 次常务会议通过，作了 24 处修改。中华人民共和国国务院令第 375 号令，形成了 2011 年的最新《工伤保险条例》，对于安全生产意识薄弱的非公有企业的农民工而言，是一种最有利的政策矫正（类似于非举证责任）。确定工伤保险先行支付制度，让赔付不再等待政策条款的系列修正，体现了工伤保险更加人性化的本质。

工伤保险经办管理包括多个流程，具体分为工伤保险申请流程、工伤保险索赔流程、工伤保险理赔流程、工伤保险报销流程等，如下列山东威海市工伤保险工作流程（见图 7-3）、江苏省事业单位和民间非营利组织工伤保险费筹集流程和工伤保险待遇核定流程（见图 7-4）。

从 2015 年 10 月 1 日起，国务院将工伤保险平均费率由 1% 降至 0.75%，并根据行业风险程度细化基准费率档次，根据工伤发生率对单位（企业）适当上浮或下浮费率，减轻了企业负担。

三 在优化经办管理的基础上积极预防与应对工伤事故

2016 年全国农民工工伤保险参保率只有 27%，由农民工特殊的社会身份与地位所决定，这一群体事实上属于最大的受职业伤害的弱势人群，针对农民工流动性大且候鸟性就业的特点，工伤保险法律制度的构建需要为农民工提供更多的法律援助与公力的干预，大宗工伤纠纷可以采取听证制度，使预防工业伤害与职业危险的发生成为广义社会保障的特殊内容。在优化经办管理的基础上积极预防与应对工伤事故的要求包括以下几点。

1. 提升管理效能，具体经办与管理分离

为解决工伤保险经办机构和管理机构分工不合理的问题，必须优化机构设置，调整工伤保险管理体制的内部分工，推行具体业务经办与管理分离，把日常管理和服务工作下沉到基层的工伤保险经办机构，实行"管办分离"，提升工伤保险经办管理效能，方便参保单位和工伤人员办理相关业务。

2. 完善监管机制

工伤保险经办部门与工伤者之间存在信息不对称以及工伤者的道德风险等情况，这些情况破坏了现有工伤保险待遇审核制度的约束性和有效性。完善工伤保险待遇审核的监管机制，主要有以下几个方面：完善社会保险经办机构的内部稽核制度；强化外部监管机制；加大宣传力度，促进

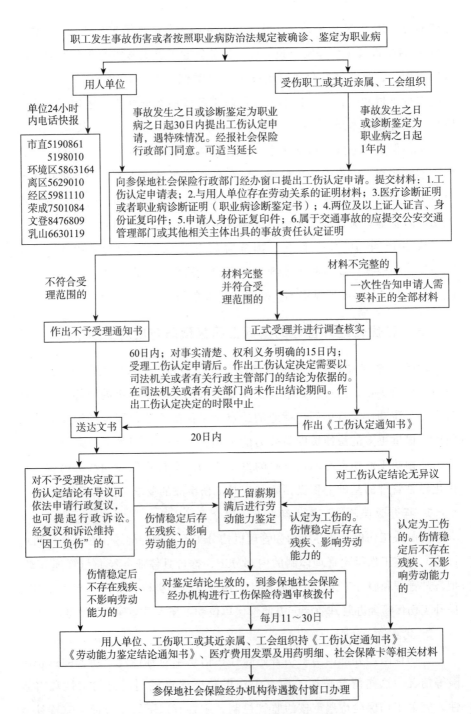

图 7 - 3　山东威海市工伤保险工作流程

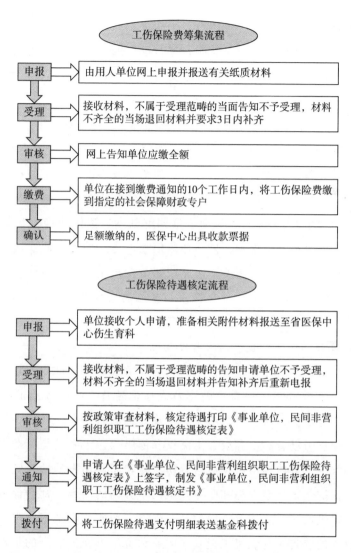

图 7 - 4　江苏省事业单位和民间非营利组织工伤保险费筹集流程和工伤保险待遇核定流程

工伤者的自我监督；广泛开展制度宣传，不仅要增强劳动者对工伤保险制度、再就业政策等制度内容的认知，也应侧重于它对劳动者自身产生的短期利益和长期利益的诉求，同时应宣传积极的就业观念和工伤保险观念，强化安全培训工作。

3. 改革基金收支制度

对现行的工伤保险基金收支制度进行改革，规范基金支出和使用，设定缴费年限与享受条件的合理组合，平衡参保人的权利与义务。工伤保险基金的支出应当根据企业改革状况，实行动态的差别费率。建立促进再就业经费拨付和使用制度，对专项基金支出实行上限管理制度。

4. 完善制度建设

一般而言，经济发达地区劳动密集型企业多、"三来一补"（"来料加工""来料装配""来样加工"和"补偿贸易"）企业多、中小型企业多、外来务工人员多，劳动关系复杂，劳资纠纷易发多发。为了保护农民工的切身利益，有必要广泛建立并实行与农民工的企业劳动合同制度（通常与"五险一金"制度相衔接）、劳动争议调解制度、集体协商与集体合同制度。通过制定仲裁办案规则，公开仲裁信息，建立仲裁院职业道德行为准则，建立兼职仲裁员管理制度，建立调解衔接机制等方式，使得仲裁工作效能进一步提高。并且通过建立裁审对接联席会议制度来加强裁审对接，提高仲裁质量。

5. 建立劳动平等制度、消除身份歧视

消除对农民工的种种歧视，减少歧视偏好，要采取的措施为："其一，进行社会公平教育与人格尊严教育及人性化教育，政府提出的'以人为本'的思想理念为这种教育提供了一个良好的教育平台。其二，促进社会保护，是保护劳动者的生存权、生命权和健康权，主要是指要对于处于弱势地位的农民工群体提供避免遭遇工伤风险和职业伤害的社会性的保护措施。社会保护包括社会保障和职业安全两个方面的内容。社会保障包括对于农民工提供疾病与工伤等方面的社会保险，而职业安全指加强政府对企业生产管理的监督，为农民工提供在职业和卫生方面的安全的工作环境和工作条件，为此国家卫生部特别强调加强对农民工的保护将是职业卫生服务和职业健康管理的重点。其三，对于国民经济生活中必不可少的有毒有害及危险作业，除了加强劳动保护以外，应适当提供政府补贴或企业补贴。其四，建立统一的城乡劳动力市场，减少市场进入障碍是减少对农民工就业歧视市场行为与职业分隔的有效手段。"[1]

---

[1] 林毓铭：《低工资徘徊、工业伤害与民工荒的综合思考》，《市场与人口分析》2005 年第 5 期。

工伤康复与工伤预防、工伤待遇一起构成了工伤保险这一复杂的系统，工伤保险补偿应当更加社会化，更加富有人文精神，使受到职业伤害的劳动者能够及时获得经济补偿得到积极的职业康复，最大限度地恢复和提高工伤职工身体功能和生活自理能力、劳动能力，让他们回归社会，重返工作岗位。

6. 建立听证制度和司法援助制度

重特大工伤事故容易引发群体性事件，工伤保险法律制度的构建更需要为农民工提供法律援助与公力的干预，在发生重大工伤纠纷时，发挥维稳、人力资源、公安、建设、信访、工会、行业协会等各部门职能优势，依法、快速、妥善处置工伤纠纷重大案件，将可能造成的影响降到最低程度。对于难以调解的工伤评级问题，通过信访等渠道可构建起以政府为中心，联合劳动、工商、公安、工会等多个部门的合作机制，对化解劳资矛盾，保护劳动者合法权益起到较好的作用。

7. 加大安全投入，降低工伤事故

鉴于我国较为严重的工伤事故高发频发，积极预防与应对工伤事故的发生是大事件，按照工伤事故发生的原因，可分为三类：一是物质技术原因引起的事故；二是人为原因引起的事故；三是管理原因引起的事故。操作人的不安全行为、物资设备的不安全状态和不良的工作环境，是发生事故的条件。生产作业环境中的温度、湿度、噪声、振动、照明、通风换气以及有毒有害气体，均可构成现实的或潜在的威胁。

《中华人民共和国安全生产法》要求："生产经营单位的主要负责人员有组织制定并实施本单位的生产安全事故应急救援预案的职责。生产经营单位对重大危险源应当登记建档，进行定期监测、评估、监控，并制定应急预案，告知从业人员和相关人员在紧急情况下应当采取的应急措施。县级以上地方各级人民政府应急组织有关部门制定本行政区域内特大生产安全事故应急救援预案，建立应急救援体系。"[①] 2014 年修订的《中华人民共和国安全生产法》要求："生产经营单位必须遵守本法和其他有关安全生产的法律、法规，加强安全生产管理，建立、健全安全生产责任制和安

---

① 参见 2002 年《中华人民共和国安全生产法》。

全生产规章制度，改善安全生产条件，推进安全生产标准化建设，提高安全生产水平，确保安全生产。"[1]《中华人民共和国职业病防治法》《中华人民共和国消防法》《国务院关于特大安全事故行政责任追究的规定》《国务院危险化学品安全管理条例》《国务院使用有毒物品作业场所劳动保护条例》《国务院特种设备安全监察条例》等相关法律法规作出严格的规定，对发生重大工伤事故要求制定应急救援行动。

我国近些年来各地连续发生了在建楼房倒塌、列车相撞、大桥坍塌、工程施工垮塌、煤矿透水、瓦斯爆炸、花炮厂燃爆、厂办公楼爆炸等生产安全事故，出现了较为严重的人员伤亡，人民的生命、财产安全造成了重大损失。生产企业发生重大工伤事故，与不重视安全投入有关，加强安全生产投入，有必要加大投入产出核算，建立安全生产投入产出，见表7-6。

表7-6 安全生产静态价值型投入产出

产出\投入		中间产品消耗								最终产品				总产品
		行业生产部门				事故损失			事故损失合计					
		1	2	…	n	1	2	…	m		消费	储备	出口	合计	
生产部门	1	x_{11}	x_{12}	…	x_{1n}	k_{11}	k_{12}	…	k_{1n}	w_1				y_1	x_1
	2	x_{21}	x_{22}	…	x_{2n}	k_{21}	k_{22}	…	k_{2n}	w_2				⋮	x_2
	3	x_{31}	x_{32}	…	x_{3n}	k_{31}	k_{32}	…	k_{3n}	w_3				y_3	x_3
	⋮	⋮	⋮		⋮	⋮	⋮		⋮	⋮				⋮	⋮
	n	x_{n1}	x_{n2}	…	x_{nn}	k_{n1}	k_{n2}		k_{nn}	w_n				y_1	x_n
安全投入	1	p_{11}	p_{12}		p_{1n}									z_1	q_1
	2	p_{21}	p_{22}		p_{2n}									z_2	q_2
	3	p_{31}	p_{32}		p_{3n}									z_3	q_3
	⋮	⋮	⋮		⋮									⋮	⋮
	m	p_{m1}	p_{m2}	…	p_{mn}									z_m	q_m
合计															
折旧		d_1	d_2	…	d_n										

---

[1] 参见《中华人民共和国安全生产法》（2014年版）。

续表

产出 投入		中间产品消耗								事故 损失 合计	最终产品				总 产 品
		行业生产部门				事故损失					消费	储备	出口	合计	
		1	2	…	n	1	2	…	m						
新创造价值	工资	v_1	m_1	…	ν_n										
	利润	m_1	m_2	…	m_n										
	合计														
总产出		x_1	x_2	…	x_n										

根据表 7 - 6，可以建立同行业生产部门安全生产静态价值型投入产出表，从生产部门的第 1 行至第 n 行中反映行业生产分配和事故耗费情况，建立平衡方程如下：

$$\sum_{i=1}^{n} x_{ij} + \sum_{i=1}^{n} P_{ij} + D_j + v_j + m_j = x_j$$

本式为投入方程组，其中 $j = 1, 2, \cdots, n$。

以安全生产静态价值型投入产出模型为例说明投入产出的模型结构。可在此基础上进行动态和非线性的演化。在该方程中，x_{ij} 表示生产的 i 产品中作为 j 产品的中间投入部分，P_{ij} 表示安全投入，D_j 表示固定资产折旧，v_j 表示劳动报酬部分，m_j 表示劳动者创造的社会纯收入，如利润、税金等。x_j 或 x_i 分别表示第 i (j) 部门或第 i 部门的总产品或总投入。

$$\sum_{j=1}^{n} x_{ij} + \sum_{j=1}^{n} k_{ij} + y_i = x_i$$

其中，$\sum_{j=1}^{n} k_{ij} = W_i$

本式为产出方程组，W_i 表示事故损失，y_i 表示最终产品，其中，$i = 1, 2, \cdots, n$。

在上述方程中，除了一般价值型投入产出表的直接消耗系数、间接消耗系数和完全消耗系数以外，还需要确定以下几个系数：

一是安全事故损失直接消耗系数 s_{ij} ，表示生产一个单位的第 i 种产品对第 j 种行业引起安全事故损失的消耗量，也就是单位 i 产品对 j 产品的消耗。

$$s_{ij} = \frac{k_{ij}}{X_i} \qquad (i, j = 1, 2, \cdots, n)$$

二是安全投入直接消耗系数 c_{ij} ，表示生产一个单位的第 j 种产品对第 i 行业的消耗量，也就是单位 j 产品为防止事故发生对 i 的消耗价值。

$$c_{ij} = \frac{P_{ij}}{X_j} \qquad (i = 1, 2, \cdots, m; j = 1, 2, \cdots, n)$$

三是安全投入效果系数 e_{ij} ，表示为了获得 q_i 的产出需要对第 j 种行业安全生产上的投入。

$$e_{ij} = \frac{P_{ij}}{q_i} \qquad (i, j = 1, 2, \cdots, n)$$

四是安全事故损失率，用全部安全事故损失值除以行业总产出。

$$\frac{安全事故总损失}{行业总产出} = \frac{\sum_{i=1}^{n} \sum_{j=1}^{n} k_{ij}}{\sum_{i=1}^{n} x_i}$$

五是安全投入占产出比重，用安全投入价值除以行业总产出。

$$\frac{安全生产总投入}{行业总产出} = \frac{\sum_{i=1}^{n} \sum_{j=1}^{m} p_{ij}}{\sum_{i=1}^{n} x_i}$$

利用上述安全生产静态价值型投入产出表的平衡关系，可以考察一国（或行业、部门、地区）的安全生产与投入的依存关系，政府与企业在重视人的生命与搞好企业生产的同时，应时刻不忘安全生产，杜绝工伤事故的发生有着重大的应用价值。制定企业安全生产投入产出表的同时，要严密防止发生工伤事故的发生，发生安全生产事件，要即时开展生产救援，该救援系统见图 7-5。

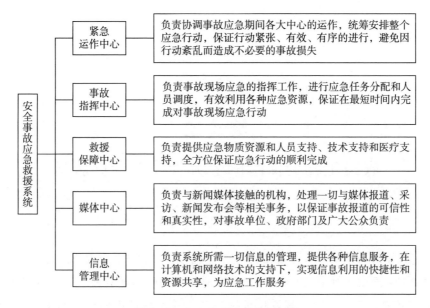

图 7 - 5 安全生产应急救援系统

美国著名安全工程师海因里希提出的 300∶29∶1 法则，意指当一个企业有 300 个隐患或违章，必然要发生 29 起轻伤或故障，在这 29 起轻伤事故或故障当中，必然包含有一起重伤、死亡或重大事故。在中国企业的工伤事故率可能超越了这一法则，尤其是化工行业和煤炭行业，这两个行业的安全生产状况事故率高，成为我国工业生产领域的重灾区。

我国工伤事故与职业病发生频率高，事态比较严重。工伤保险经办管理与服务是一个被动环节。做好重大工伤事故与职业病的预防工作，做好应急救援工作，可以大大减少工伤保险经办管理与服务的工作压力。

第八章

农民工社会保险的经办管理与经办服务

我国的城镇福利带有典型的身份化色彩，这就决定了农民工在享受城镇福利方面由于社会排斥而处于边缘地位，《中国经营报》中的报道称：20 多年来，户籍制度的藩篱让进城的务工人员与城市居民之间横亘着 60多种不平等的福利鸿沟。① 农民工成为城镇化建设过程中的一个底层群体，在享受教育的机会与权利、城市经济适用房分配、工伤康复待遇等方面处于不太公平的地位。在不能享受城镇居民的隐性福利和显性福利的同时，还要为获得在城市居住和工作的资格付出多种费用和成本，非市民待遇无疑会滋生不和谐的社会矛盾。

第一节　农民工的养老保险及经办管理

社会保险覆盖范围由城镇职工逐步扩大到城镇自由职业者、进城务工的农民工，这是我国制定的社会保险发展政策。早在国家《劳动和社会保障事业发展"十一五"规划纲要》中就提出："建立健全与经济发展水平相适应的社会保险体系，合理确定保障标准和方式"，"认真解决进城务工人员的社会保险问题"。国家《社会保障"十二五"规划纲要》提出："将符合条件的各类人群纳入制度体系，重点做好农民工、非公有制经济组织从业人员、灵活就业人员的参保工作。"学界对于农民工的社会保险

---

① 周远征：《城乡之间户籍上有 60 多种不平等福利》，《中国经营报》2013 年 3 月 2 日。

问题研究由来已久，但由于传统体制的遏制与社会政策的局限，这一问题始终未能找到有效的良方。随着和谐社会的建立及城镇化建设步伐的加快，要在国家社会保险的框架内消除结构性不平等问题，农民工的社会保险问题应该列入决策者的视线。

一　将农民工纳入城镇社会保险体系的两难问题

我国未来的社会发展目标是实现城市化、工业化，大规模减少农业人口的比重。2016 年约有 2.8 亿左右的农民工从事非农产业，成为城市建设中一支举足轻重的产业大军。"将他们纳入城镇社会保险体系需要做出谨慎的制度安排。依据城乡社会保险资源配置及现实可能性，率先将农民工纳入城镇养老保险体系与工伤保险体系，待条件成熟后再推进其他社会保险制度，是一种较为理性的制度抉择。"[①] 珠三角地区等推行的新招员工"五险一金"制度，有可能产生大量的重复保险问题，这在我们的调研中已有所发现，这也是在我们的制度设计中长期被忽视的问题。

长期以来，受城乡分割的二元体制的影响，城市化滞后一直是制约中国经济发展的一个社会难题，农民赖以生存的土地已收不抵支、农业生产增长乏力，农村乡镇企业就业渠道不畅，大量中青年劳动力外流，加剧了城乡业已沉积的矛盾，城乡劳动力市场分割也越来越不适宜工业化的扩张。随着市场经济的推进与城乡分割及户籍制度的弱化，农村数以亿计的剩余劳动力以及从乡镇企业分化出来的乡镇企业职工进城务工或经商已成中国社会的一大特征，农村妇女、老人、儿童的群体现象越来越突出，据我们 2019 年春插季节到江西部分农村的观察，农村土地闲置现象非常严重，进城务工对农业的冲击导致这种人口迁徙与流动也越来越显性化，它符合我国未来工业化、城市化的未来走势，全国各地城市建设扩充人口计划亟须赋予城镇社会保险制度和就业与再就业工程更丰富的制度内涵。

长期以来，我国城乡社会保险资源配置也存在严重的二元化现象甚至产生了逆向分配，宪法赋予每个公民的基本生存权是宪定权利，但是如果

---

① 林毓铭：《城乡社会保障一体化：将进城务工农民纳入城镇养老保险体系》，《调研世界》2003 年第 10 期。

没有其他权利的保障与配合，宪法本身并不能代替社会问题的解决。我们需要的是推动保障宪法的制度动机，宪政制度的建立必须与社会结构相匹配，才可能有宪法的尊严。同样宪法作为对国家的制约，也不能解决"三农"问题和农民工的社会保险问题，从宪定权利到现实权利的落实，客观要求实现中国工业剩余反哺农业不足，城市经济支持农村经济的发展，全面落实社会主义新农村建设计划，加大对农村社会保险资源的财政投入等一系列法律法规的配套。在目前财政较为拮据的情况下，城乡居民养老保险制度的建立，不管是在入口还是在出口，中央与地方财政已提供了庞大的财政补贴基金，继续将城市居民医疗保险制度与新农合制度整合为城乡居民医疗保险制度，还需要付出改革成本。将进城务工经商农民纳入城镇社会保险体系，是一种融合性的制度安排。

（一）将农民工纳入城镇养老保险制度

我国农村耕地越来越少，剩余劳动力越来越多，转移农业剩余劳动力的任务十分艰巨，幸存的乡镇企业从劳动密集型向资本密集型和知识密集型升级，不再成为有效吸纳剩余劳动力的渠道。而目前由于竞争加剧与对农村生态环境的严重破坏，大量城市工业产能过剩的问题，使乡镇企业的就业扩张几乎已近极限，乡镇企业从 20 世纪 90 年代末期以来的快速萎缩加速了乡镇企业职工向城市的流动，加上大量剩余农村劳动力向城市的流动，进城务工农民工增速明显（见图 8 - 1）。城乡居民养老保险制度的建

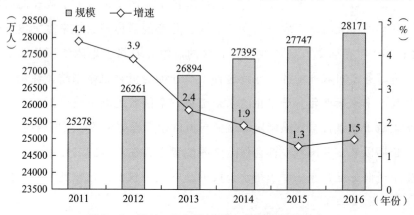

图 8 - 1　2011 ~ 2016 年农民工总量及增长速度

资料来源：国家统计局：《2016 年农民工监测调查报告》。

立已基本实现制度内全覆盖，进城务工农民进入城镇养老保险制度参保的比例并不高，2015 年末参加城镇职工基本养老保险的农民工人数为 5585 万人，2015 年农民工总量为 27747 万人，参保率只有 20.13% 。

第一，将农民工纳入城镇职工养老保险体系，是城镇职工养老保险制度改革中扩覆工作的制度安排，也是给予农民工基本公民权利与落实社会保险权利的时代要求。2006 年《国务院关于解决农民工问题的若干意见》（国发〔2006〕5 号）就提出："低费率、广覆盖、可转移，并能够与现行的养老保险制度衔接"，这是解决农民工参保城镇职工基本养老保险制度并实现养老保险关系跨地区顺畅转移问题应遵循的基本原则。农民工参加城镇职工养老保险，只要达到法定退休年龄，且累计缴费满 15 年，可以按城镇企业职工基本养老保险计发办法核定养老待遇，享受城镇职工基本养老保险待遇调整政策。原国家人口计生委发布的《中国流动人口发展报告2012》显示："中国流动人口的平均年龄约为 28 岁，'80 后'新生代农民工已占劳动年龄流动人口的近一半。"① 改革开放伊始，农民工就是一个年轻的群体，农民工有相当长的养老金积累期。其中可以作三种选择：一是返乡务农的农民工可以申请退保；二是在不同统筹地区持续就业，养老保险关系可以转移；三是提前死亡的农民工，其个人账户可以清算。由于我国放弃了农民工独立账户的设计思路，从养老保险代际互助的支撑技术看，利用农民工养老保险较长积累期的沉淀基金，有助于缓解城镇职工养老金支付危机，支持城镇职工基本养老保险改革。

第二，由于开发区建设的影响，许多大中城市已相继建立了城中村，也一度成为外来劳务人员的聚集中心，相当部分失地农民或半失地农民在职业上已经城市化，就业观念与生活方式上也日渐与城市居民趋同，其中一部分人在城市已有了自己的栖息地和就业方式，将不再返回农村务农。至 2020 年，户籍人口城镇化率要达到 45%，将增加 8000 万城市户籍人口，城镇养老保险体系还需要大幅度扩容。

第三，政府以进城农民参与城镇职工养老保险为契机，利用就业信息管理在就业方式上实现对农民工有组织的流动、帮助农村人口迁徙与对农民工

① 参见原国家人口计生委《中国流动人口发展报告 2012》。

实施较稳定的就业政策，逐步分阶段对农民工实施较为健全的社会保险体系，减少农民工身居城市的相对剥夺感与失落感，强化农民工的市民化意识与社会责任感，实施农民工市民化待遇改革是实现社会稳定的一项基本的社会工程。将更多的农民工纳入城镇职工养老保险体系，对推进城市化转型与服务化社会的到来、减少农村剩余劳动力、以工业反哺农业，在业已大量减少的土地上提高农民收入与农业劳动生产率均具有重大的现实价值。[①]

从早期的盲目流动到金融危机爆发后的招工难，第一代农民工不再是一个年轻的群体。在后续的第二代农民工中，还是一个以中青年为主体年龄结构的群体。除了工伤以外，患病概率偏低，农民工工资低缴费难，是否要将进城农民工也一并纳入城镇职工医疗保险体系，这要结合进城农民的特点与医疗保险的性质来加以考虑，并与经济发展水平相适应。2011 年，上海市出台了《〈关于外来从业人员参加本市城镇职工基本医疗保险若干问题的通知〉的实施细则》，要求从 2011 年 7 月 1 日起实施，有效期 5 年。广州市规定：2012 年 8 月 1 日起，广州市外来从业人员将统一按照规定，参加广州市"城镇职工基本医疗保险"或"广州市城镇灵活就业人员基本医疗保险"。进城农民工年龄普遍年轻化（见表 8 - 1），且由于他们所从事的大多是低收入的劳动，并有较大的跨统筹地区的流动性，硬性强制将他们纳入城镇医疗保险体系，很大可能违背了他们的意愿，也会加大农民工个人医疗账户的缴费负担，与城镇居民医疗保险制度存有接续上的困难。如何将农民工在农村参加的养老保险和医疗保险接入城镇居民养老保险制度和城镇居民医疗保险制度，减少重复参保，在具体操作上要依法规划管理。

表 8 - 1　2012 ~ 2016 年农民工年龄构成占比

单位：%

占比 年份 年龄	2012	2013	2014	2015	2016
16 ~ 20 岁	4.9	4.7	3.5	3.7	3.3
21 ~ 30 岁	31.9	30.8	30.2	29.2	28.6

[①] 林毓铭：《将进城农民纳入城镇社会保险体系与相机抉择》，《湖北社会主义学院学报》2003 年第 1 期。

续表

占比 年份 年龄	2012	2013	2014	2015	2016
31~40 岁	22.5	22.9	22.8	22.3	22.0
41~50 岁	25.6	26.4	26.4	26.9	27.0
50 岁以上	15.1	15.2	17.1	17.9	19.2

资料来源：国家统计局：《2016 年农民工监测调查报告》。

（二）将农民工纳入城镇职工养老保险的制度安排

1. 制度实施的难点

由于较长一段时期劳动就业信息平台的滞后与信息不对称，或是跨统筹地区劳动就业信息的衔接存在问题，相当部分进城务工农民是无组织、无目标的流动或是组织不畅，就业归宿不稳定，将他们纳入城镇职工养老保险制度存在以下难点，也是政府解决农民工养老问题必须直面承受的改革成本。

（1）与城乡居民养老保险制度的衔接问题。相当部分进城农民工尤其是灵活就业人员兼顾双重身份，农忙时回农村务农，农闲时进入城市从事灵活就业的工作，工作地点极不稳定，每年春节前后，农民工们就像候鸟一样从城市飞回农村，再从农村折回城市，也有部分农民工在成婚、出嫁或生儿育女之后，进入城市的频率大大降低（见图 8 - 2）。从 2012 年至

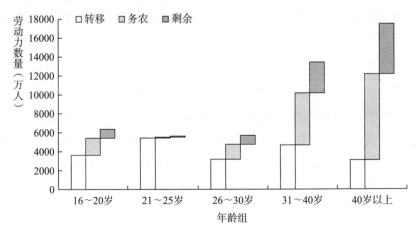

图 8 - 2　转移、务农和剩余劳动力数量与结构

2016 年农民工的年龄构成看（见表 8 - 1），年龄结构比较稳定，21 岁至
50 岁之间的农民工占 80% 左右，农村外出劳动力主要为农村的中青年劳动
力，将中青年农民工纳入城镇职工养老保险体系之后，一旦他们回归农村
而不再回归城市，太多的退保记录会使这部分人的城镇养老保险（绝大部
分人缴费无法达到 15 年）如何与城乡居民养老保险体系衔接存在管理
难题。

（2）管理成本高。由于农民工工作不稳定，大多数没有固定的劳动就
业合同，"外出农民工与雇主或单位签订劳动合同的比重为 38.2%，比上
年下降 1.5 个百分点；本地农民工与雇主或单位签订劳动合同的比重为
31.4%，比上年下降 0.3 个百分点"。① 为了寻求就业，农民工的高度流动
性，且年复一年地往返于城乡之间或是在不同统筹地区之间，一旦把他们
纳入城镇职工养老保险体系，因为办理跨统筹地区接续转移，或是中途断
保，政府要为农民工个人账户的转移与跨统筹地区转移支付高昂的信息管
理成本。

（3）影响企业雇用农民工就业。按照城镇职工养老保险和医疗保险社
会统筹与个人账户相结合的原则，雇主要为农民工缴纳社会统筹基金（包
括养老、医疗、工伤、失业等甚至企业年金），必然会大幅度增加雇主的
生产成本。因此中小企业雇主可能采取低薪雇佣不签劳动合同的做法，或
是采用缩短试工期或参保最低工作期限内解雇的办法，甚至拒绝为农民工
投保或是虚报农民工工资总额少向社保部门缴纳统筹基金。据国家统计局
发布的《2016 年农民工监测调查报告》，2016 年与雇主或单位签订了劳动
合同的农民工比重为 35.1%，比上年下降 1.1 个百分点。小微企业、非正
规就业、劳务派遣工参保率低，是扩面工作的重点。国家统计局农村调查
总队《2016 年农民工情况调查报告》显示："由于农民工打工有很大程度
上的自由度，绝大多数农民工通常与用工单位或雇主口头协商工资待遇，
与用人单位和雇主签订合同的农民工很少，要求缴纳五险一金的更少，用
工单位或雇主主动为他们缴纳五险一金的寥寥无几。"

---

① 参见国家统计局《2016 年农民工监测调查报告》。

2. 城镇职工养老保险的制度设计

劳动形态的多样化，使进城务工经商或从事其他工作的农民工一般分为四类人员：一是有一技之长，在各种类型企业工作相对比较稳定的人员；二是自己创业从事个体经营或者自谋职业已完全融入城市生活的人员；三是居住于城乡接合部从事钟点工、占道经营的小商小贩或是其他街头服务的闲散人员；四是无固定居住场所，每年往返于城市与农村，在城市从事临时工与短工的强流动人员。从图 8-1 可以发现，农民工各年龄段的流入与流出城市的比例各不相同，各年龄段均有一部分人员留在了城市，也就是我们所说的第二代农民工或是定居城市正在改变身份的农民工。

第一类人员和第二类人员，有较稳定的工作场所和租居地，建立了在城市谋生的社会关系网络和个人生活圈，有着长期在城市生活的经验和在城市长期居住的愿望与打算，将他们纳入城镇职工养老保险体系，难度相对较小，也符合他们的心理意愿。对第三类和第四类人员，要付出较高的社会动员成本和社会管理成本，个人的抵触情绪也比较大，可以考虑分阶段覆盖和发展。

对于国有企业、集体企业、"三资"企业及个体私营企业的农民工，应督促所在企业为农民工投保基本养老保险，有条件的鼓励参加城镇职工医疗保险、失业保险、工伤保险。由于管理不善、信息不对称，农民工养老保险的重复保险问题比较严重。农民工起始于改革开放初期，这一群体普遍年轻化，不存在与国有企业职工类似沉重的养老金隐性债务，农民工工资较低，"2015 年人均月薪 3072 元，平均每天工作 8.7 个小时"。[①] 他们也有更多的挣钱养家的客观需求，因此，对他们可采取"低进低出"的办法，按低于城镇职工社会统筹缴费比例将农民工纳入城镇职工养老保险体系，农民工个人账户记账比例也可略低于 8% 的标准，这是因为相当数量的以及在城镇职工养老保险中缴费不满 15 年的农民工以后还要返回农村，土地收入可作为养老保险的主要补充。由于农民工的调度流动性，从道理上来说，雇主为农民工缴纳的社会统筹基金应另建账户处理，明确农民工

①　参见《2015 年农民工监测调查报告》。

群体的产权归属问题（这会引起碎片化管理的质疑），由于我国强调统筹账户基金的公有属性，统筹账户基金用于城镇职工养老保险制度的调节使用。

现实问题是，2010 年 1 月 1 日前，企业为农民工缴纳的统筹账户基金仍留在原地区，不能转出。2010 年 1 月 1 日后，包括农民工在内所有参加城镇企业职工基本养老保险的人员，其基本养老保险关系可在跨统筹地区就业时随同转移，在转移个人账户储存额的同时，转移 12% 的统筹基金到流入地。8% 的统筹基金留在流出地。在经济发达地区，农民工转移到其他地区后遗留的统筹账户基金数额巨大。如全国社保基金理事会副理事长王忠民所言："劳动者从农村流入城市，大多没有上交或没有带走个人名下的养老社会保障。而今天这些劳动者已经或即将步入老龄化，却没有得到相应的养老红利或社保红利。"[1] 随着农民工年龄的递增，第一代农民工"退休"后的养老问题将会日益凸显，将在今后几年内集中爆发。

二　农民工参加养老保险的经办管理

根据国家统计局抽样调查结果：2015 年农民工总量 27747 万人，比上年增加 352 万人，增长 1.3%。2011 年以来农民工总量增速持续回落。2012 年、2013 年、2014 年、2015 年农民工总量增速分别比上年回落 0.5 个、1.5 个、0.5 个和 0.6 个百分点。农民工仍以青壮年为主，但所占比重持续下降，农民工平均年龄不断提高。从平均年龄看，农民工平均年龄为38.6 岁，比上年提高 0.3 岁。从年龄结构看，40 岁以下农民工所占比重为55.2%，比上年下降 1.3 个百分点；50 岁以上农民工比重为 17.9%，比上年上升 0.8 个百分点。[2] 农民工为我国的各行各业提供了大量的劳动力，为城市建设和国家繁荣贡献了巨大的力量。解决农民工问题是全面建成小康社会与建设和谐社会的重要内容，从解决城镇职工养老保险个人账户基金"空账"压力的角度看，为农民工建立养老保险制度既可以保护农民工利益，又可以聚集基金，缓解城镇职工养老保险"空账"压力，实现政策效果

---

① 王忠民：《社保基金需扩至十万亿解决养老问题》，《新京报》2013 年 3 月 1 日。
② 参见国家统计局《2015 年农民工监测调查报告》。

上的"双赢"。

　　农民工在与用人单位确定雇佣关系后，要及时签订劳动合同，并在签订劳动合同后 15 日内到社会保险经办机构办理参保手续。根据我国目前法律的相关规定，农民工参加养老保险的方式与城镇的劳动者基本一致，但是各地政府的人社部门可以根据当地的实际情况作出具体的实施规定。原劳动和社会保障部 1999 年 3 月发布的《关于贯彻两个条例扩大社会保险覆盖范围加强基金征缴工作的通知》（劳社部发〔1999〕10 号）第二条规定，农民合同制职工可参加单位所在地的社会保险。农民工作为企业的职工，按规定应参加城镇职工养老保险。原劳动部 1997 年 12 月发布的《职工基本养老保险个人账户管理暂行办法》（劳办发〔1997〕116 号）第一条的规定，职工从参加工作的当月起，应由所在单位到当地社会保险经办机构办理基本养老保险投保手续。农民工只需履行缴费义务，按规定由企业代扣代缴养老保险费；达到法定领取养老金的条件后，享受正常且可逐年调整提高的养老保险待遇。图 8 - 3 为广西柳城县城乡居民社会养老保险经办机构职责。

　　2006 年《国务院关于解决农民工问题的若干意见》（国发〔2006〕5 号）提出："低费率、广覆盖、可转移，并能够与现行的养老保险制度衔接。"针对农民工收入普遍偏低的特点，2009 年 2 月 5 日由人力资源和社会保障部发布的《农民工参加基本养老保险办法》规定："用人单位缴费比例为工资总额的 12%，比目前规定的平均缴费比例低了 8 个百分点；农民工个人缴费比例为 4% 至 8%，可以根据本人的收入情况合理选择和确定。过去已经参加城保的农民工及用人单位，可以按照本办法的规定调整缴费比例。这样规定，可以大大降低农民工及其用人单位的经济负担，以最大限度地将农民工纳入养老保险制度覆盖范围。"

　　按照政策规定，到达领取养老保险待遇年龄的农民工，遵循与城镇参保职工一视同仁的原则计发相关待遇：缴费满 15 年以上的，按月领取基本养老金，包括基础养老金和个人账户养老金；缴费不满 15 年的，选择参加城乡居民养老保险的，由社保机构将其养老保险关系及基金转入城乡居民养老保险制度。

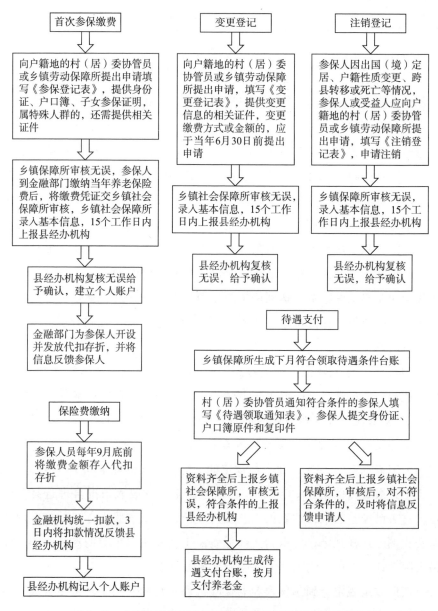

图 8-3 广西柳城县城乡居民社会养老保险经办机构职责

三 对农民工在一定历史时期大量退保现象的分析与养老保险可转移和可接续

在深圳、广州、浙江等发达地区，农民工退保问题一度十分突出，在深圳曾因排长队退保引起冲突，全国每年退出养老保险的人在3000万左右。也有近期报道称：对于数量众多、人口流动性增大的进城务工人员而言，亟须解决城乡养老保险的制度衔接问题。数据显示，近年因一些地区转移接续不畅，退保风潮严重，有的城市退保比例甚至高达参保人员的17%。①

2010年1月1日之前，农民工参与城镇养老保险政策与城镇职工不同的是，农民工到不同统筹地区重新就业，退保有自己的自由选择权。原劳动和社会保障部2005年统计显示，目前我国农村劳动力外出务工的规模约为1.2亿人，农民工参加养老保险的总体参保率为15%左右，部分地区如广东、大连的农民工的参保率也仅为20%左右。但农民工退保问题日渐严重，浙江3万农民工怕拿不到钱而退保，广东有的地区的农民工退保率已经达到95%以上，仅东莞市2004年就有40万人次办理了退保手续。珠江三角洲每年退保的农民工在百万人以上。② 据媒体报道，2007年，深圳共有439.97万人参加基本养老保险，而退保人数竟然高达83万人，一年中，退保人就把8亿多元企业缴费贡献给了当地社保。③

农民工大量退保彰显在不同统筹地区接续上养老保险制度缺失。

第一，二元化的制度设计思路未能改变，现行的社会保险体系更多的着眼点还是城镇职工。按国家养老保险制度设计，经过组织、人事、劳动部门批准调动工作的人员，社会保险关系可以顺利转移接续。根据原有的连续工龄政策，经组织批准调动的人员，原企业工龄可以累计计算，再按社会保险的政策，符合国家规定计算的连续工龄视同缴费年限，个人的养老保险权益得到落实，城镇职工个人账户转移没有制度障碍。对农民工而

---

① 邱玥：《打通"通道"：养老金顶层设计怎么做?》，《光明日报》2013年7月23日。

② 《农民工频频退保 我国社保体制面对流动考验》，《中国青年报》2005年10月22日。

③ 郭晋晖：《农民工养老保险政策年内推出 将纳入城保体系》，《第一财经日报》2008年8月12日。

言，设计了过高的起付标准与积累年限：一是普通农民工的工资偏低，扣除农民工每月 8% 的工资，再加上医疗保险个人缴费，不是个小数（见表 8-2），这是农民工微薄的工资与工作的极不稳定性与短期性所无法承受的；二是相当部分农民工在同一统筹地区很难坚持 15 年及以上（见表 8-3），2015 年农民工跨统筹地区流动比例中西部地区非常高，东部地区略低，说明农民工在同一统筹省份就业稳定性较差，15 年的缴费中可见农民工的稳定就业非常困难，候鸟式就业可能使第一代农民工多次退保，缴费年限因退保而被多次清零。

表 8-2　2014~2015 年分行业农民工人均月收入及增幅

单位：元，%

年份	2014 年	2015 年	增长率
制造业	2832	2970	4.9
建筑业	3292	3508	6.6
批发和零售业	2554	2716	6.4
交通运输、仓储和邮政业	3301	3553	7.7
住宿和餐饮业	2566	2723	6.2
居民服务、修理和其他服务业	2532	2686	6.1
合计	2864	3072	7.2

资料来源：国家统计局：《2015 年农民工监测调查报告》。

表 8-3　2015 年外出农民工地区分布及构成

按输出地划分	外出农民工总量（万人）			构成（%）		
	外出农民工	其中：		外出农民工	其中：	
		跨省流动	省内流动		跨省流动	省内流动
东部地区	4944	858	4086	100.0	17.3	82.7
中部地区	6592	4024	2586	100.0	61.1	38.9
西部地区	5348	2863	2485	100.0	53.5	46.5
合计	16884	7745	9139	100.0	45.9	54.1

资料来源：国家统计局：《2015 年农民工监测调查报告》。

第二，地方利益作祟，个人账户转移困难。农民工转换工作岗位，完全出自市场的支配，享受不到政府行为支配下的组织调动带来的养老保险关系接续。因此，养老关系转移接续困难，其工作流动后原有的权益无法兑现。从现行工资水平和养老保险水平看，各省的社保缴费基数不尽相同，相当部分省区市的养老保险基金缺口都比较大。为了维护本地职工的利益，不少地方人为设置障碍，阻碍农民工社保的异地转移。农民工养老保险关系转移难还与目前国家养老保险的现收现付模式有关。养老保险关系转移，基金只转数额不大的个人账户部分。甚至有些地区只转关系，不转个人账户，这样，对调入地来说，在基金支付普遍困难情况下，要承担调入者退休后十几年的养老金支付，无疑是难以承受的。因此，不少地区会以"关门上锁"的办法，拒绝流动人员养老保险关系的转入。[①] 地区之间的利益博弈使国家规定任何地方都要无条件地接纳个人养老保险难以实施，中央政府在农民工养老保险个人账户转移方面还没有实施强有力的宏观调控政策，在承受农民工个人账户转移成本方面也没有采取相应的措施。

省际转移也包括城镇职工，近几年离开东部发达省份的人员逐年增多，以广东省为例："2015 年，广东省跨省转移基金 49.58 亿元（其中转入基金 9.43 亿元，转出基金 40.15 亿元），2010 年至 2015 年累计转移基金 201.11 亿元（其中转入基金 36.83 亿元，转出基金 164.28 亿元）。"[②]

第三，城乡二元化的社会保险的制度使城乡之间社会保险关系无法有效对接，城镇职工养老保险与城乡居民养老保险之间缺乏续接关系的有效通道，以农民工名册缴纳的城镇职工统筹账户基金，带不回农民工的户籍所在地，绝大部分农民工因缴费达不到 15 年不能享受城镇职工相应养老保险待遇。城乡社会保险无法一体化，农民工对政府的信用心存疑虑，对未来的养老期望不抱多大幻想，退保或断保自然成为他们无奈的选择。

第四，在一定历史阶段，农民工大量退保迎合了一些非公有制企业的需要，这些企业与员工的合同签订率低，与企业主的抵制与逃避参保以降低企业成本的需求相吻合，一定时期内退保现象的泛滥会使政府在扩大养

---

① 常宝国：《目前我国农民工退保凸显政策缺失》，《工人日报》2005 年 9 月 2 日。
② 参见《广东省社会保险白皮书》（2015 年）。

老保险覆盖面的重大政策选择上面临挑战。

"参保率降低、退保率高或断保率高"的现象,很大程度是现行社会保险制度管理不善所造成的。不少地方政府既热衷于让农民工加入社保,也欢迎农民工退保,道理不复杂。政府让农民工参保,可以让地方社保基金更充足;退保时,农民工并不能领回全部金额,多数被充入地方社保统筹基金。据统计:广东省每名参保一年的农民工退保,就向当地养老基金"贡献"1348 元。①

无论农民工是否选择退保,均处于不利地位:农民工退保之后,能够揣着现金回家比其他一切都实际。但农民工拿到了退保金之后,在城市务工几年甚至十多年的缴费年限被作废,个人账户不复存在。今后继续在城市务工虽然可以重新缴纳养老保险费,缴费年限却不能累计计算,计发水平自然相对较低,重新计算缴费年限,农民工的利益得不偿失。对农民工养老保险制度设计的缺陷使农民工处于一个十字路口,农民工对自身今后返乡务农还是继续留在城市务工无法预期,比较选择下,退保成为农民工一个更为自然也更理性的选择。

针对农民工就业流动性强的特点,2009 年 2 月 5 日,人力资源和社会保障部发布的《农民工参加基本养老保险办法》和 2009 年 12 月 28 日国务院办公厅发布的《城镇企业职工基本养老保险关系转移接续暂行办法》(国办发〔2009〕66 号),明确了农民工养老保险关系转移和权益累计、接续的政策:"即农民工离开就业城市时,当地社会保险经办机构一方面要为其开具参保缴费凭证,证明他在本地参保的时间和累计缴费情况;另一方面暂时封存其权益记录和个人账户。农民工回到原就业城市就业并继续参保的,其权益记录和个人账户自然解封,养老保险权益得以延续;农民工到其他城市就业并继续参保的,只要向新就业地社会保险经办机构出示参保缴费凭证并提出转移申请,就可以转移接续养老保险关系,其养老保险权益累计计算;农民工由于各种原因未能继续参保的,其权益记录和个人账户一直封存,个人账户继续按国家规定计息,直到其继续参保或到达领取待遇年龄,已经参保缴费的权益不受

---

① 解本友:《别让农民工退保成为地方政府提款机》,《燕赵都市报》2005 年 12 月 19 日。

损失。"

为了提高农民工参保的稳定性,《城镇企业职工基本养老保险关系转移接续暂行办法》要求:"首先从农民工做起,建立全国社保信息查询系统,逐步推广到全部参保人员人人都有社会保障卡,个人身份证号码作为其本人全国通用、终身不变的社会保障号码,加上密码,在全国各个社保经办机构都能随时查询本人的养老保险参保缴费等权益记录信息。"2009年12月28日,《城镇企业职工基本养老保险关系转移接续暂行办法》(以下简称《暂行办法》)经国务院第93次常务会议讨论通过,于2010年1月1日起实施。《暂行办法》规定:参保人员无论是城镇职工还是农民工,跨省流动就业参保缴费的,其基本养老保险关系可以转移接续,缴费年限合并计算,个人账户储存额累计计算;未达到领取待遇年龄时,不得提前终止基本养老保险关系并办理退保手续。采取以上措施后,农民工离开就业城市、中断参保缴费的,原则上不再办理退保。退保有严格的条件限制,仅以下情形可以退保:

1. 参保人员达到退休年龄而未缴满15年;

2. 重复参保且结束劳动关系的可退保;

3. 参保人员出国定居;

4. 参保人员死亡。

包括农民工在内的参加城镇企业职工基本养老保险的所有人员,其基本养老保险关系可在跨统筹地区就业时随同转移;在转移个人账户储存额的同时,转移部分单位缴费的12%到流入地,其金额是单位缴纳金额的60%;参保人员在各地的缴费年限合并计算,个人账户储存额累计计算,对农民工一视同仁。为避免参保人员因办理转续关系而在两地往返奔波,《暂行办法》规定了统一的办理流程:"参保人员离开就业地,由社保经办机构发给参保缴费凭证;在新就业地参保,只需提出转续关系的书面申请,转入和转出地社保经办机构为其协调办理审核、确认和跨地区转续手续。"

解决养老保险关系跨省转移接续的主要政策明确了基金转移结构和转移量:即规定参保人员跨省流动就业,除转移个人账户储存额外,再按本人缴费工资的一定比例转移统筹基金。个人账户储存额的转移,基本维持了现行政策规定，以体现政策的连续性。统筹基金的转移量，确定为本人1998年1月1日后各年度实际缴费工资的12%左右。确定这个时点，主要是因为1997年以后全国各地基本养老保险制度及缴费比例归于统一。为从制度上、体制上根本解决跨地区养老保险关系转移接续难的问题，《暂行办法》确定了8项政策措施："（1）明确实施时间和范围；（2）平衡地区之间基金负担；（3）累计各地的参保权益；（4）确定待遇领取地的原则；（5）建立临时养老保险缴费账户；（6）统一计算基本养老金；（7）统一规范操作流程；（8）提供咨询查询服务。"①

四 从《两个办法》到《暂行办法》的政策反思

进城务工农民被政策性纳入城镇养老保险体系，由于候鸟式的工作变动，农民工不得不反复退保或最终断保，出台了《两个办法》之后，接续工作并不顺利，农民工在原多个务工城市留下的统筹基金却可能与不能在城市务工满15年的自己无缘，这是政策的一个缺陷。2014年7月1日起正式实施的《城乡养老保险制度衔接暂行办法》（以下简称《暂行办法》），使农民工对统筹基金的使用有了交集，但交集有限，建立城乡居民养老保险与城镇职工养老保险的衔接转换通道改革呼之欲出。政策鼓励农民工缴费满15年，但大多数农民工因之前退保存在缴费年限清零的问题而心有余虑。

（一）退保与断保，均存在一定的可能性与必然性

2009年2月5日，人力资源和社会保险部在其官方网站公布的《农民工参加基本养老保险办法》和国务院办公厅2009年12月28日发布的《城镇企业职工基本养老保险关系转移接续暂行办法》（以下简称《两个办法》），维系了个人账户储存额所有权随同个人跨统筹地区的转移，以体现政策的连续性；统筹基金的转移量，则确定为本人1998年1月1日后各年度实际缴费工资的12%，2011年《中华人民共和国社会保险法》出台后，农民工不允许再退保取现，只能办理转移接续。法律禁止参保者提前支取个人账户养老

---

① 参见国务院办公厅《城镇企业职工基本养老保险关系转移接续暂行办法》。

金，终结了农民工以取现为目标的退保行为，但并没改变其他类型的中断保险或退保行为。人力资源和社会保障部社保中心统计数据显示："2011 年全国开具基本养老保险参保缴费凭证以转移接续的人中，成功转移的人仅占 20%，约八成的人流动后，要么没有就业，要么就业后没去办理或没办理成功。"至 2012 年，国家审计总署 8 月 2 日公布的社保审计报告显示，我国尚有 17 个省份未能按照规定真正实现养老保险省级统筹，全国数千个统筹单位造成社保体系地区割裂、城乡割裂、不同群体割裂的状况导致劳动者在流动时被迫断保。国务院总理李克强在 2013 年中国工会第十六次全国代表大会上表示，我国大概有 3 亿多人参加了城镇职工养老保险，当年累计有 3800 万人中断缴保险。[①] 在人力资源和社会保障部所做的一项调查中，有 23% 的工作人口中断了缴费，即断保。人力资源和社会保障部发布的《中国社会保险发展年度报告 2015》显示：2015 年，职工养老保险缴费人数占参保职工的比例下降至 80.3%，而这一比例在 2006 年的统计数据中是 90%。10 年间，职工养老保险缴费人数占实际缴费人数的比例下降了近 10 个百分点。2015 年企业缴费人数为 1.9731 亿，按此基数计算，2015 年中断、弃缴的人数已高达 3887 万。[②]

社保转移接续在实现过程中存在什么问题？调查显示："61.4% 的受访者认为是各地社会保障缴费标准不一，55.3% 的受访者指出目前宣传不到位，民众不了解具体政策内容，53.8% 的受访者指出各地社会保险统筹层次低，43.1% 的受访者指出缺少全国统一的社保电子平台。"[③] 中断或退出养老保险行为包括：（1）农民工更换工作后新单位不给缴纳养老保险而断保；（2）因就业中断而断保；（3）已经累计缴费满 15 年，按照现行政策即可在达到退休年龄后按月领取养老金，自己不愿再多缴；（4）转移接续不畅导致断保。

---

① 贾玥、常红：《3800 万人中断保险体现社保转移接续难》，http://politics. people. com. cn/n/2013/1129/c99014 - 23699860. html。

② 林泽芳：《职工养老保险缴费人数占比十年降了 10 个点》，《华夏时报》2016 年 9 月 11 日。

③ 王品芝：《民调显示四成受访者遇过社保接续问题》，《中国青年报》2015 年 1 月 12 日。

（二）农民工跨统筹地区应享受的统筹基金权益因缴费年限不足而受限

到 2013 年底我国有 2.6 亿农民工，其中 1.5 亿人在城乡间流动，6000 多万人跨省流动，约占 22.22%[①]。不论是城镇职工流动还是农民工流动，都涉及社保转移接续的问题。其中有相当一部分人中途甚至屡次退保，在工作过的城市留下了企业为农民工向社会缴纳的统筹基金，但是统筹基金跟以后多数农民工个人领取养老金的金额是没有关系的，只是农民工新旧不同统筹地区两个务工城市的利益分配问题。随着农民工年龄的递增，第一代农民工"退休"后的养老问题将会日益凸显，将在今后几年内集中爆发。根据国家统计局发布的《2014 年全国农民工监测调查报告》："在 2010—2014 年 5 年间，50 岁以上的农民工在总量中的比例增加了 4.2 个百分点，达到 17.1%。由于受教育水平偏低，这部分农民工大多只能从事建筑、环卫等技术含量低、工作强度大的重体力劳动，在各行业中收入增长较少，在城镇社保的参保率也偏低。随着年岁老去、体力日渐衰弱和病痛的增多，养老和医疗保障成了他们的一块心病。尽管将农民工纳入城镇职工养老和医疗保险制度，但他们的身份差别在体制内还是另一种情境。"[②]

如全国社保基金理事会副理事长王忠民所言："劳动者从农村流入城市，大多没有上交或没有带走个人名下的养老社会保险。而今天这些劳动者已经或即将步入老龄，却没有得到相应的养老红利或社保红利。"[③] 形成了今天发达地区养老基金大量剩余而不发达地区养老基金入不敷出的局面。包括 2010 年 1 月 1 日之前遗留在农民工原务工城市，以及两个《办法》出台后 8% 存续在原农民工务工城市的统筹基金。这两部分遗留的统筹基金遗留在原打工城市归城镇职工所有，形成了我国养老保险滚存积累基金的一部分。

实施农民工个人账户可携带转移政策后，企业为农民工缴纳的统筹账

---

① 《流动农民工将成断缴社保严重群体，解决社保转移是刚需》，沃保网，2015 年 9 月 28 日。
② 参见国家统计局发布的《2014 年全国农民工监测调查报告》。
③ 王忠民：《社保基金需扩至十万亿解决养老问题》，http://kuaixun.stcn.com/2013/0301/10313439.shtml。

户基金仍大部分留在原地区不能转出到新务工城市。在经济发达地区，农民工转移到其他地区后遗留的统筹账户基金数额巨大。第一代农民工暂时作为一个没有养老负担的独立群体，个人账户可转续，其遗留在原工作城市的统筹基金财产权归属问题值得研究，当第一代农民工大量进入退休年龄，坚持让退休者包括农民工在内享受社会经济的发展成果的政策，应成为一项永久的政策固定下来，这是使不同代参保者的财产权利实现待遇公平的先决条件。党的十九大确立的实现养老保险全国统筹，首先要求建立全国养老保险调剂基金，发达省份多贡献有其必然的合理性。

2009 年 9 月 10 日，国务院印发的《国务院关于开展新型农村社会养老保险试点的指导意见》规定：“农村居民因就业和居住等情况变化，在不同阶段参加了多种养老保险制度的，国家将制定有关衔接政策，保障农村居民的养老保险权益。”[①] 从宪定权利到现实权利，这事实上为农民工最终回归农村，其遗留在打工城市的统筹基金应归农民工所有提供了法律依据。2013 年 3 月 22 日的《第一财经日报》为我们提供了一个可以信服的答案，该报记者经过深入的调查采访认为，广东这部分积余下来的养老金来自历年来农民工迫于养老制度的巨大缺陷而不得不放弃的养老权益。而企业为农民工缴纳的那部分养老金，就这样成了广东养老金账户的“公共财产”。《上海商报》专栏作家周俊生呼吁：让那些几十年前曾经为广东的发展挥洒血汗，如今垂垂老矣的农民工兄弟们，感受到来自广东的脉脉温情吧。[②] 当我们将农民工权益问题摆上桌面之时，应该承认企业以农民工名义缴纳的庞大的统筹基金积累为务工城市做出了重要贡献，如何保障农民工的权益应该列入决策者的视野。

（三）充分认可农民工对统筹账户基金的贡献

Ross Garnaut、Jane Golley、Ligang Song 从中国农民工参加养老保险的角度出发，分析了在城市中由户口不同导致的养老保障问题，其主要观点是低水平的社会统筹导致了养老保险转移的不便，并且阻碍了高流动性的

---

① 参见《国务院关于开展新型农村社会养老保险试点的指导意见》。
② 张焕：《广东千亿元养老金 6.73% 收益引争议，高了还是低了》，《第一财经日报》2014 年 1 月 21 日。

农民工将他们的养老缴费进行接续。结果，当一个农民工要去异地工作时，他不得不牺牲他的养老保险缴费，并且当劳动力市场波动时，会有大量的农民工退出养老保险①。由于只有个人账户可以进行转移而不包括农民工（城市缴费要求满 15 年）未来退休时对统筹账户的分享，因此无论是农民工还是他们的雇主都没有很强的意愿参加养老保险。

中国养老保险制度要求将农民工纳入城镇养老保险体系，劳动用工企业要为农民工缴纳统筹基金。贾康撰文指出："在中国的现实情况下，有很多连带效应要把握，处理不好就是群体事件多发局面。大原则还是要通过立法保障产权，尊重市场，政府要有法规体系维护公平竞争。"② "从产品权角度考虑，将产权方法应用于社会保险研究，是基于社会保险财产权利在社会保险契约交易中居于重要的地位，养老保险个人账户属于私有产权，它是强制性社会保险制度下的一种专门合约。养老保险统筹账户应属于全体参保者的共有产权，也是由一个大型的覆盖面很广的群体所共享的社会化财产。养老保险统筹账户的主要用途：一是用于统筹范围内的基金调剂；二是用于养老金计发中的基础性养老金部分；三是用于养老保险中超过 15 年的终身养老金支出。"③ 将农民工纳入城镇养老保险制度，事实上是企业以农民工名义缴纳的统筹账户基金和企业为城镇职工缴纳的养老保险统筹账户基金构成了两者的共有财产权，社保部门强制性要求企业为农民工投保，而农民工离开原有城市，又允许他们自由退保，留下数额巨大的统筹账户基金，却可能由于缴费不到 15 年不能与城镇职工一道享有共有财产权的权益。《两个办法》颁布后虽不允许退保，准许统筹基金可以转移，比例确定为本人 1998 年 1 月 1 日后各年度实际缴费工资的 12% 左右，但缴费不到 15 年的农民工本身并不涉及这 12% 的利益，不论是原务工城市还是新务工城市，没有在城市缴费记录满 15 年，农民工都不享有对统筹基金的共有财产权的分享权。

---

① Ross Garnaut, Jane Golley, Ligang Song, *China: The Next Twenty Years of Reform and Development*, Australia: ANU E Press, 2010: 334.

② 贾康：《养老金进入全国统筹是大势所趋》，《中国经济周刊》2013 年第 14 期。

③ 林毓铭：《社会保险研究的另一视角：社会保险若干产权问题》，《中共福建省委党校学报》2006 第 6 期。

对不同的统筹地区而言，农民工转移存在一个净流入与净流出的问题，从流出地将12%的统筹基金转入流入地，近几年来，外出农民工逐年减少，在本地务工的农民工增加，赴东部地区的农民工也呈现减少的趋势。从流入地看，统筹基金流入12%成赢家，这不一定是农民工不再流动的终点站，也不一定他的未来就在该地养老。这只是一个无解的利益博弈。不管是流入地还是流出地，按照这一游戏规则也就无所谓"赢家"还是"输家"。但流入地或是流出地的利益博弈符合马尔柯夫链的市场占用率竞争模型。转移包括转入和转出，"全国通"变成了社保漫游，《人民日报》有文章认为："社保漫游，不是难在技术。而是难在转出地与转入地政府间的利益分配，社保目前以省级统筹为主，个别地方甚至还是市县级统筹，征缴方往往将收上来的社保基金看作是本地资源，总想着少花点、多收点，如果政策不调整、地区间利益壁垒不打破，即使数据覆盖13亿人，也只是电脑里的一个个数字。"①

据人力资源和社会保障部报告："近年来，中国社保经办水平不断提升，2016年全国办理基本养老保险关系跨省转移接续200万人次，较2012年增加85.3万人次，增长74.4%，2012年以来累计办理860万人次，转移资金达到1717亿元。"② 按12∶8的转移比例计算，2012年以来留在当地的养老保险统筹资金就是1145亿元，尽管办理转移接续的可能不全是农民工，但也可以看出作为转移主体的农民工所作的重大贡献（见表8-4）。

表8-4 2015~2016年农民工在输出地与输入地的区域分布

单位：万人，%

	2015年		2016年		增长量	增长速度
	农民工数量	占比	农民工数量	占比		
按输出地分：						
东部地区	10300	37.12	10400	36.92	100	1.0
中部地区	9174	33.06	9279	32.94	105	1.1

---

① 亦彤：《让社保大数据"活起来"》，《人民日报》2017年6月16日。
② 《去年全国办理养老保险关系跨省转移接续200万人次》，人力资源和社会保障部网站，2017年2月26日。

续表

	2015 年		2016 年		增长量	增长速度
	农民工数量	占比	农民工数量	占比		
西部地区	7378	26.59	7563	26.85	185	2.5
东北地区	895	3.23	929	3.30	34	3.8
合计	27747	100.00	28171	100.00	—	—
按输入地分：						
东部地区	16008	57.69	15960	56.65	-48	-0.3
中部地区	5599	20.18	5746	20.40	147	2.6
西部地区	5209	18.77	5484	19.47	275	5.3
东北地区	859	3.10	904	3.21	45	5.2
其他地区	72	0.26	77	0.27	5	6.9
合计	27747	100.00	28171	100.00	—	—

注：其他地区指我国港、澳、台及外国。

在国家统计局《2016 年农民工监测调查报告》基础上数据有所加工。

地方政府着眼于眼前利益，其实这 12% 的统筹基金的转出并不顺利（中山市的一份小型民调显示，40.31% 的人认为社保转移衔接困难），因为：一是全国并未都已实现养老保险转移接续功能；二是并不是所有的养老保险制度都能接续；三是接入地担心增加支出，不愿意接收缩水的统筹账户或是年龄接近退休的劳动者；四是转出地由于可以余留 8% 的统筹资金，特别是经济发达地区，仍可能热衷于农民工向其他非统筹地区的转移。[1]

农民工被要求参保事实上被政府赋予了"进入权"，构成了农民工自缴的个人账户和企业以农民工名单缴纳的统筹账户，后者应是农民工和城镇职工的共有产权。农民工的退出是由于农民工的工作不稳定，他们退出了政府设计的原城市城镇职工养老保险制度，政府一度赋予了他们自由选择（退保）的权利，但养老待遇中统筹账户这一共有财产权因为缴费不满 15 年被制度性"排他"，"让渡"给了城镇职工。反而实现了农民工对城

---

[1] 林毓铭：《体制改革：从养老保险省级统筹到基础养老金全国统筹》，《经济学家》2013年第 12 期。

镇职工逆向分配，造成了制度不公。在 2012 年底的一个慈善论坛上，全国老龄委办公室副主任阎青春不无忧虑地表示：现在有 2.5 亿的青壮年农民工进城打工，农村的空巢家庭已达到 45%，很多农村留守老人都是带领着留守儿童种田，这种状况使得我国农村养老状况甚至不如过去的计划经济时代。正如降蕴彰在《养老金双轨制被指最大不公　专家吁莫忘过亿农民》一文中指出："事实上，现在参加基本养老保险的农民工不到农民工总量的 1/6，并存在参保率低、缴费水平低、退保率高等问题。那么等到这些进城务工者老了之后，养老的钱从何而来？"①

反复退保，是因为就业不稳定导致的候鸟式劳动和针对农民工不公平的养老保险制度使得农民工不得已而为之；对断保而言，除上述客观原因之外，关键的问题是要真心从农民的切身利益出发，打破地方分配利益格局，让农民工有权享受他们曾务工城市留下的统筹账户这一共有产权，建立规范的制度保障，遏止弃保行为，必须从提高社保体系兼容性入手。这样，"断保"现象就可能自行消解。

（四）打通城乡居民养老保险与城镇职工养老保险的衔接转换通道

《中华人民共和国社会保险法》从法律层面明确了跨地区就业劳动者基本养老保险权益及关系转接的原则，即"个人跨统筹地区就业的，其基本养老保险关系随本人转移，缴费年限累计计算。个人达到法定退休年龄时，基本养老金分段计算、统一支付"。农民工加入了城镇基本养老保险制度，他们在城市务工退休后的基本养老金来源在哪儿？显然离不开原在若干城市务工后遗留的统筹基金作后盾，《中华人民共和国社会保险法》并没有明文排除农民工享受统筹基金的权利。

农民工在城乡间流动，政府目前对城镇职工基本养老保险和城乡居民养老保险如何衔接尚未做出详细和明确的规定，直接影响农民工持续参保。如何才能不让劳动者被动断保？国家人力资源和社会保障部劳动科学研究院社会保险研究所的研究课题指出："应当有针对性地完善农民工养老保险制度，一方面加大扩面征缴力度，以人员流动性较强的商贸业、建

---

① 降蕴彰：《养老金双轨制被指最大不公　专家吁莫忘过亿农民》，《经济观察报》2013 年 5 月 4 日。

筑业、交通运输业为重点，对不给农民工缴纳养老保险的行为及时纠正。另一方面应当放开以个人身份参加养老保险的户籍限制。这既能使农民工在返乡后以个人身份继续缴纳职工养老保险，又允许非本地户籍农民工从事个体经营时能以灵活就业人员的身份参加基本养老保险。此外，应尽快出台统一的城乡养老保险衔接政策，对不同地区、不同制度间转移接续时的条件、资金规模、年限认定、待遇标准明确具体规定，真正实现不管你到哪里干，养老保险接着算。"① 如郑秉文所言："打通新农保、城居保（注：目前新农保和城居保已整合）与职保的衔接转换通道，参保者才能真正从城乡居民养老保险中受益。"②

在养老金计发公式中包括两部分，一是统筹账户基金作为基础性养老金，二是个人账户积累基金，两者加在一起构成了个人每月所获得的月养老金。城镇养老保险制度包括城镇职工的参保的农民工，农民工没有独立的养老保险制度设计，他们自然也要与城镇职工一道享受统筹账户的基础养老金。社会保险制度一定要公平，否则就会引起民怨，只有从理性出发，设计好公正的养老保险制度，为城市建设洒下血汗的务工农民才不会遗憾。

（五）《暂行办法》使农民工使用统筹基金有了交集，但受益者有限

《中华人民共和国社会保险法》出台之前，农民工退保是一种自主行为，在他们身上，遭遇现实社会带来的较多的困惑，被制度性安排纳入了城镇职工基本养老保险体系，却遭遇了养老保险待遇上因退保和断保给自己带来的困扰，户籍问题与身份歧视使他们无法享受城市的养老红利，退保是理性的选择。《中华人民共和国社会保险法》与两个《办法》出台后，农民工自主退保的选择权利被切断，体制的桎梏与多个统筹单位错综复杂的利益链，使农民工依旧成为城市的过客，断保也许是理性的，也许是迫不得已而为之；也许是主动的，也许是被动的。企业以城市职工和农民工名册同时缴纳了统筹基金这一共有财产，两者享受养老保险财产权利理应

---

① 白天亮、李刚、曹玲娟：《中国每年有 3000 多万人中断社保为哪般》，《人民日报》2013
年 12 月 19 日。

② 邱玥：《打通"通道"：养老金顶层设计怎么做?》，《光明日报》2013 年 7 月 23 日。

是平等的，在法理上应是无懈可击的，市民化改革应明确农民工享受参保城镇养老保险统筹基金的权利，尽管会有较复杂的操作层面的难度，会有城乡养老保险制度衔接的障碍，但为了社会公平与社会稳定，这是必要的社会付出与产权安排，这样才可能产生经济激励，在党的十九大报告提出养老保险全国统筹的大背景下做好农民工享受参保城镇养老保险统筹基金的顶层设计工作，只有这样，退保可能成为历史，断保行为才会自行逐步消解。

《中华人民共和国社会保险法》规定："要做好城镇职工基本养老保险与新型农村社会养老保险制度、城镇居民社会养老保险制度的衔接。"《暂行办法》作了详细的规定。为了做政策分析，引用《暂行办法》条款如下。

第一，"对于参加了城镇养老保险但不再返回城镇就业的农民工，若其在城镇参保的时间已经满了 15 年，只要达到规定领取养老金的年龄条件，就可按城镇同样的标准在待遇地计算领取养老金；如参保者累计缴费年限不满 15 年，则可以将其在城镇参保的相关权益记录和资金转到新型农村社会养老保险制度，其缴费年限也能得到承认。《暂行办法》明确了职保与城乡居民养老保险的衔接办法。这对流动性较强的农民工而言，是一个重大的政策利好，使农民工可以公平地享受与城镇职工一致的社会养老保险待遇。"①

第二，"只要在城镇职工养老保险制度缴费满 15 年，就可以将城乡居民养老保险转入城镇职工养老保险，享受城镇职工养老保险待遇。缴费不满 15 年的，允许延长缴费至满 15 年后再办理制度衔接手续，享受相应的待遇。在政策导向上鼓励参保人员特别是农民工长缴费多缴费，从而享受较高的待遇；在制度安排上体现了对农民工的生活保障，有利于促进人口和劳动力流动，有利于推动我国城镇化的健康发展"。②

第三，"对城镇职工养老保险向城乡居民养老保险转移的，没有规定

① 参见《人力资源和社会保障部关于印发〈城乡养老保险制度衔接暂行办法〉的通知》（人社部发〔2014〕17 号）。
② 参见《人力资源和社会保障部关于印发〈城乡养老保险制度衔接暂行办法〉的通知》（人社部发〔2014〕17 号）。

转移城镇职工养老保险统筹基金。《暂行办法》对统筹基金的注解：一是统筹基金是国家对城镇职工养老保险制度的专门安排，既是为了解决已退休人员的养老保障，也是为了均衡单位的养老负担，体现的是社会保险的互济功能，与个人账户功能和权益归属不同，不属于个人所有。二是现行城镇职工养老保险跨地区转移接续办法规定划转12%的统筹基金，主要是为了适当平衡转出与转入地区的基金支出负担，不影响参保人员个人养老保险权益，因而在参保人员转入城乡居民养老保险制度时，不转这部分资金，不影响其应有的养老金水平。三是按照现行政策规定，参加城镇职工养老保险人员缴费年限不足15年申请终止基本养老保险关系的，仅将其个人账户储存额一次性支付给本人，如果城镇职工养老保险向城乡居民养老保险转移统筹基金并计入其个人账户，会造成两类制度在政策上的不平衡。四是《中华人民共和国社会保险法》规定，城镇职工养老保险缴费不足15年的，可以延长缴费至满15年，从趋势上看，应引导、激励农民工等群体从城乡居民养老保险转入城镇职工养老保险，并享受相应的待遇"。①

统筹基金不是个人财产权益，但属于城镇职工养老保险中包括农民工在内的参保者的共同权益资产，是基础养老金发放的来源，构成了参保者个人养老金计发公式中的一部分，加上个人账户积累基金，两者加在一起构成了个人每月所获得的养老金，最终形成了个人养老金权益。共同权益资产转化成了个人权益，《暂行办法》认定统筹基金不属于个人所有从表面形式上是对的，实质上是共有权益通过基础养老金的方式转化成了个人权益。

城镇职工基本养老保险制度包括被政府覆盖纳入参保范围的农民工，出于防止碎片化管理的考虑，农民工没有独立的养老保险制度设计（本可以改革开放初期为这一群体设立完全积累账户），农民工参加城镇职工养老保险，其缴费基数、经办流程以及享受的养老保险待遇都和本市城镇职工基本上是一个标准。他们自然也要与城镇职工一道享受统筹账户而转化的基础养老金。只要我们从理性出发，设计好公正的养老保险制度，为城

---

① 参见《城乡养老保险制度衔接暂行办法的通知》（人力资源和社会保障部发〔2014〕17号）。

市建设洒下血汗的务工农民才不会遗憾。不能以"统筹基金是国家对城镇职工养老保险制度的专门安排"这种强权力逻辑剥夺农民工享受统筹基金的权益。

当然,《暂行办法》也在一定程度上肯定了在城镇务工并缴费满15年的农民工享受城镇职工养老保险待遇,可以享受统筹基金配置的基础性养老金,突破了"统筹基金是国家对城镇职工养老保险制度的专门安排"的制度约束,在制度公平上迈开了一大步。但结合来看,"城乡一体化"是中国进行缩小城乡差别的社会实践所要追求并且实现的最终战略目标,相当部分农民工在城乡间流动,不同的年龄结构表现为转移劳动力、农业劳动力、剩余劳动力三重结构,40岁以上农民工大量回归农村,成为主要的农村劳动力。目前我国对城镇职工养老保险和城乡居民养老保险如何衔接尚未做出详细规定,直接影响农民工持续参保。转移到城镇务工的许多或者说大量的农民工40岁以后回到了农村,而且相当部分农民工有过退保、断保的经历,这些农民工在城镇难以缴费15年以上,40岁之后返回农村也只能享受待遇较低的城乡居民养老保险(见表8-5和图8-4)。

表8-5 2008~2016年全国农民工年龄结构变化

单位:%

年份 年龄段	2008	2009	2010	2011	2012	2013	2014	2015	2016
16~20岁	10.7	8.5	6.5	6.3	4.9	4.4	3.5	3.7	3.3
21~30岁	35.3	35.8	35.9	32.7	31.9	30.8	30.2	29.2	28.6
31~40岁	24.0	23.6	23.5	22.7	22.5	22.9	22.8	22.3	22.0
40~50岁	18.6	19.9	21.2	24.0	25.6	26.4	26.1	26.9	27.0
50岁以上	11.4	12.2	12.9	14.3	15.1	15.2	17.1	17.9	19.2

资料来源:2008~2016年数据来自国家统计局农村司历年《农民工监测调查报告》。

图8-4显示,40岁以上农民工年龄结构呈上升趋势,第一代农民工的养老问题不可忽视。对即将大范围进入退休年龄的第一代农民工而言,《暂行办法》是社会公平的一大进步,我们要充分肯定城市化建设中企业为城镇职工和农民工为职工名册所缴纳的统筹账户属于两者的共有财产,不能强制性将农民工纳入缴费体制而在待遇上又实行体制内"排他(不到

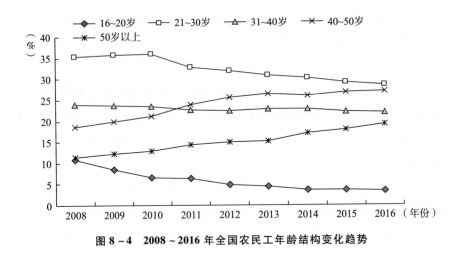

图 8 - 4　2008～2016 年全国农民工年龄结构变化趋势

15 年)"，消解部分农民工的财产权利。在 2009 年出台《两个办法》之前，就存在大量的农民工退保问题，《两个办法》之前大量农民工退保遗留在原务工城市的统筹基金没有作转出地与转入地的 8% 和 12% 的分割，20% 的统筹基金留在了原务工城市，需不需要按照 8% 和 12% 的比例分割清算？《暂行办法》称"在参保人员转入城乡居民养老保险制度时，不转这部分统筹基金，不影响其应有的养老金水平"。① 在养老金的制度安排上，应体现"工业反哺农业、城市支援农村、城乡养老保险一制化框架内互助共济"的宗旨。相当部分农民工返乡转入城乡居民养老保险制度，他们在城镇务工退保、断保及缴费没有满 15 年遗留在城市的统筹基金应该转移一部分到城乡居民养老保险制度中。针对农民工充实这个制度的基金存量，存量增大了，城乡居民养老保险制度内的参保者的养老金水平可以提高，可以缩小城乡居民养老保险制度与城镇职工养老保险制度的巨大差距，"城镇职工基本养老保险人均养老金水平是城乡居民的 19 倍"②。截至 2017 年底，基本养老保险基金累计结存 43885 亿元③，发达地区农民工因

---

① 参见《城乡养老保险制度衔接暂行办法的通知》（人力资源和社会保障部发〔2014〕17 号）。
② 唐霁松：《社会保险经办管理专业队伍建设》，2016 年 11 月 5 号在全国社会保障 MPA 培训班的讲座。
③ 参见人力资源和社会保障部《2017 年度人力资源和社会保障事业发展统计公报》。

退保为当地政府留下了大量的统筹基金，大量基金累计结存是以农民工名册缴纳的统筹基金，农民工功不可没。

刘传江、程建林认为，"最低缴费年限限制、保险关系很难转移、缴费年限与养老金统筹金无法接续所形成的养老保险'便携性损失'构成了农民工参加养老保险的主要障碍，要提高农民工的养老保障水平，就必须减少农民工所面临的'便携性损失'，关键是适当降低最低缴费年限并设法促成既有养老保险关系及缴费年限的衔接。"① 《暂行办法》称，"按照现行政策规定，参加城镇职工养老保险人员缴费年限不足 15 年申请终止基本养老保险关系的，仅将其个人账户储存额一次性支付给本人，如果城镇职工养老保险向城乡居民养老保险转移统筹基金并计入其个人账户，会造成两类制度在政策上的不平衡"。本研究并不主张将统筹基金直接计入个人账户，主张转移一部分以农民工名册缴纳的统筹基金转入城乡居民养老保险制度，增加存量和流量，增强城乡居民养老保险制度的基金能力，增加这一制度内参保人的养老待遇。当然，进行这一改革需要增加信息系统建设管理成本，难度非常大，为了公平，付出昂贵的管理成本也是必要的。《暂行办法》没有准确的社会保障精算。据称 2013 年，进城农民工总量达到 2.7 万亿，其中预期有多少人缴费满 15 年可能领取城镇养老保险待遇，有多少人退保、断保（人社部发布的《中国社会保险发展年度报告 2015》显示：2015 年，职工养老保险缴费人数占参保职工的比例下降至 80.3%，而这一比例在 2006 年的统计数据中是 90%。10 年间，职工养老保险缴费人数占实际缴费人数的比例下降了近 10 个百分点。2015 年企业缴费人数为 1.9731 亿人，按此基数计算，2015 年中断、弃缴的人数已高达 3887 万②），接续后进入城乡居民养老保险制度，转出地与转入地 12% 和 8% 的统筹基金分割后地区间的平衡状况如何，都是未知数，宏观统计数据的缺失不利于养老保险事业的有序管理。

---

① 刘传江、程建林：《养老保险"便携性损失"与农民工养老保障制度研究》，《中国人口科学》2008 年第 4 期。
② 林泽芳：《人社部：职工养老保险缴费人数占比十年降了 10 个点》，《华夏时报》2016 年 9 月 11 日。

第二节　农民工社保经办管理还需再出发

我国劳动力市场是一种制度性的和人为的分割市场，并处于多个系统相互封闭、独立运行、互不协调的多重分割状态。如劳动力市场的城乡分割、部门分割、地区分割、身份分割、所有制分割等。多重体制运行造成了劳动力的不同定价机制，从而形成了劳动力的多重价格。从城市劳动力市场看，农民工进城打破了原来的封闭状态，使城市劳动力市场出现了分别以城镇人口和农民工为主体的子劳动力市场，即城镇人口劳动力市场和农村外出劳动力市场。对农民工开放的劳动力市场和不对农民工开放的劳动力市场分别体现出完全竞争和不完全竞争的市场特性。

从 1984 年直至 2008 年美国金融危机爆发，农村大量的剩余劳动力向城市大迁徙，迅速由一种阵发性现象演绎成周期性的数十年长久不衰的民工潮。民工潮起因是土地日益无法涵养越来越庞大的农业人口、劳动力剩余问题进一步激化的结果。近几年来，刘易斯无限供给模型已渐渐不再适用，2013 年起中国劳动力绝对数量供给开始出现下降，一些工资增长缓慢的地方出现了严重的民工短缺现象，企业招工困难，其深刻的背景与农民工群体遭受的就业歧视、工资歧视与非体面劳动密切关联。一些劳动密集型企业与制造企业招工受挫，农村稳定和提高粮食及农产品价格使农民工倒流不是主要原因，应该从"三农"及劳动用工制度检讨这一现象发生的原因。

一　从"民工荒"到"用工荒"的历史逻辑

据国务院发展研究中心课题组通过"西陆农民工就业信息系统"的调查，在金融危机影响下，19% 的农民工反映所在单位出现拖欠工资现象，这一问题一直成为国家统计局长期跟踪的社会问题，拖欠工资现象主要集中在珠三角、环渤海地区，以及纺织、电子电器、加工制造等行业；劳动密集型企业高强度、低工资、缺保障、少培训、欠薪问题、权益侵害等问题严重挫伤了农民工的积极性，加之社会主义新农村建设对"三农"问题的重视，对农业和农村投入力度加大，农民外出务工的机会成本增加和农民工市民化身份认同始终没有大的突破，农民工生存状况与生存环境堪忧，这些因素导致了农村劳动力供给的结构性失衡。新生代农民工已经难以继承父辈的吃苦耐劳品质，不仅追求体面性就业和高品质就业，也追求就业质量和个人的职业发展，这与产业升级对农民工需求的基本趋势大致吻合。

经济不稳定导致劳动用工不稳定，各种社会矛盾导致劳资纠纷较高频率地爆发，一些企业受到了停工等问题的冲击。2016 年，全国城镇非私营单位就业人员年平均工资为 67569 元，比上年增长 8.9%，增速比上年回落 1.2 个百分点，扣除物价因素，实际增长 6.7%。城镇私营单位就业人员年平均工资为 42833 元，比上年增长 8.2%，增速比上年回落 0.6 个百分点，扣除物价因素，实际增长 6.0%。城镇单位就业人员工资增长与劳动生产率提高基本同步。① 工资上涨较快，生产成本提升，而又无法通过提高生产价格加以消化，企业的发展后劲受到一定程度的影响。

广东省一些企业也因为社会保险成本过高而将企业迁往社会保险支出较低的城市。这样导致的结果是，除非是为了在巨大的中国国内市场上销售，由于非生产成本过高，外国公司越来越没有动力把生产基地设在中国，加之 2018 年下半年以来国际贸易保护主义抬头，美国把制造业大量外包给中国的时代已告结束。中国目前制造业面临的困境表现为：中国制造业处于世界制造业产业链的中下游，利润率下降，价格提升空间十分有限，企业盈利能力减弱，加上海外市场萎缩与国际金融危机及我国 4 万亿元经济刺激计划对制造业产生的"挤出效应"，中国制造业处境困难，去库存、去产能等任务繁重，新常态经济使制造业扩大就业的贡献率有所下降。

受全球经济下行的影响，在长三角和珠三角地区务工的农民工减少，特别是在珠三角地区务工的农民工大幅度减少，是 2009 年下半年东部沿海地区开始出现"用工荒"的一个重要原因。在安徽等贫困省份，工人们在离家更近的地方也能拿到较高的工资，因此许多人不再愿意长途跋涉外出务工。近几年来，到东部地区务工的农民工减少，省内流动人数比例增

---

① 国家统计局：《2016 年平均工资公布》，2017 年 5 月 28 日。

加，根据国家统计局《2014 年全国农民工监测调查报告》统计的结果（见表 8－6）。

表 8－6   2014 年外出农民工地区分布及构成

按输出地分	外出农民工总量（万人）			构成（%）		
	外出农民工	跨省流动	省内流动	外出农民工	跨省流动	省内流动
东部地区	5001	916	4085	100.0	18.3	81.7
中部地区	6467	4064	2403	100.0	62.8	37.2
西部地区	5353	2887	2466	100.0	53.9	46.1
合计	16821	7867	8954	100.0	46.8	53.2

以外向型经济为主的沿海地区，在世界金融危机未有根本好转迹象的情况下，人力资源净流入难免会受到影响，不改善人才招聘的优惠条件，不改善农民工的工资待遇与非市民待遇，不从外需思维转移到内需为主的经济产业转型上来，不从依赖投资和出口拉动的经济增长和就业增长方式转为依靠消费拉动经济增长和就业增长的方式上来，难以保证沿海经济在金融危机余波未了的情况下有理想的增长，难免出现"人才荒"与"民工荒"的结构性问题。

第一，"用工荒"实际上是中国长期的劳动密集型产业所特有的"人口红利"将不再持续，劳动密集型产业发展战略已经到了一个亟须改变的临界点。产业转型与新的经济增长点对农民工有了新的要求。

第二，长期的高 GDP 增长、低收入增长将被经济新常态所抵制，民众"用脚投票"，选择自己的就业机会和岗位，尤其是"90 后"的第二代农民工，选择性就业、安逸性就业倾向明显高于"70 后""80 后"的劳动力。

第三，由于内地、农村有了更多的创业、就业选择，有了相对平均的收入和待遇，有相对好的社会和生态环境，区域、城乡均衡化发展将难以逆转，人们不再没有选择地涌向沿海城市，而是在综合的评估中选择最有利的地区、职业和岗位。

第四，农村社会保障、农业补贴等国家政策的实施，农村居民的生活保障逐步提高，农民从事小生意、小作坊等非农产业的积极性显著提高，据本书课题组 2019 年 5 月到江西农村的观察，农村耕地闲置现象仍旧非常严重，农民热衷于到县城买房，子女到县城入学，导致沿海和城市的吸引力下降。

第五，内地招商引资项目，招聘农民工收入水平提高，待遇提升。

第六，相当部分大学生放弃一线城市工作，向二、三线城市转移。

至今，与改革初期的劳动力盲目流动相比，无论农村居民还是城市居民，都有了除务工之外的更多取得收入的渠道和途径。在这种背景下，劳动者对职业、岗位和收入的要求都在持续改变和提高。为了寻找新工人，企业将不得不迁移至农村地区；政府将不得不利用社会保障性住房与其他服务来争取农民工。

二　部分新入职农民工对参加社会保险的态度不积极

我国最低工资标准线，是由各地政府规定从事简单、非熟练劳动的劳动者的最低劳动报酬，其主要是根据生产技术的复杂程度、劳动繁重程度、居民生活消费指数、赡养人口及经济发展水平等因素制定的。为了规范企业工资行为，原国家劳动部在 1993 年就根据《中华人民共和国劳动法》制定了《企业最低工资规定》。从此我国许多城市每年度都要公布当地的最低工资标准线，有些城市也为大学生制订了各专业起始工资最低指导线，并通过劳动执法监察，加强依法监督检查力度，保证用人单位支付劳动者的工资不得低于当地最低工资标准，以减少因不能保障最低工资收入而造成的贫困。最低工资标准在劳动用工制度基本稳定的情况下，对于保障在各类所有制企业低技能劳动者的基本权益、维护社会稳定发挥了重要的作用。但最低工资也为一些企业长期实施低工资报酬提供了依据，由于我国居民生活消费指数并不能真正反映通货膨胀的实际情形，地方政府制订的最低工资标准偏低影响低工资人群的生活。2015 年 2 月 8 日出台的《国务院办公厅关于深化收入分配制度改革重点工作分工的通知》要求："到 2015 年绝大多数地区最低工资标准达到当地城镇从业人员平均工资的

40%以上。"①

　　虽然近期农民工的工资有所增长，一些中小企业生产成本上升，但远低于农民工的心理预期，与国外相比，农民工的工资处于较低水平，2006年，中国在制造业就业的农民工小时工资为0.69美元，与主要贸易伙伴比较，是美国的2.9%，日本的3.4%，欧元区国家的2.4%；与周边国家和地区比较，是韩国的4.7%，新加坡的8.0%，中国香港的11.9%，菲律宾的64.3%；与其他发展中国家比较，巴西的14.0%，墨西哥的25.0%。从如此小的基数出发，即使考虑到2007年农民工工资继续以高于其他国家和地区的速度提高，以及人民币以8.3%的幅度升值，中国制造业工资仍然处于世界较低的水平（见表8-7）。

表 8-7　制造业工资的国际比较

	小时工资（美元）	中国农民工与其相比（%）
中国	0.69	100
主要贸易伙伴		
美国	23.82	2.9
日本	20.20	3.4
澳大利亚	26.14	2.6
英国	27.1	2.5
加拿大	25.74	2.7
欧元区国家	29.21	2.4
周边国家和地区		
韩国	14.72	4.7
新加坡	8.55	8.0
菲律宾	1.07	64.3
中国香港	5.78	11.9
中国台湾	6.43	10.7
主要发展中国家		
巴西	4.91	14.0
墨西哥	2.75	25.0

　　资料来源：《改革内参》2008年第14期。

---

　　①　参见《国务院办公厅关于深化收入分配制度改革重点工作分工的通知》。

2008 年之后，世界性的金融危机风云迭起，在世界经济持续下行、中国产业结构艰难调整与升级困难的大环境下，大量加工贸易类企业出现关闭、停产、外迁现象，这对外贸依存度较高、"三来一补"企业较多、农民工最多的广东省来说十分不利，广东省是接纳外省农民工最多的省份，外贸出口增长的大幅回落必然削弱 GDP 的增长，产业空心化①风险加剧。同时，人民币升值过快对农民工就业带来了严重的负面影响。

到 2010 年，中国占世界制造业产出的 19.8%，略高于美国的 19.4%。美国波士顿咨询集团的研究显示："未来五年，中国制造业的工资成本估计将每年上涨 17%，而美国的涨幅将仅为 3%。过去 20 年，中国工厂工人的平均生产率已提高十倍，但仍不及美国同项指标的三分之一，从而抵消了中国的低工资优势，中国工资通常仅为美国十分之一。"② 波士顿咨询公司研究报告称，中国依据生产力调整过的制造业工资从 2004 年的 4.35 美元/小时增加到 2014 年的 12.47 美元/小时；而在美国，制造业工资达到22.32 美元/小时，几乎高出中国一倍。③ 尽管这些出口企业倒闭并非仅是汇率因素，但是人民币快速升值所造成失业的负面影响不可低估。当人民币快速升值使得这些企业没有能力尽快消化这种汇率升值的成本，订单急剧减少，当大量出口企业倒闭时，大量农民工的失业问题也就随之而来。失业农民工的聚集效应就容易由经济问题转化为社会问题。据人力资源和社会保障部的通报："'十二五'期间，全国最低工资标准年均增幅达到13.1%，农民工月平均收入由 2010 年 1690 元增加到 2015 年的 3072 元，年平均增长 12.7%。"④ "2016 年农民工平均工资 3275 元，比 2015 年增长6.6%"，⑤ 农民工的微薄收入，城市谋生已经困难，还要负担农村的妻儿

---

① 产业空心化是指以制造业为中心的物质生产和资本，大量地迅速地转移到国外，使物质生产在国民经济中的地位明显下降，造成国内物质生产与非物质生产之间的比例关系严重失衡。在一些高度发达的国家和城市，产业结构在一定发展阶段会出现的一种趋势：非物质生产的服务性产业部分的比重远远超过物质生产部分的比重而成为国民经济的重要部门。

② 彼提·马什：《美国重登制造业王座》，英国《金融时报》2011 年 5 月 5 日。

③ 《中外制造业核心竞争力比较》，www.china.com.cn，2018 年 8 月 6 日。

④ 桂杰：《人力资源和社会保障部：2015 年农民工平均工资 3072 元》，《中国青年报》2016 年 2 月1 日。

⑤ 参见国家统计局《2016 年农民工监测调查报告》。

老小，再交付个人养老、医疗、失业保险费用，难堪重负。

课题组 2018 年在对东莞广东广益科技实业有限公司的调查过程中发现，因春运后返工难的问题，该公司招聘员工的男女年龄放宽到 50 岁，入职后迅速签订劳动合同与社保关系，一些新入职员工因参保需要个人缴费产生畏难情绪甚至很快离职，企业承受参保损失。是否重复参保问题以及大龄职工缴费达不到 15 年的问题，一律因招聘员工难而被企业忽视。

三 中小企业农民工是否"五险"齐全要由政策和市场说了算

中国中小型企业的就业贡献率至少达到 80% 以上，位于产业链条下端的中小制造业面临的竞争异常激烈，是价格的被动接受者而不是价格的决定者。因此中小企业承受的生产成本上涨压力无法通过提高产品的出厂价格得到消化。降低生产成本与挖潜、革新、改革成为主要出路。面对能源、原材料价格和工资的上涨，制造业企业通过提高中间投入品使用的技术效率，以及提高劳动生产率，在一定程度上部分化解了生产成本上升的压力。但是面对当前国内外的周期性冲击因素与国际贸易保护主义势力的抬头、面对当前国内外周期性的动荡因素，一些"三来一补"的中小企业更加面临发展困境。国家工信部的统计数据显示："2011 年前两个月，规模以上中小企业亏损面达 15.8%，同期增长 0.3%，亏损额度增长率高达 22.3%。而这仅仅是规模以上企业的经营状况，工信部表示：规模以下的小企业，亏损情况可能更加严重。"① 要想使中小企业摆脱困境，需要运用财政金融手段和降低企业税负给予特殊的支持。既然中小企业是保增长和保就业的关键，经济新常态情境下的确需要国家向企业适当让利，加以金融支持以及减轻税负应该是最有效、时机最合适且激励相容的政策手段。2019 年 4 月，《中共中央办公厅 国务院办公厅关于促进中小企业健康发展的意见》出台，在营造良好环境、融资、财税支持、提升创新能力、改进服务保障等方面提出了具体要求。

① 赵鹏飞：《江浙等 16 省中小企业目前经营困境或甚于金融危机》，《文汇报》2011 年 5 月 15 日。

在中小型企业和民营企业就业的大多数农民工，他们参加城镇社会保险往往面临是否签订劳动用工合同和企业参保的承受力问题。一是《劳动合同法》的实施没有规定过渡期，没有区分适用范围。一些中小规模劳动密集型企业认为如果严格执行社会保险条例，沉重的缴费负担，企业必然倒闭。二是服务性行业、民营企业特别是个体经济组织劳动合同签订率偏低，显然不存在为就业者提供社会保险的问题。三是一些地方政府迫于地方经济发展的要求，不顾劳动者利益诉求，限制农民工工资增长或是其他限制，部分用人单位侵害劳动者合法权益的现象时有发生，或是不严格执行休息休假制度，在大部分民营企业和个体经济组织中，"从农民工集中的几个主要行业看，制造业农民工平均每周工作时间 58.2 小时，建筑业 59.4 小时，服务业 58.5 小时，住宿餐饮业 61.3 小时，批发零售业 59.6 小时。平均劳动时间最长的是住宿餐饮业的农民工，他们每周的工作时间超过 60 小时"[1]。"2015 年全国农民工周工作时间超过 44 小时的比重达到 85%，平均每天平均工作时间为 8.7 小时"[2]，但一些企业不按规定支付加班费，大部分民营企业未执行职工带薪休假制度。四是农民工本身也牵涉个人缴费问题，他们对参加城镇社会保险也心存疑虑，没有太高的参保热情。

社会保险五大项目，是否要求为农民工设立整齐划一的制度设计，各地出台政策不一，农民工参与城镇职工社会保险项目的数量不一，不同地区的农民工社会保险状况差异较大，中西部地区的农民工参保比例比较接近，但明显落后于在东部地区务工的农民工。国内知名社保专业机构"51社保"发布了《2016 中国企业社保白皮书》。白皮书调研发现，目前中国企业社保存在四大基本难题："（1）受经济下行、成本压力影响，中国企业社保合规停滞不前，基数合规性出现下滑；（2）中国企业社保仍面临多重挑战：成本过高、差异性大、办事麻烦、政策复杂；（3）中国企业内部社保岗位价值感下滑，员工社保意识持续增强，社保外包增长趋势明显；（4）共享时代来临，企业社保管理面临转型升级，需要更宽视野、更高格

① 参见国家统计局《2013 年农民工监测调查报告》。
② 参见国家统计局《2015 年农民工监测调查报告》。

局、更有远见地前瞻应对。"① 显而易见，对于农民工有选择性挑选部分社保项目更符合目前企业状况。

一些地区为农民工设计了整齐划一的制度。以北京市为例，具体包括农民工养老保险、医疗保险、失业保险、工伤保险、生育保险。在北京，对一般的中小企业，政府要求为农民工投保"五险"或"四险"，企业要为本地农民工缴费达到34.3%以上，为外地农民工缴费达到33.5%以上，参保成本太高，会促使企业不与农民工签订劳动用工合同或者减少招工人数，而增加加班时间。

在国家统计局农村司作的《2014年农民工监测调查报告》中，农民工参加医疗保险的比例略高于养老保险，各级劳动与社会保障部门积极争取当地政府和有关部门的支持，加强经办机构队伍建设，充实工作人员，增加业务经费，各统筹地区劳动和社会保障行政部门负责本辖区内农民工参加医疗保险的组织实施工作，医疗保险经办机构负责农民工医疗保险的参保、缴费、待遇支付等管理工作，保证农民工医疗保险工作的顺利开展（见表8-8）。

表8-8 2014年分地区农民工参缴"五险一金"的比例

单位:%

	工伤保险	医疗保险	养老保险	失业保险	生育保险	住房公积金
东部地区	29.8	20.4	20.0	12.4	9.1	6.0
中部地区	17.8	11.8	10.7	6.9	4.9	4.7
西部地区	21.9	13.6	11.4	7.7	5.8	4.4
比上年增加（个百分点）						
东部地区	1.0	0.1	0.4	0.7	0.4	0.4
中部地区	1.6	1.2	0.7	1.0	0.7	0.6
西部地区	0.4	0.8	0.7	1.1	0.8	0.7

资料来源：国家统计局《2014年农民工监测调查报告》。

整体而言，农民工的参保比例不高，工伤保险参保率偏高，生育保险

① 《2016中国企业社保白皮书》，《大公财经》2016年8月28日。

不太被重视，东部地区农民工覆盖率好于中西部地区，"五险"齐全并不是农民工的自愿选择，还要充分考虑农民工的心理诉求与社会现实。

2019 年，降低社会保险缴费率成为改革的主基调，对于中小企业而言，不降低过高的社保成本，或是仍旧强调"五险一金"政策的落实（"五险一金"政策衍生了较为严重的重复保险的问题，并没有引起部分地方政府的重视），中小企业在复杂的国际贸易主义保护的背景下难以生存。适当考虑不同地区的经济状况、考虑中小企业的困境与农民工的诉求是必要的政策考量。

第九章

社会保险经办管理与信息化服务

我国社保信息化建设还存在的现实问题包括：各地区间业务信息化水平不平衡；社会保险卡应用领域比较单一；信息集中度较低，应用效率不高；社保、银行、税务及相关经办机构等相关部门信息系统的信息交换机制尚未较好地统一起来，难以实现部分间的信息共享；社保经办机构信息化能力缺乏相应的评价指标体系和方法，难以衡量和评价各级社会保险经办机构的信息化建设水平。这些问题制约了全国社保信息化的互联互通，使业务系统难以整合，信息共享难以实现，提高社保经办机构的信息化管理水平迫在眉睫。

第一节　社会保障"金保工程"是经办管理信息化
建设的重要保障

《社会保障"十二五"规划纲要》明确提出："加快信息化建设，改进服务手段，提高社会保障公共服务的便利性"，"金保工程"对劳动者起着"管理一生，记录一生，服务一生"的作用，存储的数据量庞大且时间跨度长，其承载着巨大的基金流与信息流，具有金融系统的特性，其稳定性、可靠性、安全性和可管理性要求很高。在网络覆盖范围不断扩大的同时，来自内外网包括病毒、黑客入侵、越权操作等形式的安全威胁也在呈指数级增长，亟须对"金保工程"信息安全管理策略进行全面研究，确保"金保工程"系统整体的安全性和可靠性。加快推进"金保工程"和社会保障信息化建设,尽快实现社会保障业务、服务对象、信息网络、公共服务"全覆盖"。亟须加快国家社会保险经办机构信息化建设的顶层设计、体系优化,以及为各级经办机构信息化建设的实践工作提供科学化的决策参考。

一 "金保工程"的发展为优化经办管提供全面技术支持

早在 2011 年 5 月,麦肯锡全球研究院发表报告《大数据:创新、竞争和生产力的下一个新领域》,最早提出了大数据的概念。这篇研究报告主要提了两个观点:一是数据已经渗透到每一个行业、每一个业务职能领域;二是海量数据的应用意味着下一波或者新一轮生产率的增长和消费者盈余浪潮的到来。

随着社会保险个人账户的建立、养老金的社会化发放,以及离退休人员管理服务等社会化进程的推进,社会保险业务管理的信息量正以前所未有的速度海量增长,传统的计算机管理系统已不能满足劳动与社会保障日常管理工作的需要;同时市场导向就业机制的逐步建立,劳动者的流动日益频繁,建设全国统一的劳动和社会保障信息系统成为必然。

劳动保障信息化建设虽然取得了一些成绩,但系统建设和发展很不平衡。各地系统分散建设,标准各异,致使信息无法共享,在一定程度上制约了劳动和社会保障事业的发展。随着劳动保障信息系统需要存储、应用、共享的信息量急剧增长,人员流动日益频繁和劳动保障业务日益统一的发展趋势,越来越迫切地需要建立一个全国统一的劳动保障信息系统。原劳动和社会保障部多年来一直在致力于全国劳动保障信息系统总体规划和标准规范的制定工作,这为设计制定全国统一的劳动保障信息系统方案做了充分准备。在 2002 年全国劳动保障信息化工作会议中,正式提出加快"金保工程"建设,全面提高劳动保障信息化水平的要求。

"金保工程"建设方案的提出,是我国劳动保障信息化多年工作经验的总结,是劳动保障事业不断发展的必然产物。1988 年制定的《劳动管理信息系统总体设计方案》,首次提出在劳动保障信息系统建设中遵循一体化管理的理念，1998 年劳动和社会保障部组建成立，开始全面规划全国劳动保障信息系统建设方案，分别提出了信息系统规划要点、劳动力市场信息网建设实施纲要、养老保险系统实施纲要和医疗保险系统指导意见等一系列方案，并将劳动保障信息系统建设列为劳动和社会保障部"一号工程"，确立了劳动保障信息化工作的重要地位，为劳动保障信息化工作提供了有力的组织保证。

2002 年 8 月，《中共中央办公厅 国务院办公厅关于转发〈国家信息化领导小组关于我国电子政务建设指导意见〉的通知》（中办发〔2002〕17 号）将社会保障信息系统列为电子政务建设的 12 项重点工程之一。2002 年 10 月，劳动和社会保障部在辽宁省召开了全国劳动保障信息化工作会议，正式提出了"金保工程"的概念，并明确提出将"金保工程"作为"一号工程"，标志着"金保工程"全面启动。在全面总结劳动保障信息化工作多年经验的基础上，按照劳动保障事业发展的总体目标，以全国电子政务建设规划为指导，劳动和社会保障部设计编制了"金保工程"项目建议书，于 2002 年递交国家发改委（原国家计划委员会），正式向国家提出立项申请。2003 年 8 月，经国务院总理办公会议讨论通过，"金保工程"正式获准国家立项。2008 年国务院机构改革，按照"大部制"要求成立了人力资源和社会保障部。"金保工程"所支持的业务范围，也由社会保险、劳动就业扩展为就业服务、社会保险、人才队伍建设、人事管理、工资收入分配、劳动关系、统计规划、宏观决策等人力资源和社会保障各业务领域。

"十一五"期间，伴随着人力资源和社会保障事业的快速发展，人力资源和社会保障信息化建设取得了显著成效。全国地级以上人力资源和社会保障部门普遍建立了数据中心，多数地区实现了业务数据在市级范围内的集中统一管理。部、省、市三级网络进一步贯通，基本覆盖了各类公共就业服务机构和社会保险经办机构，并延伸到大部分街道、社区、乡镇、定点医疗机构和零售药店，初步形成了人力资源社会保障信息网络框架。信息系统安全基础设施进一步巩固，防护能力普遍加强。社会保障卡建设进入快速发展时期，实际持卡人数超过 1 亿。全国统一的核心业务应用软件已在大部分地区部署实施，与"十一五"之初相比，对提高经办效率和服务能力的支撑力度显著加强。总体上看，信息化建设成果已经成为人力资源和社会保障工作的重要基础，在落实相关政策、创新管理模式、降低行政成本、提升服务能力等方面发挥了重要的作用，推动了人力资源和社会保障工作向精细化、一体化、科学化、规范化转变。"十一五"期间人力资源社会保障信息化建设主要指标实现情况见表9-1。

表9-1　"十一五"人力资源社会保障信息化建设主要指标实现情况

序号	指标	2010 年
1	地市级以上统一数据中心个数（个）	288
2	部省网络覆盖率（%）	100
3	省市网络覆盖率（%）	90
4	城镇网络覆盖率（%）	92.5
5	开通12333地市数（个）	295
	其中：建立电话咨询服务系统或依托省级电话咨询服务平台地市数（个）	199
6	社会保障卡发卡地区数（个）	155
7	社会保障卡持卡人数（亿人）	1.03
8	地市级以上政府网站开通率（%）	94.5

资料来源：《人力资源和社会保障信息化建设"十二五"规划》（人社部发〔2011〕99号）。

（一）"金保工程"的社会服务功能在不断延伸

1. 早期"金保工程"整体框架（人力资源和社会保障部成立前）

"金保工程"是政府电子政务工程建设的重要组成部分，是全国劳动保障信息系统的总称，整体框架主要包含四项内容，可以用"一二三四"来加以概括，即一个工程、二大系统、三层结构、四大功能。在全国范围内建立一个统一、高效、简便、实用的劳动和社会保障信息系统，包括社会保险和劳动力市场两大主要系统，由市、省、中央三层数据分布和网络管理结构组成，具备业务管理、公共服务、基金监管、决策支持四大功能（见图9-1）。

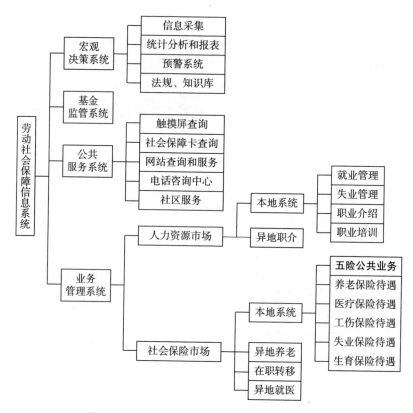

图 9 - 1　早期"金保工程"应用系统整体框架

2. 人力资源和社会保障部成立后"金保工程"整体框架

2008 年人力资源和社会保障部成立后,"金保工程"业务范围由社会保险、劳动就业扩展为就业服务、社会保险、人才队伍建设、人事管理、工资收入分配、劳动关系、统计规划、宏观决策等人力资源和社会保障各业务领域。根据人力资源和社会保障部关于"金保工程"的各个业务介绍,绘制新的"金保工程"总体框架(见图 9 - 2)。

(二)"金保工程"的系统功能设计

"金保工程"的建设是以全面提高人力资源社会保障行政能力和服务社会的水平为目标,紧密围绕人力资源和社会保障事业的重点工作和发展方向,构建统一、高效、安全的信息系统应用支撑平台,实现各项业务领域之间、各地区之间的信息共享、业务协同和有效衔接,形成统一规范的信息化公共服务体系和科学有效的决策支持体系,实现社会保障一卡通。

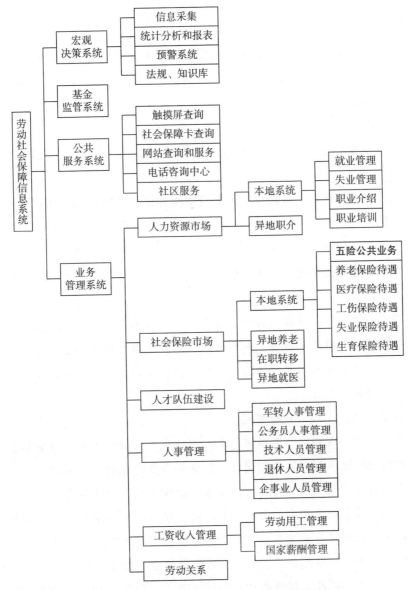

图 9 - 2　新的"金保工程"应用系统整体框架

　　一是业务处理与记载。实现人力资源社会保障业务的信息化处理，记载处理轨迹，积累业务信息，规范业务操作。

　　二是信息采集与提取。实现各种信息的采集、提取、分析和交换。

　　三是信息交换与共享。实现各相关部门之间的数据交换。

四是信息发布与服务。发布信息，满足公众对人力资源社会保障信息的知情权。

五是宏观决策与分析。实现宏观层面的决策分析，提供决策方案。

六是基金监督与控制。准确掌握社会保险基金运行状况，实现基金监督与控制功能。

"金保工程"的主要建设内容如下。

一是三级数据中心。建立中央、省、市三级人力资源社会保障数据中心。

二是三个工作区。数据中心内部设立生产区、交换区和决策区三个逻辑工作区。

三是三级网络。搭建中央、省、市三级安全高效的网络系统，包括连接中央和省之间的全国广域主干网，连接省、市之间的省级广域主干网和市域网络。

四是四个应用子系统。管理人力资源社会保障业务经办全过程的业务管理子系统；提供政策咨询、信息查询和网上办事等服务的公共服务子系统；支持社会保障部门非现场监督的基金监管子系统和为宏观决策提供支持的宏观决策子系统。

五是"金保工程"建设思路。

第一，统一规划，分步实施。将人力资源社会保障各业务领域信息化建设进行全局统一规划和顶层设计，统筹各地信息化建设，形成统一、规范的人力资源社会保障信息系统，发挥"金保工程"整体效能。

第二，数据向上集中，服务向下延伸。坚持高层集中部署，推动数据向上集中，形成符合业务发展方向和技术实现要求的数据分布格局；通过信息网络将服务向基层延伸，为劳动者提供便捷、高效的服务。

第三，统一标准，信息共享。实行全国统一的信息和技术标准，推动信息系统的集约化建设，推进网络互联，实现系统、设备和网络共享，实现信息资源的有效整合、共享和交互。

第四，明确优先顺序，注重系统应用。以人力资源社会保障业务发展需求为导向，以人力资源社会保障重点工作为切入点，明确"金保工程"系统建设优先顺序，注重系统实际应用，将应用效果作为衡量信息化成效的重要标志。

第五，重视信息安全，保证高效运行。明确信息安全的重要地位，做到信息安全与信息化同步规划、同步建设、同步发展，全面提升系统的安全水平，保证系统安全、稳定、高效地运行。

总之，"金保工程"建设的基本原则是：完整、准确、统一、及时、安全地完成"金保工程"建设任务，实现人力资源社会保障各项管理、服务功能安全、稳定、高效运行。

六是"十二五"期间"金保工程"建设的主要指标。

在《人力资源和社会保障信息化建设"十二五"规划》中，对于人力资源和社会保障信息化建设主要指标给出了明确的要求。从表9-2中可以看出，到2015年，"金保工程"将基本完成并全面启用。

表9-2　"十二五"人力资源社会保障信息化建设主要指标

序号	指标		到2015年	属性
1	建成符合国家标准的统一数据中心	省级	100	约束性
		地市级	100	
2	省区市网络覆盖率（%）		100	约束性
3	城域网络覆盖率（%）	各类人力资源和社会保障管理服务机构	100	预期性
		县级网络接入平台	95	
		街道、社区、乡镇、定点医疗机构和零售药店	>90	
4	省级容灾中心建设比例（%）		60	预期性
5	业务人员数字证书使用率（%）		>70	预期性
6	社会保障卡发卡地市比例（%）		>90	约束性
7	社会保障卡持卡人数（亿人）		8	约束性
8	建立电话咨询服务系统或依托全省统一电话咨询服务平台开展工作地区比例（%）	省级	100	预期性
		地市级	90	
9	基层信息服务平台覆盖率（%）		80	预期性
10	全国跨地区信息交换与结算平台地市入网率（%）	异地转移系统	100	预期性
		异地退管系统	100	预期性
		异地就医系统	80	预期性

续表

序号	指标		到 2015 年	属性
11	联网监测数据入库率（%）	业务交换库	>90	预期性
		基金财务交换库	80	预期性
12	公共人事管理、劳动用工备案数据入库率（%）		70	预期性

资料来源：《关于印发〈人力资源和社会保障信息化建设"十二五"规划〉的通知》（人社部发〔2011〕99号）。

二 "金保工程"的网络构建

"金保工程"作为人力资源社会保障的电子政务工程，既是国家电子政务工程的组成部分，也是人力资源社会保障信息化建设的组成部分，包括办公网、业务专网和公众服务网，其中，业务专网是"金保工程"建设的主体。

1. "金保工程"中的办公网

"金保工程"中的办公网是各级人力资源社会保障部门建立的支撑公文流转、内部办公的网络，是全国人力资源和社会保障信息网络的组成部分。其中，人力资源和社会保障部的办公网属于政务内网范畴，与业务专网之间物理隔离。其余各级人力资源和社会保障部门的办公网络独立建立。

2. "金保工程"中的业务专网

"金保工程"中的业务专网依托政务统一网络平台/公共通信网络平台，纵向包括联结中央、省两级节点的全国广域主干网，联结省、市两级节点的省级广域主干网，联结市级节点及市内各业务经办部门、终端延伸到街道（社区）各经办网点的市域网；横向以各级节点为中心，向外辐射，联结财政、地税、民政等相关政府部门和医院、药店、银行、邮局等相关单位的网络，用于传送人力资源社会保障系统业务信息，支持人力资源社会保障专业性服务业务。业务专网是全国人力资源社会保障信息网络的组成部分，属于政务外网范畴，与公众服务网之间逻辑隔离，是"金保工程"建设的重点。

3. "金保工程"中的公众服务网

"金保工程"中的公众服务网是各级人力资源社会保障部门通过在互联网上建立政府网站，面向公众提供人力资源社会保障政策咨询、业务查询和网上办事（包括招聘求职、参保登记、申报服务等）的外部网络，是全国人力资源社会保障信息网络的组成部分。

一个完整的"金保工程"系统，就是将办公网、业务专网和公众服务网有机结合。

第二节　"金保工程"信息安全问题

一　"金保工程"信息安全要求

《中共中央关于制定国民经济和社会发展第十二个五年规划的建议》指出，要"加强社会保障信息网络建设，推进社会保障卡应用，实现精确管理"。《中华人民共和国国民经济和社会发展第十二个五年规划纲要》将社会保障信息系统列为电子政务领域需要重点建设的信息系统。《国家中长期人才发展规划纲要（2010—2020年）》《公共就业服务"十二五"规划纲要》《完善社会保障体系"十二五"规划纲要》《国家基本公共服务体系规划（2011—2015年）》分别对人才队伍建设、就业服务、社会保障、公共服务体系等人力资源和社会保障业务领域信息化建设工作提出了具体要求，为"十二五"期间人力资源和社会保障信息化建设指明了方向、明确了重点。

信息安全是顺利建设和安全应用"金保工程"的重要支撑。在《人力资源和社会保障信息化建设"十二五"规划》中，对于"金保工程"的信息安全工作也提出了明确的要求，包括以下几项。

（一）夯实信息化基础设施

一是优化信息系统数据分布格局。在"十一五"时期数据市级集中的基础上，向部、省两级集中过渡，形成部、省、市三级数据中心统筹管理各类基础信息和业务信息的数据分布模式。

二是完善部、省、市三级数据中心功能。增强部、省两级数据中心对实时业务的服务支撑能力，构建统一的系统集成平台，提高各业务之间数据共享能力和实时交换能力，形成部、省、市三级数据中心之间数据双向交换机制。

三是完成覆盖全国、联通城乡的信息网络建设。

（二）加强系统安全体系建设

一是建立健全信息安全保障体系。贯彻落实信息安全等级保护制度，完成人力资源和社会保障已建信息系统的定级整改和测评。加强信息安全基础性工作和基础设施建设，确保等级保护三级及以上信息系统在统一的安全保护策略下具备抵御大规模较强恶意攻击的能力。建立部、省两级信息安全监控中心，完善人力资源和社会保障系统信息安全通报、应急响应和信息安全检查机制。加强信息安全的培训和宣传力度，强化安全意识，全面落实安全管理责任制。

二是完善信息化标准体系。根据人力资源和社会保障业务发展需要和系统建设要求，建立完整的信息化标准体系，包括信息系统基础设施标准、信息资源标准、应用服务标准、信息安全标准等。

三是建设统一的电子认证体系和灾难恢复体系。

二 "金保工程"信息安全的分析

信息系统安全保障是指在信息系统的整个生命周期中，通过对信息系统的风险分析，制定并执行相应的安全保障策略，从技术、管理、工程和人员等方面提出安全保障要求，确保信息系统的保密性、完整性和可用性，降低信息安全风险，保障信息系统实现组织机构的使命。

（一）网络安全体系框架结构

网络安全体系结构是一个多层次、多方面、立体的安全构架，涉及安全策略、安全防范、安全管理与安全服务等支持体系。要实现有效的网络安全防范，需要了解用户的安全需求，确定适当的安全策略，选择合适的安全产品，才能建立科学性、可行性的网络安全防范体系。

图9-3给出了美国国防信息系统计划（Defence Information System Plan, DISP）扩展的一个三维安全防范技术体系框架结构。框架结构中的

第一维是安全服务，给出了七种安全属性；第二维是系统单元，给出了信息网络系统的组成；第三维是结构层次，给出并扩展了国际标准化组织 ISO 的开放系统互联（OSI）模型。

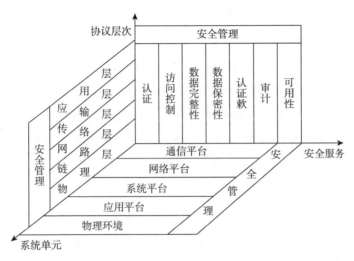

图 9 – 3　美国网络安全防范技术体系三维框架结构

从框架结构中可以看出，每一个系统单元对应着不同的协议层次，需要采取多种安全服务才能保证该系统（单元）的安全。例如，要保障网络平台的安全，需要有网络节点之间的认证与访问控制；要保障应用平台的安全，架构中需要对应有用户的认证、访问控制、抗抵赖和审计功能，具备数据传输的完整性、保密性与可用性措施等。

信息网络系统的安全，实质上就是三维框架中的每个系统单元都采取相应的安全措施来实现信息网络系统整体安全需求。

（二）"金保工程"信息安全目标

"金保工程"信息安全的目标是：保护人力资源社会保障系统信息资源不受侵犯，保证信息面临最小的风险和获取最大的价值，保障电子信息的有效性，体现信息服务的最佳效果。具体表现在信息的保密性、完整性、可用性、可靠性、不可抵赖性以及可控性等多个方面。

1. 保密性

保密性目的在于对抗对手的被动攻击，确保人力资源社会保障网络中的信息不泄露给非授权用户、实体或过程的特性，即信息只为授权用户所使用。保密性是在可靠性和可用性基础之上，保障网络信息安全的重要手段。对于某些特定的"金保工程"系统和数据来说，保密性可能是最重要的信息安全目标。

常用的保密技术包括：最小授权（将信息的访问权限最小范围授权给需要从事业务的用户使用，防止权限滥用）、防侦收（使对手侦收不到有用的信息）、防辐射（防止有用信息以各种途径辐射出去）、信息加密（在密钥的控制下，用加密算法对信息进行加密处理。即使攻击者得到密文也会因为没有密钥而无法获得有效信息）、物理保密（利用各种物理方法，如防火墙技术、身份识别技术、入侵检测技术等，通过限制、隔离、掩蔽、控制等措施，保护信息不泄露）。

2. 完整性

完整性目的在于对抗对手的主动攻击，保障人力资源和社会保障网络信息未经授权不能被改变的特性，包括数据完整性和系统完整性，即网络信息在存储或传输过程中保持不被偶然或蓄意地删除、修改、伪造、乱序、重放、插入等破坏和丢失的特性。完整性是一种面向信息的安全性，它要求维持信息的一致性，即信息的正确生成、存储和传输。

完整性与保密性不同，保密性要求信息不被泄露给未经授权的用户，而完整性则要求信息不被破坏。影响网络信息完整性的主要因素有：设备故障、误码、人为攻击、计算机病毒等。

保障网络信息完整性的主要方法如下。

（1）协议。通过各种安全协议可以有效地检测出被复制的信息，被删除、被修改和已失效的字段。

（2）纠错编码方法。可以完成检错和纠错功能。最简单和最常用的纠错编码方法是奇偶校验法。

（3）密码校验和方法。密码校验和是一个赋给文件或信息的数值，是抗篡改和检测传输失败的重要手段。

（4）数字签名。通过证实信息发送人身份，保障信息的可靠性、完整性和真实性。

（5）公证。请求网络管理或中介机构证明信息的真实性。

3. 可用性

可用性目的在于保证人力资源社会保障网络信息确实为已授权实体访问并按需求使用的特性。即确保"金保工程"系统有效运行并被已授权用户正常使用，在网络部分受损或者需要降级使用时，仍能为已授权用户提供有效服务的特性。网络信息系统最基本的功能是向用户提供服务，而用户的需求是随机的、多方面的，有时还有时间要求，因此，确保可用性是"金保工程"系统的首要目标。可用性一般用系统正常使用时间和整个工作时间之比来度量。

可用性还应该满足以下要求：身份识别与确认、访问控制（对用户的权限进行控制，只能访问相应权限的资源，防止或限制经隐蔽通道的非法访问。包括自主访问控制和强制访问控制）、业务流控制（利用均分负荷方法，防止业务流量过度集中而引起网络阻塞）、路由选择控制（选择那些稳定可靠的子网，中继线或链路等）、审计跟踪（把网络信息系统中发生的所有安全事件情况存储在安全审计跟踪之中，以便分析原因，分清责任，及时采取相应的措施）。审计跟踪的信息主要包括：事件类型、被管客体等级、事件时间、事件信息、事件回答以及事件统计等方面的信息。

4. 可靠性

可靠性是指人力资源社会保障网络信息系统能够在规定环境下，规定的时间内和规定的条件下无故障地完成规定功能的特性。可靠性是系统安全最基本要求之一，是所有网络信息系统建设和运行的目标。评价网络信息系统的可靠性主要有以下三项指标。

（1）抗毁性。抗毁性是指网络系统在遭受人为破坏情况下的可靠性。增强抗毁性可以有效地避免因各种灾害（包括人为和自然灾害）造成的大面积网络瘫痪事件。

（2）生存性。生存性是指在遭受随机破坏情况下系统的可靠性。生存性主要反映随机性破坏和网络拓扑结构对系统可靠性的影响。随机性破坏是指系统部件因为自然老化等原因造成的自然失效。

（3）有效性。有效性是一种基于业务性能的可靠性。有效性主要反映在网络信息系统的部件失效情况下，满足业务性能要求的程度。比如，网络部件失效虽然没有引起连接性故障，但是却造成质量指标下降、平均延时增加、线路阻塞等现象。

可靠性主要表现在硬件可靠性、软件可靠性、人员可靠性、环境可靠性等方面。硬件可靠性是指在规定的时间内，硬件设备成功运行的概率；软件可靠性是指在规定的时间内程序无故障运行的概率；人员可靠性是指人员成功地完成工作或任务的概率。人员可靠性在整个"金保工程"系统可靠性中扮演重要角色，因为系统失效的大部分原因是人为差错造成的。人的行为要受到生理和心理的影响，受到其技术熟练程度、责任心和品德等素质方面的影响。因此，人员的教育、培养、训练和管理以及合理的人机界面是提高可靠性的重要因素。环境可靠性是指在规定的环境内，保证网络成功运行的概率。环境主要是指自然环境和电磁环境。

5. 不可抵赖性

不可抵赖性也称作不可否认性，是指在网络信息交互过程中，确信参与者的真实同一性。即所有参与者都不可能否认或抵赖曾经完成的操作和承诺。利用信息源证据可以防止发信方不真实地否认已发送信息，利用递交接收证据可以防止收信方事后否认已经接收的信息。

6. 可控性

可控性就是对信息及信息系统实施安全监控，保证网络信息的传播及内容具有控制能力的特性。

概括地说，"金保工程"信息安全的核心是通过计算机、网络、密码技术和安全技术，保护在公用网络中信息传输、交换和存储的保密性、完整性、可用性、可靠性、不可抵赖性和可控性。

（三）"金保工程"的安全应用支撑平台

人力资源和社会保障部通过"人保部电子政务关键技术研究与开发"和"可信的劳动和社会保险网络与业务关键技术研究及重大应用"两个"863计划"项目，在人力资源和社会保障部省区市业务专网上建立了可信安全应用支撑平台，初步形成了人力资源社会保障电子政务网络信任体系，以解决电子政务网络互联互通和信息共享过程中遇到的一些共性安全问题：统一的身份认证问题；统一的权限管理问题；统一的责任认定问题；系统的安全接入问题；多种应用系统与安全功能快速结合问题；部门间及时可信的信息交换等。① 人力资源社会保障系统可信安全应用支撑平台由安全支撑体系、业务支撑体系和管理支撑体系构成（见图9-4）。

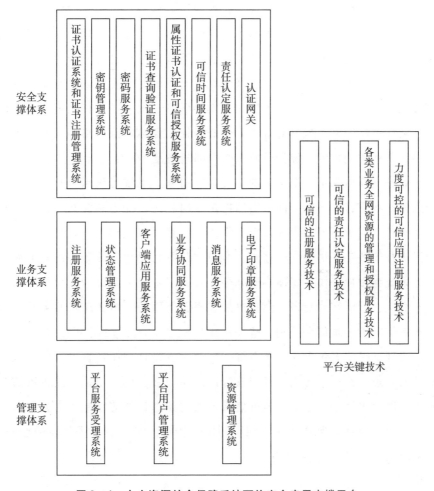

图9-4 人力资源社会保障系统可信安全应用支撑平台

安全支撑体系由8个子系统构成。证书认证系统和证书注册管理系统提供数字证书的注册、审核、发布和管理等服务；密钥管理系统提供密钥对的生成、发送、查询和托管等管理服务；密码服务系统提供加解密、签名和验证等安全服务，以支持信息的机密性、完整性、真实性和不可抵赖

① 吕丽娟：《人力资源和社会保障可信安全应用支撑平台建设》，《信息网络安全》2008年第10期。

性;证书查询验证服务系统提供证书目录查询服务和证书在线状态查询服务;属性证书认证系统和可信授权服务系统负责职务属性角色规则制定、属性证书等功能,提供资源授权和授权裁决等服务;可信时间服务系统为系统提供全网统一的时间服务和可信的时间戳,为业务处理的不可抵赖性和可审计性提供有效支持;责任认定服务系统通过审计、分析用户行为数据,保证行为数据的可信性、抗抵赖性和有效性,为责任认定对象提供身份确认、责任认定信息的完整性和真实性服务,保证了责任认定的公正性和权威性;认证网关能够对进入人力资源社会保障内部网络的访问者进行身份认证和访问控制,保护政府机构内部网络及其网络资源。

业务支撑体系由6个子系统构成。注册服务系统提供用户有效身份注册服务;状态管理系统为网络实体提供即时状态、能力和意愿等的采集和查询服务,同时可以为责任认定提供依据;客户端应用服务系统为业务系统提供基于数字证书的安全登录、客户端版本自动更新等服务;业务协同服务系统为用户提供多媒体协同办公工具;消息服务系统为用户提供用户状态交互、可信在线交谈、消息提醒和报警等服务;电子印章服务系统为用户提供电子印章信息鉴别,解决业务办理过程中信息的不可抵赖性。

管理支撑体系包含3个子系统。平台服务受理系统负责平台各类服务对外的受理工作;平台用户管理系统提供用户在全网内申请、注销可信联系人,以及申请增加、减少与可信联系人的状态订阅等功能;资源管理系统对人力资源社会保障业务专网中的网络资源、平台资源提供注册服务,对资源的命名及使用情况进行统一管理,并将资源发布给平台服务受理系统。

(四)"金保工程"的信息安全需求

随着"金保工程"网络覆盖范围不断扩大,面临的安全威胁也随之增大,安全防护涉及"金保工程"的信息安全和网络安全,作为"金保工程"系统的安全保障,它关系到网络系统、信息系统能否安全平稳地运转,以及信息的保密性、可用性和有效性能否实现。"金保工程"的安全防护体系需要全方位、多层次地实现系统的安全保障,根据网络应用现状和网络结构,可以从物理层、系统层、网络层、应用层和安全管理多个层次综合分析"金保工程"网络安全需求及解决方案。

1. 物理层安全需求

物理层安全涉及环境安全、设备安全和媒体安全,"金保工程"需要预防电磁泄漏、雷击等环境构成的安全威胁。通过建立健全机房、设备、信息拷贝、介质保存、出入库与销毁等管理制度来保证设备安全、媒体安全;通过安全知识培训,强化系统使用管理,降低软硬件故障和工作人员误操作等人为或偶然事故构成的威胁。

2. 系统层安全需求

系统层安全问题主要来自网络操作系统的安全。主要表现在三个方面:一是操作系统自身缺陷带来的潜在安全威胁;二是对操作系统的安全配置导致的安全威胁;三是病毒对操作系统的安全威胁。

(1)操作系统缺陷。操作系统体系结构设计的不完善,可能存在后门和漏洞等缺陷,容易成为黑客攻击的目标,造成"金保工程"信息泄密和丢失。通过及时下载补丁,升级操作系统,尽可能减少因操作系统缺陷给"金保工程"带来的损失。

(2)操作系统安全配置。通过在系统中建立基于用户的全面访问控制机制,监视、记录每个用户的操作,防止越权访问,增强操作系统安全。

(3)防病毒系统。"金保工程"运行环境复杂,用户访问频率大,且公众服务网络直接与 Internet 相连接,可能会遭到来自多方面的病毒威胁。通过在人力资源社会保障信息系统网络上建立多层次的病毒防御体系,实现对桌面、服务器、邮件和网关等潜在的病毒进入点进行全面检测和保护。

3. 网络层安全需求

网络层的安全问题主要体现在网络系统的安全性,包括网络层身份认证、网络资源访问控制、数据传输保密与完整性、远程接入安全、域名系统安全、路由系统安全、入侵检测手段以及网络设施防病毒等。网络层的安全风险主要是来自黑客、病毒等对"金保工程"网络各个关键点的攻击,这些攻击可能造成整个"金保工程"系统功能的失效。"金保工程"中办公网、业务专网和公众服务网之间有大量的信息交互,办公网涉及机密信息;业务专网连接中央、省、市各业务经办部门,同时需要连接财政、税务部门、民政等相关政府部门和医院、药店、银行、邮局等相关企事业单位的网络；公众服务网通过互联网面向全体公民。复杂的网络连接导致网络安全问题越来越复杂和突出，尤其是来自外部的攻击。根据应用系统目的和安全需求，"金保工程"网络系统划分为六个层次上的不同安全区域，具体是：核心层、安全层、基本安全层、可信任层、非安全层和危险层、各层安全性逐层递减。通过物理隔离、逻辑隔离、防火墙配置等手段有效地控制外界用户与局域网的信息交换；通过对网络系统的安全检测与评估、安全监控与入侵防范，实现"金保工程"网络系统的安全控制。

（1）物理隔离。物理隔离是指在任何时间和地点，计算机网络之间均不存在直接的物理连线连接，且没有任何公用的存储信息，保证计算机的数据在网际间不被重用，在某种程度上割断信息的流动途径。一般采用电源切换方式，所隔离的区域始终处于互不同时通电的状态，被隔离的网络端永远无法通过隔离部件交换信息。只有使内部网和公共网物理隔离，才能真正保证"金保工程"的内部信息网络不受来自互联网的黑客攻击，同时，物理隔离也为内部网络明确了安全边界，使得网络的可控性更强，便于内部管理。

（2）逻辑隔离。逻辑隔离是指公共网络和专网之间存在物理连线，通过技术手段保证被隔离的网络之间没有数据通道，即逻辑上隔离。一般采用 VLAN（虚拟局域网）、访问控制、VPN（虚拟专用网）、防火墙（包括分组过滤与应用代理）、身份识别、端口绑定等技术，通过使用协议转换、数据格式剥离和数据流控制等方法，在两个逻辑隔离区域之间实现单向传输数据，杜绝两个网络之间直接进行数据交换。

（3）防火墙。防火墙是一个由软件和硬件设备组合而成，在内部网和外部网之间、专用网与公共网之间的界面上构造的保护屏障。它通过监测、限制、更改跨越防火墙的数据流，尽可能地对外部屏蔽网络内部的信息、结构和运行状况，最大限度地阻止黑客的攻击，防止重要信息被更改、拷贝或毁坏，以此来实现网络的安全保护。

（4）安全检测与评估。安全检测与评估是指在网络系统中配置网络安全漏洞扫描系统，定期或不定期对一些关键设备和系统进行漏洞扫描，进行安全评估，发现并报告系统存在的弱点和漏洞，评估安全风险，并提供补救措施。安全监控与入侵防范包括入侵监测系统和安全审计。入侵监测系统主要安装在易受到攻击的服务器或防火墙附近，通过检查操作系统的审计数据或网络数据包信息，监测系统中违背安全策略或危及系统安全的行为或活动。安全审计是对网络上发生的事件进行记载、分析和报告的操作。

4. 应用层安全需求

应用层安全是建立在网络层安全基础之上，主要是对资源的有效性进行控制，管理和控制用户访问权限。应用层安全问题主要是由提供服务所采用的应用软件和数据的安全性产生。人力资源社会保障信息系统运行的社会保险、人力资源、人事管理等多个业务系统，是"金保工程"社会功能的核心。业务系统通过 Internet 直接面向公众，最易受到身份假冒、信息窃取、非授权访问等网络攻击，需要采取较强的网络安全措施，确保业务系统的安全、可靠运行。

5. 安全管理需求

安全管理包括安全技术、设备管理、安全管理制度、部门与人员组织规则等。管理的制度化极大程度地影响着整个网络的安全，严格的安全管理制度、明确的部门安全职责划分、合理的人员角色配置都可以在很大程度上降低其他层次的安全漏洞。实现"金保工程"整体网络安全，除了采用先进的网络安全技术和安全产品，完善的网络安全管理体系也是建立多级防护系统必备的一个重要环节。

第三节　社会保险经办机构设置及信息化建设

一　我国社会保险经办机构层次与信息系统基本框架

1. 经办机构层次

顺应社会主义市场经济体制和政治体制改革，我国实行政事分开，在全国分别设立设社会保障行政管理部门和社会保险经办机构，目前，社会保险经办机构分为中央和地方两个层次。

中央机构：按照现行法律法规规定，人力资源和社会保障部是我国社会保障工作最高行政管理部门，负责统筹建立覆盖城乡居民的社会保障体系，统筹拟定城乡社会保险政策和标准等。人力资源和社会保障部下设社会保险事业管理中心，主要履行指导和管理职能，依据法律、法规授权和受部委托，组织拟定全国社会保险管理服务工作总体规划和实施方案，综合管理、指导地方社会保险经办管理服务工作。

地方机构：省（自治区、直辖市）、地（市）、县（区）三级地方政府分别设立社会保险经办机构，负责执行政策、管理基金和办理具体事务等事宜，为参保人员提供政策咨询，权益记录查询和其他社会保险公共服务。从垂直管理来看，省、地级别机构承担经办和指导双重职能，县级机构则只有经办职能；从全国范围来看，各地社会保险经办机构都隶属于当地社会保障行政部门，基本职能相同，都是服务型政府的对外服务窗口。

社会保险经办机构在中央一级，人力资源和社会保障部下设社会保险事业管理中心，依据法律综合管理、指导地方社会保险管理服务工作；在地方，各省、自治区、直辖市以及地市、区县三级地方政府分别设有社会保险经办机构。以广东省为例，至 2015 年，全省 21 个地市均建成了统一的数据中心，21 个地市实现了省市二级网络贯通，并加速向街道（乡镇）、社区基层服务机构延伸，初步形成了多业务共享、高效传输、统一管理、分级维护的全省网络体系，省级数据中心实现了异地备份。[①]

2. 我国社会保险经办机构信息系统基本框架

我国社会保险经办机构利用国家级、省级、市级、县级共四级网络来构建信息管理系统，其框架依据的是社保行政管理框架。从社保行政管理机构的职能和业务功能来看，我国社会保险经办机构大致分为操作层、管理层和决策层三个层次。这三个层次互相渗透，区别只是在每个层次的侧重点不一样。

操作层主要指县一级社会保险经办机构及其派出机构的业务，即一般意义上的社保经办管理。县一级社会保险经办机构是基层管理单位，是全国社保经办信息管理系统的基础，是基础数据的来源，因此属于操作层。

---

① 广东省人力资源和社会保障厅：《广东省社会保险白皮书》（2015 年）。

操作层的业务功能主要有：管理与服务参保人及参保单位、征缴社保费用、办理社保卡等。

管理层主要指省级和地市级社会保险经办机构及其派出机构的业务，承担经办和指导双重职能。其主要业务功能有建设社保信息系统、执行政策法规、分析统计数据和管理稽核等。

决策层是国家人力资源和社会保障部和省级社保经办信息管理系统在收集、处理和分析大量基础信息的基础上，结合社保基金收缴情况、地区间分布等信息，运用一些数学模型和科学统计方法，预测社保基金运营及风险管理，以及分析影响社保政策的关键要素，从而为领导科学决策提供参考依据的层级。其主要业务功能就是决策分析。

3. 社会保险经办机构信息化建设的意义

信息化是社会保险经办机构建设的必然走向，它支撑着整个现代社保经办体系，渗透社保经办管理工作的各个层面和环节。信息、物资、能源，构成了现代社会发展的三大支柱，对社会经济和社保经办业务发展意义重大。[1]

（1）有利于优化社保经办流程。社会保险经办机构信息化的基础是系统论的科学方法和严谨科学的计算机系统管理，规范的业务管理流程和手段对经办业务的规范化必然有促进作用，具体表现在：优化业务流程，减少重复劳动，提高工作效率和服务质量；通过合理的办事流程设计来规范办事程序，做到各个环节相互制约且环环相扣，形成良好的办事秩序；通过严格而合理的权责和业务管理范围设置来规范管理权限，通过系统对操作流程的详细记录可以有效进行监督管理。

（2）有利于提高经办工作效率和降低管理成本。社保经办工作涉及基金征缴、账户管理、财务管理、待遇核定、费用结算等，考虑到庞大的人口基数，这些管理工作基础数据庞大，而精确到个人的管理要求意味着精细而繁杂的大量计算，再加上信息存储时间跨度大，纯人工处理完全无法满足现代社保管理的需求，因此，实现社保经办工作信息化势在必行，一方面可以提高工作效率，另一方面可以降低人工成本。

---

① 胡晓义：《社会保险经办管理》，中国劳动社会保障出版社，2012。

（3）有利于决策科学化和管理透明化。实行信息化管理服务，参保人员可以通过网络管理了解社保政策、查询个人账户情况和办理具体业务，使得整个社会保险经办在公众监督之下，使其更加透明化。同时，计算机管理系统可以根据各种科学方法对各项社会保险基金的收支平衡、费率调整、基金调剂等情况进行数据分析和测算，可以做到同时对比多种方案的利弊。此外，通过社保统计分析，可以了解参保人对社保政策法规的履行情况、了解社保基金收支情况，并把这些信息反馈给国家社保决策机构，以调整相关政策、修订法规，从而实现准确测算、科学决策。

（4）有利于提升社保经办管理人员队伍综合素质。社保经办信息化对社保经办工作的模式、人力资源配置和具体工作方法都有着根本性的影响。在信息化社会中，对社保经办管理人员队伍的基本素质和业务技能结构提出新的要求，经办在适应信息化发展的过程中要不断学习和掌握新的信息技术和业务技能，从而不断提升综合素质。

（5）有利于社保经办体系的协调运作，提高效益。通过社会保险信息化技术的支持，可以有效地将庞大的社会保险经办体系的各项数据和信息实现对接和共享，一方面节约大量资源，保证了社保经办体系的协调运作，另一方面有利于社会保险经办体系整体效益的充分发挥。

二 我国社会保险经办机构信息系统的发展——社保核心平台三版

（一）发展历程

原劳动和社会保险部关于社保经办机构信息系统的开发策略是"后台研发和前台实施分离"，由原劳动和保险部提供统一的应用软件平台，由前台技术支持商通过本地化完成各地社会保险信息系统建设，以统一和规范全国系统。基于这一策略，Client/Server 结构的社会保险管理信息系统核心平台（以下简称社保核心平台）一版在 2000 年面世，同时《劳动和社会保险管理信息系统信息结构通则》和《社会保险管理信息系统指标体系－业务部分（LB101－2000）》正式开始启用。在 2003 年发布的社保核心平台二版，不仅在业务上进行了扩充，更在技术上实现了突破，推出基于 J2EE 标准规范的三层技术框架（SIEAF 框架）。社保核心平台极大地推动了各地社会保险信息系统的建设，规范了各地社会保险业务，目前各地使用的社会保险管理信息系统相当部分是基于社保核心平台二版开发的。

随着"金保工程"建设的全面开展和社会保险业务的进一步扩展，原劳动和社会保险部于 2006 年 12 月正式启动了社保核心平台的升级（社保核心平台三版研发）工作，目前该项工作已基本完成。社保核心平台三版在二版的基础上，对业务体系和技术框架进行了全面升级。在业务上考虑社会保险最新政策和各地典型业务经办模式；在底层技术框架和用户交互界面中吸纳了成熟、先进的信息技术，进一步降低了本地化工作难度。社保核心平台三版是一个面向地级市社会保险业务管理，集业务数据模型、业务流程建议、标准业务实现、标准底层技术架构于一体的平台级软件。

（二）应用架构

社保核心平台三版在功能结构方面分为五大部分，各个部分之间互相联系，互相支撑。①

1. 核心业务系统

社保核心平台三版的核心业务系统主要包含公共业务子系统、养老待遇子系统、医疗待遇子系统、工伤待遇子系统、失业待遇子系统、生育待遇子系统、基金财务子系统及相关查询、报表、社保卡等功能。核心业务系统主要体现了五险统一征缴、待遇分别发放的思想，基本信息与参保信息分离管理的思想，业务财务紧密衔接的思想。

2. 业务管控系统

社保核心平台三版的业务管控系统是对核心业务系统在管理方面的延伸，主要包含绩效管理子系统、稽核管理子系统、内控管理子系统。由于各个地方的业务管控模式各不相同，具体的业务管控方式方法还要在本地化过程中依据各地的特点实施。

3. 技术支撑系统

技术支撑系统是为实现安全系统、核心业务系统、业务管控系统、接口系统功能的相关技术支撑，包括系统管理子系统、打印组件、UI 组

---

① 景玺：《社会保险管理信息系统核心平台三版业务亮点介绍》，《中国劳动保障报》2009年 8 月 26 日。

件等。

4. 安全系统

社保核心平台三版的安全系统主要实现了登录安全控制、操作权限管理、数据权限管理、用户操作审计等功能。

5. 接口系统

社保核心平台三版的接口系统主要有两大方面：一是社保核心平台三版与"金保工程"财务软件、跨地区业务管理信息系统、联网数据管理信息系统等的接口；二是社保核心平台三版在本地化时与银行、税务、邮政等系统的接口。社保核心平台三版的接口部分主要以方案形式提供，接口的具体实现需在本土化过程中完成。

（三）社保核心平台三版的基本软件功能和 IT 架构

1. 基本软件功能

社保核心平台三版共包括十三个子系统，分别是公共业务、养老待遇、失业待遇、医疗待遇、工伤待遇、生育待遇、基金财务管理、绩效信息管理、稽核信息管理、社会保险卡应用、报表、内控管理、系统管理，共计 295 个模块。

2. IT 架构

社保核心平台三版是基于 J2EE 技术的 C/S/S&B/S/S 双兼容的三层结构业务应用平台。IT 架构分为应用架构、数据架构、技术架构三个部分。应用架构主要解决业务系统的功能结构问题。数据架构主要解决统一、可扩展的行业数据模型问题。技术架构主要解决在技术上如何对业务进行支撑的问题，技术架构包含技术总体结构设计、技术框架设计、网络拓扑设计、部署结构设计等问题。

（四）社保核心平台三版的设计思想

1. 多险合一

社保核心平台三版在继承社保核心平台二版基本五险的同时，扩展了机关事业养老保险和城镇居民基本医疗保险，针对公务员、离休人员、一至六级残疾军人、老红军等特殊参保人群设计了相应的处理功能，并在设计上预留了对其他保险业务的支持能力。

2. 以人为本

社保核心平台三版强调以参保者利益为核心，通过参保关系实现个人与单位的关联，为一个数据中心多统筹区、个人身份参保提供了系统结构上的支持，也尽可能体现社会保险服务于民的宗旨，努力保障参保者的切身利益。

3. 强化管理

社保核心平台三版加强了对业务日志的管理，引入了业务事件模型，在业务经办的过程中保留业务操作信息，从而进一步加强对业务环节的监控，使业务管理的概念落到实处，为稽核、内控、业务回退等操作奠定基础。

（五）社保核心平台三版的业务特点

1. 支持一个数据中心、多统筹区的业务模式

社保核心平台三版实现了对统筹区进行定义，并允许操作员权限与统筹区挂钩。基本信息在数据中心一级共享，业务信息由各统筹区独立使用。经办流程在数据中心一级保持一致，政策参数和算法允许各统筹地区存在差异。此种灵活的业务模式，能够满足业务管理中对一个数据中心、多统筹区的需要。

2. 业务与财务结合更加紧密

社保核心平台三版提供了与财务系统对接的相应业务模块，在基金征集、待遇支付、基金转移等环节都与财务管理进行了比较紧密的衔接。支持实收实支确认，并向财务接口传递数据，进而由财务接口系统自动生成凭证。

3. 支持稽核

社保核心平台三版提供了外部稽核受理、系统内稽核点主动监控和统计台账三部分稽核相关的功能。外部稽核受理，包括稽核类别设置、疑点问题受理、稽核范围确立、稽核信息记录、稽核结论、稽核结论传达情况、稽核结论执行情况跟踪、稽核信息查询等模块，完成了对整个稽核过程的记录。统计台账功能实现对稽核情况的汇总查询。同时，软件支持系统内稽核点主动监控，并对缴费基数、医疗费用、高龄离退休人员、五险

待遇发放等典型稽核点业务予以参考实现。

4. 支持业务绩效考核

社保核心平台三版通过对业务日志的统计,实现了对经办过程中重办、迟办、晚办情况的掌握。通过工作加权管理,实现了对工作的量化。最后通过考核评分实现对工作业绩的评估,辅助降低工作的出错率,提高经办人员的工作积极性。

5. 引入了业务台账的概念

社保核心平台三版建立了业务台账,统计工作更多依赖于业务台账完成,提高了统计效率和统计的准确性。在台账基础上实现了部分部颁统一报表的生成,通过内嵌部里统一采购的 BQ 报表工具,实现了更加灵活的信息统计和报表定制功能。

6. 加强社会保险卡的管理

社保核心平台三版社会保险卡管理包括卡新增管理和卡变更管理两个模块,实现了发卡数据生成、发卡管理、发卡激活、补卡、换卡、卡挂失、卡解挂、卡注销、应用锁定、应用解锁、黑名单等功能。

7. 扩充养老保险业务功能

社保核心平台三版支持《国务院关于完善企业职工基本养老保险制度的决定》(国发〔2005〕38 号)对养老保险待遇计发办法的调整,通过统筹区设置个人账户做实比例参数,实现对个人账户做实的支持。

8. 支持失业保险职业介绍和职业培训费的管理

社保核心平台三版针对失业保险,新增了社会保险经办机构直接与职业培训机构、职业介绍机构进行培训费用、职介费用结算及支付的支持,使失业人员在享受失业保险待遇期间即可直接到经办机构报销职业培训费或职业介绍费,也可以由职业培训机构、职业介绍机构到经办机构报销职业培训费或职业介绍费。

9. 加强“两定”和“三目”的管理

社保核心平台三版在医疗保险业务中,增加了定点医疗机构和定点零售药店的申请和审批功能,对医疗保险药品目录、诊疗项目目录、服务设施目录分层次管理,将“三目”与“险种”挂钩,并且可分人群管理。

10. 医疗费用信息采用新的分层方式

社保核心平台三版的医疗费用信息设计层次分为就诊信息、在院信息、医疗原始单据信息、医疗原始费用明细、医疗费用结算明细等。医疗费用结算按照原始费用明细中的药品、诊疗项目、服务设施明细项逐项进行结算。通过参数和算法的设置，能够更好地满足各地医疗保险、工伤保险、生育保险、失业保险中有关医疗费用结算和支付的实际需求。

11. 支持城镇居民基本医疗保险业务

社保核心平台三版将城镇居民基本医疗保险特有的参保对象群体在参保身份中进行了扩充，并扩充了缴费来源（包括财政拨款）和征收方式（包括学校代收、社区代收）代码。同时允许根据不同的险种分别进行控制，从而实现了包括城镇居民基本医疗保险在内的多险合一的统一参保和征缴。

12. 扩充工伤保险业务功能

社保核心平台三版实现了"工伤认定 + 劳动能力鉴定 + 工伤保险业务经办"三位一体的管理，并支持对非参保人群的认定和鉴定，支持对工伤供养亲属的管理。

第四节 我国社会保险经办信息化管理存在的问题

我国社保经办机构信息化建设经过30多年的建设和发展，取得了很大的进步，但是由于基础薄弱，目前我国社保经办机构信息化发展还有一定的局限性，特别是整体建设水平和日益增长的社保服务对象信息需求之间存在较大的差距：从社保经办组织体系自身发展来看，社保经办机构信息化的整体水平与发展现代电子政务、构建服务型政府、搭建云社保平台、优化社保基金管理信息系统的发展战略和整体要求还有诸多不相适应的地方，具体体现在以下方面。

第一，在实际应用方面，缺乏顶层设计，信息系统不统一。由于历史原因，目前我国社保经办机构信息化应用系统缺少系统性规划，信息化建设制度还不完善，信息资源相对分散，历史数据相对缺失，信息共享和利用度不高，数据质量低，静态数据较多，信息缺少实时性。

根据国家人力资源和社会保障部信息中心 2013 年 10 月统计的结果，全国只有 50% 的省区市有全省统一软件，其中统一软件使用率达到 100% 的不足 10 个。从审计部门掌握的情况看，全国养老保险信息系统有 1035 个，医疗保险信息系统有 1780 个，有 952 个系统只有一个经办机构使用。

第二，在社会服务方面，服务平台开通率较低。社会保险的服务对象随着社会主义市场经济的深入发展，都希望得到更方便、更快捷和更安全的服务，我国目前大部分社保信息没有经过有效的整合与共享，数据更新慢，实用信息少、服务方式单一、服务内容欠丰富、服务缺乏创新性和灵活性。此外，各级经办机构领导、经办人员的服务意识还待进一步加强，需进一步提高经办服务的重视程度。部分地区网上经办、短信平台、自助服务等信息化服务手段开通率较低。开通网上服务的机构中，近一半的机构提供的只有个人查询和企业查询。开通网上办理预约服务的比例不足 5%；开通网上支付服务的机构比例不足 3%。

第三，组织保障、资金投入以及政策法规等尚需进一步加强。组织保障不够，人才短缺，目前在全国社会保险经办机构中，绝大多数城市社会保险经办机构的计算机人员配备低于本级工作人员的 5%，部分地区社会保险经办机构甚至都没有设立信息技术部门。专业人才不足的原因是多方面的，有领导的认识原因，有机构编制的限制，也有专业人才的待遇问题。此外，既精通社保保险业务又精通信息化管理系统建设的复合型人才也是非常缺乏的。同时，信息化部门普遍存在协调和沟通力度不够的问题，使得信息化发展受到很大限制，这其中有部门间分工原因，也有缺少相关协调机制的原因。

资金投入上如果没有足够的经费，社保信息化建设只不过是一句空话。计算机管理信息系统是高新技术系统集成，硬件和软件的技术含量较高，同时，建设系统尤为复杂，由于政策处于不断变化之中，系统建设至今尚无统一的标准。但客观要求系统建设起点要高，投入要大，不能落后于当今时代的水平，不能在低水平上重复。总体上，各级社会保险经办机构在信息化建设资金投入方面跟实际需求差距较大。

通常情况下，政策变化需要不断维护平台系统、改进程序，由于有的政策出台时间和执行时间间隔极短，致使程序的研发、测试时间紧迫，无法进行程序内相关数据表间逻辑关系的比对和验证，甚至出现边研发、边应用、边整改的局面。系统需要频繁维护、升级，但又缺乏足够的测试、检验，这就造成了系统运行过程极不稳定、出错率较高、数据处理速度较慢。

标准化程度不高，业务兼容性差。目前，国家层面的行业信息化相关标准仍需补充，大部分省市社会保险经办机构由于在信息化建设中对相关标准规范的贯彻和执行力度不够，导致各地编码不规范，全国仅有一半省市使用省级统一指标体系，导致不同地区、不同险种间难以直接、完整地交换信息，影响了业务对接。评价指标体系与方法研究缺乏系统性，信息化建设主动性不足。经过20年的建设，我国国家信息化、社会信息化和企业信息化评价体系的基本框架已经建立，但在社会保险经办机构信息化评价指标体系与方法方面尚未系统性地开展研究，至今尚缺乏权威性的评价指标体系与评价方法，更谈不上评价体系的科学性和实用性问题。在对社会保险经办机构信息化评价体系的理论研究上，还没有对评价部门、体系、方法、周期、绩效考核等方面的规定。因此，目前还未将信息化建设作为社保经办体系考核的内容，导致社会保险经办机构信息化建设缺乏主动性。

第四，社保卡、数据中心和信息网络建设需进一步夯实基础。"十二五"社保信息化发展规划中，提出要实现90%以上的地市发放全国统一的社保卡，且持卡人数达到8亿人这个目标，到2014年1月底，全国统一社保卡才发行了5.6亿张，按照目前的进程要实现这一目标还存在较大的差距，主要是宣传工作还不到位，社保卡功能拓展以及规范化管理方面尚需进一步完善；由于历史原因和投入经费问题，社保数据中心向部、省两级集中的进程不够理想，数据集中管理能力、数据共享能力、数据实时交换能力在实际建设过程中缺乏统一的系统集成平台支撑。信息网络建设在社保专网贯通方面不够顺畅，部、省、市三级主干网络性能、可靠性、覆盖率、硬件普及率和网络软件配置等方面有待进一步加强。

第五，在监管方面，对监管业务协同的支持力度不够。目前"管理属地化，服务网络化"的矛盾较突出，亟待通过整合资源开展跨地区、全行业的协同应用。社保基金监管过程出现疑点追查不到位，监督管理形式缺乏多样性和有效性；近些年来，医疗保险福利滥用、虚假账单、重复申报、无中生有与小病大治、慢治、长治，以及隐瞒收入和存款、装穷吃低保等问题经常发生，医疗服务监控系统试点两年来，虽然在监控规则库建设方面取得一定成绩，但在稽核管理能力、知识库建设等方面尚需进一步加强，和定点医院、药店、违规稽查单位也要加强协同管理机制建设。

第六，安全保障存在盲区：省级灾备中心和灾备系统建设在区域发展方面不够均衡，运维组织管理架构、运维管理制度体系和安全管理制度体系等不够健全，支撑运维技术开发进程不够理想；电子认证与应用安全支撑系统在保护等级方面不够明晰，在身份鉴别安全机制、信息机密性和完整性保护安全机制不够完善，且对国家电子政务应用安全支撑能力有待加强；按照等级保护要求，基础安全防护系统需从物理安全、网络安全、主机系统安全、应用安全和数据安全方面进一步加强建设。

第五节　基于云计算模式的社会保险经办信息化趋势分析

社会保险事业对任何国家而言都是关系到人民群众的切身利益与国家稳定的大事，在我国，更是直接关系到党全心全意为人民服务的宗旨，关系到保险改革开放和经济建设稳步发展的大局。因此，社会保险建设是一项关键性和基础性的工作，在现代，社会保险的建设逐渐趋向于信息化管理。随着 2002 年国家"金保工程"的启动，多个地级以上社会保障部门先后建立数据中心，实现了跨区域业务数据在市级集中统一管理，实现了平级横向共享，部、省、市三级网络纵向管理贯通，大范围覆盖了多种公共就业服务和社会保险经办机构，并且延伸至城乡各社区、街道、定点医疗机构和零售药店，形成初步的社会保障信息网络框架。但随着统筹城乡的全面推进，跨地区就业、社会保险关系转续和待遇享受等业务的普遍开展，国家"十二五"期间要实现城乡基本医疗保险人数达 13.2 亿人，全国统一的社会保险卡发放数量达 8 亿张,① 以及 2020 年全国基本上建立一个覆盖全体城乡居民的社会保险体系等目标的提出,这给社会保险信息化建设提出一个严峻的挑战。此外,我国社保信息化建设还存在着一些现实问题:各地区间发展不平衡,各地区间业务信息化水平不平衡,社会保险卡应用领域比较单一,就业信息集中度较低,就业失业信息应用效率不高,社会保险、银行、地税、经办机构等相关部门信息系统的信息交换机制尚未建立,难以实现信息共享。这些问题制约了全国社保信息化的互联互通,使业务系统难以整合,信息共享难以实现。因此,要妥善解决这些现实困难,需要完善的社会保险制度,需要更为高效的社会保险信息化新模式为完善制度和服务决策提供技术支持。

近年来,一种新的服务化计算模式——云计算(cloud computing)② 的兴起和快速发展,为网络化分布 IT 资源的优化配置提供了先进理念,为科学研究、社会管理、工程设计、商业策划、决策支持等带来全新的计算模型和 IT 服务模式。云计算是对网格计算、效用技术、集群技术、分布式系统等技术进行了升级和集成,是虚拟化技术、网络服务技术、容错技术以及 SOA 技术相互融合发展的产物,③ 其核心思想是构建一个由大量网络连接的资源能力池,通过第三方提供资源的网络运营方对可用的资源进行统一管理和调度,同时由云端根据用户的需求进行挖掘和匹配合适的资源,随时随地为用户提供便捷高效的服务。云计算在服务模式上的创新以及基于云计算而构成的新的网络服务平台(如微软的 Azrue、Amazon 的 EC2 等),为信息资源的管理提供了新的手段和机制。④ 此外,物联网技术通过无线射频识别、传感器、智能技术和网络互联技术,将实现对物理世界各

---

① 《人力资源和社会保险事业发展"十二五"规划》,http://www.law-lib.com/law/law_view.as p/id=354669. 2013 年 6 月 28 日。

② 王佳隽、吕智慧、吴杰等,《云计算技术发展分析及其探讨》,《计算机工程与设计》2010 年第 20 期。

③ Ambrust M., Fox, A., Griffith, R., "Above the Cloud: A Berkeley View of Cloud Computing," http://www.eecs.berkeley.edu/Pubs/TechRpts/2009/EECS - 2009 - 28.html. 2013 年 6 月 28 日。

④ 钱文静、邓中华:《云计算与信息资源共享管理》,《图书与情报》2009 年第 4 期,第 48~60 页。

种物体的标示、感知、监测、跟踪、控制和管理，在人与物、人与环境以及物与物之间实现高效、智能、和谐的信息交互，最终通过智能决策技术实现物理世界和信息世界的融合。① 目前，云计算和物联网技术已逐渐引起国内外产业界和学术界的高度重视，根据摩尔定律，它们必将引领下一代互联网和信息化建设的新趋势。

近年来，"云制造""云应急"等一系列行业性服务化创新模式的提出，为创新社会保险模式开拓新的视野。由此，本研究借鉴云计算和物联网的核心理念、服务模式和相关技术，提出了云社保——面向服务的社会保险新模式，以期探索社会保险信息化模式的发展方向和趋势。

第六节 云社保的基本内涵和功能分析

一 云社保的基本内涵与功能分析

云社保是一种以现代公共服务管理思想为基础，利用云计算、物联网、云安全、智能决策等新兴信息技术构建的社会保险信息服务平台，通过构建由大量网络连接的资源池，由第三方运营商根据用户需求对网络保险资源（保险云）进行统一管理和匹配，为用户提供面向服务的社会保险新模式。这种社会保险新模式具有模块化、集成化、远程化、智能化等特征以及高扩展性、高可靠性、即时服务、高质低耗等独特优势。

云社保技术旨在优化升级"金保工程"的基础上，将云计算、云安全、资源虚拟化、智能决策支持、物联网等先进信息技术以及社会保险的五险管理与征收、业务经办、公共服务、基金监管和社保宏观决策等核心业务整合与优化，保证网络社会保险资源和物理社会保险资源的统一化、集中管理的智能化，实现网络互联互通、信息共享共用，在一个社会保险周期内，尽量满足用户的随需随地获得服务的需求，以及为用户提供安全廉价的高性价比的社会保险服务活动。

云社保技术为社会保险服务提供了全新的理念和强大的技术支持，使

---

① 周开乐、丁帅、胡小建：《面向海量数据应用的物联网信息服务系统研究综述》，《计算机应用研究》2012 年第 1 期。

用户可以享受更为敏捷、便利的服务。云社保在社会保险方面的主要功能有以下几点。

一是实现泛在社会保险服务。用户不受时间、地域的限制，只要连接到互联网就可以在线编辑个人社保信息、查询就业信息、办理社会保险和养老保险业务等。用户利用手机、个人电脑等一般配置的终端设备，就可随时随地享用泛在社会保险服务。

二是实现社保资源集中与分散有机结合。云社保的管理思想主要是"分散资源集中使用"，将分布式的资源服务进行汇聚和优化配置，采用的是"多对一"的服务模式，即多个资源为一个用户服务。此外，云社保还体现了"集中资源分散服务"的思想，采用"多对多"的服务模式，即多个资源为多个用户服务。

三是实现不同社保数据的共享共用。云社保将分布式异构数据库进行集成，构建统一标准的数据仓库，通过服务器集群为不同数据和应用程序的共享提供软硬件基础，消除信息孤岛的现象，实现地税部门、五险征收系统、社保部门五险管理系统、用户信息系统、社会保险经办机构业务系统、医院和药店的医疗保险系统、银行基金管理系统等系统的数据统一、接口互通、共享共用，减少资源浪费，降低管理成本，提高管理服务质量。

四是为社保管理智能化宏观决策提供技术支持。云社保服务平台实现了信息的整合，通过对用户需求、社会保险相关部门资源、信息技术的汇聚管理，运用数据挖掘技术、云计算技术和 OLAP 技术等，可以形成基于智能化决策的云社保协同网络，为从事社保管理者提供监督管理，风险分析、投资预测等决策服务。

二　云社保系统及模式框架

1. 云社保系统

云社保服务平台是一个面向服务的社会保险系统。如图 9 - 5 所示，云社保系统由云社保服务营运商（云社保服务平台）、云社保请求端（不同用户）和云社保提供端（社保相关部门）组成。云社保请求端可通过云社保服务平台随时、随地、随需提出请求；云社保提供端根据用户的需求及时响应和提供服务资源；云社保服务平台运用云端化技术、普适化门户技术、云服务综合管理技术等，对用户需求和可供资源（响应云）进行响应、匹配和管理等。

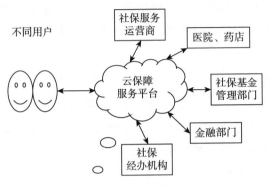

图9－5　云社保系统

2. 云社保系统的模式框架

根据云社保的定义和功能进行分析和演绎，从技术层面提出云社保系统的模式框架包括云社保物理资源层、云社保虚拟资源层、云社保核心服务层、云社保应用接口层、云社保云保障应用层等五层（见图9－6）。

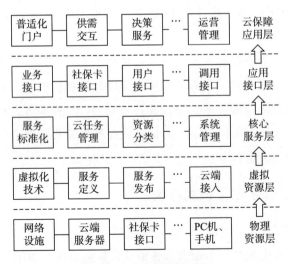

图9－6　云社保模式框架

（1）云社保物理资源层

该层主要对信息进行采集、传输、存储和计算，通过嵌入语义网、物联网和网络通信技术，将各类社会保险网络设施、各类物理资源和信息进行封装和调用，实现网络上的互联互通，并提供接口支持。因此该层是云社保的物理底层支持技术。

（2）云社保虚拟资源层

在物理资源层采集的信息通过虚拟资源层汇集成虚拟保险资源，采用虚拟化技术、容错技术和云社保服务定义工具，将汇集的虚拟保险资源封装成云服务，供给云层中云社保服务中心调用。因此该层要具备云端接入技术、云端服务定义、虚拟化、云端服务发布管理等功能。

（3）云社保核心服务层

该层调用虚拟资源层提供的云服务信息，为综合管理提供核心服务和功能，主要包括向提供端提供接口管理、标准化管理和测试管理等服务；向请求端提供云任务管理、高性能查询和在线处理等服务；向运营商提供系统管理、用户管理、数据管理、资源分类管理、云服务管理等。因此该层面向云社保的提供端、请求端和服务运营商。

（4）云社保应用接口层

该层面向云社保系统中不同用户，包括社保系统宏观决策者和业务管理者、运营商日常管理者、社保用户等，提供服务调用接口，包括用户身份注册、认证、授权等通用管理接口。

（5）云社保云保障应用层

该层保证了根据用户访问权限，为用户提供包括移动终端、专用终端和 PC 终端等在内的各类用户界面，使得用户通过这些普适性的门户网站可以享受到云社保系统提供的各类云服务，因此该层是面向云社保系统中的相关部门和用户。

三　云社保涉及的关键技术

（一）体系架构、标准和规范

SOA（Service-Oriented Architecture，面向服务的架构）是将系统资源封装为服务，通过业务流程来调用组合服务的架构，具有很好的灵活性和兼容性，因此能匹配云社保模式的应用。采用 SOA 可以实现云社保系统的架构。SOA 有一系列相互匹配的服务封装、接口标准化工具和通信规范，如 WSDL（网络服务描述语言）、SOAP（简单的对象访问协议）、SCA（服务组件模型）和 XML（可扩展标记语言）等。

（二）云端化技术

云社保资源平台的嵌入式云终端封装、接入、访问、调用和管理是云端化技术的具象化，包括：支持云社保平台的物联网技术和社保卡智能接入技术和互接技术等；云终端资源服务定义封装、虚拟化、发布、智能匹配、分类管理、动态组合等技术及相应工具的开发；云请求端访问和接入云社保平台技术和支持用户使用云社保的技术。

（三）普适化门户技术

该技术主要研究普适技术、综合运用上下文感知、智能 Agent、语义网等技术，构建蕴含式服务访问框架，实现服务访问过程的智能化、自动化管理，为云社保平台提供更加普适的互动模式。

（四）云社保的综合管理技术

主要保险云服务运营商对云端服务进行接入、调度、组织、聚合以及发布等综合管理技术，包括云服务接入、认证、组建、聚合、搜索、匹配、存储等技术；云资源的智能协同调度与优化配置，以及云社保过程的服务化等技术；可靠可信的云社保安全技术；云社保平台的云提供端、云请求端和运营商的身份授权管理、信用管理机制、业务流程管理与实现技术等。

（五）云社保的决策支持技术

主要研究在云社保模式下运用数据挖掘和联机事务处理（OLAP）等技术，进而为云社保相关部门提供宏观决策支持和对社会保险费缴纳、社会保险支付、风险因素等进行分析预测。包括：对云社保数据仓库的数据进行抽取、转换和转载，保持数据的完整性和一致性；运用数据挖掘技术和关联规则法，在社保的海量数据中自动分析和挖掘有价值的信息，进而提供决策支持；运用联机分析处理（OLAP）技术，构建"地区维""征收期维""险种维"等多维立体结构，从多角度对信息进行快速、交互的存取，根据实际需求进行相应的联机分析处理。

结合当前我国社会保险事业面临的挑战和问题，根据云计算、物联网、云安全等技术发展趋势，提出云社保——面向服务的社会保险新模式——分析了云社保的定义和功能，描绘了云社保系统、体系框架和关键技术，对我国社会保险信息化建设的发展趋向做出了预测。云社保概念和模式框架的提出，为我国社会保险事业提供新的思路，实现网络化、敏捷化、智能化以及灵活、高效、随需随地社会保险服务新模式。

然而，云社保模式仍在理论初探阶段，尤其作为电子政务工程引入第三方营运服务方，在思想观念、体制机制改革等方面尚需相配套。借鉴发达国家公共服务外包的成功经验[1]和发展趋势[2]，随着云计算、物联网、云安全等信息技术的飞跃发展，只要我们解放思想，敢于创新，深入研究，实现云社保模式将指日可待。

四 社会保险经办机构信息化能力

组织信息化能力是信息化建设过程的必然产物，是客观存在的有利于组织发展和竞争的一种外延功能。组织信息化能力同时具有内在和外溢功能：内在功能是指在组织内部技术、管理决策等环节发挥作用体现出的价值；外溢功能是指组织经过内在功能塑造提升影响力和竞争力的外溢效应。

（一）社会保险经办机构信息化能力的内在效应

组织的战略性要素主要有四个：技术、人力、组织和文化。组织信息化能力的内在功能是指这四个战略性要素和组织信息化能力之间的相互促进关系，体现了组织信息化能力和科学技术、人力资源、组织管理和文化环境之间的互动效应。

1. 社会保险经办机构信息化能力中利用科学技术的功能

科学技术的发展与信息技术的提升从根本上改变了社保经办的组织工作方式，在组织信息的收集、处理和利用方面都产生了巨大的变革，极大

---

[1] 杨欣：《公共服务外包中政府责任的省思与公法适用——以美国为例》，《中国行政管理》2010 年第 6 期。

[2] 杨燕绥、闫俊：《中外社会保险公共服务管理模式变迁新解——厘清公共服务"私有化"、"回归"与外包》，《行政管理改革》2011 年第 6 期。

促进了业务流程的再造，增强了社会保险经办机构的柔性、敏捷性和适应性。社保经办在信息化过程中形成的各种组织信息技术也反过来促进了科学技术的发展。

2. 社会保险经办机构信息化能力中优化人力资源的功能

社会保险经办机构信息化建设要求对经办人员进行多方位培训，以保证社保经办工作安全、有效地进行。信息化建设过程中，为各级经办人员开办的各类网络教学、远程教育等方式，使得培训的方式更加先进和多样化。在信息化建设营造出的创新环境中，经办人员要适中把技能和自我素质的提高作为内在需求，保持强烈的学习主动性和积极性，在提高常规业务能力的同时也提高业务创新能力，从而优化人力资源结构。信息化建设过程中，内部网站的建立、经办人员沟通交流途径的拓宽，都促进了知识的传播和学习型组织的发展，使得优化人力资源具有先天性优势。

3. 社会保险机构信息化能力中改善组织管理的功能

社会保险经办机构信息化建设过程中，必然会导致组织管理的调整和重构，其整体改善趋势是使社会保险经办机构扁平化、柔性化和网络化。扁平化是在社会保险经办机构各部门信息对等的基础上实现动态管理，使组织管理从控制性转化为参与型，不仅能使信息沟通顺畅、及时，降低监督成本，提高管理机构和基层部门之间信息传递速度，而且能充分调动社保经办人员的积极性，促进各层级经办机构间知识和经验的交流，提高管理效率；柔性化实际上是目标管理，针对特定目标，越过中间管理层次，通过以人物为导向的团队组织直接对总目标负责，可以大幅度提高社会保险经办机构的应变能力，降低经办管理风险成本；网络化是指社会保险经办机构加强与外界的信息交流，在足够的信息基础上，提高组织管理的合理性和应变能力。

4. 社会保险经办机构信息化能力中重塑文化环境的功能

文化环境包括组织的物质文化、精神文化、制度文化、行为文化和信息文化。社会保险经办机构的信息化建设必然伴随着信息征集与管理、社保经办管理、行政管理、财务管理、人力资源管理、档案管理和决策管理等方面对信息技术的使用，从而使得社会保险经办机构组织的物质文化、精神文化、制度文化、行为文化和信息文化的重塑具有可能性。因此，信息化是文化环境的重要组成部分，具有重塑文化环境的功能，使得社会保险经办机构的物质文化和精神文化更加丰富，制度文化更加健全，行为文化更加规范，信息文化更加全面。社会保险经办机构依托信息化平台可以通过管理能力培训制造出学习氛围，把任务型组织变为学习型组织，从而创建新的组织文化，促进社会保险经办机构快速、高效的发展。

（二）社会保险经办机构信息化能力的外溢效应

社会保险经办机构信息化能力的外溢功能是指通过内在功能塑造提升组织影响力和竞争力的外溢效应，主要体现在以下四个方面。

1. 社会保险经办机构组织创新效应

社会保险经办机构组织创新效应是指在技术领域、社保制度、社保组织模式和社保知识上全面创新，其保障条件是营造完善的、自由流动的信息环境。

2. 社会保险经办机构组织形象效应

良好的社会保险经办机构组织形象可以向社会各界传递社会保险经办机构信息系统的建立与完善等信息，而且可以全面反映社会保险经办机构信息系统的运行状况，是社保经办组织信息化的重要外溢效应。良好的社会形象是社会保险经办机构信息化建设成功的标志。

3. 社会保险经办机构基金保值增值效应

社会保险经办机构信息化建设能给社保基金的投资与运营提供全面、及时的分析和评估，从而为社保基金的保值和增值提供技术支撑。

4. 社会保险经办机构组织管理效应

社会保险经办机构组织管理效应是组织信息化最重要的外部效应，优化的组织管理可以降低组织的管理成本，优化组织人力资源结构。

（三）社会保险经办机构信息化能力形成机制

组织信息化环境是组织信息化的基础和保障，制约着组织信息化的整体发展。组织信息化环境可分为内部环境和外部环境：内部环境是指组织信息基础设施、人力资源、文化环境、管理决策、业务流程等；外部环境是指信息基础设施、技术水平、国家法规政策和信息资源的合理利用等。组织信息化能力形成和发展的主要原因和机制就是组织信息化环境，因此可以将组织信息化能力的形成机制分为内生机制和外生机制。

1. 社会保险经办机构信息化能力内生机制

社会保险经办机构信息化能力的内生机制包括社会保险经办机构信息基础设施、人力资源、文化环境和管理决策、业务流程等。

（1）信息基础设施包括社会保险经办机构的信息基础设施投资情况、网络建设情况、软件平台构建情况、信息资源收集情况。

（2）组织信息化能力的核心是人力资源。只有提升社保经办人员的技能和素质，才能使人力资源配置和发挥最优化，从而增强社会保险经办机构的管理和服务能力。人力资源的提升可通过培训和管理来实现。

（3）文化环境和管理决策是组织信息化能力的保障。只有将信息化、程序化和规范化的管理文化融入社保经办活动的各个环节，才能催生良好的组织信息化能力。文化环境和管理决策包括职业道德、团队协作、学习交流、管理理念、制度创新、奖惩激励等。

（4）社会保险经办机构需要通过业务流程将内部优势转化为外部优势，因此，业务流程是组织信息化能力的转化器和助推器。

2. 社会保险经办机构信息化能力外生机制

社会保险经办机构信息化能力的外生机制包括信息基础设施、技术水平、国家法规政策和信息资源的合理利用等。组织信息化外生机制有直接和间接两种方式运作：直接方式是指外部环境对组织信息化能力直接产生作用；间接方式是外部环境通过影响组织信息化内部环境变化产生作用。

第七节　促进社会保障"金保工程"与经办管理社会服务功能的多元化

建立与完善社会保障制度体系，一个重要的任务是以高效的信息管理为依托，提高社会保障的服务绩效，降低社会保障管理的行政成本。许多国家的社会保障机构为应对私营部门的竞争，强化了社会保障的公共服务，建立以社会保障受益人为中心的信息服务体系，并采取措施，努力降低社会保障的行政管理费用。我国社会保障制度体系正在逐步完善，社会保障"金保工程"正在建设之中，以政府为主导的社会保障公共服务意识还有待进一步加强，以提高社会保障管理的透明度与执行力。

一 社会保障"金保工程"的功能与经办管理公共服务

我国社会保障"金保工程"的建设起始于 20 世纪,"金保工程"是利用先进的信息技术,以中央、省、市三级网络为依托,支持劳动和社会保障业务经办、公共服务、基金监管和宏观决策等核心应用,覆盖全国的统一的劳动和社会保障电子政务工程。其包括四项内容:一是在全国范围建设一个统一规划、统筹建设、网络共用、信息共享、覆盖各项劳动和社会保障业务的电子政务工程;二是建设社会保障子系统和劳动力市场子系统;三是构建中央、省、市三层数据分布和管理的三级结构;四是完善业务经办、公共服务、基金监管和宏观决策四项功能。

按照"金保工程"的统一规划和部署,各地社会保险经办机构在新上系统或系统升级时均按照统一的标准和规则进行,社会保险大部分业务依托核心平台系统,如就业服务和失业保险业务则依托"劳动力市场信息系统",在实际操作中,各省为减少经费支出和保障数据格式的一致性,大多以省级为单位进行系统开发商的招投标工作。本着社保"数据向上集中、服务向下延伸"的原则,全国范围内市、省、中央三层数据分布和管理结构已基本建立,各地也相继建成了不同等级的基础数据库,信息一体化的框架基本形成。

从 20 世纪 80 年代开始,我国实施劳动保障制度改革,各项劳动保障制度及行政法规陆续出台,各类管理与服务功能的信息量以及相关基金的收支数量急剧增加,社会保障基金收支与平衡、社会保障基金保值与增值的十分繁重。由此,迫切需要建设一个"统一规划、统一标准、统一指导、分步实施、分级负担、分级管理、网络互连、信息共享"的劳动保障信息系统,借助"金保工程"为社保机构提供网络承载平台。社保网络建成之后,网上需要承载包括基本社保信息、劳动力市场信息、医疗医药信息、电视会议等多种业务应用,无论是网络性能还是业务能力都必须全面满足社会保障公共服务的要求。劳动保障部门与其他部门的业务协同关系,将按照"纵向建设、横向对接"的原则实现信息交换与共享,即各级劳动保障部门共同建设劳动保障信息系统,确保信息系统的独立性与完整性,并与地税、财政、卫生、民政、银行等其他相关部门在各级节点横向完成信息交换与共享。横向交换工作将主要在各级经办层次上完成,另外将适应国家四个基础信息库的建设和发展的需要，与国家拟建的人口基础信息库、法人单位基础信息库、宏观经济信息库做好有关的衔接与交换工作。在技术上，采用一体化的设计思想，即纵向上的一体化是指全国、省、市三级系统之间要从全国的大局出发，统一规划、统一标准、统一联网，下级系统要在满足上级系统需求的基础上进行设计和延伸。"金保工程"的系统设计既要确保全国系统和网络的有效实现，又要兼顾地方的特殊需求，既要考虑长远发展要求，又要便于分步实施。横向上的一体化是指各业务系统之间要统一规划，协同发展、相互呼应，并遵循相同的信息标准，各业务系统需共享的基本信息要一致。要考虑共性、数据共享和业务协作需求，最终形成完整统一的系统，并充分考虑经济性、适用性、安全性和扩展性的系统设计要求。以广州市为例，劳动保障信息中心的系统将参保者的终身信息在"金保工程"中作了完整的记录（见图9-7）。

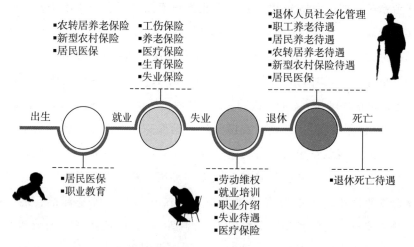

图9-7　系统信息记录一生、服务一生、保障一生

通过不断优化经办业务流程，规范服务标准，推进"金保工程"建设，推广网上经办、自助服务等模式，全国社会保障卡增加到2015年9月底的8亿人，覆盖近60%的人口。建设"金保工程"，信息化建设将促进社会保障工作迈上新台阶。一是加强社会保障基金监督的需要，可减少业务经办过程中的人为干扰，提高基金征缴、支付和管理的规范化与制度化，提高社会保险基金监管部门对基金运转的透明度和知情度，有效防止冒领养老金现象，加强基金监管力度，切实防范和化解基金风险。二是改进劳动和社会保险业务处理方式和手段，将社会保险登记、申报、审核、收缴、发放、稽核、账户、基金管理以及劳动力市场招聘、求职、就业登记、失业管理等诸环节纳入系统管理，实现劳动就业和社会保险业务管理手段的现代化和管理程序的规范化。三是通过全国统一、标准一致、网络互联、信息共享的劳动保障信息系统，满足人员流动需求和统筹层次变化的需要，可支持人员跨地区流动、跨地区养老、跨地区就医时的业务处理和账户转移。四是实现劳动保障社会化管理的需要，利用信息技术手段搭建街道（社区）社会保障工作平台，将劳动保障管理和服务的职能向基层社区延伸。五是通过骨干网络和统一平台，可以跨地区、跨部门地向社会和全体公民提供各种公共服务，有利于增加劳动保障业务透明度，提供更广阔的服务空间。如在"金保工程"中增加医疗保险联网管理内容，可以解决异地医疗费用报销问题，方便劳动者和参保人员。六是全国统一规划、统一建设"金保工程"，统一设计、统一开发应用软件和各项业务系统，可以节省大量的建设费用，充分发挥应用软件开发及维护的规模效应，也避免了因标准不统一、网络无法互联造成的基金浪费。"金保工程"所管理的信息包括就业、失业和五项社会保险业务，通过信息系统将各类信息有机组合，可充分发挥社会保障体系的整体效益。

二 我国社会保险信息化建设和社会保障公共服务与国外的差距

美国社保署将社会保险的信息化工作外包给洛克希德·马丁公司。[1] 德国、比利时等国家也相应实现其社会保险的信息化。[2][3] 日本自 20 世纪

---

[1] Rochat, J. , "Data Banks and the Management of Social Insurance Bodies," *Automatic Data Processing Information Bulletin*, 2006（2）：1-11.

[2] Reuter, J. P. , "Necessity and Possibilities of Documentation as an Information Method in the Assessment of Social Insurance Carriers," *Methods of Information in Medicine Supplement*, 2008（8）：3-8.

[3] Mortelmans, Anna Katharina, Donceel, Peter, Lahaye, Dirk, "An Analysis of the Communication During an Enhanced and Structured Information Exchange between Social Insurance Physicians and Occupational Physicians in Disability Management in Belgium," *Disablity and Rehabilitation*, 2010（13）：1011-1020.

70 年代之后，社会保险数据就必须采用电脑录入，全面实现和建立了社会保险信息化数据管理。与国外相比，我国社会保障制度从其构成的制度层次与作用类型的共同影响分析，仍然处于比较低的保障层次，资源配置结构也不够合理，由于社会保障管理基础性工作薄弱，信息化手段还相对落后，影响了"金保工程"系统功能的发挥，管理成本居高，主要表现为以下几个方面。

第一，"金保工程"是一项重要的电子政务工程，其实质内容是"劳动保障管理信息系统"的建设，主体是"社会保险管理信息系统"和"就业管理信息系统"两大业务系统。由于现实社会保障体制还没有真正理顺，社会保障机构的服务意识与质量意识还较为淡薄，社会保障的量化管理比较落后，社会保障的经济效率观与社会效率观还没有真正进入决策者的视线。政府社会保障统计还停留在简单的描述统计与数量统计上，推断统计与质量统计有所欠缺。国外强调社会保障绩效，并形成了社会保障绩效年度国会报告制度，而我国社会保障绩效指标体系未能建立起来。社会保障统计信息体制的落后，会直接影响"金保工程"的质量。

第二，与发达国家社会保障卫星定位系统相比，我国提供社会保障高质量服务的现代化手段与信息化服务方式上还存在很大的差距，管理信息系统还难以给参保人提供快速准确的信息服务，资源共享与交互方面还有待加大信息系统建设。"金保工程"的"纵向建设"与"横向交换"因整个政府的宏观管理体制问题难以实现其功能，各个部门之间的信息通道并不通畅，信息安全与信息保护的立法问题没能得到很好的解决，难以满足社会公众对社会保险事务的要求。

第三，国外面对社会保障具体对象的微观服务非常注重快捷、省时与成本控制，包括政府社会保障行政管理成本与被服务者的个人成本控制。我国养老保险实现了社会化发放，这是我国社会保障的一个亮点，但社会保险骗保、隐瞒等问题并没有因"金保工程"的使用而发挥其预防功能，如根据人力资源和社会保障部发布的 2013 年全国社会保险情况显示：全国共核查五项社会保险待遇享受情况 7453 万人项，查出 3.5 万人冒领待遇 1.27 亿元；2013 年全国累计实地稽核企业 237 万户次，涉及参保职工 21451 万人次，查出少报漏报人数 779 万人次，少缴漏缴社会保险费 34.2 亿元。① 宏观控制与微观组织方面，政府政策行为与参保企业或个人难免存在社会保障博弈现象。例如"金保工程"将形成可靠的中央—省—市三级网络系统，可实现业务经办的全程信息化，省内跨地市、跨省的社保关系转移。这一功能的设计与现实中社会保障管理完全不匹配，进城务工农民要求大量退出城镇养老保险，就是因为人为的设计省际甚至省内间社保关系转移的门槛而迫使农民工不得不退出城市养老保险体系，影响了社会保障的行政效率，加大了组织成本。

第四，社会保障机构运行效率与服务质量的好坏，直接关系到受保障人群对社会保障制度的认知程度与社会保障预期，也直接影响到社会的稳定与人民群众生活质量的提高。国外社会保障行政管理服务对象的"顾客"理念十分明晰，强调服务对象的满意度调查与信息反馈，并作为改进政府社会保障决策的一个重要内容。我国通过一些社情民意机构反馈公众对社会保障的意愿，但对改进政府的社会保障的决策机制比较有限。社会保障行政效率低下，公众社会保障尤其是劳动关系行政诉讼时间过长，使参保人对社会保障的预期降低。

第五，由于受社会保险基金管理政治体制的约束，全国类似上海社保基金案的官员违规动用社保基金，从中受贿贪污社保基金的事件频繁发生；假离婚骗取最低生活保障金；退休者死亡后不申报，其子女继续领取退休金；社会保险定点医院以虚假开药、办理假住院等手法套取医保基金；或是伪造病历挂名入院，分解参保人住院人次及医疗费用，将不符合现行住院标准的参保人安排住院治疗严重违规骗保。现行的政治管理体制滋长了此类现象的发生，一时难以通过"金保工程"这一纯技术化手段来制止此类现象的蔓延。社保基金管理体制的改革与"金保工程"技术手段的融合，是保障社会保险基金产权的有效途径。

第六，各地区间社会保险信息化管理水平发展不平衡，社会保障卡应用领域还比较单一，就业信息集中度较低，就业失业信息应用效率不高，社会保险、银行、地税、经办机构等相关部门信息系统的信息交换机制尚未很好地建立起来，难以实现信息共享；社会保险经办机构信息化能力缺

---

① 《人社部发布 2013 年全国社会保险情况》，人民网 2014 年 6 月 24 日。

乏相应的评价指标体系和方法，难以衡量和评价各级社会保险经办机构的信息化建设水平。这些问题制约了全国社保信息化的互联互通，使业务系统难以整合，信息共享难以实现。

三 创新社会保险信息化管理体制，提高公共服务效率的广义内涵

世界范围内的社会保障机构一直面临很大的压力：怎样才能在降低行政管理费用的同时，提供更好的保险福利项目？他们将降低行政管理成本与提高服务效率放在同等重要的地位。社会保障行政管理目标有必要从制度本身与制度外部共同作用，如扩大就业、优化分配体制以减少贫困、实施培训工程、有效运用转移支付政策、实施效率为主导的社会保障政策导向机制、鼓励参保职工转变旧有的福利观念和树立自我保障意识等。只有各种主动措施与被动措施到位，共同降低社会保障制度运行与管理成本，有效地节约社会保障资源，才能真正实现社会保障制度可持续发展。

1. 以"金保工程"为载体，完善电子政务的高效率服务

完善社会保障服务，其中社会保障信息系统的建设是重要的环节。随着社会保障覆盖面的扩大，社保系统涉及的服务对象大量增加，需要建立庞大的数据库系统，还需要接受大量的用户访问。同时，这一系统还将融入政府的电子政务体系中，成为更大规模信息系统中的重要交互信息。目前，各地政府正大力构建"金保工程"，希望在全国范围内建立统一、高效、简便、实用的劳动保障信息系统，将本地社会保障基金的缴纳、记录、核算、支付、查询及劳动力市场的求职、招聘、就业、劳动保障事务代理、培训等业务全部纳入计算机管理。项目规划包括两大系统：一是为各项社会保险业务经办、管理和服务提供支持的社会保险信息系统；二是为劳动力资源管理、公共就业服务、职业培训等提供支持的就业服务管理信息系统。建立符合中国社会保障政策并具有很强的政策适应能力与伸缩能力的平台，它集社会保险核心业务管理、社区社保业务服务、基金财务收付管理、社保管理信息支持平台、基金收支监测、呼叫中心、养老保险指纹生存鉴定、社保网上公共信息服务、社保多媒体信息服务、参保对象在线业务办理、医疗保险医院端支付管理、医疗保险药店端支付管理、医

药管理系统、劳动力市场管理系统等于一体，高度聚焦行业特色。劳动者随时随地都可以查询全国各地的劳动力市场供求信息，查询劳动保障政策和养老保险、医疗保险基金个人账户使用与储存信息。从参保登记到待遇发放，从招工录用到解除终止劳动合同，从登记失业到接受就业服务和政策享受，为劳动者提供便携的"一站式服务"。

2. 降低社会保障行政管理成本是有效提高服务效能的重要一环

社会保障经济发展成本是可持续发展的基本问题，管理成本与运行成本的最小化是社会保障可持续发展经济学的理论基础。目前社会保障可持续发展还存在极大的模糊性。按照布伦特夫人的定义，可持续发展是"能保证当代人福利增加，不会使后代福利减少"，运用到社会保障领域，如何处理社会保障可持续发展问题，是为了社会稳定不惜代价安抚民心还是注意到社会保障资源代际间的有效配置。如养老保险中逐步降低替代率的改革，是为了通过多支柱养老保险体系的建立而节约基本养老金，因为替代率过高，意味着大部分养老金被当代老人所使用，未来的老人就可能受到不公正的待遇。而多支柱体系并非可以惠及每个公民，这就会产生福利增量的冲突问题。

真正降低管理成本和运行成本，节约有限的社会保障资源，有许多是非常现实的制度设计问题，既包括技术手段，也包括管理手段。世界各国社会保障机构都在关注社会保障项目和保险福利金被滥用或被欺诈的问题，如菲律宾、南非等社会保障机构采取较为严密的管理措施，对保险受益人的权利严格审查，强化被保障人的身份认证程序，甚至引进指纹识别技术识别被保障人的身份，以减少内部和外部欺诈行为带来的成本损失；英国同样颁布了严格的身份验证立法程序，对故意弄虚作假和不提供真实信息领取了保险福利金的人，可以在全部退还非正当所得的基础上，再缴纳欺诈金额30%的罚金。我国的"金保工程"要在这方面下功夫，以真正从技术手段上节约有限的社保基金资源。

在我国，社会保障政策的制度设计或政府社会保障行政管理中或多或少地存在忽视行政绩效的问题，好心办坏事，存在"搭便车"和制度"失控"，其根源还在于制度设计方面。显而易见，运用投入产出的思想理念，加强政策效益与制度效益的研究，加强社会保障可持续发展绩效评估，充分考虑制度设计的"寿命预期"问题，有助于社会保障的发展。

可持续发展的社会保障制度安排，其激励和约束性可以对参保者或公民的行为起规范作用，强化可持续发展的成本观念，如库存理论和影子价格理论在药品采购中的运用、投入产出理论对政府扩大社会保障支出与社会保障效应的分析等。医疗保险中为控制医疗费用非正常增长的制度安排，可以解决有限的医疗资源的效率最大化利用问题。制度的安排包括正式制度安排与非正式制度安排。正式的制度安排着眼于三个方面：一是通过激励与约束机制，使企业和个人自觉并积极地缴费（税），减少搭便车的动机与道德风险；二是通过市场与价格机制，来合理地利用社会保障资源，并尽量生成社会保障自身的造血机能，如发展老龄化产业、以工代赈、社会保障基金投资于实体化产业等；三是加强政府的宏观调控，发挥政府在社会保障中的管理效能与风险规避的核心作用。非正式制度安排方面，包括发挥非政府组织（NGO）、民间资本对社会保障事业投资、社会关系网及慈善组织的作用，加强社会伦理与道德建设，建立更加经济、更加人性化的新型社会、社区与家庭三者相结合的服务模式，来有效地降低社会保障可持续发展的管理成本与运行成本。

3. 为农民工提供社会保障优质服务是社会保障"金保工程"的重要任务

农民工最大的特征是频繁性地跨地区流动，鉴于大量农民工退保问题，国家应制定统一的农民工养老保险异地转移实施办法，让农民工走到哪里，养老保险关系和个人账户转到哪里。目前实行的社会养老保险地区统筹范围狭小，即便是省级统筹也是"统而不筹"，严重阻碍了广大农民工进入社会养老保险行列。在有可能的条件下，农民工社会养老保险实行全国统一管理，以此建立便于跨地区转移养老保险关系的机制，如实行电脑全国联网，像银行卡一样，发放全国流通的养老保险卡，农民工不论转移到什么地方，都可以凭卡缴纳社会养老保险费，允许农民工累计计算在城镇务工的连续性或间接性工龄，满15年后凭卡领取养老保险金，从而帮助由于流动性大而很难享受养老保险福利的农民工享受社会养老保险福利。

借助社会保险管理手段现代化，运用电子技术手段，建立统一覆盖全国的社会保障技术支持系统，将包括农民工在内的各地社会保险基金的缴纳、记录、支付、查询、服务等均纳入计算机管理系统，逐步实现全国联网，作为将农民工纳入城镇养老保险体系的技术支持，解决农民工个人账户转移管理成本高的问题。中央政府应该承担农民工个人账户转移的管理成本，并解决地方政府之间因统筹范围、缴费基数和比例及缴费标准不一所带来的一系列问题。政府应加大宣传力度，建立诚信机制，让农民工真正相信未来的养老回报可以兑现。

结合"金保工程"的实施，筹划尽早建立健全全国查询系统。由于农民工流动频繁而且规模大，因此首先从农民工做起，建立全国社保信息查询系统，逐步推广到全部参保人员人人都有社会保障卡，个人身份证号码作为其本人全国通用、终身不变的社会保障号码，加上密码，在全国各个社保经办机构都能随时查询本人的养老保险参保缴费等权益记录信息。这有点儿像银行的定期储蓄，虽然不能在达到领取条件之前提取，但随时能了解自己存了多少钱（积累了多少权益），让参保群众放心。

农民工属于弱势群体，缺乏基本的话语权，也是信息最为闭塞的人群，农民工的合理有序流动、岗位指引、子女义务制教育、岗位培训、工资谈判、追讨欠薪等都应列入政府社会保障行政管理的范畴，提供有一定地方财政支撑的公共产品与公共服务。对"金保工程"而言，如何将其信息化公共服务落实到农民工较为集中居住的城中村社区和工作场所，以较充分的信息服务减少农民工的务工成本，这才是信息化服务的功能所在。

四 参照国外社会保障信息系统，明确我国"金保工程"服务达标要求

管理就是服务，政府参与社会保障行政管理的重要职能之一就是提高服务水平，有能力提供准确、高效及及时的服务。在发达国家中，社会保障管理服务的内容比较广泛，包括医疗保健、心理卫生、残废康复、文化教育、劳动就业、孤老残幼、犯罪矫治、公共福利等。随着信息化手段与人文思想的不断渗入，社会保障管理效率与服务理念进一步深入，对受保障人群的服务意识大大提高，许多社会保障机构重新定义了社会保障管理的服务质量和内容，如制定服务目标并拟定保证书，明确承诺服务方法、时间限制和服务水准，建立信息交互平台，完善以被保障群体为中心的服

务体系。强化政府宏观服务与面对具体对象的微观服务，提高社会保障行政管理的工作效率。

1. 建设社会保障综合服务网

开发成辐射状的全国联网服务网络，建立卫星分支机构，开辟信息服务终端，在全国范围内建立计算机网络信息传递系统，使得四级网络机构通信畅通无阻，提高社会保障编辑和传达信息及有效管理社会保障基金的缴纳和偿付能力，促使扩大社会保障的征缴面。确保保费缴纳率、计算保险精算金额，到发放社会保障金的整个程序明显减化。加强总控质量管理，制定服务承诺图表，公布客户服务标准，包括对社会保障基金的偿付和档案管理程序进行改革。建立电话申请养老金、抚恤金程序，客户集合档案包括了被保险人的一般信息，当用户需要咨询服务或提出其他申请时，很快就能得到答复，避免了重复收集用户信息的做法，简化办公程序。同时，全国被保障人群均可进入这些终端获取社会保障信息或得到职位空缺等其他信息服务，帮助求职者了解有关职业的学习机会和找到合适的雇主，提供 24 小时咨询服务。

2. 建设社会保障服务绩效反馈系统

从社会保障外部性看，绩效评估的主体内容应体现效果为本的主体思想，政府主导型社会保障在社会稳定与弥补市场缺陷方面所产生的积极影响，通过一系列实际效果指标加以反映受保障群体在社会保险、社会救济、社区服务等方面所享受的社会保障服务，表现人民生活福利指数的变化及一系列政策变量所产生的政策效应、社会保障成本控制及投入与产出的经济效益与社会效益状况。从内部性看，政府社会保障绩效评估体系评估政府社会保障部门自身建设的成就，比如政府社会保障职能转变的水平、政府行为法制化水平、政府决策民主化水平、政务信息公开化水平等。在评估过程中，不仅要考察客观指标，而且要考察与客观指标相关的主观指标。

第一，围绕着早在十六届三中全会通过的《中共中央关于完善社会主义市场经济体制若干问题的决定》提出的逐步建立起"低水平、广覆盖、可持续、严管理的社会保障体系"这一要求，作为社会保障的目标管理责任制建立起来，结合这四方面的要求，将客观存在和相互联系的社会保障现象的若干指标，科学地加以分类和组合形成指标体系，反映国家社会保障的整体实力与发展状况。

第二，按照社会保障的政治、经济与社会功能，侧重于社会保障效果评估，即社会保障政策实施后的社会反响、企业和公民的参与程度、社会保障投入与产出等，使社会保障活动绩效通过社会实践表现出来。

第三，侧重于社会保障政府服务型要求，强调社会保障服务指标的功能设计，加大对社会保障受体的服务满意度考察，包括政策实施度、养老保险金社会化发放、"两个确保"到位率、再就业岗位培训与就业信息服务、简化办事程序等。

第四，强化客观评估标准，社会保障具体政策的实施效果，要由社会公信来决定，由实际需要与社会效果判定，通过民情民意判定，政府的自我评价要遵循社会需求进行合理规制。

第五，要统一社会保障指标的含义、口径范围、计算方法、计算时间和空间范围，社会保障指标要与相应的财务指标、职能部门的统计指标具有统一性。

第六，评估指标本身要有可操作性，在实际评估工作中，能够充分利用现有的统计信息资源，便于社会保障统计信息的组合、筛选与加工，在评估中这些指标易于计算和理解。

第七，在社会保障融入国际规范的前提下，要注意评估指标的国际可比性，如失业与失业率的界定，也要注意纵向对比，扣除价格变动因素的一些价值指标在不同的时间和空间上有可比性。

主要参考文献

[1] 〔英〕保罗·皮尔逊编《福利制度的新政治学》，汪淳波、苗正民译，商务印书馆，2004。

[2] 邓大松、刘昌平：《中国企业年金制度研究》，人民出版社，2004。

[3] 胡晓义主编《社会保险经办管理》，中国劳动社会保障出版社，2012。

[4] 杨燕绥等：《社会保险经办机构能力建设研究》，中国劳动社会保障出版社，2011。

[5] 〔美〕阿伦·S.摩拉利达尔：《养老基金管理创新》，沈国华译，上海财经大学出版社，2004。

[6] 洪银兴：《可持续发展经济学》，商务印书馆，2000。

[7] 〔奥〕罗伯特·霍尔茨曼、〔美〕约瑟夫·E.斯蒂格尔茨编《21世纪可持续发展的养老金制度》，胡劲松等译，中国劳动社会保障出版社，2004。

[8] 许仁忠编著《模糊数学及其在经济管理中的应用》，西南财经大学出版社，1987。

[9] 赵焕臣、许树柏、和金生编著《层次分析法》，科学出版社，1986。

[10] 曾海水：《社会保险预算概论》，经济管理出版社，2004。

[11] 高鸿业、吴易风：《现代西方经济学》，经济科学出版社，1988。

[12] 刘涤源、谭崇台主编《当代西方经济学说》，武汉大学出版社，1994。

[13] 林毓铭：《社会保障与政府职能研究》，人民出版社，2008。

[14] 林毓铭：《社会保障与公共危机管理研究》，人民出版社，2016。

[15] 〔美〕达尔默·D.霍斯金斯等编《21世纪初的社会保险》，侯宝琴

译，中国劳动社会保障出版社，2004。

[16] 林毓铭：《中国社会保障的改革探索》，江西人民出版社，2004。

[17] 朱青：《养老金制度的经济分析与运作分析》，中国人民大学出版社，2002。

[18] 〔英〕马歇尔：《经济学原理》，先志泰、陈良璧译，商务印书馆，1965。

[19] 〔美〕弗兰克·J. 法博齐、〔美〕弗朗哥·莫迪利亚尼：《资本市场：机构与工具》，经济科学出版社，1998。

[20] 徐洪才：《投资基金与金融市场》，中国金融出版社，1997。

[21] 王爱珠：《老年经济学》，复旦大学出版社，1996。

[22] 董克用、王燕：《养老保险》，中国人民大学出版社，1995。

[23] 韩大伟等：《养老金体制》，经济科学出版社，2000。

[24] 李绍光：《养老金制度与资本市场》，中国发展出版社，1998。

[25] 财政部、美国林肯国家集团：《社会保险制度改革及其基金管理：全球共同的话题》，现代出版社，1998。

[26] 世界银行：《2020 年的中国》，中国财政经济出版社，1997。

[27] Neil Gilbert、Paul Terrellaft：《社会福利政策导论》，华东理工大学出版社，2003。

[28] 〔英〕尼古拉斯·巴尔著《福利国家经济学》，郑秉文、穆环中译，中国劳动社会保障出版社，2002。

[29] 厉以宁：《经济学的伦理问题》，生活·读书·新知三联书店，1995。

[30] 人力资源和社会保障部社会保险事业管理中心：《新型农村社会养老保险经办实务手册》，中国劳动社会保障出版社，2010。

[31] 邓大松：《社会保险》（第二版），中国劳动社会保障出版社，2009。

[32] 人力资源和社会保障部社会保险事业管理中心：《新型农村社会养老保险经办实务手册》，中国劳动社会保障出版社，2010。

[33] 吴亦明：《现代社区工作》，上海人民出版社，2003。

[34] 〔英〕迈克尔·希尔著：《理解社会政策》，刘升华译，商务印书馆，2005。

[35] 张恺悌：《美国养老》，中国社会出版社，2010。

后　记

　　2013 年，《中共中央关于全面深化改革若干重大问题的决定》提出了"加快健全社会保障管理体制和经办服务体系"的要求。当时，现实的背景是我国社会保障管理体制改革取得了一系列成就，但受制于庞大的参保人群与飞速发展的社会经济形势，经办管理与经办服务成为社会保障体系建设中相对薄弱的一个环节。随着社会需求的变化，参保人群对经办管理与服务的要求越来越高，社会保险经办管理与服务的本质内涵也需要得到进一步提升，管理与服务平台更需要进一步人性化、科学化、规范化。

　　社会保障管理体制是对各项社会保障事务进行计划、组织、协调、控制和监督的过程。其内容具体包括：社会保障行政管理、社会保障业务管理和社会保障基金管理等。相对于社会保险经办管理与服务而言，社会保障管理体制改革是关键要素。在改革的大背景下，2013 年以来，我国社会保险经办管理与服务迈上了一个新台阶，从数量扩张走上了内涵发展的提升质量之路。2018 年 11 月 20 日，人力资源和社会保障部发布的《社会保险经办管理服务条例（征求意见稿）》，对社会保险经办管理服务提出了更高的要求，据人力资源和社会保障部 2018 年统计报告：截至 2018 年末，全国 31 个省份和新疆生产建设兵团均已发行全国统一的社会保障卡，覆盖所有地区，全国社会保障卡持卡人数为 12.27 亿，社会保障卡普及率为88%。全国大部分地市全面开通 102 项社会保障卡应用。同时，加强了标准化信息化建设，全国 31 个省份和新疆生产建设兵团均已建设机关事业单位养老保险信息系统。全国 12333 电话咨询服务全年处理来电总量为 1.34亿次。随着机构改革的变化，社会保障的经办机构主体在人力资源和社保障部、民政部的基础上增加了应急管理部、退役军人事务部、国家医疗保障局、国家税务总局。各部委下设的社会保障经办管理与服务机构的大量增加，进一步延伸了社会保障的管理功能与服务功能。

《社会保险经办管理与服务》一书跟踪了中国社会保障制度建设的发展历程，对社会保险经办管理与经办服务的内容大都有所涉及，反映了经办管理与服务的基本框架，对我国社会保险经办管理与服务过程作了较为实事求是的评析。当然，这不是一部实务操作的指导书，仅是对社会保险经办管理与服务的理论阐述或基本概况的一般逻辑梳理。

在《社会保险经办管理与服务》一书的写作过程中，我多次参加了人社部门的政策讨论会、多次参加了高层次学术研讨会，对于著述的写作有很大的帮助。通过课题调研，也搜集了一些相关数据资料，支持了著述的写作。非常感谢社会科学文献出版社社会政法分社王绯社长的大力支持，非常感谢孙燕生编辑极为认真的专业精神和为本书付出的辛勤劳动。

由于我写作能力有限，加之实践知识较为缺乏，本书难免存在各种不足，敬请读者提出宝贵意见。

林毓铭

2019 年 6 月 30 日

图书在版编目（CIP）数据

社会保险经办管理与服务／林毓铭著. —— 北京：
社会科学文献出版社，2019.12
（大数据与国家治理）
ISBN 978 - 7 - 5201 - 5630 - 1

Ⅰ.①社… Ⅱ.①林… Ⅲ.①社会保险 - 保险管理 -
研究 - 中国 Ⅳ.①F842.61

中国版本图书馆 CIP 数据核字（2019）第 218973 号

大数据与国家治理
社会保险经办管理与服务

著　　者／林毓铭

出 版 人／谢寿光
组稿编辑／王　绯
责任编辑／孙燕生

出　　版／社会科学文献出版社·社会政法分社（010）59367156
　　　　　地址：北京市北三环中路甲 29 号院华龙大厦　邮编：100029
　　　　　网址：www.ssap.com.cn
发　　行／市场营销中心（010）59367081　59367083
印　　装／三河市东方印刷有限公司

规　　格／开　本：787mm×1092mm　1/16
　　　　　印　张：27　字　数：425 千字
版　　次／2019 年 12 月第 1 版　2019 年 12 月第 1 次印刷
书　　号／ISBN 978 - 7 - 5201 - 5630 - 1
定　　价／145.00 元